教育部哲学社会科学系列发展报告
MOE Serial Reports on Developments in Humanities and Social Sciences

中国经济增长报告2019

寻求经济增长的持久动力与对策

China Economic Growth Report 2019
The Driving Forces and Policies for China's Sustainable and Healthy Growth

主　编　刘　伟
副主编　苏　剑

北京大学出版社
PEKING UNIVERSITY PRESS

图书在版编目(CIP)数据

中国经济增长报告.2019:寻求经济增长的持久动力与对策/刘伟主编. —北京:北京大学出版社,2019.11
(教育部哲学社会科学系列发展报告)
ISBN 978-7-301-30865-3

Ⅰ. ①中… Ⅱ. ①刘… Ⅲ. ①中国经济—经济增长—研究报告—2019 Ⅳ. ①F124.1

中国版本图书馆 CIP 数据核字(2019)第 215959 号

书　　　名	中国经济增长报告 2019——寻求经济增长的持久动力与对策 ZHONGGUO JINGJI ZENGZHANG BAOGAO 2019——XUNQIU JINGJI ZENGZHANG DE CHIJIU DONGLI YU DUICE
著作责任者	刘　伟　主编
责任编辑	王　晶
标准书号	ISBN 978-7-301-30865-3
出版发行	北京大学出版社
地　　　址	北京市海淀区成府路 205 号　100871
网　　　址	http://www.pup.cn
微信公众号	北京大学经管书苑（pupembook）
电子信箱	em@pup.cn　QQ:552063295
电　　　话	邮购部 010-62752015　发行部 010-62750672　编辑部 010-62752926
印　刷　者	三河市北燕印装有限公司
经　销　者	新华书店
	730 毫米×980 毫米　16 开本　18.5 印张　342 千字 2019 年 11 月第 1 版　2019 年 11 月第 1 次印刷
定　　　价	65.00 元

未经许可，不得以任何方式复制或抄袭本书之部分或全部内容。
版权所有，侵权必究
举报电话：010-62752024　电子信箱：fd@pup.pku.edu.cn
图书如有印装质量问题，请与出版部联系，电话：010-62756370

目　录

绪　论 ··· 1

第一章　中国经济增长形势回顾与展望 ·· 10
第一节　2018年经济形势回顾 ··· 10
第二节　2019年经济运行新局面 ··· 12
第三节　影响2019年中国经济的主要因素 ································· 18
第四节　2019年中国经济的自然走势 ······································ 20
第五节　2019年中国经济的主要风险点 ···································· 24
第六节　2019年中国的宏观调控 ··· 27
第七节　总结与展望 ·· 31

第二章　中国特色的宏观调控政策体系及其应用 ·································· 32
第一节　总供求模型中的宏观经济政策体系 ······························· 32
第二节　需求管理政策工具 ·· 33
第三节　供给管理政策工具 ·· 35
第四节　市场环境管理政策工具 ··· 38
第五节　中国和西方宏观调控政策体系的比较 ··························· 39
第六节　总结 ·· 41

第三章　政治经济学视角下的供给侧结构性改革 ·································· 43
第一节　引言 ·· 43
第二节　政治经济学视角下的供给与需求 ································· 44
第三节　政治经济学视角下的总量与结构 ································· 47
第四节　政治经济学视角下的实体经济与虚拟经济 ···················· 50
第五节　结论 ·· 53

教育部哲学社会科学系列发展报告
MOE Serial Reports on Developments in Humanities and Social Sciences

第四章　建设现代化经济体系的理论与路径初步研究 …………… 55
　　第一节　引言 ………………………………………………… 55
　　第二节　现代化经济体系的主要特征 ……………………… 58
　　第三节　我国现有经济体系面临的主要挑战 ……………… 59
　　第四节　全面建设现代化经济体系的战略选择 …………… 65
　　第五节　总结 ………………………………………………… 69

第五章　中国经济潜在增长率与全要素生产率估算 …………… 71
　　第一节　中国经济增长现状描述 …………………………… 72
　　第二节　中国潜在增长率的预测 …………………………… 77
　　第三节　研究结论与政策建议 ……………………………… 88

第六章　推动中国特色社会主义新时代的技术进步 …………… 90
　　第一节　引言 ………………………………………………… 90
　　第二节　技术进步的不确定性、不平衡性和有偏性 ……… 91
　　第三节　影响技术进步的经济因素和制度因素 …………… 93
　　第四节　推动新时代的技术进步 …………………………… 95

第七章　产业政策与深化供给侧结构性改革
　　　　　——以电力行业为例 ………………………………… 97
　　第一节　产业政策是深化供给侧结构性改革的核心抓手 … 97
　　第二节　深化供给侧结构性改革要求发挥好竞争政策的基础性作用 … 98
　　第三节　深化供给侧结构性改革要求健全市场监管 ……… 99
　　第四节　深化供给侧结构性改革要求完善财税政策 ……… 101

第八章　数字经济：新时代的新动力 …………………………… 103
　　第一节　数字经济的基本内涵 ……………………………… 103
　　第二节　数字经济已成为新时代的新动力 ………………… 113
　　第三节　数字经济发展的机遇、挑战与展望 ……………… 117

第九章　中国融资租赁产业制度变迁研究及发展建议 ………… 121
　　第一节　知识溢出视角下的制度创业理论模型 …………… 121
　　第二节　中国融资租赁产业阶段性制度化过程分析 ……… 123
　　第三节　研究发现及相关建议 ……………………………… 131

第十章　交易费用视角下的金融产业演化发展研究
　　——以中国融资租赁产业为例 ·········· 136
　　第一节　基于交易费用的金融中介替代性分析框架 ·········· 136
　　第二节　中国融资租赁产业的交易费用结构演变分析 ·········· 138
　　第三节　对中国金融产业深化改革开放的启示及建议 ·········· 143

第十一章　人力资本与区域创新研究
　　——基于空间面板模型的分析 ·········· 146
　　第一节　引言 ·········· 146
　　第二节　模型构建与数据说明 ·········· 148
　　第三节　基础模型估计 ·········· 151
　　第四节　空间计量分析 ·········· 152
　　第五节　稳健性检验 ·········· 155
　　第六节　结论和政策建议 ·········· 156

第十二章　"一带一路"背景下的新型全球化格局 ·········· 158
　　第一节　"一带一路"提出的历史必然 ·········· 159
　　第二节　"一带一路"提出的时间节点选择 ·········· 161
　　第三节　"一带一路"内在经济发展范式 ·········· 163
　　第四节　"一带一路"沿线国家和地区比较 ·········· 164
　　第五节　"一带一路"如何推进 ·········· 166
　　第六节　结论 ·········· 171

第十三章　"一带一路"沿线国家产业结构高度及合作路径研究 ·········· 172
　　第一节　中国产业结构高度 ·········· 173
　　第二节　"一带一路"国家产业结构高度横向比较 ·········· 176
　　第三节　产业合作模型探讨 ·········· 180
　　第四节　小结 ·········· 186

第十四章　"一带一路"倡议下中国能源国际合作新格局 ·········· 188
　　第一节　"一带一路"倡议前中国能源国际合作存在的主要问题 ·········· 188
　　第二节　"一带一路"倡议以来中国能源国际合作新进展 ·········· 191
　　第三节　"一带一路"倡议下中国能源国际合作前景展望 ·········· 197

第十五章　推动海南自贸区打造国际飞机租赁中心的政策建议 ……… 201
  第一节　海南自贸区发展飞机租赁产业的必要性 ……………… 201
  第二节　国内外飞机租赁产业集聚发展的经验借鉴 …………… 203
  第三节　海南发展飞机租赁产业、打造国际飞机租赁中心的思路及
     建议 …………………………………………………………… 205

第十六章　乡村振兴战略背景下的农村基础设施建设
    ——基于公共经济学的视角 ………………………………… 208
  第一节　问题提出 …………………………………………………… 208
  第二节　公共经济学视角下农村基础设施建设主要矛盾解析 … 209
  第三节　"以人民为中心"的多维农村基础设施建设促进机制 …… 212

第十七章　中国农村金融改革 40 年：历程回顾与未来展望 ………… 215
  第一节　改革开放 40 年中国农村金融改革的历程回顾 ………… 215
  第二节　中国农村金融改革取得的成就 ………………………… 221
  第三节　中国农村金融改革存在的问题 ………………………… 222
  第四节　中国农村金融改革的路径 ……………………………… 223
  第五节　结语 ………………………………………………………… 224

第十八章　深化供给侧改革　实现高质量发展
    ——"十三五"后期中国企业走势前瞻 …………………… 226
  第一节　2018 年中国经济增长与企业经营回顾 ………………… 226
  第二节　"十三五"后期中国企业走势前瞻 …………………… 228

第十九章　关于企业集团治理的研究 ………………………………… 235
  第一节　引言 ………………………………………………………… 235
  第二节　企业集团治理的文献综述 ……………………………… 235
  第三节　研究展望 …………………………………………………… 241

第二十章　不断完善中国特色社会主义新时代的分配关系 ………… 243
  第一节　引言 ………………………………………………………… 243
  第二节　政治经济学关于分配的基本理论 ……………………… 244
  第三节　改革开放以来分配关系发展变化的理论逻辑与历史逻辑 … 246
  第四节　中国特色社会主义新时代的分配关系及其完善 …… 252

第二十一章　社保征缴方式调整对中国宏观经济的影响 ················· 255
　第一节　引言与文献述评 ·· 255
　第二节　社保征缴体制改革解读 ·· 257
　第三节　社保征缴方式调整对国内宏观经济的影响总览 ············· 259
　第四节　基于行业层面的社保征缴方式调整影响分析 ················ 264
　第五节　基于地区层面的社保征缴方式调整影响分析 ················ 266
　第六节　研究结论与政策建议 ··· 269

参考文献 ··· 271

绪 论

2019年中国经济开局良好,一季度实际GDP同比增长6.4%,整体表现超出市场预期水平。然而,一季度最终消费支出和资本形成总额对GDP的贡献率均下降,分别下降0.4%和0.5%,这意味着中国一季度GDP增速的企稳回暖主要得益于贸易顺差的扩大。数据显示,一季度货物贸易差额同比大幅扩张70.1%,对GDP的贡献率上升了1个百分点。若从经济内在驱动力来看,稳增长政策自2019年以来持续发力,积极的财政政策和稳健的货币政策协调运作,基建投资和房地产投资带动固定资产投资增速迅速回升,同比增速从6.1%升至6.3%,从而驱动一季度GDP增速企稳回升。因此,从短周期看,当前中国宏观经济的企稳回暖实际上得益于逆周期政策的驱动。但是,逆周期调控政策对经济的刺激作用不可持久。

自改革开放以来,中国经济经历了长达四十年的高速增长,然而伴随着2008年金融危机的爆发,全球经济开始进入"后危机时代",中国经济的增长引擎遭受国内外各种不利因素的冲击开始放缓,从而步入"新常态"。在"新常态"下,中国经济增长速度由高速转入中高速,下行压力日益凸显。虽然2019年一季度实际GDP同比增速持平于上期值,出现企稳回暖迹象,但增速已低至2008年金融危机爆发以来的最低值。因此,从长周期看,当前中国经济仍处于下行趋势,经济增速恐将持续下探。

综上,2019年中国经济的特征表现为:短期内虽有企稳回暖迹象但不可持续,长期则持续下行,而造成这一现象的主要病灶则是国内经济缺乏持久增长动力。"新常态"以来,虽然国内纷纷出台了多项稳增长政策以应对经济的持续下行,但逆周期调控政策的效果不可持续且边际递减导致政策效果并不显著。鉴于此,本书紧紧围绕持久增长动力不足这一症结展开讨论,寻求中国经济增长的持久动力,以及协调的宏观调控政策。

本书针对中国未来经济增长的持久动力,从中国经济的宏观(包括政策、理论、分配关系等)、中观(产业和区域)、微观(企业)三个层面展开。第一章回顾和展望中国近期经济运行的特点,接下来的三章讨论宏观层面的政策问题,第五章和第六章在宏观层面探讨中长期增长问题,第七章到第十章讨论产业结构,第十一章到第十七章讨论区域结构,第十八章和第十九章讨论微观问题,最后两章讨

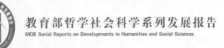

论中国的分配关系。从逻辑上说,本书首先系统梳理影响中国经济发展的主要因素和风险点,揭示当前中国经济缺乏持久动力的内外因,例如中美贸易摩擦、债务风险等;然后分别从中国特色技术进步、人力资本以及新时代分配关系寻求内生持久动力源;之后分别从高质量发展、数字经济、"一带一路"以及乡村振兴寻求外生持久动力源。针对中国未来经济增长的宏观调控政策,本书首先分别从需求管理政策、供给管理政策以及市场环境管理政策三个角度系统梳理当前中国特色的宏观调控政策体系;然后分别从宏观层面(如供给侧结构性改革和社保改革)、中观层面(如金融改革)、微观层面(如企业集团治理)寻求促进中国经济持久发展的调控政策。因此,本书的具体章节安排及主要内容如下。

第一章主要分析了影响中国2019年经济运行的主要因素和风险点,预判中国经济走势和宏观调控政策。2018年中国经济增长维持在合理区间,但下行压力不减;2019年中国经济增长延续下行趋势,经济增速预计回落至6.3%左右。其中,人口拐点、中美贸易摩擦、世界经济趋弱以及金融危机风险将是掣肘中国经济安全的主要因素。若仅考虑未来经济的自然走势,中国经济将出现供给和需求"双收缩"的局面。在供给方面,受环境保护力度较高、劳动力成本增加、美国对中国高科技中间品出口禁令等影响而呈现收缩态势;在需求方面,消费、投资和出口均延续下行趋势,导致总需求大概率收缩。不仅如此,中国同时面临汇率及货币危机、房地产危机、地方政府和企业债务危机、失业率上升、互联网金融危机等主要风险点,根据2019年中共中央经济工作会议,防风险将是中国2019年的首要经济政策目标,宏观调控总体取向将是扩张性的,并将以市场环境管理为主,供给管理次之,需求管理为辅。

第二章到第四章是对中国宏观调控体系和建设现代化经济体系的理论探讨。

第二章主要研究中国特色的宏观调控政策体系并探讨其应用。随着中国特色社会主义市场经济的不断发展,中国的宏观调控政策体系也在不断创新。中国目前的宏观调控体系可以分为需求管理、供给管理和市场环境管理三个部分,其中需求管理主要包括凯恩斯的需求管理政策、需求型创新、需求侧改革,供给管理主要包括要素价格政策、财政政策、供给型创新、供给侧改革,市场环境管理主要包括"市场环境改革"和在既定制度基础上进行的"市场环境微调政策"。本章以2019年政府工作报告及相关文件为例,分析了中国特色的宏观调控政策体系的具体应用,并结合美国的宏观调控政策,探讨了中国近年来宏观调控的创新之处。

第三章主要根据马克思主义政治经济学的基本原理和方法,阐述了供给侧结构性改革的三个基本理论问题。第一,生产首要性、生产与消费在社会再生产中的有机联系,而不是供求在交换中的表面联系,这是理解供给侧结构性改革的基本出发点,也让我们避免了在需求管理与供给管理、自由主义与干预主义之间摇摆不定。第二,结构性矛盾是社会再生产的内在矛盾,结构问题不能被唯一地归结为市场失灵导致的比例失调,它和生产的制度结构、生产的目的与性质密切相关。我国经济发展中的结构性矛盾和结构问题长期存在,推进供给侧结构性改革是一项长期任务,而不是短期调控和管理。第三,政治经济学的虚拟资本理论是我们区别实体经济与虚拟经济的理论依据。金融部门、房地产经济到底是属于实体经济还是虚拟经济,取决于金融活动中的货币资本以及房地产商品(资本)是否服从"货币资本—生产资本—商品资本"的资本循环过程的要求,取决于资本收益是来自资本循环的价值增殖还是来自所有权转让带来的价值转移和价值分配。供给侧结构性改革要着力发展实体经济,除了发展制造业,还要发展金融与房地产经济中的实体经济部分。

第四章主要探讨中国未来建设现代化经济体系的理论基础和路径选择,以实现新时代的发展目标。鉴于当前中国经济正面临从量的扩张阶段向质的提升阶段的转换,本章认为我国建设的现代化经济体系应贯彻新发展理念,以现代化产业体系和社会主义市场经济体制为基础,以现代科技进步为驱动,从而实现资源高效配置、产业结构和产品质量不断升级的可持续发展。考虑到当前中国经济发展面临的创新动力不足、要素市场化程度偏低、产业结构不尽合理以及资源环境约束趋紧等挑战,本章进一步提出以创新引领发展方向,加快推进产业结构优化升级,坚持和完善要素市场改革,践行绿色发展理念,促进经济发展在空间上的均衡布局,从而推动现代化经济体系的建设。

第五章和第六章主要围绕影响中国中长期经济增长的重要因素——全要素生产率展开。首先估算中国经济的潜在增长率和全要素生产率,然后探讨影响后者的一个重要因素——技术进步。

第五章主要测算了中国经济在2018—2025年的潜在增长率和全要素生产率,并提出相应的政策建议。测算过程首先基于新古典增长理论推导我国潜在GDP增长率的测算公式,通过大量文献梳理对测算公式的相关参数进行归纳总结,采用经验分析法,并结合当前各种影响因素的变动,估算中国的潜在经济增长率。然后基于情景分析法对2018—2025年的全要素生产率分别设定高值、中值和低值三种情景,对应的全要素生产率增长率分别选定为2.8%、2%和1.2%,资本存量增长率分别设定为13%、10%和7.3%,资本产出弹性系数均为0.46,劳动投入增长率均为-0.4%,劳动产出弹性系数均为0.56。估算结果表明,三种情景下的潜在增长率分别为7.2%、6.4%和5.6%。最后根据以上估算结果,认为未来仍需继续推行"积极财政政策要更加积极、稳健的货币政策要松紧适度"的政策组合,释放改革红利和技术进步红利,推动全要素生产率的提高。

第六章主要在政治经济学的框架下分析了技术进步的主要特征——不确定性、不平衡性和有偏性,并结合理论与实证研究,分析了影响技术进步的经济因素和制度因素。中国特色社会主义进入新时代,经济发展进入新阶段,我国技术进步水平由过去以跟为主转化为跟跑、并跑、领跑并行,有望在世界科技革命和产业变革的大趋势中实现"弯道超车"。从经济理论的角度来看,技术进步是推动现代经济增长的核心力量。在马克思主义的历史唯物主义理论和政治经济学分析中,技术进步扮演了推动生产力发展和生产关系变革的物质力量的重要角色。因此,本章指出了新时代我国技术进步面临新常态的挑战,提出了在政府、市场与企业层面上实施创新发展战略的具体措施。

第七章到第十章关注中国经济的产业结构问题。

第七章主要以电力行业为例,具体阐述了如何优化产业政策,深化供给侧结构性改革。在"三去一降一补"取得的初步成效基础上,深化供给侧结构性改革的核心抓手是优化产业政策。本章以电力行业为例,阐述了优化产业政策、深化供给侧结构性改革主要包括三个方面的内容:一是确立竞争政策在产业政策中的优先和基础性地位,并据此对市场结构进行适当的干预和重组,以充分发挥好市场竞争的作用;二是健全市场监管体制机制,从约束企业行为层面开展必要的供给管理,以确保市场竞争的公平性和有效性;三是完善财税政策,从激励企业行为层面开展必要的供给管理,科学引导技术进步和新兴产业有序发展。

第八章主要探讨了数字经济的内涵、发展现状及其在未来经济发展中的重要作用。随着新一代信息技术的快速发展,数字经济已经成为各国争夺的战略高点,也是新时代引领中国经济增长的新动力。党的十九大报告指出,我国经济已由高速增长阶段转向高质量发展阶段,正处在转变发展方式、优化经济结构、转换增长动力的攻关期。数字经济的快速成长已经成为新时代下引领中国经济增长的新动力,但现阶段关于数字经济的理论分析仍然较为欠缺。本章首先从理论上对数字经济的基本内涵(包括基本定义、发展历程、传导机制和发展规律等)进行分析,然后从全球和国内两个维度对数字经济的发展现状进行概括总结,最后在此基础上对数字经济面临的挑战和机遇进行展望与分析,从而为数字经济在国内的探索与实践提供理论支撑。

第九章主要从理论上解释了中国融资租赁行业演化路径多样性及区域集聚的现象。中国融资租赁产业作为伴随改革开放40年发展起来的金融业态,日益成为推动经济"脱虚向实"的重要金融工具。本章构建基于知识溢出的制度创业推动机制模型，刻画制度创业者的自主能动者与知识溢出方双重角色，及其所有制与专业性的双重属性，研究发现场域中参与主体由知识势差形成的知识溢出及其自主行动能力是推动制度变迁的内生动力，知识吸收的难易程度和产权制度的优化程度是阻碍制度变迁的成本约束，从而为当前金融体系全面深化改革、金融服务业扩大开放背景下，融资租赁产业相关政策制定提供了理论参考。

第十章主要从交易费用的视角，以中国融资租赁产业为例探讨了我国金融产业演化发展的本质规律。在金融业进入深化改革、全面开放新格局的背景下，本章深入剖析了融资租赁业务的引入与发展演变过程，发现我国金融产业演化发展的本质规律，得出"在特定的金融服务方式下，交易成本具备较大改善潜力的环节，将成为该金融服务方式创新突破的重要领域；某些服务领域更容易获得额外增值收益，这些领域将成为该金融服务方式的重点发展市场"的推论，从而提出了"金融体系改革应朝着降低体系总体交易费用的方向进行；系统保障成本是影响金融新业态演化的关键因素；金融产业的创新发展应以需求为导向关注重点细分领域；应鼓励金融企业走专业化发展之路；金融产业应以开放促交流等"有利于金融供给侧改革的建议。

第十一章到第十七章探讨中国经济的区域结构问题。第十一章探讨人力资本与区域创新之间的关系。第十二章到第十四章探讨"一带一路"中的产业布局、区域布局以及能源合作格局。第十五章关注海南自贸区的飞机租赁业。第十六章和第十七章关注中国农村经济，主要关注农村基础设施问题和金融问题。

第十一章主要从创新的异质性出发，将创新分为基础创新和应用创新，分析了人力资本对区域创新的影响。本章利用1998—2015年我国的省级面板数据，采用固定效应、空间计量等方法进行了实证分析，结果表明：第一，从创新的异质性看，我国人力资本对基础创新具有显著的正向影响作用，但对应用创新的影响并未凸显；第二，人力资本结构中，高等教育对区域创新的影响发挥关键作用，平均受教育年限则不显著；第三，从基础创新与应用创新的关系看，基础创新对应用创新的先发拉动机制没有完全体现。因此，政府要加强创新环境建设力度，多维度支持创新；继续扩大教育规模，提升人力资本质量；根据实际要求合理分配基础创新、应用创新的人力资本投入和配置。

第十二章主要介绍了"一带一路"背景下的新型全球化格局。"一带一路"作为重要的对外开放政策，是中国主动参与构建的国际经济合作共赢平台。不同于以往的合作平台，"一带一路"是由世界上最大的发展中国家主动倡议的。这一国际合作平台的提出，一方面是基于中国经济的性质与发展阶段，另一方面也是基于特殊的国际经济背景,具有历史必然性。"一带一路"的提出将推动经济全球化进程,引领全球化形成新的发展格局。同时,改革开放以来,中国经济实现了长时间、高速度的增长,在这一过程中,积累了诸多方面的发展经验,在新型全球化格局中,"一带一路"沿线国家和地区可以借鉴中国发展过程中积累的工业化、基础设施建设、城镇化等方面的经验,为其经济发展提供新的增长思路与契机。

第十三章主要探讨了"一带一路"上的产业合作思路。2013年以来,"一带一路"的宏伟蓝图已经逐渐清晰,国际产业合作正有序推进。沿线各国与我国产业结构的差异和互补为国际产业合作提供了基础。沿线各国不同的产业结构及市场类型对于要素驱动型企业、市场驱动型企业有着不同的吸引力。基于产业结构的相关理论,本章通过测算"一带一路"沿线各国产业结构高度,并结合劳动力、境外投资和经济发展水平等因素,搭建产业合作"钻石模型",从四个维度立体识别当前部分境外投资重点国家的产业特征,以此获得针对国家产业特征的具体合作方向。在"一带一路"倡议指导下,通过产业合作优势分析,针对各国产业发展类型的特征寻找适宜的合作路径,为探讨国际产业合作提供新的借鉴和思路。

第十四章主要探讨了"一带一路"倡议下中国能源国际合作的新格局。"一带一路"倡议前,中国能源国际合作总体上是在以美国为首的发达国家主导的国际政治经济秩序格局下开展的,相对比较被动,存在一些有待破解的、深层次的矛盾与难题。"一带一路"是新时期中国对外合作格局的主动求变和战略性调整,明确了中国今后对外合作的重点方向。能源合作是"一带一路"倡议实施的关键领域之一,其根本的战略目标是在巩固已有国际合作成果的基础上,进行战略性、结构性调整并补短板,着重解决当前能源领域国际合作中存在的深层次矛盾与问题,构筑中国能源国际合作新格局和新体系。

第十五章主要探讨了如何推动海南自贸区打造国际飞机租赁中心。海南自贸区(港)的建设需体现中国特色,符合自身发展定位要求。本章深入分析海南自贸区发展飞机租赁产业的必要性,借鉴国内外租赁产业集聚发展的成功经验,因地制宜地提出了发展思路,并从增强税收优惠力度、放开金融管制、创新海关监管模式、优化营商环境及培养专业人才等方面提出了具体的政策建议。

第十六章主要从公共经济学的视角探讨了如何在乡村振兴战略背景下建设农村基础设施。改革开放40年来,中国经济发展取得了巨大成就,但城乡发展不协调问题仍然存在。加强农村基础设施建设,促进农民共享改革成果,是中国经济发展的应有之义。本章在乡村振兴战略的背景下,基于对"三农"问题的关注,立足公共经济学视角,从供给、需求及执行层面深入剖析我国农村基础设施建设中存在的矛盾,并从资金筹集、规划布局、投资监管、支持保障等维度,就构建农村基础设施建设促进机制提出相应的对策建议。

第十七章主要回顾了改革开放 40 年来中国农村金融改革不同阶段的思路、政策指引、改革实践及阶段成果。改革开放 40 年来,农村金融已成为促进现代农业发展、缩小城乡收入差距和消除农村贫困的重要推动力量。本章通过对中国农村金融改革的历程回顾发现,中国农村金融改革的突出成就表现在改革思路实现较大突破、多层次的农村金融生态基本形成、金融扶贫作用日益突出三个方面,但也存在一定的问题。为此,展望未来的农村金融发展,必须立足当前农村经济发展实际,把握乡村振兴发展趋势,充分尊重市场规律,构建符合"三农"发展需求的农村金融生态。

第十八章和第十九章分析微观层面的问题,从企业角度探讨经济的高质量发展。

第十八章主要展望了 2019 年中国企业在深化供给侧结构性改革和实现高质量发展背景下的未来走势。本章首先回顾了 2018 年中国经济增长与企业经营现状,发现中国经济在 2018 年基本延续了"十三五"以来的发展态势,呈现稳中有进、结构不断优化、物价涨幅趋于温和、新增就业趋于增加的新常态,而企业经营呈现利润增幅下降、成本问题突出、产能过剩三大特征。然后基于中国经济新常态的背景前瞻 2019 年企业的经营走势,认为未来国内企业经营状况仍将保持稳中求进、供给侧结构性改革继续推进、创新驱动转换发展动力、营商环境改善、兼并收购活跃、国际化步伐加快六大特征。

第十九章主要探讨了中国企业集团的治理问题。随着中国经济发展从高速度向高质量转型,中国企业集团需要从"做大"转向"做强",企业集团治理的改革成为亟待解决的问题。企业集团的治理结构决定了集团内部分配资源的方式,进而决定集团和成员企业的战略决策、创新活动和绩效等。鉴于企业集团治理比任何其他组织的特征分析和影响机制都要复杂,本章从股权集中度、金字塔结构、产权性质和董事会的角度,梳理和总结国内外企业集团治理的最新研究进展,提出未来企业集团治理有待深入的问题,这对于推动中国企业集团治理的研究和实践具有重要意义。

第二十章和第二十一章探讨了中国经济中的分配问题。

第二十章主要依据马克思主义政治经济学的基本原理和方法,考察了我国改革开放以来在分配理论、分配制度和分配关系等方面展现的基本变化,对改善新时代分配关系的主要措施进行了分析。分配体制改革始终是经济体制改革的重要内容,分配关系是否合理也是检验建设社会主义现代化国家目标是否实现的一条重要标准。马克思主义政治经济学关于分配的基本原理为我们分析现实的分配关系和重大分配问题提供了重要的方法论。针对改革开放以来不同时期分配关系、分配制度、分配理论和分配政策的考察表明,我国社会主义初级阶段的分配制度和分配体制是政治经济学理论逻辑与中国特色社会主义历史发展逻辑相统一的产物。中国特色社会主义进入新时代,经济发展进入新阶段,完善分配关系、处理好分配问题,根本是要解决发展的不平衡、不充分问题,为从"先富"到"共富"奠定坚实基础。

第二十一章主要研究了社保征缴方式调整对中国宏观经济的影响。本章首先采用案例的形式详细解读社保征缴方式调整的具体细节,结果发现对于以社保基数下限缴纳且月收入1万元的员工,企业和个人都将补缴1.5倍的原社保费,导致人工成本上升17.12%,员工收入下降6.65%。然后,基于2017年国内上市公司的数据,分别从整体层面、行业层面和地区层面三个角度全面系统地定量测算社保征缴方式调整对国内宏观经济的影响。测算结果发现,社保征缴方式调整将导致上市公司裁员,进而提升国内城镇登记失业率0.2个百分点。若要消除该不利影响,则需要平均下调全国各省市社保缴费比例12个百分点左右。进一步分析表明,制造业是补缴社保费最多的行业,北京市是补缴社保费最多的地区。以上研究为在社保征缴体制改革与配套政策措施推行中寻找合适的政策平衡点提供了一定的参考依据。

本报告是系列年度报告《中国经济增长报告》的第十六部。以往的报告分别为:

1.《中国经济增长报告2004——进入新一轮经济增长周期的中国经济》

2.《中国经济增长报告2005——宏观调控下的经济增长》

3.《中国经济增长报告2006——对外开放中的经济增长》

4.《中国经济增长报告2007——和谐社会与可持续发展》

5.《中国经济增长报告2008——经济结构与可持续发展》

6.《中国经济增长报告2009——全球衰退下的中国经济可持续增长》

7.《中国经济增长报告2010——从需求管理到供给管理》

8.《中国经济增长报告2011——克服中等收入陷阱的关键在于经济发展方式转变》

9.《中国经济增长报告2012——宏观调控与体制创新》

10.《中国经济增长报告2013——实现新的历史性跨越》

11.《中国经济增长报告 2014——深化经济改革与适度经济增长》

12.《中国经济增长报告 2015——新常态下的宏观调控与结构升级》

13.《中国经济增长报告 2016——中国经济面临新的机遇和挑战》

14.《中国经济增长报告 2017——新常态下的增长动力及其转换》

15.《中国经济增长报告 2018——高质量发展中的经济增长和宏观调控》

本期报告的主编为刘伟(中国人民大学校长、教授、博士生导师),副主编为苏剑(北京大学国民经济研究中心主任、教授、博士生导师)。撰稿人有刘伟(第一章、第五章)、苏剑(第一章、第二章、第五章、第七章、第二十一章),课题组成员主要包括张辉(北京大学经济学院教授,博士生导师,第四章、第八章、第十一章、第十二章、第十三章)、胡迟(国务院国资委研究中心研究员,第十八章)、林卫斌(北京师范大学经济与资源管理研究院副教授,第七章、第十四章)、方敏(北京大学经济学院教授,第三章、第六章、第二十章)、郭晨曦(北京大学经济学院博士后,第十九章)、范昕墨(北京大学经济学院博士后,第十六章、第十七章)、邵宇佳和陈丽娜(北京大学经济学院博士后,第二十一章)、曾旒缯(北京大学经济学院博士后,第九章、第十章、第十五章)。本报告部分成果分别受国家社科基金重大项目"改革开放以来我国经济增长理论与实践研究"(项目编号:15ZDA007)和教育部哲学社会科学研究重大课题攻关项目"建设现代化经济体系的路径与策略研究"(批准号:18JZD029)资助。

第一章 中国经济增长形势回顾与展望①

2018年中国经济增长维持在合理区间,但下行压力不减。人口拐点、中美贸易摩擦和世界经济回落成为影响未来中国经济的重要因素。2019年,中国经济自然走势是供给需求"双收缩",汇率及货币危机、房地产危机、地方政府债务、失业率上升、企业债务等成为重要风险点,因此防风险将是首要经济政策目标。基于包括市场化改革、供给管理、需求管理三大类政策的中国特色宏观调控体系,2019年中国宏观经济政策的组合是加快市场环境治理为主,供给管理次之,需求管理为辅。

2019年中国经济增长延续下行趋势,经济增速预计回落至6.3%左右。中国经济面临国内外诸多挑战。外部因素方面,全球经济增长放缓、中美贸易摩擦的长期性和复杂性、地区局势安全等问题成为掣肘中国经济的重要因素。内部因素方面,一方面,当前中国经济面临汇率不稳定、房地产价格危机、地方政府债务和国有企业债务等方面的风险;另一方面,环境保护、人口拐点、结构性去杠杆、能源成本波动等因素导致中国供求两端承受较大压力。多重压力下,中国经济如何走?应采取什么经济政策?本章将对此进行分析。

本章主要结构如下:第一节回顾2018年经济形势;第二节介绍2019年经济运行新局面;第三节总结影响2019年中国经济的主要因素;第四节分析2019年中国经济的自然走势;第五节探讨2019年中国经济的主要风险点;第六节预判2019年中国可能采取的宏观调控政策;第七节为总结和展望。

第一节 2018年经济形势回顾

2018年经济增长维持在合理区间,但下行压力不减。2018年,按可比价格计算,GDP同比增长6.6%,实现了6.5%左右的预期发展目标②,但与上年相比下降0.2个百分点,且四个季度的GDP增速呈梯次回落态势,分别为6.8%、6.7%、

---

① 本章为国家社会科学基金重大项目(课题号:15ZDA007)"改革开放以来我国经济增长理论与实践研究"的研究成果。团队成员还包括蔡含篇、陈丽娜、陈阳、纪尧、孔帅、邵宇佳、许琴芳。
② 除特别注明,本章数据主要来自 Wind 数据库。

6.5%和6.4%,其中四季度GDP创2009年一季度以来最低季度增速,表明经济下行压力持续。

一、供给端

利润收缩,制造业支撑作用减弱,导致工业生产不佳。2018年,全年规模以上工业增加值同比增长6.2%,较去年回落0.1个百分点。2018年1—12月,中国制造业PMI值呈现波动下滑的态势,12月已下降到49.4%,处于荣枯线以下,表明工业生产活动扩张的内生动能趋弱。主要原因是,利润收缩影响企业生产活动再投资的预期,制造业增加值同比增速回落制约整体工业生产活动。同时,产业结构调整,新兴产业增长较快。

二、需求端

投资方面,投资同比增速下滑,结构发生变化。2018年全国固定资产投资同比增长5.9%,较2017年下滑1.3个百分点,其中,一、二、三产业分别上涨1.1、3.0、-4.0个百分点。拉升因素主要是民间投资同比增速、房地产投资同比增速和制造业投资同比增速均上涨;压低因素主要是基建投资同比增速显著下滑,制约整体投资增长。

出口方面,按美元计算,2018年出口同比增长9.9%,增速较2017年的7.9%高出2个百分点。主要原因包括相对稳定的外部需求、中美贸易摩擦导致的抢出口效应,以及2017年的低基数效应。进口方面,按美元计算,2018年进口同比增长15.8%,增速较去年小幅回落0.3个百分点。贸易顺差方面,按美元计算,2018年贸易顺差累计值为3518亿美元,较去年同期减少678亿美元。

消费方面,消费同比增速下滑,结构发生变化。一方面,2018年社会消费品零售总额同比增长9.0%,增速较2017年下滑1.2个百分点。另一方面,与2016年和2017年不同,2018年消费结构中,吃、穿等生活用品与非限额以上消费品消费额增速上涨,但其他消费额增速均出现不同程度的下滑。

三、价格

2018年,居民消费价格增速上涨,工业品价格增速下滑,CPI和PPI剪刀差收窄。2018年CPI和PPI分别同比增长2.1%和3.5%,分别较2017年上涨0.5、-2.8个百分点。2018年前三季度CPI同比增速呈现波动上涨的态势,进入四季度转而下跌,主要原因是受到国际原油供给冲击的影响。工业品价格下滑主要原因有高基数效应;错峰生产;2018年秋冬季环保力度弱于2017年同期,供给相对增加,抑制工业品价格上涨,尤其是钢铁价格;总需求收缩抑制价格上涨。

四、货币金融

信贷同比扩张,结构仍待改善。2018年全年人民币贷款增加16.17万亿元,同比多增2.64万亿元。从结构上看,2018年信贷的同比扩张主要来源于票据融资,新增企业短期贷款和企业中长期贷款分别比2017年少增11 318亿元和7 800亿元,反映了2018年实体经济融资需求的疲弱。新增居民中长期贷款占全年新增人民币贷款的比重由2017年的39%降至2018年的31%,反映了居民购房需求的减弱。

表外融资收缩,社会融资同比增速下降。2018年全年,社会融资规模增量累计为19.26万亿元,比2017年少3.1万亿元。

M2同比增速与去年持平。2018年12月末广义货币供给量M2为182.67万亿元,同比增长8.1%,增速与去年同期持平。M2同比增速与去年持平主要是由于非标融资的持续萎缩。

第二节 2019年经济运行新局面

一、稳中有变

总体上,2018年中国经济增长和宏观运行是平稳的,即各项宏观经济指标处在政策目标可控范围之内,经济增长率为6.6%,GDP总量突破了90万亿元,通货膨胀率(CPI)为2.1%,登记失业率为3.8%,整个宏观经济运行没有出现大起大落的严重波动,但"稳中有变",突出表现在以下三个方面,在未来必须予以关注。

第一,外部环境发生明显变化,中国经济面临的外部风险加大。一方面,世界经济复苏势头减弱,中美贸易摩擦反复,地缘政治乃至局部战争频发,前期出现的外需改善对中国经济的带动作用在2019年不仅难以持续,而且有可能恶化。2017年全球各主要经济体难得地实现了同步增长,带来了外部需求的改善,但这种改善是世界各国同步采取持续性超常规宏观政策的产物,其中潜伏着大量的深层次问题没有解决。2018年世界经济复苏形势出现严重分化,全球主要经济体的政策协调性下降,加上中美贸易摩擦升级、国际油价大幅上涨以及美联储加息等因素的影响,2019年中国面临的外部环境较此前显著恶化。IMF、世界银行、OECD等机构纷纷下调了世界贸易、世界投资及世界GDP的增速。

另一方面,持续的金融宽松导致全球资产泡沫同步化,国际金融风险上扬,未来出现外部金融冲击的可能性加大。金融危机以来,全球金融条件持续宽松,已经达到2006—2007年金融危机前夕的水平,在很大程度上造成了各国股票和房价的同步上涨,由此引起的股市和房地产等资产价格泡沫问题非常严重。在央行资产负债表快速扩张的情况下,欧美国家用金融杠杆抬高金融资产价格产生估值效应来修复资产负债表,杠杆率已经超过2006年的水平,从而导致全球股市市盈率普遍超过金融危机前的水平,全球房价也出现了更大范围、更同步的全面上涨,资产泡沫空前增大。因此,未来中国经济面临的外部金融风险也在加大,受到金融冲击产生经济波动的可能性提高。

第二,经济运行的微观基础发生变异,企业、消费者和政府行为模式均发生显著变化。首先是企业行为模式发生了不利变化。一是生产成本的上升、市场需求的回落、改革前景的信心不足,已经导致企业投资意愿持续回落。二是工业企业在产业间和所有制上的利润分化,特别是上游行业和国有企业利润改善而中下游行业和民营企业利润恶化,进一步加剧了制造业企业的经营困难和"脱实向虚"。三是上市公司投资泛化和"房地产化",进一步凸显了上述问题。

其次,消费者行为也发生了显著变化。2018年社会消费品零售总额同比增长8%左右,相比其他宏观变量,消费表现比较平稳,但出现的新变化应引发市场关注。究其背后的原因,一是房地产市场的不健康发展,使得居民在住房投资上过度支出,已经严重挤压了居民的消费基金。据估计,在中国家庭金融资产配置中,房产达到69%,对比美国的36%,中国居民的"可速变现"消费能力受到很大制约。有研究估计,中国城镇居民的购房负担率(年度购房支出/收支结余)自2015年以来出现新一轮较快上升,2018年首次突破100%而达到111%,这意味着平均而言,城镇居民已经没有盈余资金用于改善消费。二是居民收入分配差距扩大,基尼系数显示的城乡居民收入水平的差距长期超过通常所说的警戒线水平,导致边际消费倾向较高的居民收入比重降低。居民收入平均增速与中位数增速之间的背离以及各阶层统计收入与真实收入的背离,进一步抑制了消费的增长。三是中高端消费供给不足,导致消费升级的需求得不到满足。在收入分配差距扩大降低大众消费的同时,符合高收入群体消费水平的中高端消费又得不到满足,进一步降低了总体消费水平。2017年城镇居民家庭恩格尔系数从1978年的57.5%下降到28.6%,农村居民也从67.7%下降到31.2%,基本达到联合国划分的20%—30%的富足标准,这意味着中国居民的消费需求发生了巨大的结构性变化,消费升级的需求极为迫切。四是一些深层次的问题也在持续产生影响。由于我国社会保障和福利体系不健全,政府对教育、养老、医疗等公共服务支出不足,导致居民预防性储蓄过高,不利于促进居民消费。再者,我国现行税收体制在很大程度上是以间接税为主,而间接税多为从价税,针对消费课税也在一定程度上抑制了消费,特别是普通消费者的消费。

最后,政府行为模式发生了重大变化。当前投资下滑的一个重要因素是基建投资的急剧下滑,背后原因是政府行为发生了变化,地方政府作为投资发动机的动力已经大为减弱,因为其目前正在进行机构改革和政府职能转变,例如在债务上要形成追责制度,新官要管旧账,等等。投资下滑特别是基建投资的下滑,与政府行为特别是地方政府行为的调整密切相关,这样的变化在未来会是常态。按照改革的目标,地方政府的职能要重构,从过去管制型政府、投资型政府转变成服务

型政府、法治政府,这种转变要求政府的投资能力弱化。另一个重要因素是"挤水分"。在高质量发展的需求下,投资数据已经发生了实质性变化,过去固定资产投资占 GDP 的比重虚高,2016 年达到 81%,2017 年为 77%,而最后核算出来的资本形成总额占 GDP 的比重仅为 44%,可见投资的水分之大。

第三,供给侧结构性改革的阶段性任务取得阶段性成果,未来工作的重点和改革深化的方向应有重要变化。供给侧结构性改革实施以来,在各方的努力下取得了重大成效,去产能、去库存、去杠杆等也已达成阶段性目标,未来需要对总体经济战略进行重新定位和路线设计,以更好地应对当前国内外经济形势的最新变化。首先,在去产能方面,工业产能利用率显著提升,相关产品价格出现明显上涨。2018 年上半年,全国工业产能利用率达到 76% 以上,比 2016 年同期提高近 4 个百分点,PPI 同比总体涨幅超过 4%。其次,在去库存方面,房地产库存已经大幅下降,甚至出现房价轮番上涨。再次,在去杠杆方面,总体债务率上升势头得到有效控制,工作思路也在进行重要调整。在总体去杠杆取得一定成效后,2018 年 8.1% 的 M2 增速对于当前的宏观经济是否过低,是继续进行整体去杠杆还是转向结构性去杠杆,是继续进行增量调整还是启动存量调整,以及去杠杆过程中的方式方法问题等,都需要重新思考和再定位。最后,在降成本和补短板方面,需要从更高层面加大实施力度,通过财税改革和体制机制改革,降低税负成本和制度成本,积极补齐公共服务和市场制度建设的短板,切实回应企业和居民的真实诉求,真正激发市场主体活力。

此外,在降成本方面,未来可能还需要关注成本推动型通货膨胀的潜在影响。2018 年中国物价出现一定程度的回升,尽管短期内通货膨胀水平不高,但是很明显的变化是已经从需求推动型通货膨胀转为成本推动型通货膨胀。背后两大驱动因素是国际原油价格大幅上涨和国内上游产业供给侧结构性改革,加上 2018 年房租价格大幅上涨,企业生产成本和居民居住成本出现明显抬升。尽管温和的通货膨胀并不值得惧怕,甚至一定程度上还有助于减轻债务压力,但是需要正视潜在风险。

从以上三方面变化可以看出,当前宏观经济的下行可能并非周期性,而是趋势性问题。从外部环境看,中美贸易摩擦可能无法在短期内解决,而成为中长期问题。随着美俄、美伊冲突加剧,甚至可能演化成地缘战,给中国带来石油冲击。值得注意的是,2018 年美国经济处于周期性高点,在中美贸易摩擦的背景下,中国向美国的出口暂时未受到显著的影响,但是随着中期视角下美国经济走势逐渐下行,中美贸易摩擦的影响才会真正显现。从内部环境看,企业、消费者和政府新的行为模式一旦形成,也不太可能在短期内扭转,而必然成为中长期问题。

二、变中有忧

总结 2018 年面临的新变化,2018 年 GDP 虽然全年增长在 6.5% 以上,但分季度是持续下降的,从年初的 6.8% 降至第二季度 6.7%、第三季度 6.5%、第四季度为 6.4%。2019 年宏观经济运行可能具有新的特征,经济下行的压力会进一步加强,具体体现在以下几方面。

第一,2019 年是中国经济新常态新阶段的关键一年。一是经济增速换挡还没有结束,阶段性底部还没有呈现;二是结构调整远没有结束,刚刚触及本质性问题;三是新旧动能转化没有结束,政府扶持型新动能向市场型新动能转换刚刚开始;四是在各种内外压力的挤压下,关键性与基础性改革的条件已经具备,新一轮改革开放以及第二轮供给侧结构性改革的窗口期已经全面出现。

第二,在世界经济结构与秩序的变化影响下,即使中美贸易谈判取得阶段性和解,但由于世界经济周期整体性回落、全球金融周期持续错位等因素,也都决定了 2019 年中国外部环境将面临持续恶化的风险。2019 年出口会回落,外需不旺,日本、欧洲和新兴经济体增长放缓,甚至出现负增长。

第三,2019 年面临经济下行周期与金融下行周期的重叠,外需回落与内需疲软的重叠,大开放、大调整与大改革的重叠,盈利能力下降与抗风险能力下降的重叠,这些决定了 2019 年下行压力将持续强化。

第四,很多金融参数创历史新低说明中国经济内生性收缩压力较大,2019 年系统性金融风险虽然总体可控,但债务水平的高筑、盈利能力的下降、结构性体制性问题回旋空间的大幅缩小、未来不确定性的提升以及悲观情绪的蔓延,都决定了不同领域的短板效应将加速显化,局部风险将在房地产市场、汇市、股市、债市及其他金融市场持续释放。

根据上述定性判断,中国人民大学国家发展与战略研究院宏观经济研究课题组利用中国人民大学经济分析与预测模型,对 2019 年宏观经济指标预测如下:2019 年实际 GDP 增速为 6.3%,比 2018 年下滑 0.3 个百分点左右,GDP 平减指数降为 2.8%,名义 GDP 增速为 9.2%,较 2018 年下滑 0.6 个百分点;投资增速持续下滑的趋势有所缓和,但投资意愿低迷的态势难以扭转,全年投资增速为 5.9%;消费快速下滑的局面有望缓解,但居民债务攀升导致消费基础削弱,全年消费增速为 9.0%;外部环境继续恶化,全年出口增速降为 6.1%,进口增速为 16.1%,贸易顺差降为 994 亿美元;随着内外供需平衡的进一步调整,2019 年价格水平总体保持温和状态,全年 CPI 上涨 2.4%,PPI 上涨 3.4%,GDP 平减指数涨幅为 2.8%。

在 2019 年经济下行压力增大的过程中,宏观经济运行风险突出。

第一,出现外部冲击的风险。在世界经济结构和秩序的裂变期,外部风险的恶化具有趋势性、阶段性与结构性的特征，特别是中美摩擦具有长期性，这对中国传统的外向型经济发展模式构成极大挑战。2019年出口增速的回落、贸易顺差的大幅下降、人民币汇率贬值承压，以及局部外向型产业和区域出现明显回落将是大概率事件。

第二，失业压力加大和就业质量下降的风险。目前就业总体平稳，但就业和工资增长势头有所放缓，特别是第三季度市场招聘需求人数同比下降27%，为2011年来季度指标首次出现负增长。2019年就业还将面临四大冲击。一是贸易摩擦从资本密集型行业向劳动密集型行业延伸，相关产业的就业承压。如不采取任何措施，将使直接从事对美出口生产的就业损失不下300万；如采取5%的竞争性贬值措施，损失或可控制在百万内。二是近几年第二产业加速排斥劳动力，每年在500万人以上，叠加贸易摩擦的影响，预计2019年第二产业的就业排斥量达到600万—800万。三是服务业周期性放缓，近期服务业生产指数和投资均出现大幅下滑，就业创造功能将急剧衰减。四是双创浪潮步入中后期必然出现的失败潮，2019年释放的劳动力可能呈井喷之势。

第三，房地产市场剧烈调整的相关经济和金融风险。2019年房地产市场发生调整的风险明显加大，并可能产生"交叉感染风险"，成为影响短期经济走向和金融稳定的关键因素。高压管控下房价出现明显"复涨"的趋势，同时房地产企业土地库存快速累积、杠杆率持续攀升、短期偿债能力恶化、债务违约从非标市场向债券市场蔓延，标志着2019年房地产市场调整的风险加大。

第四，地方政府及融资平台债务问题集中暴露的风险。2019年地方政府融资平台的偿债高峰期首次到来，从3523亿元剧增至17842亿元，但财政收入增速加快下滑、土地出让金收入回落、创新项目烂尾工程和坏账增多，地方政府及其融资平台的债务风险显著加大，局部风险可能会集中暴露。

第五，民间投资和外商投资不可持续的风险。一是在目前的民间投资回升中，房地产投资起到了较大支撑作用，2020年将面临同向波动的风险；二是民间制造业投资可能受到明年进入去库存周期的不利影响，出口导向的制造业所受冲击更大；三是民营企业的资产负债表恶化，总资产同比减少4.7%，而资产负债率却上升到56.1%，比2018年提高4.7个百分点，民企债券违约金额开始急剧增加，前三季度已接近500亿元，比2018年全年提高300亿元；四是国际分工格局正在重构，经济新冷战格局的苗头显现，各国纷纷采取措施吸引制造业投资，中国可能面临趋势性投资外流。

第六，汇率波动加剧的风险。随着全球金融条件收紧和美联储加息提速，2019年年初至今，全球24个新兴市场经济体货币兑美元全部出现贬值，阿根廷、土耳其已经爆发了货币危机，紧随其后的就是"金砖五国"均贬值10%以上。目前中美利差已经收窄至零,随着2019年美联储加息继续提速,人民币贬值压力加大。

三、稳中求进

中央经济工作会议明确提出,2019年继续坚持"稳中求进"总基调。"稳"是指经济增长要防止大起大落,合理确定适度经济增长目标,使经济增长速度与CPI增长速度(菲利普斯曲线)及失业率(奥肯定律)相互协调,相应地要坚持积极的财政政策,并且要提高财政政策的力度和有效性,同时坚持稳健的货币政策,并且要松紧适度。"进"则是指继续坚持以供给侧结构性改革为主线,从供给侧入手,以改革为动力,有效地克服和缓解国民经济深层次的系列结构性矛盾,从而真正推动发展方式有效转变,切实转变新发展理念。

"稳中求进"的总基调实质上是要求在宏观调控中把需求管理与供给管理、总量调控与结构转型、短期增长与长期发展、逆周期调节和趋势性引导有机地统一起来,"稳"更多地体现需求管理、总量调控和短期(年度)增长目标及逆周期调节的要求,"进"则更多地体现供给管理、结构转型和长期发展目标及趋势性引导的要求。没有宏观经济运行的"稳",或者经济过热(大起),就不需要深化供给侧结构性改革。供给侧结构性改革之所以成为迫切的客观需要,重要的原因便在于市场需求疲软,企业必须深化供给侧结构性改革才能适应市场需求疲软下的新的竞争要求。过热的市场需求环境下企业不需要进行供给侧改革;而经济过冷(大落)环境下也难以深化供给侧结构性改革,低迷经济中失业率居高不下的市场环境不允许加大供给侧改革的力度,因为会加剧失业。因此"稳"是为"进"赢得时间窗口的必要基础,"进"则为长期稳定均衡发展创造可能,没有"进"便不可能有真正长期的"稳"。我国宏观经济中存在的突出风险和失衡,深层次原因主要集中在供给侧,并且主要是结构性失衡,特别是经济下行压力主要来自需求疲软,而需求疲软中投资需求增速持续下滑,重要的原因在于供给侧经济结构升级动力不足,而这又主要源于创新力不足所导致的新动能转变迟滞,缺乏有效的"好"的投资机会是投资需求难以有效增长的根本性原因。消费需求增速下滑,重要的原因同样在于供给侧:一方面国民经济分配结构存在扭曲,在宏观部门之间的分配上,居民部门增速相对低,在微观居民之间收入分配差距较为显著,从而抑制了社会消费力的释放;另一方面,消费供给方面的结构、质量、安全等问题也进一步在一定程度上抑制了消费力应有的扩张。为了克服这些供给侧的结构性矛盾,必须坚持贯彻新发展理念,坚持全面深化改革,在经济机制上特别需要深化市场化和法治化,完善社会主义市场经济体制,发挥市场机制在资源配置中的决定性作用,更好发挥政府作用,没有"进"就不可能在经济结构上和经济体制上保障长期稳定均衡的增长。

第三节 影响2019年中国经济的主要因素

一、人口拐点

2016年实行全面二孩政策后,2017年不但没有如预期那样多出生343万人,反而减少63万人(减少3.5%);2018年不但没有如预期一样多出生79万人,全国活产数反而减少250万人(减少14.2%)。抽样调查显示2015年、2016年的生育率分别只有1.05、1.24,2018年的出生数只是2016年的83%。根据育龄妇女结构推算,2018年的生育率只有1.05左右(低于1.1是大概率,甚至可能跌破1.0),远低于官方2012年预测的4.4、2015年预测的2.1。

采纳2015年抽样调查的年龄结构(官方)和联合国预测的中国死亡模式(与官方预期寿命一致),2018年的生育率为1.05,那么出生1031万人,死亡1158万人,负增长127万人。由于官方的总人口存在大量水分,采纳缩水后的人口结构和滞后我国台湾地区17年的死亡模式,2018年的生育率为1.05,那么出生941万人,死亡971万人,负增长30万人。清朝中期的1790年,中国人口数突破3亿,出生超过1000万人,也就是2018年的出生人数是清朝中期以来最少的,2018年成为中国人口总量的拐点。人口拐点的到来,导致中国市场规模收缩,将从需求一边给未来中国经济发展带来严重影响。而2012年左右中国就已经过了劳动力的拐点,劳动力逐年减少,这从供给一边抑制中国经济增长。总体来说,随着人口负增长时代的到来,从人口、劳动力角度看,中国已经进入供给、需求双收缩的经济运行模式。

二、中美贸易摩擦

贸易摩擦出现的原因之一就是全球缺少产品创新。任何传统产品的消费最终都将趋于饱和,在缺乏产品创新的情况下,全球市场规模很难增长。在这种情况下,各国开始争夺既定规模的市场蛋糕,最终结果是全球经济战出现。其实中美贸易摩擦就是全球经济战的一部分。

中美贸易摩擦发生的根本原因同样是当前缺乏产品创新。过去美国位于全球价值链的高端,中国处在中低端,中美之间形成一种互补关系,合作共赢。但当前美国,一方面由于创新乏力,导致其全球产业链高度被固定;另一方面由于其他发达国家在技术进步上的追赶,导致美国高端产业市场被逐步蚕食,美国产能过剩问题加剧。在上述双重压力下,美国被迫反向生产过去不愿生产的产品,以解决美国的失业问题,这正是当前美国"再工业化"背后的逻辑,其本质就是被动的结构降级过程。源于此,随着中国经济结构的不断升级,使得中美由过去的互补关系演变成当前的竞争关系,从而触发了当前的中美贸易摩擦。

在当前的全球经济竞争中,美国在特朗普上台之后采取了重大举措。一是减税和简政放权,通过减税和简政放权,有效降低了在美国开办制造企业的成本,吸引了美国企业回流和外国企业在美国投资设厂。二是为美国打开国际市场。为了提高美国企业在国际市场的自由竞争度,特朗普对其他国家提出了开放市场的要求,贸易摩擦便随之发生。因此,与美国产生贸易摩擦的国家不仅包括中国,还包括欧洲和日本。

在2017年召开的G7会议上,特朗普提议G7国家都把关税降到零,实现零关税、零壁垒和零补贴,达成"三零"协议。"三零"协议意味着极端的自由贸易。如果"三零"协议能够达成,G7国家之间的贸易就会像各国国内各地之间的贸易一样,没有任何障碍,没有任何补贴,没有任何关税。就目前而言,日本和欧盟之间已达成这样的协议,美国和欧盟之间也已达成意向,准备往这个方向进一步谈判。如果美国和欧盟、日本,包括加拿大在内的诸多发达国家最终都达成"三零"协议的话,那么对中国来说将是一个严重冲击,即WTO名存实亡,中国将被孤立于新的世界贸易体系之外。

不仅如此,如果贸易摩擦再有升级,最终很有可能形成新的冷战。回顾历史,冷战时期是以美国为首的北约与以苏联为首的华约两大阵营之间的对垒。但从当前的形势来看,如果新的冷战格局形成,很有可能是以美国为首的美欧日等发达国家联盟与中国一国的对弈。在当前的国际贸易中,中国确实已经处于十字路口,很难抉择。这将是影响中国经济中长期走势的一个非常关键的因素。

三、世界经济回落且金融危机风险加剧

2019年1月,IMF第二次下调全球2019年和2020年经济增速预期0.2和0.1个百分点至3.5%和3.6%,对世界整体经济作出了下行的预期。对于发达经济体,美国经济在减税和简政放权等积极财政政策边际效应递减的背景下,2019年大概率会触顶回落;欧盟由于政局不稳定因素增加、移民问题难以解决、民粹主义崛起、加上英国脱欧未决、欧洲债务风险仍然存在等问题,经济增长受到制约;受国内外因素影响,2018年以来日本经济表现较为疲软,经济增长动能出现放缓迹象。新兴市场经济体受制于美联储加息导致的货币贬值压力,资本外流风险增加,但随着美联储加息预期的下降,一定程度上利好于新兴经济体的未来发展。

然而,造成当前全球经济疲弱状况的主要原因则是在全球缺乏产品创新的情况下,发达国家经济表现出"虚胖"症状,具体特征主要为:需求低迷导致经济出现过剩产能和经济增长不佳;低位运行的通货膨胀水平和不断高企的资产价格同时存在,并且资产价格表现出较大的波动性;政府债务水平高导致高财政风险;经济体金融系统表现出较大的脆弱性,这些都导致发达国家金融风险加剧。① 而这种常态的根源一方面在于产品创新率下滑,另一方面则是凯恩斯主义需求管理政策的长期化和常态化。

从第二次世界大战爆发到20世纪80年代中期,出现了世界范围内的军事竞赛,各国在军事武器研发和制造方面投入大量人力和资本,从而为世界消费市场带来新的消费品,进而拉动世界经济增长。然而在苏联解体之后,美国军事竞争压力缓解,从而削减了在军事高端武器方面的研发,最终制约了美国科学技术水平的进一步提高。到21世纪初,冷战期间积累的科学技术成果快被用尽,且其利用效率开始边际递减,美国经济缺乏新的消费热点和经济增长点,最终限制了企业投资,进而导致美国经济逐渐陷入衰退状态。

在经济陷入衰退后,美国政府为扩张需求,通常采用货币政策和财政政策,尤其是正统宏观经济学中的凯恩斯主义需求管理。但以货币政策和财政政策刺激产生的需求效应对这些政策有着极大的依赖性,也就是若刺激政策退出,这种需求就不复存在。与此相对的,通过产品创新带来的新的消费品会改变人们的生活方式,随着人们对这些新的消费品的适应,这些消费品将成为生活必需品,导致消费的永久性扩张。所以,只有技术创新和产品创新带来的需求扩张才能从根本上促进经济的发展。

因此,只有出现新一轮的科技革命,形成新的消费点,才能彻底扭转全球经济低迷的态势。②

第四节 2019年中国经济的自然走势

一、总需求的自然走势

2019年三大需求增速均有可能回落。宏观经济下行预期、人口拐点到来、房地产市场调控、环境保护等导致衣食住行等方面的消费增速下滑或压低整体消费增速。社保征缴方式调整的预期、去杠杆、环境保护将导致投资增速继续下滑。世界经济增长势头减弱、中美贸易摩擦不确定性和贸易抢跑效应减弱,可能导致出口增速下滑。同时,受积极财政政策以及2019年建国大庆等重要纪念活动影响,政府支出或将有一定增长。

---

① 苏剑.解读中国中长期经济形势[J].中国经济报告,2017(6):29—31.
② 仅仅谈科技进步是不够的,还要区分科技进步的性质。大家一般会把工艺创新和产品创新混为一谈。从经济学意义上说,二者是截然不同的两种创新,产品创新扩大的是需求,工艺创新扩大的是供给。现在我们面临的问题是产能过剩,在需求未扩张的情况下,如果工艺创新使得企业的生产效率提高了,那么这可能意味着产能过剩更加严重。而这时如果出现一个产品创新,给老百姓创造新的消费热点,就能够扩大消费。因此,从经济学角度看,产品创新和工艺创新是完全不同的,我们需要产品创新型的科技革命。

（一）消费

综合拉升和压低因素，预计2019年社会消费品零售总额同比增速继续下滑。

拉升因素方面。第一是价格因素，预计2019年居民消费价格增速会上涨，将支撑名义社会消费品零售总额的增长；第二是政策推动，2019年中央经济工作会议将形成强大的国内市场作为2019年重点抓好的六个工作任务之一。

压低因素方面。第一，2019年经济增速大概率继续下滑的预期将抑制消费增长；第二，2018年是中国人口的历史性拐点，中国人口从此开始负增长，消费群体规模收缩，制约消费增长；第三，网络消费增速对社会消费品零售总额增速的促进作用边际递减；第四，环保趋严将导致经济增速下滑和主要消费产品汽车的消费下滑，影响消费扩张。

（二）投资

综合拉升和压低因素，预计2019年固定资产投资同比增速将继续下滑。

拉升因素方面。第一，环保、去产能对制造业投资增速起拉升作用。当前，对传统产业中产能过剩、环保不达标的中小企业的关停和整顿工作已经基本结束。接下来，随着工业品价格的上涨，去产能及环保政策的继续推进，传统制造业企业将会增加设备更新、技术改造方面的投资。2018年，制造业技改投资增长14.9%，高出全部制造业投资增速5.4个百分点。预计2019年，技改投资仍将对制造业投资增速起拉升作用。第二，逆周期调控，基建投资或将企稳，成为拉升因素。2018年年底，中央经济工作会议指出，"宏观政策要强化逆周期调节，继续实施积极的财政政策和稳健的货币政策，适时预调微调，稳定总需求。"2018年年末，基建投资增速出现触底反弹的迹象。预计2019年，作为政策托底的基建投资增速会有所上涨，对全部投资增速起到拉升作用。

压低因素方面。第一，社保征缴方式调整的影响。虽然社保征缴改革当前止步于事业单位，但这被认为是暂时的，仍存在很大的不确定性，随时有可能启动，使得相关预期仍然存在，短期内对企业投资会产生一定的抑制作用。第二，房地产投资增速在2019年或将出现小幅下滑，将制约整体投资增长。

（三）净出口

预计2019年进出口均呈回落态势。

出口方面的拉升因素。第一，较为稳定的外需支撑中国出口。IMF于2019年1月继续下调2019年全球经济增速为3.5%，但世界主要发达经济体制造业PMI值仍处于荣枯线以上，支撑中国出口增长。第二，中国去产能、产业结构升级效果显现，有利于中国出口机电设备和高新技术产品。压低因素方面。第一，中美贸易摩擦持续发酵，如何解决成为影响中国出口近期最重要因素。第二，2018年较高的基数将对2019年出口额同比增速有较大制约作用。第三，中美贸易摩擦导致的抢出口效应也在逐渐消退。此外,世界地缘政治存在的诸多不确定性影响了中国外部需求。综合上述分析,预计2019年全年出口同比增速较2018年有所回落。

进口方面的拉升因素。第一,经济发展促进中国消费结构改善和升级,提高了国内消费者对海外市场产品的需求。第二,扩大进口政策的出台和实施,支撑进口同比增长。压低因素方面。第一,从国内经济基本面来看,经济面临较大下行压力,内需收缩,制约进口增长。第二,环保限产、去产能、产业结构升级等将对高能耗高污染行业相关的进口产生较大的负向影响。综合来看,预计2019年全年进口增速较2018年有所回落。

结合进出口两方面的因素,综合来看,2019年贸易顺差将继续收缩。

(四)政府支出

从拉升因素看,第一,2019年,稳增长需要财政加大支持力度。第二,2019年是新中国成立70周年以及五四运动100周年,预计政府在国庆纪念方面或将有扩张性支出。第三,2019年中央经济工作会议将扶贫和防止污染列入三大攻坚战,预计2019年财政支出将继续向扶贫和防止污染方面倾斜。

从压低因素看,2019年经济下行压力加大,监管层已明确要研究推出"更大规模的减税、更为明显的降费",因此,预计财政收入或将有一定程度的减少,从而影响财政支出的规模。

二、总供给的自然走势

2019年,受环境保护压力加大、劳动力成本增加、能源成本持续波动、美国对中国的高科技中间品出口禁令、社保征缴从严等影响,总供给增速或将呈现一定程度的收缩。2019年总供给的拉升因素可能是技术进步。

(一)环境保护

从2018年全年的数据来看,环保力度并没有放松的迹象,预计2019年仍将保持强力度,这也可以从2019年中央经济工作会议仍将污染防治作为三大攻坚战之一看出。高强度的环境保护将导致企业生产成本提高,从而制约总供给的扩张。

(二)劳动力供给下降,劳动力成本增加

第一,北京和上海等城市限制常住人口数量,部分低技术水平劳动力返乡回流,导致部分城市用工成本攀升。第二,老龄化水平不断提高,一方面导致劳动生产率水平下滑,另一方面导致经济活动人口供给减少,从而提高整体工资水平,增加劳动力成本,制约总供给。第三,受中美贸易摩擦的影响,中国的猪肉、粮食价格面临上涨压力,从而面临成本输入型通货膨胀的风险,提高劳动力成本。综合来看,上述因素均制约了总供给的扩张。

（三）能源成本持续波动

预计2019年能源价格总体将保持波动走势，对总供给的影响不明，目前判断为中性。

2018年国际原油价格先涨后跌，宽幅震荡，国际原油价格在2018年年初呈上涨趋势，而在下半年受地缘政治因素以及美联储加息、全球经济增速放缓的影响，国际油价连续多个交易日下跌。由于原油出口是中东多个国家的财政支柱，能源价格长期处于低位的情况难以持续，预计2019年，国际油价波动增大。同时，煤炭等中国国内需求较大的能源品种，受国内供给侧改革政策及环保政策影响较大，考虑到相关错峰生产、停产等政策的影响，价格也将出现较大波动。

（四）中美贸易摩擦，冲击高科技行业供给

从生产技术角度来看，中美贸易摩擦将导致对外开放外溢效应减弱。2018年美国提出停止对华增加关税的条件之一是中国停止美国企业在华的技术转让要求，预计发达国家将纷纷效仿，使得中国通过对外开放引入外国先进技术的难度增大。从中间品供给的角度看，中美贸易摩擦将导致中国从美国进口高科技中间品受到负面冲击，此举将对中国亟待转型的高新制造业造成不利冲击。

（五）外资企业撤离，在华生产降低

最近几年，随着中国劳动力成本的上升以及贸易战带来的不确定性，很多外企接连离开中国，如松下、尼康和东芝等日企。越来越多的企业选择将生产线迁往劳动力成本更低廉的东南亚。和中国不同，东南亚的劳动力成本只是中国的三分之一。这些都会抑制中国的总供给。

（六）社保征缴从严，进一步压缩企业利润

2018年7月20日，中共中央办公厅、国务院办公厅印发了《国税地税征管体制改革方案》，其中明确规定从2019年1月1日起将各项社会保险费交由税务部门统一征收（后被叫停，暂时对企业不执行）。[①]

如果社保缴纳从严，一方面将抬高企业的经营成本，造成企业长期经营困难甚至破产倒闭，短期来看必然会导致总供给减少；另一方面将大大降低企业对未来收益的预期，总供给进一步收缩。

三、总结：中国经济的自然走势

自然走势下（没有政策进一步干预下），2019年的中国经济将出现供给和需求"双收缩"的局面。

供给方面，扩张性因素主要是技术进步；紧缩性因素包括环境保护力度较高、劳动力成本增加、美国对中国的高科技中间品出口禁令、社保征缴从严等影响。

---

① 苏剑.2019：扩大消费的潜力与难点[J].中国经济时报，2019-1-28.

综合来看,总供给应该是收缩的。

需求方面,扩张性因素主要是2019年国庆等重要纪念活动影响,政府支付或将有一定增长;紧缩性因素是受多重影响,消费、投资和出口均有回落可能。综合来看,总需求大概率收缩。

结合总供给与总需求的自然走势,我们判断,自然走势下的2019年GDP增速可能为5.0%—5.5%,经济下行压力较大。我们认为,受中美贸易摩擦、环保限产、劳动力供给下降、社保征缴方式调整等影响,供给收缩幅度大概率大于需求收缩幅度,因此预计2019年自然走势下的CPI增速较2018年会有所上升,约为2.2%,可能个别月份更高一些,2019年温和通货膨胀的可能性较大。从自然走势看,2019年的中国经济将呈现"滞涨"的局面。

第五节 2019年中国经济的主要风险点

一、汇率及货币危机风险

目前,中美贸易摩擦是对中国汇率及货币造成危机的最重要因素之一。一旦中美关系走向负面,就会大概率造成人民币汇率的大幅贬值,资本外流严重,从而引发货币危机。此外,随着经济增速下滑、美联储加息预期尚存,以及中国公众预期不稳定,造成人民币汇率长期承压,从而可能出现中国外汇储备快速减少的局面,也会对汇率和外汇储备构成压力。

二、房地产危机风险

当前,中国房地产市场主要存在房价持续下跌风险和基建投资稳增长作用较小,政策转向房地产市场从而导致房地产泡沫加剧的风险。

第一,房价持续下跌风险。如表1-1所示,根据我们收集的近70个大中城市的房价数据可以看出,在2018年5、6月时,多数城市的住房均价环比增速为正,或者小幅负增长。而进入2018年三季度后,多数城市房价环比增速出现大幅下滑的趋势。2018年12月,北京、上海、广州和深圳住房均价环比增速分别为－1.8%、－0.3%、－2.3%和－0.3%,均延续回落态势。跌幅更为明显的是杭州、青岛和天津,房价环比增速分别为－4.6%、－4.1%和－3.2%。综合来看,中国的房地产市场发生了非常大的变化,房价过快下跌将对投资和消费等相关方面产生显著影响,从而掣肘"六个稳"目标的实现。

表 1-1　2018 年 5 月至 2018 年 12 月中国主要城市住房均价环比增速

	5月	6月	7月	8月	9月	10月	11月	12月
北京	5.78%	−0.67%	1.40%	−4.84%	−0.74%	−1.35%	−1.34%	−1.82%
上海	2.27%	−0.29%	−1.10%	−0.40%	−1.38%	−3.01%	−5.09%	−0.32%
广州	−0.25%	−0.08%	2.94%	−1.23%	−3.17%	−4.61%	−2.99%	−2.30%
深圳	0.48%	2.20%	0.64%	−3.58%	1.57%	0.50%	−3.16%	−0.25%
天津	−0.49%	4.89%	−0.93%	−0.28%	−5.01%	−6.55%	−7.99%	−3.22%
重庆	6.48%	9.37%	1.60%	−0.25%	−2.70%	−1.20%	−4.40%	−2.90%
成都	0.13%	−1.43%	−3.73%	−0.68%	−2.30%	−5.15%	−4.62%	−1.98%
大连	3.72%	1.54%	1.76%	0.85%	−1.78%	−3.36%	−2.57%	0.93%
杭州	4.63%	−0.15%	−3.01%	−2.82%	4.25%	1.79%	−5.54%	−4.57%
合肥	0.56%	−0.02%	0.15%	0.66%	2.10%	0.32%	−1.94%	−0.34%
济南	−0.68%	−0.46%	−0.14%	1.53%	−2.88%	−1.71%	−4.44%	−2.21%
南京	4.77%	−1.30%	−0.57%	2.44%	−0.30%	−2.23%	−2.54%	2.14%
青岛	3.86%	−0.44%	0.62%	−0.25%	−1.79%	−5.36%	−1.42%	−4.07%
厦门	−2.89%	2.38%	−4.40%	−1.90%	0.75%	−0.67%	−1.66%	−0.92%
沈阳	−3.07%	1.60%	2.01%	0.14%	1.38%	−4.19%	−3.95%	−4.18%
石家庄	−1.49%	−0.93%	1.27%	−2.14%	−0.11%	−3.32%	−5.96%	−0.34%
无锡	−0.44%	2.34%	−1.88%	−4.21%	−3.86%	−7.57%	−1.81%	−1.11%
武汉	−0.63%	0.13%	−1.08%	1.02%	−9.86%	2.44%	−2.35%	−0.37%
西安	9.06%	4.11%	−1.19%	−0.32%	−6.53%	−6.32%	−0.99%	0.92%
长沙	3.82%	2.26%	−2.43%	1.20%	−1.75%	−0.17%	−4.18%	−2.50%
郑州	0.32%	1.29%	−6.47%	5.61%	0.85%	−5.22%	−4.53%	−2.64%

数据来源:北京大学国民经济研究中心。

第二,当前政府将扩大基建投资作为稳增长的重要托底手段,但受资金来源和地方政府积极性的影响,基建投资作用大小存在不确定性。在基建投资作用较小的情况下,房地产投资可能成为稳增长的为数不多的选择之一。而若房地产投资再度宽松,或将进一步加剧房地产泡沫,从而使得房地产市场成为继续左右中国经济走向的重要变量。

三、地方政府债务风险

防范化解重大风险仍是 2019 年三大攻坚战之首,而当前地方政府债务风险已成为威胁金融体系稳定性的一大隐患。当前地方政府债务主要面临以下风险:第一,地方显性债务压力处于可控范围,但地方隐性债务压力较大。2014 年年底地方政府债务甄别完成后,15.4 万亿元政府显性债务纳入预算,但随后几年,地方政府通过PPP(Public-Private Partnership,政府和社会合作资本)、政府购买以及政府投资基金等形式形成较大规模的隐性债务。第二,2018年开始步入债务到期高峰,城投企业还本付息压力增加。第三,资管新规落地,理财产品转向净值型,金融机构加强对产品流动性的管理,导致城投企业低评级、外部融资压力增加。

中国部分地方政府的债务问题已经很严重。以吉林省为例,2017年,吉林省的财政自给率在32%左右,也就是说,吉林省的支出中有68%左右需要靠中央输血及发债,一旦全国宏观经济走弱,中央财政收入增速下滑,吉林省财政就可能会出问题。而在吉林省的9个市中,有两个城市的财政自给率不到15%,另有两个城市的财政自给率为15%—20%,财政自给率最高的城市是长春市,财政自给率也才51%。可见一旦中国宏观经济走弱,中央政府财力下降,部分地方政府就会出现债务问题。

四、失业率较大幅度上升的风险

2018年,城镇新增就业人数1361万,12月城镇调查失业率降至4.9%,第四季度城镇登记失业率减少到3.8%,基本实现了2018年政府工作报告提出的"城镇新增就业1100万人以上,城镇调查失业率5.5%以内,城镇登记失业率4.5%以内"的目标。①但官方公布的失业率数据与现实情况可能有一定的背离。主要体现在,2018年8月和12月的中央经济工作会议均将稳就业列为"六个稳"之首。同时,诸多现实因素也导致就业不断承压。经济下行风险加大,导致整体就业形势不佳;结构性去杠杆,导致民营企业经营困难,使得民营企业吸纳就业能力下降;环保限产加去产能政策,导致部分企业退出经营;贸易摩擦对外贸相关产业的就业带来影响;等等。

五、企业债务风险

截至2017年年末,中国非金融企业部门杠杆率为163.6%,远高于世界主要发达经济体的水平,其中美国为73.5%,欧元区为101.6%,日本为103.4%。在非金融企业部门中,国有企业杠杆率较高,截至2017年年末,中国规模以上国有工业企业平均资产负债率达60.4%,较全部规模以上工业企业资产负债率高出4.9个百分点。② 中国国有企业债务存在杠杆高、债务结构不合理、债务资金使用效率较低等问题。当前,经济下行压力使得国有企业生产成本增加,盈利能力下降,债务偿还压力和债务风险水平进一步加大。

六、互联网金融风险

与传统金融风险相比,互联网金融风险的复杂性和不可控性导致的后果更为

---

① 中国政府网.2018年政府工作报告[EB/OL].(2018-3-5)[2019-8-25]. http://www.gov.cn/zhuanti/2018lh/2018zfgzbg/zfgzbg.htm.

② 本部分数据来自中国人民银行发布的《2018年中国金融稳定报告》。

严峻。除了涉及传统金融的信用风险、流动性风险、法律合规风险之外,互联网金融还面临市场准入门槛低、高杠杆率、非法集资等风险。

随着互联网金融的逐步发展,传统的货币政策调控也将面临更多的挑战。当前我国互联网金融风险虽然总体可控,但仍处于初期发展阶段,在监管和规制等诸多方面存在风险。因此,需进一步加强互联网金融的风险管控,降低对金融系统和社会民生的不良影响。

第六节 2019年中国的宏观调控

一、宏观调控的目标

2019年中国政府的首要目标是防风险,一切以"稳"为主。2018年12月19日—21日召开的中央经济工作会议指出要"稳就业、稳金融、稳外贸、稳外资、稳投资、稳预期,提振市场信心。"①

要防风险,首先必须稳增长、稳就业。2019年中国经济继续承压,大概率出现供给和需求增速"双收缩"的局面,经济的自然增速大概率低于2018年。另外,稳增长就是保就业,就业关系到民生改善和社会稳定。预计2019年GDP增速目标为6.0%以上,目标通货膨胀率为3.0%以内,新增就业量目标维持在1000万水平。自然走势下的经济增速低于经济增长目标,稳增长压力较大。

汇率稳定、国际收支趋于平衡将是2019年宏观调控的另一个目标。从进出口贸易看,目前中美贸易摩擦协商取得一定进展,但未来走势仍不明朗,2019年可能维持贸易顺差持续减少的不利趋势。

二、中国宏观调控体系简介

刘伟和苏剑(2018)认为,按照总供求模型,宏观调控政策体系应该包括需求管理、供给管理、价格管理三大类,如图1.1所示。② 在三大政策管理中,价格管理是治理宏观经济问题的治本政策,主要原因在于价格管理能够消除市场上存在的价格刚性问题,从而恢复市场机制的调节功能,此时不需要需求管理和供给管理的调控政策。只有当价格刚性在短期内无法被彻底消除时,需求管理和供给管理才发挥治标作用。

对于各种制度还在发展中的中国来说,市场失灵不仅包括价格刚性,还存在其他情形下的市场缺陷。因此,宏观调控不能仅从价格管理角度出发,而应是涵盖市场全部问题的"市场环境政策"。"市场环境政策"的最终目的是恢复市场在

---

① 人民网.中央经济工作会议在北京举行[EB/OL].(2018-12-22)[2019-8-25]. http://politics.people.com.cn/n1/2018/1222/c1024-30481785.html,2018年12月22日.

② 刘伟,苏剑.中国特色宏观调控体系与宏观调控政策——2018年中国宏观经济展望[J].经济学动态,2018(3).

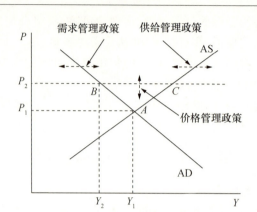

图 1-1 基于总供求模型的宏观调控体系

调节资源配置中的决定性作用。① 因此,刘伟和苏剑(2018)认为,作为发展中国家,中国的宏观调控政策体系应该包括市场环境管理、供给管理、需求管理三大类政策。

三、2019 年中国宏观经济政策建议

2019 年,面对供给、需求双收缩的局面,中国应该采取扩张性政策组合——以扩张性市场环境治理为主、扩张性供给管理次之、扩张性需求管理为辅的政策组合。

(一)市场环境治理为主

市场环境的完善主要指的是营商环境和消费环境的改善。

从营商环境看。第一,以市场为导向,减少行政干预,尤其在价格制定方面,要进一步放开价格,发挥市场的调节作用。第二,加强依法治国,制定相关的法律法规等监督机制,减少人为干预。第三,保持政策的稳定性、连贯性,不要在短期内频繁地改变政策。第四,注意引导市场预期,防控因扩内需引致的风险,即防控资金流向房地产市场和资本市场导致资产价格泡沫加剧。

从消费环境看。第一,健全和完善社会保障体系,稳定消费者消费信心。② 第二,完善消费基础设施,特别是旅游消费,增加消费供给,扩大消费者选择范围。第三,完善消费者相关的法律法规,加强执法力度,依法保护消费者合理权益,整顿和规范市场秩序,对假冒伪劣和价格欺骗等行为零容忍。第四,加强对从业人员的培训,增强服务意识。

---

① 刘伟,苏剑.中国特色宏观调控体系与宏观调控政策——2018 年中国宏观经济展望[J].经济学动态,2018(3).

② 苏剑.2019:扩大消费的潜力与难点[J].中国经济时报,2019-1-28.

(二) 供给管理次之

供给管理政策将侧重于降低企业成本(包括制度性交易成本),提高企业生产经营效率,改善劳动力市场流动性,加快产业结构升级,扩大对外开放,加快高新技术自主开发,给予非国有企业与国有企业同等的待遇等。①

(1) 降低企业生产经营成本。2019年,对于企业来说,可能采取的措施主要是减税降费和降低要素成本等。第一,减税。2019年国家推出了一系列增值税优惠政策,将减轻企业负担,推动实体经济增长。第二,适当降低社保费率和公积金缴存比例,以缓解新的社保制度给企业带来的负担。第三,精简国有企业在教育和医疗等方面的社会功能,降低国有企业负担。第四,进一步完善金融配套措施,提高金融服务企业效率,降低企业融资成本。

(2) 正确处理政府与市场的关系,降低制度性交易成本。为促进经济稳定增长,设法降低制度性交易成本,这就需要加快改革,正确处理政府与市场的关系,包括行政体制、企业体制、创新体制以及财税金融体制等方面的改革。

(3) 加快国有企业市场化改革。国有企业市场化改革的首要任务是明确国有企业的权责利三要素,使国有企业成为真正意义上的市场主体。同时,打破财政兜底、刚性债务偿付制度,提高国有企业在市场经济中的独立自主性。

(4) 改善劳动力市场流动性。一方面,完善和规范用工法律法规,保护劳动者的合法权益,同时减轻就业市场对弱势劳动者的歧视问题;另一方面,继续改革户籍制度,加速城乡融合,为农村劳动力在城市就业和居住提供便利。

(5) 深化产业结构升级,提高科技在产业中的作用,扩大高质量供给。一方面,继续改造传统产业,使得高能耗高污染的落后产业逐步退出;另一方面,加强对新兴行业的支持,通过政策扶持和金融支持,大力发展高科技产业。

(6) 扩大对外开放。对外开放在增加需求的同时也能增加资本积累、管理经验和生产技术等方面的供给。

(7) 加快高新技术的自主研发。主要是在政策和资金支持、科技基础设施完善、人力资本培养以及产学研一体化等方面继续发力。

(8) 给予非国有企业与国有企业同等待遇。2019年政府需加速推进在政策扶持以及融资方面给予非国有企业与国有企业同等待遇。

(三) 需求管理为辅

预计2019年中国需求管理政策的总体取向应该是扩张性的,但财政政策和货币政策的力度会有所不同。预计货币政策将保持稳健偏宽松,预计央行将继续

---

① 刘伟,苏剑.中国特色宏观调控体系与宏观调控政策——2018年中国宏观经济展望[J].经济学动态,2018(3).

通过降准和中期借贷便利(Medium-term Lending Facility, MLF)补充流动性,完善宏观审慎评估(Macro Prudential Assessment, MPA)考核体系,加大对小微企业的金融支持。预计财政政策保持积极取向,主要包括减税降费、转移支付以及扩大对外开放等措施。

1. 货币政策

一方面,继续通过降准和 MLF 补充流动性。随着金融监管的趋严,非标融资逐渐萎缩,表内信贷需求增加,预计未来将进一步降低存款准备金率,配合中长期借贷便利、抵押补充贷款等工具投放中长期流动性,疏通货币政策传导渠道。另一方面,加大对小微企业的金融支持。为引导资金流向小微企业,一方面要进一步完善 MPA 考核,在 MPA 中调整对小微企业融资的评估指标,另一方面,逐步完善小微企业的担保、再担保和风险补偿体系建设。同时,防范金融风险,继续完善 MPA,强化系统性风险监测评估,建立健全金融机构风险处置机制。

2. 财政政策

第一,支持重点基础设施建设。我们预计,为了稳增长,2019 年中国积极的财政政策取向不变,但是会调整优化财政支出结构,确保对环境保护、雄安新区建设和"一带一路"建设的财政支持。同时,加快 5G 商用步伐,加强人工智能、工业互联网、物联网等新型基础设施建设,加大城际交通、物流等投资力度,补齐农村基础设施和公共服务设施建设短板,加强自然灾害防治能力建设。① 第二,继续增加转移支付,缩减贫富和城乡差距,促进消费。第三,妥善解决地方政府债务问题。一方面,要准确把握当前地方政府债务规模,尤其是隐性地方政府债务,为合理处置债务风险奠定基础;另一方面,继续推行严监管地方债务问题,推动业务相同或互补的地方城投平台合并,扩大规模和业务范围,提高效率。

3. 扩大对外开放

预计中国会进一步扩大对外开放,放宽市场准入。一方面要支持中国商品的出口,可以通过减税来减轻出口企业因中美贸易摩擦带来的经营困难,帮助出口企业重新找寻买家;长期政策包括促进实体企业融资、鼓励企业创新、提升出口产品的质量;同时继续推动"一带一路"倡议和中非合作,扩大对这些国家的出口。另一方面会进一步放宽国内市场准入门槛,完善负面清单管理模式,吸引国外资本进入。

预计中国会完善人民币汇率市场化形成机制,避免汇率大幅度波动。在全球加息、贸易恐慌、国内经济下行压力加大的背景下,2019 年人民币汇率仍存在贬值

---

① 人民网.中央经济工作会议在北京举行[EB/OL].(2018-12-22)[2019-8-25]. http://politics.people.com.cn/n1/2018/1222/c1024-30481785.html,2018 年 12 月 22 日。

压力。因此,中央需深化汇率市场化改革,保持人民币汇率稳定在合理区间内。

第七节 总结与展望

相对于西方目前主流的仅包括需求管理的宏观调控政策体系而言,包括市场环境管理、供给管理、需求管理三大类政策的中国宏观调控体系更为完整,能够形成丰富多变的政策组合,从而实现宏观经济中宏观调控目标多元化。[1]

2019年,世界经济增长动力减弱,下行风险增多,使中国面临的外部环境恶化,防风险将是首要经济政策目标。2019年中国经济自然走势是供给需求双收缩。根据2019年中央经济工作会议,中国2019年的宏观调控总体取向将是扩张性的,并将以市场环境管理为主,供给管理次之,需求管理为辅。综合2019年宏观经济的自然走势和政府政策的影响,我们预计2019年GDP同比增长6.3%左右,CPI同比增长2.6%左右,PPI同比增长1.3%左右,预计能够实现2019年的宏观调控目标。

---

[1] 刘伟,苏剑.中国特色宏观调控体系与宏观调控政策——2018年中国宏观经济展望[J].经济学动态,2018(3).

第二章　中国特色的宏观调控政策体系及其应用[①]

在世界宏观调控的舞台上,中国具有独特的地位,中国的宏观调控体系也是独树一帜的,这跟中国独特的国家治理体制紧密相关。本章首先对中国的宏观调控政策体系做一个总结;然后根据近年来中国关于宏观调控的文件,尤其是2019年政府工作报告,介绍这一宏观调控政策体系的实际应用;最后把中国的宏观调控政策体系跟西方的宏观调控政策体系做一个比较,并据此讨论市场经济中宏观调控政策体系的理想构成和未来的发展方向。

第一节　总供求模型中的宏观经济政策体系

苏剑(2017)根据西方宏观经济学中的总供求模型,提出了一个新的宏观经济政策体系。他认为,传统的需求管理政策存在缺陷,其前提假设是凯恩斯主义经济学所强调的价格刚性存在。既然价格刚性是需求管理出现的前提,那么消除价格刚性就应该是宏观调控的治本之策。因此,在宏观经济学已经发展到总供求模型(AS-AD模型)的情况下,新的宏观调控体系应由需求管理、供给管理、价格管理三部分组成,需求管理包括传统的需求管理和创新支持政策。供给管理包括要素价格政策、供给型创新等。价格管理的目的在于克服价格刚性,恢复市场功能。

刘伟和苏剑(2018)把苏剑(2017)中提出的宏观调控政策体系中的"价格管理"扩展为"市场化改革政策"。价格刚性只是市场失灵的一种形式,宏观调控不仅要针对价格刚性,还要针对其他类型的市场失灵。因此,他们认为,这类政策应该被称为"市场化改革政策",目的是恢复市场功能,让市场在资源配置中起决定性作用。

本章进一步扩展并细化苏剑(2017)及刘伟和苏剑(2018)提出的宏观调控政策体系。在我们看来,一个完善的市场经济应该包括三个部分,一是供给方,二是需求方,三是市场。市场作为交换所需要的基础设施,为供需双方的交易行为提

---

① 本章为国家社会科学基金重大项目(课题号:13&ZD014),2013,"深化改革的基本方向、重点、难点和有效路径研究"的研究成果。本章相关内容已发表:苏剑,陈阳.中国特色的宏观调控政策体系及其应用[J].经济学家,2019(6):15—22.

供交易场所或交易所需的其他各种条件,比如交通、通信等。就跟演戏一样,需要三方才能正常进行:一是有人演戏(供给方),二是有人看戏(需求方),三是有戏院(为供求双方的活动提供场所)。因此,"市场化改革"可以分为三大类。第一类是供给侧改革,即通过制度变迁等方式调整生产方面临的各种约束和激励,达到调节供给的目的。这种调节可能促进供给,也可能抑制供给。第二类是需求侧改革,通过制度变迁等方式影响消费、投资、各级政府需求或者对外贸易,从而调节需求。第三类是市场环境的改革[1]。这里的市场环境专指为了完成市场交换所需的基础设施,包括硬的和软的基础设施,比如交换场所、通信体系、交通体系、法制环境、政策环境、文化环境、信用体系、金融环境等。因此,在本章中,我们把刘伟和苏剑(2018)的"市场化改革政策"分解为供给侧改革、需求侧改革、市场环境改革三大类,把"供给侧改革"归入"供给管理政策",把"需求侧改革"归入"需求管理政策",把"市场环境改革"扩展为"市场环境管理政策"。"市场环境管理政策"包括"市场环境改革"和在既定制度基础上进行的"市场环境微调政策"。"市场环境改革"是对交易双方面临的市场环境进行大的调整,比如市场体系完善、信息披露机制改革和完善、市场监管体系改革、法律体系完善等;"市场环境微调政策"即在这些方面进行小的调整,尤其是力度、节奏、规模等方面的调整。

因此,一个完整的宏观调控政策体系应该包括三大类政策:供给管理政策、需求管理政策、市场环境管理政策。中国特色的宏观经济政策体系恰恰就是上述体系。它以总供求模型为理论框架,主要包含三个部分:需求管理、供给管理和市场环境管理。接下来,本章主要以2019年政府工作报告中的宏观调控政策组合为例说明这一点,个别情况下也会引用其他相关官方文件,三个部分分别讨论三大类政策及其在中国宏观调控中的应用。[2]

第二节 需求管理政策工具

一、凯恩斯主义需求管理政策

凯恩斯主义需求管理政策的确可以扩大需求,这也是目前世界各国用来扩大需求的主要政策。这种政策主要通过降低需求的成本来刺激需求,包括货币政策和财政政策,这类政策在各国经济发展中的确起到了一定的作用,但它的局限性在于只关注需求的数量而不关注需求的质量,侧重总量的调节而非结构的调节。

从投资的角度看,凯恩斯主义需求管理政策是通过降低利率刺激投资,而在没有产品创新或者高的预期回报率的投资机会时,无处可投的资金可能会流向房

---

[1] 这类"市场环境改革"中不包括供给侧改革或者需求侧改革。
[2] 以下部分如未特别注明,引用的内容均来自2019年政府工作报告。

地产市场、股市等资本市场,催生资产泡沫。而当利率一旦提高,资金成本的上升就会导致企业资金链断裂,造成经济系统的不稳定性,容易引发金融危机。财政政策的效果也类似。从扩大消费的角度看,财政政策主要通过降低个人所得税、政府补贴等刺激消费需求,但如果没有新产品的出现,人们在消费传统产品中得到的边际效用是递减的,因此通过这种方法刺激出来的消费的质量也越来越低。此外,扩张性的财政政策还会增加政府债务规模,埋下债务危机的隐患。从根本上看,如果没有可以提供较高的边际效用的新产品,传统的需求管理政策就无法长期刺激消费的增长,而且即使有效,刺激出来的也主要是劣质需求。

凯恩斯主义需求管理政策在中国的宏观调控中得到了普遍应用。以2019年的宏观调控为例,就财政政策而言,2019年政府工作报告提出"今年赤字率拟按2.8%安排,比去年与预算高0.2个百分点……今年拟安排地方政府专项债券2.15万亿元,比去年增加8000亿元,为重点项目建设提供资金支持,也为更好防范化解地方政府债务风险创造条件。"同时,报告也体现了要继续加强基础设施建设,"完成铁路投资8000亿元、公路水运投资1.8万亿元,再开工一批重大水利工程,加快川藏铁路规划建设,加大城际交通、物流、市政、灾害防治、民用和通用航空等基础设施投资力度,加强新一代信息基础设施建设。"在刺激消费方面,报告指出要"落实好新修订的《个人所得税法》,使符合减税政策的约8000万纳税人应享尽享",体现了政府通过增加个人可支配收入来刺激消费的需求管理方式。

在货币政策方面,2019年政府工作报告指出要"着力缓解企业融资难融资贵问题,改革完善货币信贷投放机制,适时运用存款准备金率、利率等数量和价格手段,引导金融机构扩大信贷投放、降低贷款成本,精准有效支持实体经济。"

二、需求型创新

需求型创新指的是能够扩大优质需求的科技进步,即提供能够给消费者或者投资者带来较高边际效用的产品创新,以及能够给企业带来较高边际收益的所有创新。

如果经济中有了收益率高的投资机会,即便资金成本较高,企业也会有较强的投资意愿。而就消费而言,如果出现了具有新性能的产品,比如曾经是新产品的手机、电脑、扫地机器人等,这些新产品就会提高消费者的边际效用,形成新的消费热点,拉动总需求的增长。可见,消费和投资的持续健康增长是建立在优质消费品和投资品的基础上的,这就需要持续的创新,这种创新在本章中被称为"需求型创新"。与传统的需求管理刺激出劣质需求不同,需求型创新刺激出来的是边际效用或者边际收益率较高的优质需求,这种优质需求可以提升经济发展的质量,避免过度刺激劣质需求带来的产能过剩、债务危机等问题,因而需求型创新应是目前需求管理的侧重点。

需求侧创新在2019年政府工作报告也有论述。比如,报告提出"加强新一代信息基础设施建设",为以5G为代表和核心的新一代产品的发明提供便利,信息产品基础设施建设以及与5G相关的企业固定资产投资将成为未来投资的热点。如果5G是有前途的,与其相关的信息产品确实给消费者带来边际效用更高的消费,那么这些消费需求就是优质需求,相应的企业固定资产投资和政府基础设施投资也都将成为高收益的投资,即优质投资需求。另外,扩大对外开放也是需求侧创新,通过扩大本国企业面对的市场,能够有效提高企业面临的需求,2019年政府工作报告指出,在贸易方面,要"推动服务贸易创新发展,引导加工贸易转型升级",就是通过服务创新拉动外需的举措。

三、需求侧改革

需求侧改革即通过制度变迁来扩大消费、投资、各级政府需求或者出口需求的政策。例如,通过扩大对外开放可以进一步拓展本国商品的销售市场,直接扩大外需。再如,通过养老保险、医疗保险等社会保障制度的完善,降低居民生活中的不确定性,缩小居民收入差距,提高全国的边际消费倾向,同时促进居民收入持续增长,从而提高整体消费水平。

需求侧改革在中国宏观调控中被经常用到。在社保体系的完善方面,2019年政府工作报告指出"推进多层次养老保障体系建设。继续提高退休人员基本养老金;落实退役军人待遇保障,完善退役士兵基本养老、基本医疗保险接续政策;适当提高城乡低保、专项救助等标准,加强困境儿童保障,加大城镇困难职工脱困力度,提升残疾预防和康复服务水平",既强调了社保体系的覆盖范围,也提高了部分群体的社保标准,通过提高收入水平,改善人民生活,扩大总需求。同时,这些政策有助于提高低收入者的收入水平,从而提高整体的边际消费倾向。

对外开放是扩大外需的重要方式,2019年政府工作报告指出要"促进外贸稳中提质。推动出口市场多元化;扩大出口信用保险覆盖面;改革完善跨境电商等新业态扶持政策",在关注拓展国外市场的同时更加重视出口产品质量的提升。

综上看来,在需求管理方面,中国政府在传统的货币政策和财政政策的基础上,越发注重发挥创新支持政策和需求侧改革在刺激优质需求中的作用。

第三节 供给管理政策工具

供给管理主要通过影响企业的成本、生产率、企业的其他负担来进行宏观调控。

一、要素价格政策

政府可以改变要素激励影响要素价格,从而影响总供给。要素价格政策主要包括货币政策、工资政策和原材料价格政策。

货币政策既是需求管理政策,也是供给管理政策,因为利率的改变不仅会影响投资需求,也会影响企业已占用资金的成本,从而影响总供给。在融资成本方面,2019年政府工作报告提出"加大对中小银行定向降准力度,释放的资金全部用于民营和小微企业贷款""清理规范银行及中介服务收费",这就是通过降低企业融资成本、拓宽企业融资渠道来促进实体经济发展的货币政策。一方面致力于降低贷款成本,减少中间费用;另一方面鼓励银行定向投放贷款,增强对中小企业的金融服务,既在总量政策上支持实体经济发展,又在结构上有所侧重。

工资政策主要是调整企业的工资成本的政策。2019年政府工作报告中指出要"明显降低企业社保缴费负担""下调城镇职工基本养老保险单位缴费比例,各地可降至16%""继续执行阶段性降低失业和工伤保险费率政策"。通过社保改革,减轻企业社保支出的负担,也就减少了工资成本,有利于提高企业的生产积极性,从而扩大总供给。

原材料价格政策的主要目的是实现原材料的市场配置,增强价格的灵活性。在降低用电成本方面,2019年政府工作报告提出要"深化电力市场化改革,清理电价附加收费,降低制造业用电成本,一般工商业平均电价再降低10%。"

二、财政政策

财政政策既可用于需求管理也可用于供给管理,此处主要指调节企业负担的财政政策。例如,通过调整企业的增值税来调节企业成本,通过降低养老保险单位缴费比例来降低企业缴纳负担,通过对创新活动开展税收优惠政策来促进科技企业发展,通过规范中介服务收费来降低交易成本等。

2019年政府工作报告提出"实施更大规模的减税。普惠性减税与结构性减税并举,重点降低制造业和小微企业税收负担。深化增值税改革,将制造业等行业现行16%的税率降至13%,将交通运输业、建筑业等行业现行10%的税率降至9%。确保主要行业税负明显降低;保持6%一档的税率不变,但采取对生产性、生活性服务业增加税收抵扣等配套措施,确保所有行业税负只减不增,继续向推进税率三档并两档、税制简化方向迈进。"

三、供给型创新

供给型创新指通过工艺创新、原材料创新等措施提高企业生产率,扩大总供给。例如,通过改造传统产业、引进新技术,提高传统产业的生产效率,鼓励新兴产业和高科技产业的发展等。

2019年政府工作报告在提升农业、制造业生产率方面都提出了相应的措施,并且强调了对基础研究和新兴产业发展的支持,体现了对供给型创新的高度重视。在提高农业生产率方面,要"加快农业科技改革创新,大力发展现代种业,实施地理标志农产品保护工程,推进农业全程机械化。"

在制造业升级方面,要"围绕推动制造业高质量发展,强化工业基础和技术创新能力,促进先进制造业和现代服务业融合发展,加快建设制造强国。"

在新兴产业方面,要"深化大数据、人工智能等研发应用,培育新一代信息技术、高端装备、生物医药、新能源汽车、新材料等新兴产业集群,壮大数字经济。"

2019年政府工作报告也针对新需求提出了供给侧创新的对策,提出"要顺应消费需求的新变化,多渠道增加优质产品和服务供给,加快破除民间资本进入的堵点",同时大力支持各种新型消费形式,"发展消费新业态新模式,促进线上线下消费融合发展。健全农村流通网络,支持电商和快递发展"。此外,针对人口老龄化和全面二孩政策带来的新情况,提出要"要大力发展养老特别是社区养老服务业,对在社区提供日间照料、康复护理、助餐助行等服务的机构给予税费减免、资金支持、水电气热价格优惠等扶持,新建居住区应配套建设社区养老服务设施""加快发展多种形式的婴幼儿照护服务,支持社会力量兴办托育服务机构"。

四、供给侧改革

供给侧改革指通过制度变迁来调整生产方面临的各种约束和激励,达到调节供给的目的。例如,通过国有企业改革,建立更加完善的现代企业制度,提高国有企业生产运营效率,增强国有企业的国际竞争力。再如,通过扩大金融业的对外开放引入各类金融机构、业务、产品,可以增加金融的有效供给[①],提高企业投资的便利化程度。

2019年政府工作报告就供给侧改革有多处论述。

在降低行政制度成本方面,报告提出"继续清理规范行政事业性收费。加快收费清单'一张网'建设,让收费公开透明,让乱收费无处藏身"。

在创新制度建设方面,提出"健全以企业为主体的产学研一体化创新机制。扩大国际创新合作。全面加强知识产权保护,健全知识产权侵权惩罚性赔偿制度,促进发明创造和转化运用"。

在深化财税金融体制改革方面,提出"加大预算公开改革力度,推进中央与地方财政事权和支出责任划分改革。健全地方税体系,稳步推进房地产税立法……改革完善资本市场基础制度,促进多层次资本市场健康稳定发展,提高直接融资特别是股权融资比重"。

在国有企业改革方面,提出"加强和完善国有资产监管,推进国有资本投资、运营公司改革试点,促进国有资产保值增值。积极稳妥推进混合所有制改革。完善公司治理结构,健全市场化经营机制,建立职业经理人等制度。"

---

① 参见易纲. 11项金融开放措施基本落地,完善风险防范体系还有4项重点工作[EB/OL]. (2019-03-24)[2019-8-25]. https://www.yicai.com/news/100146488.html.

在对外开放方面,报告指出"要进一步拓展开放领域、优化开放布局,继续推动商品和要素流动型开放,更加注重规则等制度型开放……加大吸引外资力度。进一步放宽市场准入,缩减外资准入负面清单,允许更多领域实行外资独资经营。落实金融等行业改革开放举措,完善债券市场开放政策。"这有利于实现生产要素的最优配置,吸引更多的外商投资,借鉴先进的技术和管理方式,从而促进中国企业的发展壮大。

第四节 市场环境管理政策工具

在某些情况下,市场机制不能有效地进行资源的配置,帕累托最优的状态无法实现,这被称为"市场失灵"。导致市场失灵的原因主要有价格刚性、垄断、信息不对称、外部性以及公共产品的存在等。因此,市场环境管理指的是消除价格刚性、垄断、信息不对称、外部性等一系列市场失灵,恢复市场功能的政策。例如,通过推动要素价格的市场化来打破价格刚性;通过规范行业竞争、扩大开放程度、鼓励中小企业发展来打破行业和地区垄断;通过加强诚信建设、健全信息披露制度、培育公正的第三方中介机构来减轻信息不对称;通过对污染企业征收排污税将负外部性内部化;通过明确资源的产权、发放许可证等方式来促进公共资源的合理使用,避免"公地的悲剧";等等。

健全的市场机制是提高宏观经济运行效率的核心。如果市场失灵的问题得到解决,就可以减轻供给管理和需求管理的压力,甚至可以不需要二者。中国的宏观调控体系一直比较重视市场化改革,其原因在于中国由计划经济向市场经济转轨的过程中仍有一些遗留问题。例如,要素(劳动力、土地、资本、自然资源等)的市场化程度仍有待提高,法律制度建设有待完善,市场开放程度仍需进一步扩大。因此有必要通过市场环境管理,规范市场秩序,提高竞争效率,恢复市场功能,最大限度地发挥市场配置的有效性。

在既定制度基础上进行的市场环境管理政策主要分为五大类:第一是简化审批、降低制度性交易成本的政策,通过减少政府审批的流程,提高办事效率;第二是公平监管的政策,例如推进"双随机、一公开"跨部门联合监管、治理重复检查、严惩违法行为等;第三是优化民营经济发展环境的政策,例如"在要素获取、准入许可、经营运行、政府采购和招投标等方面,对各类所有制企业平等对待";第四是加强社会治理的政策,例如"健全社会信用体系。加强安全生产,防范遏制重特大事故。深化普法宣传教育。加强国家安全能力建设。完善立体化社会治安防控体系"等;第五是促进国际合作便利化的政策,例如"加大吸引外资力度,进一步放宽市场准入,缩减外资准入负面清单,坚持共商共建共享,遵循市场原则和国际通行规则"等。

就 2018 年中国在市场环境改革方面的工作，2019 年政府工作报告指出："推进法治政府建设和治理创新，保持社会和谐稳定。提请全国人大常委会审议法律议案 18 件，制定修订行政法规 37 部。改革调整政府机构设置和职能配置。深入开展国务院大督查，推动改革发展政策和部署落实。发挥审计监督作用。改革完善城乡基层治理。创新信访工作方式。改革和加强应急管理，及时有效应对重大自然灾害，生产安全事故总量和重特大事故数量继续下降。加强食品药品安全监管，严厉查处长春长生公司等问题疫苗案件。健全国家安全体系。强化社会治安综合治理，开展扫黑除恶专项斗争，依法打击各类违法犯罪，平安中国建设取得新进展。"

2019 年政府工作报告在市场环境管理上有诸多新的举措，体现出政府对于新形势下市场与政府角色的清晰定位，以及维护市场经济健康有序运行的决心。

在打破价格刚性方面，报告提出要"健全粮食价格市场化形成机制"，针对一些行业的垄断现象，提出"深化电力、油气、铁路等领域改革，自然垄断行业要根据不同行业特点实行网运分开，将竞争性业务全面推向市场。"

在完善市场竞争秩序上，报告提出"以公正监管促进公平竞争。改革完善公平竞争审查和公正监管制度，加快清理妨碍统一市场和公平竞争的各种规定和做法。"

在减少审批环节上，报告提出"要进一步缩减市场准入负面清单，推动'非禁即入'普遍落实……推行网上审批和服务，加快实现一网通办、异地可办。"

在改善交通、通信环境方面，报告提出要"深化收费公路制度改革，推动降低过路过桥费用，治理对客货运车辆不合理审批和乱收费、乱罚款……今年中小企业宽带平均资费再降低 15%，移动网络流量平均资费再降低 20% 以上。"

在道德法治环境的建设上，报告提出"健全社会信用体系，保障妇女、儿童、老人、残疾人合法权益……深化普法宣传教育。加强国家安全能力建设。完善立体化社会治安防控体系"。

可见，2019 年政府将在市场环境管理方面有诸多举措，既注重激发市场主体的活力，又将在规范市场竞争秩序、健全法律制度、优化营商环境方面充分履行政府的职责。从 2019 年政府工作报告对于市场环境管理的高度重视可以看出，市场环境管理是目前中国宏观调控体系的核心。

第五节 中国和西方宏观调控政策体系的比较

在目前正统的西方宏观经济学教科书以及宏观调控的实践中，人们普遍认为宏观调控的唯一政策就是凯恩斯主义需求管理政策，这种政策的理论基础是 20 世纪 50 年代出现的 IS-LM 模型。现在宏观经济学已经发展到总供求模型，宏观调控理论也应该以总供求模型为基础,但目前的宏观调控理论仍继续以 IS-LM 模型为基础,宏观调控理论体系严重滞后于宏观经济理论的发展,不能不说这是西方宏观经济学的一大缺陷。

中国目前的宏观调控理论体系是从西方学过来的,似乎也只包括凯恩斯主义需求管理政策。但实际上,中国在学习西方宏观调控的同时,并没有丢掉自己传统的宏观调控手段,并出于经济转型的需要而发展出"市场环境管理政策",形成了包括供给管理、需求管理、市场环境管理在内的三维宏观调控体系。这种宏观调控体系恰好跟目前西方宏观经济学中的总供求模型一致,可以从总供求模型中推导出来。因此从理论上说,这个宏观调控体系应该是领先于西方的宏观调控体系的。

西方宏观调控理论中虽然只有凯恩斯主义需求管理政策,但在实践中也是包括这三大类政策的。此处以美国近几年的宏观调控政策为例做一简要说明。鉴于需求管理政策早已被大家充分关注,此处不做介绍,仅介绍美国近几年采用的供给管理政策和市场环境管理政策。

在供给管理方面,特朗普政府采取的最有力的供给管理政策就是降低企业所得税,目的是减轻企业负担,吸引海外企业回流美国本土。在最终版本的税改方案中,从 2018 年起,企业所得税税率由原来的 35% 降至 21%;允许企业对设备投资进行一次性费用处理而不是成本摊销,将企业海外回流利润的所得税税率由原来的 35% 降为现金类流动资产 15.5% 和非流动资产 8% 的税率。[①] 允许企业对设备投资进行费用处理可以降低企业的应税所得,拉动企业投资,而降低企业海外回流利润的所得税税率会鼓励更多企业回归美国本土,助力美国的"再工业化"战略。

在市场环境管理方面,特朗普政府采取了简政放权的措施。比如,特朗普政府放松了金融监管。特朗普认为,奥巴马政府在金融危机后颁布的《多德-弗兰克法案》(Dodd-Frank Act)限制了金融机构的贷款能力,不利于促进企业投资。在特朗普签署总统令后,美国财政部发布评估报告《创造经济机遇的金融体系:银行和信用社》和《创造经济机遇的金融体系:资本市场》,建议减少监管重叠,放松对中小银行包括社区银行的监管以及对证券化的限制,增强证券市场投融资便利性,给予 CFTC(U. S. Commodity Futures Trading Commission,美国商品期货交易委员会)和 SEC(U. S. Securities and Exchange Commission,美国证券交易委

---

① 韩学丽. 特朗普税制改革对我国经济的影响及对策[J]. 中国财政,2018(5):72—75.

员会)自由的豁免权授权等。①

此外,特朗普也就改善软环境、提高行政管理效率出台了一些新的举措。比如,就基础设施项目的审批建立"一个机构一个决策"的环境评估体系,要求项目审批到落地的时间缩短至 2 年以内,简化法律审批程序,给地方政府更多决策权等。②

第六节 总   结

从 2019 年政府工作报告可以看出,中国的宏观调控体系主要包括需求管理、供给管理和市场环境管理三个部分。其中,市场环境管理是宏观调控体系的核心。宏观调控的目的主要是处理市场无法自发解决的问题,如果市场失灵的问题得到解决,就可以减轻供给管理和需求管理的压力,甚至理论上可以不再需要需求管理和供给管理。健康的市场环境是提高宏观经济运行效率的基础。相比西方的宏观调控,中国宏观调控的理论体系更为完整,政策工具箱更为丰富。在全球经济复苏缓慢、世界各国央行纷纷调低对未来的经济预期之时,中国名义 GDP 增速保持着相对稳定的增长,中国特色的宏观调控体系功不可没。

比较中西方宏观调控,结合 2019 年政府工作报告,我们认为未来的宏观调控理论体系的发展可能会有以下几个趋势:

第一,以总供求模型为理论基础,更加重视市场环境管理和供给管理在宏观调控中的作用。宏观经济学早已从 IS-LM 模型发展到总供求模型,宏观调控理论却还停留在前者,显然与宏观经济理论的最新进展不相匹配。鉴于需求管理的局限性,一些国家已经尝试运用市场环境管理和供给管理进行宏观调控,例如美国通过大规模的减税吸引海外企业回流,德国通过双轨制职业教育体系培养高技能人才等。宏观调控的重要目的之一是完善市场功能,健康成熟的市场会降低宏观调控的难度,提高政策传导的效率,而市场功能的充分发挥需要完善的基础设施和制度环境的配合,例如交换场所、通信体系、交通体系、法制环境、政策环境、文化环境、信用体系、金融环境等。2019 年政府工作报告提出了简化审批、维护公平竞争、健全社会信用体系等多种市场环境管理的措施。美国特朗普政府也提出放松金融管制、进行政府机构改革等措施。随着世界各国经济规模的增长,全球经济一体化程度的加深,市场环境管理将成为未来宏观调控体系的一个重要支柱。

第二,更加注重经济增长的质量。目前正统的西方宏观调控理论只在乎总

---

① 林采宜.特朗普新政将给这个世界带来什么?[EB/OL].(2017-12-15)[2019-4-6]. http://www.sohu.com/a/210748498_465450.
② 张明,程实,张岸元等.如何渡过中美贸易摩擦的不确定水域[J].国际经济评论,2019(1):89—145+7.

量,不在乎质量;在宏观调控中,传统的需求管理政策也只重视需求数量,而不重视需求质量,刺激出来的是低质量的需求,容易导致经济的"虚胖",增大了系统的脆弱性。

第三,更加重视创新在宏观调控中的作用。世界各国很早就意识到创新的重要性,但并没有系统地将创新系统纳入现在的短期宏观经济理论体系。2008年美国次贷危机的发生以及当前世界经济增速的下滑,本质上都是由于技术进步率放缓导致经济中缺乏产品创新造成的。德国从次贷危机中迅速恢复也得益于其坚实的制造业基础和科技创新体系。次贷危机以来,越来越多的国家把创新提升到国家战略的高度,我国2012年提出了创新驱动发展战略,美国出台了人工智能发展倡议,日本出台了科学技术创新综合战略。既然创新如此重要,就不得不考虑将创新纳入宏观调控的框架中。

第三章 政治经济学视角下的供给侧结构性改革①

第一节 引 言

推进供给侧结构性改革是党在十八大以后作出的一项重大创新,从理论上丰富和发展了当代中国马克思主义政治经济学,在实践中也已成为中国特色社会主义进入新时代、经济发展进入新阶段的经济工作的主线。

"供给侧结构性改革"首次正式提出并进入人们的视野是在2015年11月10日召开的中央财经领导小组工作会议,习近平总书记在会议上强调,在适度扩大总需求的同时,着力加强供给侧结构性改革,着力提高供给体系质量和效率,增强经济持续增长动力,推动我国社会生产力水平实现整体跃升。在"十三五"规划纲要中,供给侧结构性改革成为经济政策的"主线"。十九大报告明确提出,贯彻新发展理念、建设现代化经济体系要以供给侧结构性改革为主线,并就如何深化供给侧结构性改革作了战略部署。

什么是供给侧结构性改革?为什么要采取供给侧结构性改革?如何推进供给侧结构性改革?这些问题近年来引起了理论界的广泛讨论。思考这些问题显然离不开对我国经济发展阶段性特征以及改革的定位和指向的认识判断。从最开始的"三期叠加"②判断,到适应、把握和引领经济发展新常态,再到党的十九大明确提出中国特色社会主义进入新时代,虽然每一个判断的具体表述有所不同,供给侧结构性改革的定位和指向也从"稳定经济增长的治本良药"③上升为建设现代化经济体系的改革的主线,但是这些重大判断的理论依据、时代背景、实践基础没有变。随着我们对经济发展阶段性特征和规律的认识更加准确、更加深入,理论上对供给侧结构性改革的认识和理解必然也会不断深化。比如,在供给侧结构性改革刚刚提出的时候,有的人仍然延续需求管理的惯性思维,把供给侧结构性

---

① 本章相关内容已发表:方敏.政治经济学视角下的供给侧结构性改革[J].北京大学学报(哲学社会科学版),2018,55(1):96—104.

② "三期叠加"是指增长速度换挡期、结构调整阵痛期、前期刺激政策消化期的重叠。

③ 中共中央文献编辑室.习近平关于社会主义经济建设论述摘编[M].北京:中央文献出版社,2017:105.

改革简单视为需求紧缩政策;有的人以为这是在搞否定市场在资源配置中起决定性作用的新"计划经济"[①];有的学者把供给侧结构性改革定位于"新供给经济学"或中国特色的"供给管理",但是仍然属于宏观调控和宏观经济管理的范畴[②];有的学者提出"就理论的发展逻辑来看,供给侧改革理论的背后是供给学派"[③];等等。

随着中国特色社会主义进入新时代、经济发展进入新阶段,中国特色社会主义政治经济学理论体系必须不断发展和完善,对新时代提出的各种新命题作出既符合马克思主义基本原理和方法、又符合中国经济发展阶段性特征和规律的新解释。供给侧结构性改革作为新时代中国特色社会主义经济建设中的一项重大改革举措,在中国特色社会主义政治经济学理论体系中占有重要地位,必须得到明确的理论解释和论证,其中最基本的问题包括:政治经济学能否为供给侧结构性改革提供基本的出发点和理论基础? 能否说明供给侧结构性改革的根本性质? 能否超越现有理论与政策,在理论上和政策上具有创新性?

本章从马克思主义政治经济学基本原理和方法出发,着重回答了有关供给侧结构性改革的三个基本问题。第一,政治经济学如何看待供给与需求? 第二,政治经济学如何理解结构性矛盾和结构问题? 第三,政治经济学如何区分实体经济与虚拟经济? 搞清楚这些问题,对于我们理解供给侧结构性改革的根本目的、性质和任务,分清它和西方宏观经济管理理论与政策的区别,是非常重要和必要的。

第二节 政治经济学视角下的供给与需求

供给侧结构性改革中的"供给侧"往往被视为"需求侧"的对立面。二者之间的这种对称性质似乎让我们无法确定哪一个更重要,从而也就难以在政策上找到偏向哪一侧的依据。为此,我们首先从政治经济学的角度搞清楚供给与需求之间这种看似简单的关系。

供给与需求是市场经济的基本范畴,代表了交换的双方。市场交换关系的成立既离不开供给方(者),也离不开需求方(者),这是一个简单的事实。然而,如果我们从理论上分析供求关系就会发现其中包含的复杂性。一方面,供给和需求都是在一定的价格水平下形成的。所谓供给是指在一定时期的一定价格水平下生产者向市场提供的现实的商品和服务。所谓需求是指在一定时期的一定价格水平下消费者对商品和服务提出的有购买力的需要。如果缺少了价格参数,供给和需求就无从谈起。另一方面,按照西方经济学的价格理论,商品和服务的市场价

---

① 七问供给侧结构性改革 权威人士解读[N].人民日报,2016-1-4(2).
② 苏剑.新供给经济学:宏观经济学的一个发展方向[J].中国高校社会科学,2016(3):88—95;贾康等."十三五"时期的供给侧改革[J].国家行政学院学报,2015(6):12—21.
③ 冯志峰.供给侧结构性改革的理论逻辑与实践路径[J].经济问题,2016(2):12—17.

格由供求决定,即供求一致时形成市场均衡价格。因此,在供求分析和价格形成之间构成了理论上的循环论证,要打破这个循环只有借助均衡的概念,使得供求与价格同时决定,从而保证理论可以"求解出"均衡价格。

但是这种解决办法却留有"后遗症",进而造成了微观经济学与宏观经济学的分野:当我们分析微观层面的供求关系时,重点在于说明价格形成机制和价格水平的决定,即通过供求关系及其变化解释价格水平;但是当我们分析宏观层面的供求关系时,问题就颠倒过来了,重点在于说明市场价格机制能否使市场出清,即总供给和总需求保持一致。如果只是从微观层面和个体交换行为考虑,供给与需求不存在任何矛盾,给定经济主体所接收的市场价格信号,理性的买卖双方只会在某个"合意的"价格水平上才会达成一致,这个"合意的"价格水平也就成了由买卖双方(即供求)所决定。然而,如果从总量和宏观的角度看,对个体来说是"合意的"市场价格却未必能保证总供给和总需求一致。总供求不一致的时候,或者表现为就业低于充分就业水平以及总产出低于潜在总产出水平,或者表现为市场价格水平的普遍上涨(即通货膨胀)。

为实现市场总供求平衡而进行的政府干预就是宏观经济管理。不论是供给侧的管理还是需求侧的管理都是从总量或宏观的角度考虑问题。要不要进行干预和管理,取决于是否认为市场能自发地实现总供求平衡。被称为古典和新古典经济学教条之一的"萨伊定律"代表了市场自由主义的传统,认为"供给会自动创造需求",市场可以自动实现供求平衡。① 而主张政府干预的凯恩斯主义则否定"萨伊定律",为现代宏观经济学开辟了新的道路。在《鲁滨孙漂流记》所描述的交易不存在的经济中,个人的收入完全来自他的生产活动。他所消费的……只能是他自己生产活动的产物。古典学派把故事中的经济当成现实世界……古典学派错误的原因可能即在于此。"②凯恩斯引入了边际消费倾向递减、资本边际效率递减和持币偏好等概念,论证了资本主义的现实经济可能存在有效需求不足问题,使得生产无法达到潜在总供给的水平并存在非自愿失业。为了避免由此带来的生产过剩和经济萧条,政府采取提高有效需求的干预措施是必要的。

综上可见,西方经济学围绕供求与价格展开的微观与宏观分析,是从相反角度考察问题的结果,同时也为自由主义和干预主义的政策分歧埋下了伏笔。

马克思早就指出,政治经济学不能只是在供求与价格之间的表面联系上兜圈子,并批判"价格由供求决定而同时供求又由价格决定这种混乱观点"。我们可以

---

① 萨伊.政治经济学概论[M].北京:商务印书馆,1997.
② 约翰·梅纳德·凯恩斯.就业、利息和货币通论[M].商务印书馆,1999:25—26.

看到,"供求关系一方面只是说明市场价格对市场价值的偏离,另一方面是说明抵消这种偏离的趋势,也就是抵消供求关系的作用的趋势……例如,如果需求减少,因而市场价格降低,结果,资本就会被抽走,这样,供给就减少。……如果供给决定市场价格,那么另一方面,市场价格,而在进一步分析下,也就是市场价值,又决定供求。"①这段话表明:一方面,供求是决定市场价格及其波动(偏离价值)的原因;另一方面,价格的波动反过来又是使供求趋于一致的原因。所以,"在供求关系借以发生作用的基础得到说明以前,供求关系绝对不能说明什么问题。"在马克思看来,供求与价格之间的这种相互作用其实只是价值规律的具体作用形式。这就为分析供求与价格问题找到了一个共同的基础——价值。同时,在市场经济中,价值的生产和价值的分配只有通过交换才能取得联系,也就是在市场上表现为供求与价格的关系。

政治经济学之所以能够为解释供求与价格关系提供更深层的理论基础,根本原因在于其不同于西方经济学的方法论,也就是马克思关于生产、分配、交换和消费之间关系的基本原理。在为计划完成的《政治经济学批判》(即后来的《资本论》)所写的"导言"中,马克思指出生产、分配、交换、消费"构成一个总体的各个环节……一定的生产决定一定的消费、分配、交换和这些不同要素相互间的一定关系。当然,生产就其单方面形式来说也决定于其他要素。例如,当市场即交换范围扩大时,生产的规模增大,生产也就分得更细。随着分配的变动,例如随着资本的积聚,随着城乡人口的不同分配等,生产也就发生变动。随后,消费的需要决定生产。不同要素之间存在相互作用。每一个有机整体都是这样。"②具体到生产与消费之间的关系,二者既对立又统一,生产决定了消费对象和消费方式,消费则为生产提供了动力和目的。同时,生产和消费之间的关系只有通过交换并以供给与需求的对立形式才能实现辩证统一。

上述原理既包含了政治经济学的生产首要性命题,又指出了生产等四个环节在社会再生产过程中相互作用、有机统一的根本性质。它构成了政治经济学理解市场供求关系的理论基础,是中国特色社会主义政治经济学理解供给侧结构性改革的基本出发点。从生产的首要性原理出发,供给侧结构性改革与社会主义解放和发展生产力的根本任务相一致。习近平总书记在省部级主要领导干部学习贯彻党的十八届五中全会精神专题研讨班上的讲话指出:"一个国家发展从根本上要靠供给侧推动。"推进供给侧结构性改革必须从生产端入手,使我国供给能力更好满足人民日益增长的美好生活需要,从而实现社会主义生产目的。同时,政治

---

① 马克思恩格斯文集(第7卷)[M].北京:人民出版社,2009:212.
② 马克思恩格斯文集(第8卷)[M].北京:人民出版社,2009:23.

经济学原理还强调,生产与消费等环节之间的有机联系是社会再生产与经济发展顺利进行的必要条件。正如习近平总书记明确指出的,"我们讲的供给侧结构性改革,既强调供给又关注需求""放弃需求侧谈供给或放弃供给侧谈需求侧都是片面的,二者不是非此即彼、一去一存的替代关系。"供给侧结构性改革是要"增强供给结构与需求变化的适应性和灵活性""实现由低水平供需平衡向高水平供需平衡跃升",在经济发展中实现供需间的动态平衡。① 生产首要性命题和四个环节有机统一的基本原理为供给侧结构性改革提供了马克思主义的理论基础,划清了供给侧结构性改革与西方经济学供给学派的界限②,从根本上保证了我们的基本经济政策不会像西方经济学那样在自由主义和干预主义之间来回摇摆。

第三节 政治经济学视角下的总量与结构

供给侧结构性改革要解决的突出问题是我国经济发展中存在的结构性矛盾。结构性问题或结构性矛盾在西方传统市场经济理论中是一个被长期忽略的问题。西方传统市场经济理论认为,由市场竞争机制和市场价格机制构成的市场经济机制能够进行最优的资源配置,自动实现供求结构相匹配。只有在竞争机制和价格机制的自发作用受到限制的情况下(比如垄断、外部性),存在"市场失灵"的这些部门或领域才会出现有效供给不足。换句话说,解决供求结构性问题的根本方法在于消除市场自发作用的制约因素。

凯恩斯主义管理政策被视为造成20世纪70年代西方国家陷入经济"滞涨"的重要原因。在这一历史背景下,供给学派、货币主义、理性预期理论兴起了一场反对凯恩斯主义学说、复兴自由主义传统的"经济学革命"。这些经济理论无一不是强调减少政府对市场的干预,要求政府尽量削减开支,限制货币发行量,试图把政府财政政策与货币政策对市场的影响降至最低。

西方发展经济学中的"结构主义"其实也是基于发展中国家的"市场失灵"而出现的。在结构主义的发展经济学家看来,亟待实现经济起飞的发展中国家必须具备与现代工业化生产方式相适应的市场需求和市场规模,还需要共享能够带来规模收益递增效应的基础设施投资与建设。但是,由于这种投资具有不可分、不可贸易和正的外部性,因此无法通过市场机制自发实现。落后国家要摆脱贫困陷阱只能依靠政府制定并实施产业发展规划,并在国民经济各个部门进行大规模投资。"新结构经济学"则强调经济发展是一个自然的和连续的动态过程,每个遵循

---

① 习近平.习近平谈治国理政(第二卷)[M].北京:外文出版社,2017:251—255.
② 习近平总书记特别强调:"我要讲清楚,我们讲的供给侧结构性改革,同西方经济学的供给学派不是一回事,不能把供给侧结构性改革看成是西方供给学派的翻版"。同上书,第251页。

比较优势的国家在相应的发展阶段都应该把市场机制作为实现资源有效配置的基础机制。但是在产业升级等结构调整所产生的外部性面前,政府也应该发挥积极的作用。① 由上可见,新、旧结构主义经济发展理论都是以发展中国家与发达市场经济国家存在要素禀赋和产业结构的差异为基础的。虽然政府干预的导向不同(比如是否遵循比较优势),但是干预本身都是基于外部性导致的"市场失灵"或协调问题。和传统市场经济理论相比,它们回答的主要是发展中国家要不要政府干预以及政府如何干预的问题。

然而,从马克思主义政治经济学的视角看,结构性矛盾不只是发展中国家的特殊问题,也不是只有"市场失灵"才会导致结构性问题,而是社会再生产内在的基本矛盾。马克思的社会再生产理论给我们分析总量与结构问题提供了基本的原理和分析框架。

为了分析社会再生产顺利实现的条件,马克思把社会总产品分为生产资料和消费资料两大部类(分别用 1 和 2 表示)。按照各自的价值构成(c、v、m、w 分别代表不变资本、可变资本、剩余价值、商品价值),两大部类的生产结构如下:

$$\text{I} \quad c_1 + v_1 + m_1 = w_1$$
$$\text{II} \quad c_2 + v_2 + m_2 = w_2$$

马克思把实现社会再生产所需的条件归结为实物补偿和价值补偿两个方面,同时分析了各自在总量与结构两方面的平衡条件。由总量平衡关系出发,生产资料的总供给全部出自部类 1,消费资料的总供给全部出自部类 2,两大部类的供求平衡必须满足以下总量条件:

$$c_1 + c_2 = c_1 + v_1 + m_1$$
$$v_1 + m_1 + v_2 + m_2 = c_2 + v_2 + m_2$$

如果社会进行的是简单再生产,上述条件又转化为两大部类进行市场交换的结构条件:

$$c_2 = v_1 + m_1$$

扩大再生产的情况稍微复杂一些,但是问题的性质没有改变。为了进行扩大再生产,资本获得的利润(剩余价值)m 被分为四个部分:资本家原有的消费 S_c 和新增的消费 $S_{\Delta c}$,用于劳动的新增投资 S_{av} 和用于资本的新增投资 S_{ac}。此时,再生产的初始条件变为以下结构:

$$\text{I} \quad c_1 + v_1 + S_{c1} + S_{\Delta c1} + S_{av1} + S_{ac1} = w_1$$
$$\text{II} \quad c_2 + v_2 + S_{c2} + S_{\Delta c2} + S_{av2} + S_{ac2} = w_2$$

要实现扩大再生产,消费资料的总供求平衡必须满足以下总量条件:

---

① 林毅夫.新结构经济学:反思经济发展与政策的理论框架[M].北京:北京大学出版社,2012.

$$c_2 + S_{ac2} = v_1 + S_{c1} + S_{\Delta c1} + S_{av1}$$

因为同时还需要满足简单再生产实现条件($c_2 = v_1 + S_{c1}$),因此上述条件又转化为两大部类市场交换的结构条件:

$$S_{ac2} = S_{\Delta c1} + S_{av1}$$

可见,社会再生产顺利进行既要满足总量平衡条件,又要满足结构平衡条件。从总量看,产品形态(实物或使用价值)的生产资料和消费资料必须满足各自的供求平衡条件,同时又要满足两大部类市场交换要求的结构平衡条件。同理,价值补偿也意味着同时满足总量平衡与结构平衡的要求。以简单再生产实现条件为例。$c_2 = v_1 + S_{c1}$意味着部类1对消费资料产品形态的需求刚好对应部类2对生产资料产品形态的需求。双方要实现交换,部类1向市场提供的生产资料的价值量必须刚好等于部类2向市场提供的消费资料的价值量。

显然,在私人生产和分散决策的情况下,要同时满足总量与结构的平衡条件不是件容易的事情。相反,平衡是偶然的,不平衡是经常发生的,不同部门的使用价值和价值很可能出现比例失调问题。然而,即便市场机制能够消除比例失调,它也不能消除由社会的生产目的和生产性质对总量与结构产生的根本影响。

马克思指出,由于"抽象掉了一定的社会结构和社会关系,因而也抽象掉了由它们所产生的各种矛盾",因此"像李嘉图这样的一些经济学家,把生产和资本的自行增殖直接看成一回事,因而他们既不关心消费的限制,也不关心流通本身由于在一切点上都必须表现对等价值而存在着的限制,而只注意生产力的发展和产业人口的增长,只注意供给而不管需求"。[①] 然而,资本主义生产的制度结构蕴含着结构性危机的可能,这是因为"资本的目的不是满足需要,而是生产利润,因为资本达到这个目的所用的方法,是按照生产的规模来决定产量,而不是相反。所以,在立足于资本主义基础的有限的消费范围内和不断地力图突破自己固有的这种限制的生产之间,必然会不断发生不一致。而且,资本是由商品构成的,因而资本的生产过剩包含商品的生产过剩。"[②] 之所以会不断发生不一致,原因在于生产和消费、总供给和总需求之间的关系,"前者只受社会生产力的限制,后者受不同部门的比例关系和社会消费力的限制。但是社会消费力既不是取决于绝对的生产力,也不是取决于绝对的消费力,而是取决于以对抗性的分配关系为基础的消费力;这种分配关系,使社会上大多数人的消费缩小到只能在相当狭小的界限以内变动的最低限度。其次,这个消费力还受到追求积累的欲望、扩大资本和扩大

---

① 马克思恩格斯文集(第8卷)[M].北京:人民出版社,2009:91.
② 马克思恩格斯文集(第7卷)[M].北京:人民出版社,2009:285.

剩余价值生产规模的欲望的限制。"①

把生产的制度结构引入社会再生产分析,是马克思主义政治经济学和西方经济学的一个重要区别,导致二者对于资本主义生产是否具有相对过剩性质、是否存在结构性危机给出了截然不同的答案。西方经济理论囿于资本主义生产的私人性质,在经济出现结构性矛盾甚至危机的情况下,只能采取宏观管理政策来实现或维持短期的总量平衡,并且相信市场会自动纠正结构偏差。但是,20世纪70年代的"滞涨"和2008年国际金融危机的爆发都充分表明,不论是在需求侧进行刺激还是在供给侧进行松绑,总量政策解决不了结构性问题,充其量只是在一定时期内掩盖了结构性矛盾。2008年国际金融危机以来,已经有不少国家看到了结构性改革的必要性,国际货币基金组织等国际机构也多次呼吁各国落实结构性改革。

从政治经济学的角度看,推进供给侧结构性改革是我国经济发展的一项长期任务,而不是一项短期的调控措施。首先,由于我国的市场经济体制还不够完善,发展不平衡、不协调、不可持续的问题比较突出,结构性矛盾和结构性问题将长期存在。比如,我国产品结构和产业结构在国际分工体系中主要还处于生产价值链的中低端水平。在参与国际分工的条件下,我国经济发展要从外围进入世界资本主义体系的中心、从价值链的中低端爬升到高端,必然会受到世界资本主义积累体系发展规律的影响。②如果不采取必要的改革措施,这必将是一个长期的自然发展过程。供给侧结构性改革的一个重要方面就是抓住新一轮世界科技革命和产业变革孕育期的机遇,转变发展方式、优化经济结构、转换增长动力,推动经济发展实现质量、效率和动力变革。其次,在多元化的所有制结构和市场经济体制条件下,我国的供给主体以追求盈利目标的生产性企业为主,如果完全依靠市场机制实现生产与消费、供给与需求的联系,市场出现比例失调和供求结构性矛盾是难以避免的。这就使供给侧结构性改革成为一项长期必要的工作,必须更好地发挥政府作用。

第四节 政治经济学视角下的实体经济与虚拟经济

习总书记在2016年12月14日召开的中央经济工作会议上指出,我国经济运行面临的突出矛盾和问题根源是重大结构性失衡,主要表现为"三大失衡":一是实体经济结构性供需失衡,二是金融和实体经济失衡,三是房地产和实体经济失衡。其中后两大失衡指的就是经济脱实向虚,即大量资金脱离实体经济,在金融

---

① 马克思恩格斯文集(第7卷)[M].北京:人民出版社,2009:272—273.
② 阿瑞基.漫长的20世纪[M].南京:江苏人民出版社,2001.

系统或房地产市场自我循环,以获取超额回报。在这种情况下,"如果只是简单采取扩大需求的办法,不仅不能解决结构性失衡,反而会加剧产能过剩、抬高杠杆率和企业成本,加剧这种失衡。基于这个考虑,我们强调要从供给侧、结构性改革上想办法、定政策。"① 深化供给侧结构性改革要从生产端发力,把经济发展的着力点放在实体经济上。

发展实体经济已经成为当今世界各国的一个共同趋势。自 2008 年由美国房地产次贷危机引发国际金融危机以来,发达国家纷纷推行"再工业化"和"再制造业化"战略,就是试图纠正过去虚拟经济脱离实体经济过度发展的错误。但是,到底什么是实体经济、什么是虚拟经济、二者存在什么样的关系,理论上一直存在争议。

有的人把金融部门和房地产市场与虚拟经济部门直接画等号;有的人看到越来越多的"线上"交易替代了在传统实体店面进行的"线下"交易,就把互联网经济当作虚拟经济。这些看法都是错误的,我们不能把实体和虚拟的划分混同于国民经济不同部门和产业的划分,更不能根据经济活动的发生空间来划分实体经济和虚拟经济,因为二者的根本区别不在于产业形态和交易形态。不同产业形态在国民经济活动内部是相互联系的,不同交易形态都是从属于市场交易需要的,如果从产业和交易形态上区分实体和虚拟,就会人为地割裂国民经济不同产业部门之间的内在联系,也不利于市场交易通过新业态的发展创新取得繁荣。

其实,从政治经济学角度看实体经济与虚拟经济的区别是非常明确和清楚的。虚拟经济是从"虚拟资本"的概念发展出来的,而"虚拟资本"是马克思在分析"资本主义生产的总过程"时提出来的一个重要理论范畴。虚拟资本与现实资本相对立,二者的根本区别在于它们具有完全不同的运行方式和运动规律,具体表现为实体经济中的交易对象和虚拟经济中的交易对象有着完全不同的价值决定方式和价格运动方式。

按照马克思主义政治经济学的基本原理,现实资本或实体经济是通过劳动过程与价值增殖过程相统一的资本主义生产过程来取得收益的。现实资本在这个生产过程中需要采取或经历货币资本、生产资本和商品资本的不同形态。对个别资本循环来讲,这三种资本形态在时间上是先后继起的关系;但是对社会总资本来讲,三种资本形态在空间上是并存关系。这样一来,商品资本和货币资本就具备了与生产资本以及资本主义生产过程相独立的可能。从现实表现来看,资本主义生产过程似乎每时每刻都在源源不断地"析出"商品资本和货币资本。这些商

---

① 中共中央文献编辑室.习近平关于社会主义经济建设论述摘编[M].北京:中央文献出版社,2017:115.

品资本和货币资本在有别于生产过程(生产资本的运动场所和空间)的场所和空间里完成各自的独立运动。

商品资本和货币资本的相对独立运动为虚拟资本的出现提供了可能,而商业资本和信用制度则把这种可能变为现实。但是,无论商品资本和货币资本是否脱离资本主义生产过程,对资本所有者来说它们仍然只是实现价值增殖的手段。一旦商品资本和货币资本只是被看作收入的来源,而不论其现实形态如何、与生产过程和生产资本的关系如何,它们在资本所有者的观念里就变成了收入的资本化化身。"人们把虚拟资本的形成叫作资本化。人们把每一个有规则的会反复取得的收入按平均利率计算,把它算作是按这个利率贷出的一个资本会提供的收益,这样就把这个收入资本化了。……对这个所有权证书的买者来说,这 100 磅年收入实际代表他所投资本的 5% 的利息。因此,和资本的现实增殖过程的一切联系就彻底消灭干净了。资本是一个自行增殖的自动机的观念就牢固地树立起来了。"①

在所有权证书的形态上,虚拟资本取得了最纯粹的形式。马克思以国债为例,指出国家以负债取得的资本本身已经由国家花掉了,耗费了。但是对债权人来说,所有权证书代表着未来的利息收入,这笔收入的资本化把所有权证书本身变成了"幻想的虚拟的资本",并且发展出独立于现实资本的特殊运动——所有权证书的交易。马克思指出,"这些所有权证书——不仅是国债券,而且是股票——的价值的独立运动,加深了这样一种假象,好像除了它们能够有权索取的资本或权益之外,它们还形成现实资本。这就是说,它们已经成为商品,而这些商品的价格有独特的运动和决定方式。……这种证券的市场价值部分地有投机的性质,因为它不是由现实的收入决定的,而是由预期得到的、预先计算的收入决定的。……它的价值始终只是资本化的收益。"②

政治经济学关于虚拟资本的基本原理,为我们区别实体经济和虚拟经济提供了理论基础。实体经济是现实资本的运动及其结果,包括货币资本、生产资本和商品资本等不同形态,因此我们不能简单地把货币资本运动的场所(即金融部门)划归为虚拟经济。金融活动到底是实体经济还是虚拟经济,取决于金融活动中的货币资本是现实资本还是虚拟资本,取决于货币资本是否从属于"货币资本—生产资本—商品资本"的资本循环过程并从中实现收益。同理,商品或商品资本是否属于虚拟经济和虚拟资本,取决于商品或商品资本是否从属于资本循环过程并从中实现收益。企业以发行债券或股票的形式获得货币资本并投入生产,这笔资

---

① 马克思恩格斯文集(第 7 卷)[M].北京:人民出版社,2009:528—529.
② 同上书,第 530—531 页.

本就被当作现实资本使用了。但是,代表这笔货币资本的所有权证书在有价证券市场上交易,比起这笔货币资本的现实使用来说是相对独立的,也就是和现实资本相区别。这种纯粹的所有权交易不管反复进行多少次,仍然是纯粹的虚拟资本。如果从证券交易和所有权转让中获得的价格收益是与这笔现实资本的价值增殖无关的,那么这个市场就属于虚拟经济的范围。房地产商品的生产和消费属于实体经济,因为住房对消费者来说是单纯的商品,对房地产企业来讲属于资本循环过程中的商品资本,即现实资本。但是如果房地产商品所有者将其所有权在市场上进行交易并将价格收益当作资本化的收入时,房地产商品就成为"炒房者"的虚拟资本。

从以上区别可以发现,我们不能简单地根据商品或资本运行所在的部门和场所来划分现实资本和虚拟资本。在金融部门,既存在属于实体经济和现实资本的货币资本运动,也存在属于虚拟经济和虚拟资本的金融活动。在房地产市场,既存在属于实体经济和现实资本的商品资本运动,也存在属于虚拟经济和虚拟资本的市场交易。对同一个部门和市场来说,区分实体经济和虚拟经济的成分有一个简单的标准,即资本收益的来源和性质。现实资本和虚拟资本的收入来源具有完全不同的性质。前者来源于商品和货币参与资本循环,是一个价值增殖过程;后者来源于商品和货币纯粹的所有权(证书),是一个价值转移或价值分配过程。所以,虚拟资本"在危机中的贬值,会作为货币财产集中的一个有力的手段来发生作用",并且"只要这种证券的贬值或增值同它们所代表的现实资本的价值变动无关,一国的财富在这种贬值或增值以后,和在此以前是一样的。"[①]

综上可见,供给侧结构性改革要发展实体经济,并不是意味着只发展制造业而不发展金融业或房地产市场,而是要发展金融与房地产经济中属于实体经济的部分。党的十九大报告明确提出要着力加快建设实体经济、科技创新、现代金融、人力资源协同发展的产业体系,明确提出要"坚持房子是用来住的、不是用来炒的定位",从政治经济学关于实体经济和虚拟经济的理论角度来讲是十分正确的。

第五节 结 论

马克思主义关于生产的首要性、生产与消费等四个环节在社会再生产过程中的有机联系的基本原理,是中国特色社会主义政治经济学理解供给侧结构性改革的基本出发点。从生产的首要性命题出发,供给侧结构性改革与社会主义解放和发展生产力的根本任务高度统一。从社会再生产角度看待生产与消费的有机联系,而非停留在交换过程中供给与需求的表面关系,是我们理解供给侧结构性改

---

① 马克思恩格斯文集(第7卷)[M].北京:人民出版社,2009:531.

革既不同于需求侧管理也不同于西方经济学供给学派的基础,并从根本上避免了我们的基本经济政策像西方经济学那样在自由主义和干预主义之间来回摇摆。

从马克思的社会再生产理论看,结构性矛盾是社会再生产的一个内在矛盾,结构平衡是社会再生产顺利实现的内在要求和必要条件。经济中出现的结构性矛盾不能被唯一地归结为"市场失灵"所导致的比例失调问题,它和生产的制度结构、生产的目的与性质密切相关。西方经济理论囿于资本主义生产的私人性质,在经济出现结构性矛盾甚至危机的情况下,只能采取宏观管理政策来实现或维持短期的总量平衡,并且相信长期来看市场会自动纠正结构问题。但是从政治经济学的角度看,我国经济发展中的结构性矛盾和结构问题是长期存在的,尤其是在参与国际分工的条件下,如果不采取必要措施,我国的经济发展必然会受到世界资本主义积累体系发展规律的影响,成为一个长期的自然发展过程。这就决定了推进供给侧结构性改革不仅是必要的,还是一项必须坚持的长期任务,而不是短期的调控和管理。

供给侧结构性改革强调从生产端入手,着力发展实体经济。虚拟资本的政治经济学定义及其原理是我们区别实体经济与虚拟经济的理论依据。实体经济是现实资本的运动,货币资本、生产资本、商品资本都是现实资本的不同形态,我们不能简单地把货币资本的运动即金融活动和房地产商品(资本)的市场活动与虚拟经济直接画等号。它们到底属于实体经济还是虚拟经济,取决于金融活动中的货币资本和房地产商品(资本)到底属于现实资本还是虚拟资本,取决于它们是否从属于"货币资本—生产资本—商品资本"的资本循环过程,取决于资本收益是来自资本循环产生的价值增殖还是来自所有权转让带来的价值转移和价值分配。供给侧结构性改革要发展实体经济,除了发展制造业,还要发展属于实体经济的金融与房地产经济。

第四章　建设现代化经济体系的理论与路径初步研究①

第一节　引　言

1949年以来,特别是改革开放以来,中国经济发展取得了举世瞩目的成就,1978—2016年创造了GDP年均增速近10%、人均GDP增速约9%的增长"奇迹"。与此同时,随着市场化程度和宏观调控水平的不断提高,中国经济在保持高增长的前提下,经济发展的稳定性也得到极大改善。现阶段,中国已由典型的低收入穷国成功跃升至中等收入发展中国家行列,在世界经济总量中所占的份额也在迅速提升。1978年改革开放初期,中国的GDP总量仅为0.15万亿美元,占世界GDP比重仅为1.74%,排名第11位,与世界人口第一大国的地位极不相称。进入21世纪后,这种情况发生了明显改变,由于发展基数已经大为提高,再加上强劲的经济增长动力,中国的经济总量先后超过法国、英国、德国、日本,成为仅次于美国的世界第二大经济体。2016年中国的GDP总额达到了11.20万亿美元,占世界GDP比重的14.82%,成为对世界具有重要影响的经济大国。②

从经济结构演进看,中国的新型工业化、农业现代化、城镇化和信息化均得到了实质性进展。按照当代标准工业化国家的标准,我国已经从1978年的工业化初期进入到现阶段的工业化中后期,从一个工业化部门完备的国家发展成为一个制造业大国。按照2010年不变价计算,我国制造业增加值占世界比重已从2005年的11.75%上升到2015年的23.84%,在世界上排名第一。在知识密集型领域,2016年全球互联网上市企业市值前二十强中,美国占据11家,亚洲有9家,其中仅中国就占6席,阿里巴巴、腾讯、百度与京东四家企业的总市值高达4260亿美元。③农业现代化水平已从低收入穷国水平提升至当代上中等收入国水平,农业劳动力就业比重从1978年的70.5%(当代低收入国平均为72%)降至29.5%(当代上中等收入国平均为30%)。相应地,城镇化水平从1978年的17.9%提高到

---

① 本章相关内容已发表:张辉.建设现代化经济体系的理论与路径初步研究[J].北京大学学报(哲学社会科学版),2018,55(1):105—116.
② 数据来源:世界银行数据库。
③ 数据来源:Bloomberg。

2016 的 57.35%。① 恩格尔系数的变化同样反映出中国居民生活水平的不断改善和提高。1978 年中国城镇居民恩格尔系数为 57.5%,农村居民恩格尔系数为 67.7%,按照人口加权计算平均超过 60%,尚处于贫困国家行列,还未解决温饱问题。改革开放以后,随着国民经济的发展和人们整体收入水平的提高,中国城镇居民和农村居民的恩格尔系数不断下降。到 2016 年,中国城镇居民和农村居民的恩格尔系数分别下降到 29.3% 和 32.2%,加权平均约 30.1%,接近联合国划分的 20% 至 30% 的富足标准。②

与此同时,中国的经济发展由追求物质产出的增加逐渐向包容性发展的目标转换,发展质量不断提升。随着居民生活水平的提升和医疗条件的改善,我国居民平均预期寿命从 1978 年的 65.52 岁提升至 2016 年的 76.5 岁。③ 佩恩表的数据显示,从平均教育年限和教育回报率两个维度测算出的人力资本水平从 1978 年的 1.62 上升到 2014 年的 2.47,上升了 52%,这说明我国居民的受教育程度和教育回报率有一个非常大的提高,人们的认知能力不仅有了飞跃的提升,而且收入也随之上升。基础设施建设领域,铁路营业里程由 1978 年的 5.17 万千米增加至 2016 年的 12.4 万千米,其中高铁里程达到 2.3 万千米,占世界高铁总里程的 60% 以上。公路总里程达到 469.6 万千米,农村基本实现"村村通"。尤其是在高速公路的建设上,到 2016 年年底全国高速公路里程突破 13 万千米,实现了全国省际及大部分中心城市之间的连接,位居世界第一。④

从国际对比的视野看,第二次世界大战后的日本和韩国的经济发展与中国的改革开放具有较为相似的特征,在发展过程中也曾面临类似的转型问题。第二次世界大战后日本经济大致经过了 20 世纪 50—60 年代的高速增长期、70—80 年代的中速增长期和 90 年代以来的低速增长阶段。从人均 GDP 的特征看,我国现今的经济发展阶段大致相当于日本 70 年代的水平。2016 年我国 GDP 增长 6.7%,进入降速换挡期,与日本从 20 世纪 60 年代的高速增长期(1960—1969 年平均增长 10.4%)进入 70 年代的平稳增长期(1970—1979 年平均增长 4.6%)较为类似。⑤ 20 世纪 70 年代的日本经济在石油危机和全球经济危机等外部危机叠加的冲击下,在出口导向型经济发展受阻、劳动资本密集型经济优势缩小等内部问题深化的背景下,通过实施产业结构优化升级,成功实现经济的平稳过渡,一跃成为

---

① 数据来源:《中国统计年鉴》,世界银行数据库。
② 数据来源:《中国统计年鉴》。
③ 数据来源:同上。
④ 数据来源:同上。如果没有做特别说明,本章的相关数据均来自国家统计局网站和《中国统计年鉴》。
⑤ 数据来源:世界银行。

世界一流发达经济体。从韩国经济的发展历史看,一般认为韩国经济放缓发生在1997—1998年金融危机之后,但从年均GDP增长率看,拐点出现在1989年,从11.9%降为7.03%[1],而此前1982—1988年的年均增长高达10.76%,拐点特征显著[2]。遵循传统的短期刺激及旧增长模式,韩国经济在20世纪90年代初期仍保持9%增长,但内外经济矛盾四伏。到1997年,累积的经济矛盾在东亚金融危机中爆发,导致韩国经济下行,但可贵的是韩国产业与经济在危机后十年实现了平稳转换。

当前,中国在经历三十多年的高速增长后,从2012年起经济转为中高速增长,其中2016年增速降至6.7%,但维持在6.5%以上的增速。纺织服装等劳动密集型和水泥、钢铁等资本密集型产业的产能基本接近全球分工中的极限。因此,当前中国经济整体上正面临由工业时代向服务业、技术和知识经济时代转换,由粗放型的依靠高投入的增长方式向集约型的依靠技术进步驱动的发展阶段转换(即动能转换阶段),由人口红利向人才红利转换,环境生态约束趋紧和国际地位的变化要求中国参与到推动人类命运共同体的建设中,因此整体上看已经从量的扩张时代进入质的提升时代。在这个新时代,我国社会主要矛盾已经转化为人民日益增长的美好生活需要和不平衡、不充分的发展之间的矛盾。从短期看,从现在到2020年,是全面建成小康社会决胜期。从中长期看,党的十九大确定了新的两步走发展战略:第一阶段,从2020年到2035年,基本实现社会主义现代化;第二阶段,从2035年到本世纪中叶,把我国建成为富强、民主、文明、和谐、美丽的社会主义现代化强国。

总之,在迈入新时代之际,我国经济已由高速增长阶段转向高质量发展阶段,正处在落实五大发展理念、转变发展方式、优化经济结构、转换增长动力的攻关期。为了实现新时代的发展目标,党的十九大首次提出"全面建设现代化经济体系",即以供给侧结构性改革为主线,从实体、现代科技、金融、人才等四个方面建设现代产业体系,依托创新国家、乡村振兴等战略,完善市场经济体制,全面构建现代化经济体系。因此,如何系统构建现代化经济体系的理论框架?各要素之间的互动关系是什么?我国经济发展中存在哪些短板?相应的发展路径该如何规划?解决这些问题已经成为当前的政治经济学研究和现实经济发展的迫切任务,本章旨在对上述关系进行初步探讨。

---

[1] 学者也对该经济放缓转折点提供证明。Barry和Dwight计算1989年的Chow检验,发现p值是0.0006,表明在1989年存在GDP拐点的可信度很高。Chow检验方法能有效判断结构在预先给定的时点是否发生了变化。

[2] 学者普遍认为中国拐点出现在2006—2008年。

第二节 现代化经济体系的主要特征

亚当·斯密在研究一国的国民财富增长的源泉时指出,一个国家经济增长的主要动力在于劳动分工、资本积累和技术进步,从而奠定了经济增长理论的基础。① 随着现代经济的增长,经济资源会在农业、工业和服务业部门间不断优化再配置,进而产生产业结构转型和升级。库兹涅兹把结构转型称为现代经济增长的六大特征事实之一。②

从已有研究我们不难得出,在现代经济体系中,创新与要素组织方式的变革都可以推动一国产品价格的变动,是经济发展最重要的两大原始动力,直接推动了一国全要素生产率的增长。创新来自研发和教育的投入,教育投入不仅形成人才红利,提供劳动效率,而且促进创新。企业的研发不仅可以使企业生产效率提升、新产品出现,其生产的知识外溢性还会使得所在部门的生产效率提高。要素组织方式主要由要素市场化和现代金融体系推动,市场化可以促进资本和劳动力要素在不同部门间自由流动,提高部门间效率,释放结构红利;现代金融体系可以利用其在时间和空间上配置资源的功能,实现资源向更有效率的部门流动,使得高效率的企业或行业迅速崛起和壮大。此外,收入分配会影响收入效应的释放,是产业结构转型与升级的拉动力。因此,一个共同富裕的经济体无疑会促进一国产业结构的升级。

目前,农业、工业和服务业是构成现代经济总生产系统的三大部门。随着经济的发展,农业的增加值比重和就业比重会系统地下降;工业的增加值和就业比重则是一个驼峰形状,即早期工业部门的劳动份额会上升,后期会下降;服务业的增加值和就业比重稳步上升,这样的产业转型与升级是现代经济体系中各要素互动的结果。对于工业向服务业转型的后工业化国家来说,服务业特别是现代服务业的崛起,有利于经济发展质量的提高,实现向全球价值链"微笑曲线"的两端升级。此外,在工业向服务业转型的过程中,自然资源、机器设备等不变资本(C)投入不断降低,可变资本(V)不断增加③,这有利于传统服务业向高端服务业转型和发展,由于现代服务业主要依靠的是人才红利,这种轻资产、轻自然资源行业的崛起,必然会实现经济的绿色发展。服务业作为劳动密集型产业,不仅可以拉动一国的就业增长,而且伴随着就业需求的增加,劳动者的收入也会相应增长,进而使

---

① 亚当·斯密.国富论[M].上海:上海三联书店,2009.
② Kuznets, S. Modern economic growth: Findings and reflections [J]. The American Economic Review, 1973, 63(3), 247—258.
③ 卡尔·马克思.资本论(第一卷)[M].中共中央马克思恩格斯列宁斯大林著作编译局译.北京:人民出版社,2004.

一国经济发展达到更充分状态。

简而言之,我们要建设的现代化经济体系是贯彻新发展理念、以现代化产业体系和社会主义市场经济体制为基础的经济体系,是以现代科技进步为驱动力、资源配置效率高效、产业结构和产品质量不断升级的可持续发展的经济体系。因此,现代化经济体系具有以下几个特征:一是科技是第一生产力;二是让市场在资源配置中起决定性作用,更好地发挥政府作用;三是实体经济、科技创新、现代金融、人力资源协调发展;四是结构、效率和质量得到全面提升;五是绿色基础上的可持续发展。

第三节 我国现有经济体系面临的主要挑战

1949年以来,特别是改革开放以来,我国社会主义现代化建设取得了突出成就。经过近四十年的快速发展,推动经济发展的传统产能和动力都已达峰值,在供给侧上急需新的发展动能。随着人们收入水平的提高,需求侧也开始向个性化、多样化、品质化方向变化,要求供给侧结构性改革与逐步变化的需求结构相互适应。综合来看,当前中国经济面临全要素生产率增速放缓、产业结构不尽合理、要素市场化程度偏低和资源环境约束趋紧等挑战,制约着现代化经济体系的构建。

一、全要素生产率增速放缓

通过对比分析佩恩表9.0中的中国、韩国、日本和美国在1978—2014年全要素生产率(TFP)的变化情况(如图4-1所示),可以发现,以美国TFP为基准,中国TFP水平自1978年以来一直处于增长的轨道,但是在2008年后增速放缓。2014年中国TFP水平已经达到美国的43.25%,尽管相对于1978年的31.14%有非常大的提高,但仍然没有超过50%。从韩国的发展经验来看,韩国2014年的TFP水平已经达到美国的62.75%,且基本保持不断上升的过程,这为韩国从1998年的经济危机中迅速复苏、进入高收入国家行列提供了动力支撑。相对于美国TFP,日本TFP水平在1978—2014年经历了一个先上升后下降的过程,在TFP下降的最近二十多年里,日本经济经历了一个长期衰退的过程,由此可见TFP是一国经济增长的主要动力。

从图4-2不难发现[①],1978—2014年中国TFP增长率与同样处于赶超阶段的韩国TFP增长率的平均增长速度非常接近(分别为0.0185和0.014),且波动周期几乎一样,但韩国的波动更大一些。从与日本TFP增长率的对比来看,在1991之前,日本TFP增长率与中国TFP增长率的波动较为一致,但1991年之

---

① 数据来源:PWT 9.0。

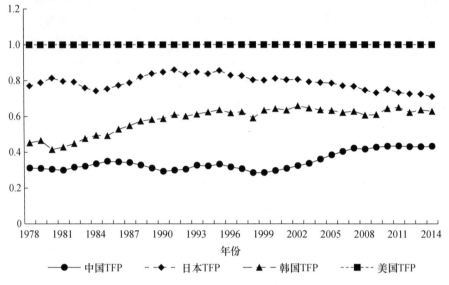

图 4-1　中国、韩国、日本和美国 TFP 的比较

后日本 TFP 增长率开始大幅下降,且在 1991—1998 年平均增长率为负值。从与美国 TFP 增长率的对比来看,中国 TFP 增长率高于美国,特别是在中国追赶美国相对较快的时期,但在 2007 年之后,这种差距在缩小。此外,美国 TFP 增

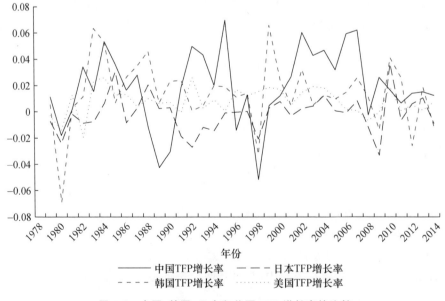

图 4-2　中国、韩国、日本和美国 TFP 增长率的比较

长率的波动较小,且在大多数年份保持正值,这说明美国的技术进步率相对稳定。因此,中国要想赶超美国,就要有比美国更快的技术进步率。

全要素生产率不仅决定一国的生产水平,而且其增长率对提升一国经济质量、实现经济赶超起到至关重要的作用。因此,如果中国经济要从量转变到质,那么落实创新发展理念、不断提高全要素生产率就应成为当前中国经济的首要任务。

二、产业结构仍需优化升级

根据经典的工业化理论,工业化是随着一国(或地区)人均收入的提高,工业发展和经济结构发生连续变化的过程,而人均收入的增长和产业结构的转换是工业化推进的主要标志。因此,在经济发展方面,选择人均GDP作为基本指标;在产业结构方面,选择三次产业产值比重为基本指标;在就业结构方面,选择农业部门的就业人数比重为基本指标。然后参照 Chenery(1975)等的划分方法[1],将工业化过程大体划分为工业化初期、中期和后期,再结合相关理论研究和国际经验估计确定工业化不同阶段的标志值(见表4-1)。

表4-1 工业化不同阶段的标志值

基本指标	前工业化阶段(1)	工业化实现阶段			发达经济阶段	
		工业化初期(2)	工业化中期(3)	工业化后期(4)	后工业化社会(5)	现代化社会(6)
	农业	劳动密集	资本密集	技术密集	服务密集	知识密集
1. 人均GDP(2010年美元)(经济发展)	551—1 102	1 102—2 205	2 205—4 409	4 409—8 267	8 267—13 227	13 227以上
2. 三次产业产值比重(产业结构)	A>I	A>20%,且A<I	A<20%,I>S	A<10%,I>S	A<10%,I<S	
3. 农业就业人数占比(就业结构)	60%以上	45%—60%	30%—45%	10%—30%	10%以下	

注:该表参照了陈佳贵,黄群慧,钟宏武.中国地区工业化进程的综合评价和特征分析[J].经济研究2006(6)。其中,2010年美元与1964年美元的转换因子为5.51[2],价格数据来自美国经济分析局;A、I、S分别代表第一、第二和第三产业增加值在GDP中所占的比重。

从人均GDP的角度看,2016年我国人均GDP为6 894.46美元(以2010年美

---

[1] Chenery, H. B., Syrquin, M., Elkington H. Patterns of development, 1950—1970. London: Oxford University Press, 1975.

[2] 刘伟,张辉,黄泽华.中国产业结构高度与工业化进程和地区差异的考察[J].经济学动态,2008(11).

元计),属于工业化中后期,并且距进入工业化后期还有一定距离。从产业结构看,2016年三次产业增加值占比分别为8.6%、39.8%和51.6%,这说明我国的产业结构已经进入后工业化社会。从就业结构看,2016年中国第一产业就业人员占比为27.7%,说明我国刚迈入工业化后期。① 因此,中国正经历从工业向服务业转型的发展阶段。一方面,我国工业需要完成从资本密集型产业向技术密集型产业的转移,即从高能耗、高污染向高附加值、低能耗的生产方式转变;另一方面,由工业化初期轻工业所代表的制造业为主的劳动密集型产业,向金融、研发等为主的现代服务业发展。因此,如何进一步降低农业的就业比重,释放更多农业劳动力,如何实现工业从资本密集向技术密集转型升级,如何实现传统劳动密集型服务业向现代高端知识密集型服务业转型,这些都成为当前我国提升经济质量的关键。

为了突出对中国结构转型的研究,我们挑选了一些具有代表性的国家和地区进行比较分析,其中包括美国、日本和韩国。我们探讨不同经济体的产业结构的共同之处及其差异,比较分析中国结构转型的现状及存在的问题。

从中国、韩国、日本和美国的产业结构比较(见图4-3)中不难发现,转型成功的韩国在人均GDP达到9 249美元(以2010年美元计)时已经进入后工业化阶段,即当韩国进入后工业化时其工业增加值份额才达到峰值(40.25%),之后一直保持在36%以上的高水平;对应的第二产业就业比重为35.95%,且一直处于25%以上的就业水平。此外,尽管韩国的服务业比重一直保持较高的水平,但是在完成工业化之前,其服务业比重的增速一直较慢。对于在1978年之前就已经完成工业化的美国和日本来说,在较高的经济发展水平下,其第二产业增加值份额依旧保持在较高的水平,其中日本一直保持在30%的水平之上。我们还可以发现,经济发展水平越高的国家,其农业增加值份额越低。

从我国已有的数据来看,工业增加值份额在2006年人均GDP为3 069(以2010年美元计)时就达到一个局部峰值47.56%,同时农业份额保持非常高的水平10.63%。按照工业化阶段划分,中国可能在工业化中期就提前开始了产业结构转型。一方面,我国工业增加值的拐点可能来得过早,在经济发展水平仍处于较低水平的情况下,产业结构就由工业向服务业转型,而过早的去工业化容易使经济长期低增长或停滞,陷入"鲍莫尔病"。另一方面,我国农业增加值份额和就业份额相对较高,这说明我国农业增加值在三次产业增加值份额中还有很大的下降空间,农业就业人口还需进一步释放。

---

① 数据来源:世界银行、国家统计局。

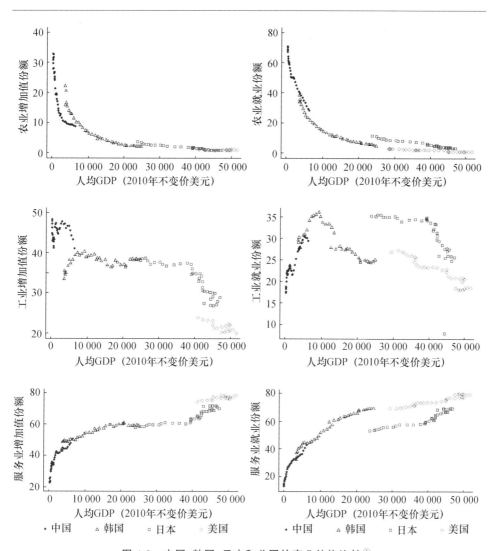

图 4-3 中国、韩国、日本和美国的产业结构比较①

三、要素市场化程度有待提高

在市场化程度方面,改革开放近四十年来,我国市场化取得了很大进展,但主要是在商品市场化方面,包括投资品和消费品的市场化。真正的市场化还取决于要素市场化程度,特别是劳动力、土地和金融市场等。

根据王小鲁等(2017)的研究,2008—2010 年中国要素市场的发育程度从

---

① 数据来源:世界银行数据库(1978—2015 年)。

4.01 分降到 3.83 分,此后逐步上升,到 2014 年上升到 5.93 分,虽然要素市场化程度有一定的提升,但仍然存在较大的改进空间。① 从金融业的市场化来看,一方面,目前我国信贷资金的分配仍然偏向国有企业。我国非国有经济的比重已经远远超过国有经济,但非国有贷款占比还不足 50%,融资结构还不尽合理。另一方面,金融市场面临结构性风险。截至 2016 年年末,我国的总杠杆率为 257%,非金融企业杠杆率为 166.3%②,杠杆风险仍处高位;同时,随着金融科技的快速发展,金融产品的跨界融合也为金融监管带来了新的挑战。在人力资源的供应上,现有研究表明,目前熟练劳动者数量只占全国就业人员总量的 19% 左右,其中高技能人才的数量仅占 5%,劳动力就业仍存在供需不匹配的问题,"用工荒"仍将在未来一定时期内存在。③ 随着人口年龄结构的转变和劳动力成本的上升,如何从供给端提升劳动力市场效率配置也成为我国发展亟待解决的问题。从技术成果转化方面来看,根据我们的测算,2011—2015 年我国高校的专利转让比例呈现逐年下降的态势,2015 年为 5.26%④,这主要是由于专利转化的增长跟不上总量的快速上升。在土地市场化方面,土地要素配置改革、耕地指标市场流转制度等还需进一步细化协调,开放竞争、城乡统一的建设用地市场尚未建成,市场配置资源的作用仍需加强。总之,要素市场发育仍然是我国市场化的短板,需要继续大力推进市场化进程,提高要素在不同产业和地域之间的利用效率。

四、资源环境约束趋紧

生态环境问题已经成为全面建成小康社会决胜阶段的短板。以往粗放的经济发展模式给我国的大气、土壤、水等生态环境与系统带来了极大压力,大气雾霾、水体污染、土壤退化、重金属超标等生态环境问题愈发严重。2016 年,化学需氧量、二氧化硫等主要污染物排放量仍高于 2 000 万吨,环境承载力接近极限。在监测的 338 个城市中,空气质量超标的城市高达 75.1%,空气污染问题成为社会焦点。⑤ 此外,生态环境严重退化,荒漠化、水土流失、草原退化等问题日益突出。根据最新的监测结果,截至 2014 年,全国荒漠化、沙化土地和水土流失面积分别为 261 万、172 万和 295 万平方千米,占国土面积的 27%、18% 和 31%,中度和重度退化草原面积仍占草原面积的 1/3 以上,防治任务艰巨。⑥

现阶段中国已经是资源消耗大国。以能源领域为例,2016 年一次能源消耗量

---

① 王小鲁,樊纲,余静文.中国分省份市场化指数(2016)[M].北京:社会科学文献出版社,2017.
② 数据来源:国家发改委。
③ 清华大学、复旦大学:《中国劳动力市场技能缺口研究》,2016 年。
④ 数据来源:教育部,《高等学校科技统计资料汇编》。
⑤ 数据来源:国家统计局网站。
⑥ 数据来源:《中国荒漠化和沙化状况公报》,《第一次全国水利普查水土保持情况公报》。

占全球总消耗量的23%,位居世界第一,连续16年成为全球范围内增速最快的能源市场。① 然而也要看到,我国的资源生产和消费仍存在较大问题。重要资源稀缺程度加剧,资源安全面临严峻挑战。2016年全国人均综合用水量438 m³,低于国际公认的人均500 m³的"极度缺水"标准,水资源短缺危机持续引发担忧。② 石油、天然气等能源矿产对外依存度逐年上升,2016年分别增至65.4%和36.6%。③ 与此同时,与发达经济体相比,我国的资源使用效率仍然较低,集约化程度不高。2016年我国单位GDP能耗约为3.9吨标准煤/万美元,是世界平均标准的1.6倍,与美国、欧盟、日本等发达经济体相比分别是其2.2倍、2.7倍和3倍。④ 土地城市化快于人口城市化的现象突出,"十二五"时期全国城镇建设用地增速(约20%)远高于同期城镇人口增速(11%),地均GDP仅相当于欧美发达国家的1/4—1/5。⑤ 资源型城市转型任重道远。国务院界定的262个资源型城市中,普遍存在产业结构单一、以初级产品为主的特点,逐渐出现经济增长乏力、生态环境恶化等一系列问题,进而引发"荷兰病"和"资源诅咒"。

第四节 全面建设现代化经济体系的战略选择

现阶段,我国经济已由高速增长阶段转向高质量发展阶段,正处在转变发展方式、优化经济结构、转换增长动力的攻关期,建设现代化经济体系是跨越关口和实现我国发展战略目标的迫切要求。党的十九大报告明确提出深化供给侧结构性改革、加快建设创新型国家、实施乡村振兴战略、实施区域协调发展战略、加快完善社会主义市场经济体制、推动形成全面开放新格局等六大具体任务。在深入学习十九大精神的基础上,结合当前我国经济发展中面临的挑战,我们认为现代化经济体系需要在以下五个方面重点发力:依托创新驱动提升全要素生产率和经济发展质量;以供给侧改革为主线,加快推进产业结构优化升级;在社会主义市场经济体制下,坚持和完善要素市场改革;践行绿色发展理念,培育资源集约型、环境友好型的发展模式;促进经济发展在空间上的均衡,缩小区域、城乡发展差距,推进"一带一路"建设,形成全面开放新格局。在这五个方面进行突破的基础上,补齐经济发展中的短板,构建起现代化经济体系,稳步推进十九大确定的新的两步走发展战略。

---

① 数据来源:《BP世界能源统计年鉴》。
② 数据来源:《2016年中国水资源公报》。
③ 数据来源:《中国统计年鉴2017》。
④ 根据世界银行和《BP世界能源统计年鉴》的数据测算。
⑤ 数据来源:《国土资源"十三五"规划纲要》。

一、以创新引领发展方向

创新是经济保持中长期稳定增长的核心源头,创新型国家的建设可从多方面为经济发展提供新动力。首先,推动大众、创业万众创新,培养创新型企业,促进我国产业迈向全球价值链中高端,培育若干世界级先进制造业集群[①],有利于供给侧结构性改革的深化;其次,加大教育投入,培养创新型人才,缩小城乡收入差距[②],实现高质量的城镇化路径。因而,创新对于处于经济新常态中的经济发展至关重要。结合我国科技创新的发展现状和发达经济体创新发展的一般规律,创新型国家建设可以从以下方面集中发力。

从重物质资本投入转向重人力资本积累,加强重点领域创新型人才的培养。金融危机后,美国将 STEM 教育战略作为提升国家竞争力的重要支撑,以应对经济对 STEM 领域人才的大量新增需求。近年来,中国出现了大学生就业困难、农村剩余劳动力不足并存,同时专业技术人员和高端人才紧缺的现象,说明劳动力一定程度上存在结构性失衡。因此,可以借鉴美国 STEM 计划,针对我国经济发展的实际诉求,调整人才培养设置,发挥国家导向作用,针对短缺急需领域建立实时人才信息库,提前布局相关领域人才的培养,加强人才培养对经济发展的支撑力度。一方面继续扩大教育规模,提升人力资本质量,尤其重视高等教育的培育;另一方面引导科研人员向一线流动,投身于科技创新一线。改善人才评价机制,增大技术创新和技术转移在职称等评价中的比重。允许研发成本计入当期成本抵扣,通过税收政策,鼓励企业进行技术创新。

处理好引进、吸收再创新与自主研发的关系,提高创新成果的经济转化效率。技术创新在经济发展中发挥着至关重要的作用,但在具体的创新模式上则有两种,一种是日本企业走过的引进吸收再创新,另一种是我国正在鼓励的自主研发。在两者的关系问题上,一方面,政策制定者要重视自主研发,增强核心技术开发能力。世界发达经济体的发展经验告诉我们,决定产业竞争优势的主要因素已从自然资源、劳动力转向创新能力、技术和管理优势,自主研发能力以及核心技术开发能力也是衡量一个国家综合竞争能力的重要标志。另一方面,保持开放心态,学习国外先进技术。创新的发展离不开国际交流,并且现阶段发达国家处于科学技术的知识前沿,后发国家需要从发达国家获取先进的技术而非闭门造车,才能较快地实现技术追赶。

---

① 习近平. 决胜全面建成小康社会 夺取新时代中国特色社会主义伟大胜利——在中国共产党第十九次全国代表大会上的报告[EB/OL]. (2017-10-27) [2019-8-25]. http://news.cnr.cn/native/gd/20171027/t20171027_524003098.shtml.

② 陈斌开,张鹏飞,杨汝岱. 政府教育投入、人力资本投资与中国城乡收入差距[J]. 管理世界, 2010 (1).

二、加快推进产业结构优化升级

基于上文对我国产业结构存在的问题的分析,我国产业结构转型和升级的方向应注重以下方面的改革。

注重三产的协调发展,提升产业"实"高度。一方面,工业支持农业仍应保持循序渐进。"以工哺农"不应该是拿工业的资金直接补贴农业,行政式的转移支付可能会带来资源分配的不合理,从而在农业领域造成新的过剩产能;相反,应发挥工业在资本和技术上的优势,促进农业的资本深化,提高农业生产效率,进一步释放人口红利,为工业发展提供进一步动力。另一方面,进一步鼓励第二产业由低端制造业向高技术产业、装备制造业转型升级,进一步拉升第二产业占比,从而尽快实现工业化。

以供给侧结构性改革为主线,不断加快新旧动能转换的步伐。从行业的角度看,既要保持优势产业,又要发展"短板"产业,不断推进我国产业结构向高度化、均衡化发展。同时,继续深耕基础设施建设,完善信息基础设施建设。提升宽带、移动互联网的覆盖率,消弭区域间的数字鸿沟,抓住数字革命、消费升级等发展机遇,努力提升产品和服务的附加值,在产业分工体系中实现跨越发展。

大力发扬"以人为本"的发展理念,注重培育企业家精神。由以留住产业为核心转向以留住人为核心,从招商引资走向招商引智。一方面,落后地区要转换发展思路,由过分侧重物质投入、产业发展转向重视人才资源的引入;另一方面,营造良好的营商环境和人居环境,在产业发展的同时提供良好的配套政策,为实现区域的内生增长提供动力。

三、坚持和完善要素市场改革

我国的要素市场改革长期以来滞后于经济体制改革,坚持要素市场改革本质上就是保证要素的自由流动,发挥市场在资源配置中的决定性作用。具体来讲,我们需要从以下几个方面深入改革。

深化劳动力市场改革,减少劳动力市场的制度性"摩擦"。劳动力是生产过程中最为重要的组成部分,也是经济发展最根本的生产要素。我们要以深化户籍制度改革为突破口,消除劳动力市场的二元歧视,以完善的法制保证劳动者工作机会的均等与合理,促进劳动力的就业适应性,解决供需双方的信息不对称,提升劳动者的就业质量。积极顺应新产业和新用工形式的变化,使有能力在城镇稳定就业并生活的常住人口有序实现市民化,实现劳动力在城乡之间的自由流动。

深化土地市场改革,提升土地利用效率。在土地公有制的大前提下,保障土地承包关系长期稳定不变,继续推进"三权分置"改革和"三块地"试点,进一步完善农村集体经营性建设用地权能,实现与城市建设用地同等入市、同权同价。对于城市土地则进一步提升土地利用效率,实现精细化管理。

深化资本市场改革,严守系统性金融风险底线。一方面积极探索,大力发展多层次的资本市场,注重协调直接、间接融资比重;另一方面,不忘初心,始终将为实体经济服务作为金融的出发点和落脚点。此外,还应加强金融监管,防范系统性金融风险。

四、践行绿色发展理念

针对我国现阶段资源环境约束趋紧、高投入高耗能的发展模式难以为继的现状,我们认为,应该继续践行绿色发展理念,推动经济向资源集约型、环境友好型发展。具体而言,可以在以下两个方面进行突破。

抓住以新一代信息技术为核心的产业革命发展机遇,降低产业发展对资源环境的依赖和破坏。新一代信息技术天然地契合绿色发展理念。例如,大数据在企业的应用可以通过减少业务流程与物流消耗达到减排的目的,互联网的运用可以通过虚拟空间减少交通与时间成本。现阶段,我国在新一代信息技术领域处于全球领先水平,尤其是在互联网领域。因此,我国要抓住在信息技术领域的优势,加快两化融合建设,降低单位GDP能耗和污染物排放,实现更清洁、更集约的经济发展模式。

注重区域性资源环境保护和利用机制,形成互利共赢的区域协同机制,而非各区域独立制定规则,以避免重复建设。由于资源环境在自然属性上不可分,空间布局上往往成片分布,跨越多个行政区。现阶段,资源环境问题的处理主要还是在单一行政区内进行,"以邻为壑"的现象仍时有发生。因此,践行绿色发展理念要求打破行政规划的限制,构建起区域资源和环境保护的协调机制,由分区治理向统一治理转变。

五、促进空间均衡布局

现代化经济体系不仅仅要求在生产要素、产业结构、要素市场、生态环境等方面有所作为,对经济发展的空间载体建设也提出了新的要求。现阶段,我国的空间发展不平衡现象突出,具体表现为城乡二元体制仍未消除、区域间发展差距拉大、对外开放程度有待提高等三个维度。因此,促进经济发展在空间上的均衡布局,需要从城乡一体、区域协调、对外开放三个方面进行规划。

"三农"问题是中国社会经济发展的重中之重,提升农业和农村发展质量、解放农业人口有利于避免我国陷入中等收入陷阱,以便能顺利过渡到高收入国家行列。现阶段我国的农业劳动生产率仍处于较低水平,一方面耕地资源有限、集约化程度不高、机械化水平尚未充分发展等因素制约着农业的发展,另一方面户籍限制等制度性因素和人力资本"锁住效应"、基础设施相对不充分等非制度因素,使得我国仍然拥有庞大的农业劳动人口。因此,乡村振兴战略首先应着力发展农业,提升农业科技水平和机械化水平,进而提升农产品产量和质量,继续深化农村土地制度改革,提升农业的集约化程度。其次应加大农村基础设施投入,提升农村社会保障水平,促进农村社会的均衡发展,提升农民的获得感。

区域协调发展是全面建成小康社会决胜期的重要国家战略,也是寻求经济发展新动力,缩小区域发展差距的重要机遇。从区域发展的空间布局上,对"四个板块"和"三大支撑带"的国家战略进行有机组合,在推动西部大开发建设、东北等老工业基地振兴、中部地区崛起的基础上,充分发挥"一带一路"、长江经济带和京津冀协同发展三大国家战略的带动作用。在区域空间组织形态上,要加强城市群建设,提高城市群的辐射力和带动力。在继续优化长三角、珠三角、京津冀等成熟城市群的基础上,着力打造长江中游城市群、成渝城市群等新兴城市群。与此同时,依托区域中心城市及其周边地区,加强城镇之间的要素流动和功能联系,促进产业协作、功能互补,推进区域经济协调发展。[1]

从国际对外开放的视角看,当前全球价值循环体系表现出明显的双环流模式。对全球投入产出表的分解发现,发达国家在中间品、最终品的进出口贸易上表现较为活跃,而发展中国家仅仅在若干行业中表现出较高的中间品和最终品的高进出口行为,但是发展中国家与中国之间则存在较为活跃的价值链上的贸易往来。目前不管是从经济发展阶段还是从产业结构看,中国都处于发达国家与发展中国家之间的中间水平,这决定了中国将在这个体系中起到上下承接的作用,即承接来自北美、西欧的新技术、新产业,同时与亚非拉等发展中国家进行产能合作,实现全球价值链的双环流。在推动全面开放的新格局下,通过"一带一路"的建设,可以加速全球经济的上下循环,将更多国家纳入全球价值链分工体系,实现更大区域内的经济协作共赢与共同繁荣。[2]

第五节 总 结

改革开放以来中国经济经历了快速发展,当前正面临着由工业时代向服务业、技术和知识经济时代转换,发展动能也随之转化,人口红利向人才红利转换,资源环境约束趋紧,国际地位的提升要求参与到推进人类命运共同体的建设中,因而总体上已经从量的时代进入质的时代。在这个新时代,我国社会主要矛盾已经转化为"人民日益增长的美好生活需要和不平衡不充分的发展之间的矛盾"。从短期看,从现在到2020年,是全面建成小康社会决胜期;从长期看,党的十九大确定了新的两步走发展战略。第一阶段,从2020年到2035年,基本实现社会主义现代化;第二阶段,从2035年到本世纪中叶,把我国建成为富强民主文明和谐美

---

[1] 张辉.贯彻协调发展新理念,构筑均衡融合新格局[J].北京大学学报(哲学社会科学版),2016(2).
[2] 张辉,易天,唐毓璇.一带一路:全球价值双环流研究[J].经济科学,2017(3).

丽的社会主义现代化强国。在迈入新时代之际，我国经济已由高速增长阶段转向高质量发展阶段，正处在转变发展方式、优化经济结构、转换增长动力的攻关期。为了实现新时代的发展目标，党的十九大首次提出"全面建设现代化经济体系"。

本章认为现代化经济体系具有以下几个特征：一是现代科技是第一生产力；二是让市场在资源配置中起决定性作用，并更好地发挥政府作用；三是实体经济、科技创新、现代金融、人力资源协调发展；四是结构、效率和质量得到全面提升；五是绿色经济基础上的可持续发展。

当前中国经济发展面临创新动力不足、要素市场化程度偏低、产业结构需进一步优化升级、资源利用和环境问题突出等发展挑战。因此，结合当前我国经济发展中面临的挑战，我们认为我国需要在五个方面（以创新引领未来发展方向，加快推进产业结构优化升级，坚持和完善要素市场改革，践行绿色发展理念，促进经济发展的空间均衡布局）进行突破，补齐经济发展中的短板，逐步构建起现代化经济体系，稳步推进十九大确定的新的两步走发展战略。

第五章　中国经济潜在增长率与全要素生产率估算

自 2008 年金融危机以来,受世界经济复苏乏力、全球价值链分工深化、中国经济增长动力转换及周期性因素等多重影响,中国国内生产成本上升、技术进步方式变化、投资收益率下降、出口导向型增长不可持续,最终迫使中国经济进入一个"新常态"(刘伟和苏剑,2014)。中国经济呈现出的新常态具有经济增长速度由高速转入中高速、经济结构不断优化升级、发展动力从要素和投资驱动转向创新驱动三大特征。换言之,中国经济告别了追求数量和规模的发展阶段,进入了一个以追求经济增长质量为先、努力谋求经济结构优化的新发展阶段。在新的发展阶段,中国经济增速向合理区间"收敛",即实际增长率向潜在增长率靠拢,而潜在增长率能否维持足够的动能关乎中国未来经济的可持续稳定发展。

本章基于新古典增长理论,推导计算我国潜在 GDP 增长率的测算公式,梳理大量文献,对测算公式的相关参数进行归纳总结,采用经验分析法并结合当前各种影响因素的变动,估算中国的潜在经济增长率。从经验分析中发现,经济制度、技术进步、资源环境和城镇化等因素是影响全要素生产率乃至潜在经济增长率的重要决定因素;然后基于情景分析对未来 2018—2025 年的全要素生产率分别设定高值、中值和低值三种情景,对应的全要素生产率增长率分别设定为 2.8%、2%和 1.2%,资本存量增长率分别设定为 13%、10%和 7.3%,资本产出弹性系数均为 0.46,劳动投入增长率均为−0.4%,劳动产出弹性系数均为 0.56。也就是说,我们认为,中国的潜在增速主要取决于全要素生产率的增速和资本增速,并针对二者分别考虑了高、中、低三种情景,最终估算结果表明,这三种情景下的潜在增长率分别为 7.2%、6.4%和 5.6%。根据以上估算结果,本章认为未来仍需继续推行"积极的财政政策要更加积极,稳健的货币政策要松紧适度"的政策组合,并灵活运用货币政策工具积极推进改革和培育创新能力,释放改革红利和技术进步红利,推动全要素生产率的提高。

第一节 中国经济增长现状描述

自 1978 年改革开放以来,中国经济实现了 40 年的高速发展,年均 GDP 增长率达到了 9.59%,国内生产总值更是翻了 225 倍,创造了世界经济奇迹。但是,自 2008 年金融危机以来,伴随世界经济的持续低迷,中国经济步入"新常态"。从图 5-1 的中国 GDP 增长率趋势可以发现,自 2007 年实现 14.2% 的超高速增长之后,增速逐年下滑,并且在 2015 年之后跌破 7%,经济整体形势稳中有变,下行压力有所加大。

图 5-1 1978—2017 年中国 GDP 增长率

数据来源:Wind。

虽然中国实际经济增长率近几年有所放缓,但增速仍然高于世界大部分国家,而且决定经济长期发展趋势的是潜在经济增长率。潜在经济增长率是一个国家长期的经济增长潜力,主要取决于供给要素的变化,而实际增长率则会因短期的需求因素波动而偏离潜在经济增长率,但从长期看二者会趋于一致。因此,接下来主要从供给角度和新动能视角展开描述,基于影响潜在增长率的宏观因素,对中国未来的潜在经济增长率走势做一个宏观研判。

一、中国经济发展的供给视角

首先,从人口因素分析,人口红利是影响潜在经济增长率的重要变量,具体来说,人口红利概念反映的是一个国家的劳动年龄人口占总人口比重较大,抚养率比较低,为经济发展创造了有利的人口条件,整个国家的经济呈高储蓄、高投资和高增长的局面。但是,自 1980 年中国实施计划生育政策以来,人口数量和结构均发生了显著变化(见图 5-2 和图 5-3)。

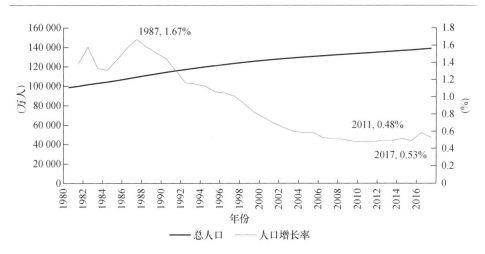

图 5-2　1980—2017 年中国人口数量及其增长率

数据来源：Wind。

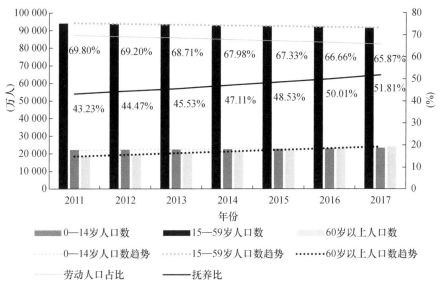

图 5-3　中国人口红利示意图

数据来源：Wind。

图 5-2 是中国自 1980 年以来的人口总量和人口增长率，可以发现，计划生育政策的实施显著地降低了人口数量的增长，尤其是从 1987 年至 2011 年人口增长率下降明显，而之后的略微上升主要是缘于 2011 年以后计划生育政策松动，如 2011 年 11 月实施的双独二孩政策和 2013 年实施的单独二孩政策。

图 5-3 是中国近些年的人口结构情况,用以反映中国当前的人口红利变化。从图中可以发现,15—59 岁人口数呈明显的逐年下降趋势,而且 2012 年是该年龄段人口在相当长时期里第一次出现绝对下降,比上一年减少 345 万人。此外,0—14 岁和 60 岁以上人口数均呈上升趋势,其中 0—14 岁人口数的增加主要得益于计划生育政策的松动。两者比较可以发现,60 岁以上人口数上升趋势明显高于 0—14 岁人口数。因此,综合以上数据,绘出劳动年龄人口比重曲线和抚养比曲线,可以发现劳动年龄人口比重逐年下降,抚养比逐年上升,两者变动趋势正好相反。依据一国是否具有人口红利的判断标准(蔡昉,2013),即若一国劳动年龄人口增长、人口抚养比下降,就会带来人口红利,反之则没有人口红利,那么中国自 2012 年以来人口红利会逐渐趋于消失。由此可见,未来中国的潜在经济增长率会因此而拖累。

然后,从资本因素分析,固定资产投资和储蓄率也是影响潜在经济增长率的重要变量。固定资产投资是指企业在一定时期内建造和购置固定资产用于生产,包括基本建设、更新改造、大修理等;储蓄率是一定时期内国内居民储蓄增加总额占国内生产总值的百分比,也是推动潜在经济增长的关键资源。从国家统计局公布的固定资产投资数据来看(见图 5-4),全社会固定资产投资的实际同比和名义同比自 2009 年均出现显著回落,其中全社会固定资产投资的实际同比在 2017 年已经降至有史以来的最低值(1.13%),几乎接近于零增长。

图 5-4　1991—2017 年中国全社会固定资产投资增长率示意图

数据来源:Wind。

此外,最具代表性的民间固定资产投资数据也同样显示出显著的下滑趋势,从图 5-5 中可以发现民间固定资产投资实际累计同比自 2011 年第二季度以来逐季回落,最低下探至 2017 年年末的 0.19%;同时,实际当季同比更是出现了负增长。

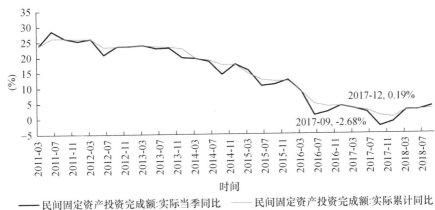

图 5-5　中国民间固定资产投资增长率示意图

数据来源:Wind。

不仅如此,若是从投资的原动力(即储蓄率)来看,不管是国内总储蓄率还是国民总储蓄率,自全球金融危机以来均形成了明显的下降趋势。其中,国民总储蓄率从 2008 年的最高点 51.84% 下降至 2016 年的 45.9%,而国内总储蓄率从 2010 年的最高点 51.55% 下降至 2017 年的 46.38%,降幅达 5.17 个百分点(见图 5-6)。

图 5-6　中国国内总储蓄率和国民总储蓄率变化示意图

数据来源:Wind。

由此可见,在资产投资动力源减弱的背景下,加之国内固定资产投资意愿不足,难以支撑中国潜在经济增长率,反而会受其拖累,拉低未来中国的潜在经济增长率。

最后,从全要素生产率因素分析,图5-7显示的是Penn World Table 9.0 估算的1952年至2014年中国全要素生产率。从图中可以发现,在1978年改革开放之前,中国全要素生产率增长率的波动较大,而且伴随着较多年份的全要素生产率下滑。改革开放之后,中国的全要素生产率增长率波动明显下降,且全要素生产率呈上升趋势,尤其是2001年加入WTO之后,增长率基本维持在正数,于2007年到达最高点6.22%。然而,自2008年全球金融危机以来,中国的全要素生产率增长率显著下降,直接从最高点降至-0.23%,之后基本稳定在0.1%左右。

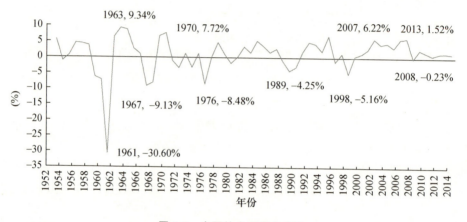

图 5-7 中国的全要素生产率
数据来源:Penn World Table 9.0。

以上从供给的视角对中国潜在经济增长率进行了宏观现状描述,伴随着人口红利消失、资本投资动力不足以及全要素生产率贡献基本稳定在3%左右,预示着未来中国潜在经济增长率难以维持过去的增长趋势和动力。

二、中国经济发展的新动能视角

国家统计局统计科学研究所在《新产业新业态新商业模式统计监测制度(试行)》和经济发展新动能指数统计指标体系的基础上,采用定基指数方法,初步测算了2015—2017年我国经济发展新动能指数。该指数分为五个类别,分别是网络经济指数、经济活力指数、创新驱动指数、转型升级指数和知识能力指数。具体的测算结果如图5-8所示。

从图5-8的测算结果看,2015—2017年我国经济发展新动能指数分别为123.5、156.7和210.1,分别比上年增长23.5%、26.9%和34.1%,呈逐年加速之势。其中,2017年,网络经济指数高达362.1,比上年增长79.1%,对总指数的贡

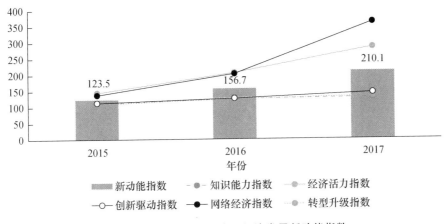

图 5-8 2015—2017 年中国经济发展新动能指数

数据来源：国家统计局。

献率为 34.5%；经济活力指数为 284.3，比上年增长 38.4%，对总指数的贡献率为 27.1%；创新驱动指数为 143.3，比上年增长 13.4%，对总指数的贡献率为 13.6%；转型升级指数为 132.3，比上年增长 6.4%，对总指数的贡献率为 12.6%；知识能力指数为 128.5，比上年增长 2.7%，继续保持稳定增长，对总指数的贡献率为 12.2%。由此可见，未来中国经济发展的新动能具有较强的活力，尤其是网络经济增长率明显，为未来中国潜在增长率注入了新的增长动能。

第二节 中国潜在增长率的预测

一、总体方法

在宏观经济的中长期预测中，增长核算法是很常用的。本章采用新古典增长理论，推导我国潜在 GDP 增长率的测算公式。

假设我国的生产函数为 Cobb-Douglas 函数，即

$$Y = AK^{\alpha}L^{\beta} \tag{5-1}$$

其中，Y 表示实际产出，A 表示全要素生产率，K 表示资本存量，L 表示劳动投入，α 和 β 分别表示资本的产出弹性和劳动的产出弹性。进一步假设我国的生产函数满足规模收益不变的性质，即 $\alpha+\beta=1$，于是生产函数变为：

$$Y = AK^{\alpha}L^{1-\alpha} \tag{5-2}$$

根据索洛增长理论，可以将上式变换为增长率的形式：

$$\frac{\dot{Y}}{Y} = \frac{\dot{A}}{A} + \alpha\frac{\dot{K}}{K} + (1-\alpha)\frac{\dot{L}}{L} \tag{5-3}$$

可见一国(地区)经济的增长率等于全要素生产率增长率、资本存量增长率与其产出弹性乘积、劳动投入增长率与其产出弹性乘积三者之和。

针对公式(5-3)中相关参数的测算方法或结果，本部分将基于以往研究，使用经验分析法，结合当前各种影响因素的变动，估算潜在经济增长率。我们首先估算中国的全要素生产率增长率，然后分别估算资本增长率、劳动力增长率、资本产出弹性。鉴于篇幅有限，且我国学术界对这些参数已有相当数量的通过经济计量或其他方法作出的测算，此处我们不再做经济计量测算，而是综合考虑已有研究的测算结果，以此为依据，根据我们的理解和对未来中国经济走势的判断，对这些参数的取值作出估算。从以下相关文献综述可以看出，学术界对每一个参数(尤其是全要素生产率增长率)的估算结果的差异都非常大，甚至同一研究者对同一参数用不同方法估计出来的值差异都很大，所以我们要做的就是认真细致地分析各个研究结果的优点和局限，综合考虑，以所有研究结果的均值为基本参照点，得出一个估算结果。经济计量学告诉我们，均值往往是接近无偏估计值的。

二、全要素生产率增长率的估算

(一) 相关研究梳理

关于全要素生产率的测算，目前普遍使用的方法有四种，即增长核算法(如索洛残差法)、经济计量法、随机前沿法和数据包络分析法。需要指出的是，不同的测算方法给出的结果差异较大。关于中国全要素生产率的测算，代表性的文献有郭庆旺和贾俊雪(2005)、李宾和曾志雄(2009)、赵志耘和杨朝峰(2011)、张军和施少华(2003)、章祥荪和贵斌威(2008)、Wang和Yao(2003)及Young(2003)，它们给出的测算结果存在一定的差异(详见表5-1)，差异的主要来源包括测算方法不同、生产函数设定不同(例如，投入要素的种类设定不同)、初始资本存量估计方法不同、产出和投资品的价格指数以及折旧率不同。由于文献普遍使用永续盘存法测算折旧，基于当年统计年鉴中的资本形成总量估算当年的资本存量，因此折旧率以及资本品价格指数的不同将导致 TFP 测算结果显著不同。另外，文献普遍测算我国 1978 年之后的 TFP，因此，1978 年年初的资本存量初值的不同设定也将导致 TFP 测算结果显著不同。事实上，关于资本存量初值的设定，学术界还没有达成统一意见。

表 5-1　全要素生产率增长率的测算值

研究人员和时间	测算年份区间	全要素生产率增长率
郭庆旺和贾俊雪(2005)	1979—2004	-5.994%—6.126%(索洛残差法)
郭庆旺和贾俊雪(2005)	1979—2004	-0.704%—1.309%(隐性变量法)
郭庆旺和贾俊雪(2005)	1979—2004	-5.943%—4.458%(潜在产出法)
李宾和曾志雄(2009)	1978—2007	-4.671%—9.671%
赵志耘和杨朝峰(2011)	1979—2009	-4.413%—7.189%
张军和施少华(2003)	1953—1998	-9.87%—12.6%
张军和施少华(2003)	1978—1998	-6.43%—7.73%
章祥荪和贵斌威(2008)	1978—2005	-4.24%—8.76%
Wang 和 Yao(2003)	1953—1977/1978—2008	-0.57%/2.32%
Young(2003)	1978—2008	1.4%
吴国培(2015)	1978—2012/2008—2013	3.3%/1.6%

资料来源：北京大学国民经济研究中心整理。

郭庆旺和贾俊雪(2005)分别使用索洛残差法、TFP 经济计量法中的隐性变量法、潜在产出法测算了我国 1979—2004 年的全要素生产率增长率。索洛残差法给出的 TFP 增长率在-5.994%—6.126%，波谷在 1990 年，波峰在 1992 年；隐性变量法给出的 TFP 增长率在-0.704%—1.309%，波谷在 1990 年，波峰在 1979 年；潜在产出法给出的 TFP 增长率在-5.943%—4.458%，波谷在 1990 年，波峰在 1979 年。根据三种不同的 TFP 测算方法，郭庆旺和贾俊雪(2005)得出结论：1979—1993 年，我国全要素生产率增长率总体呈现涨跌互现的波动情形，且波动较剧烈；1993 年后，全要素生产率增长率则呈现出逐年下降趋势，直到 2000 年，这种下降趋势才得以缓解，全要素生产率增长率总体上呈现逐年攀升的势头。

李宾和曾志雄(2009)使用传统的索洛残差法测算我国 1978—2007 年的 TFP 增长率，与传统的索洛残差法不同：① 李宾和曾志雄(2009)设定时变的要素收入份额，使用超越对数型生产函数来捕捉模型系数的时变性；② 使用 1952 年的资本存量作为资本存量初值，采用永续盘存法估计 1978—2007 年的资本存量。李宾和曾志雄(2009)指出，尽管众多研究者对基期资本存量的猜测差异很大，使得 20 世纪 50 年代初期的资本产出比分布差异较大，但比较一致的看法是，资本存量初始值仅对期初之后几年的资本存量估算的影响较大，随着初始资本存量被逐渐折旧，后期资本存量的估算会越来越准确，尤其是基于 1952 年的资本存量猜测对 1978 年以后资本存量的估算。因此，使用 1952 年的资本存量作为初始值，采用永续盘存法估算 1978—2007 年的资本存量,将得到相对准确的资本存量值。李宾和曾志雄(2009)测算的我国 TFP 增长率在-4.671%—9.671%,波谷在 1990 年,波峰在 1993 年。

赵志耘和杨朝峰(2011)使用传统的索洛残差法测算我国 1979—2009 年的 TFP 增长率。在资本品价格指数方面,赵志耘和杨朝峰(2011)基于固定资本形成总额及固定资本形成指数构造投资隐含平减价格指数。根据赵志耘和杨朝峰(2011)的测算,我国 TFP 增长率在-4.413%—7.189%,波谷在 1990 年,波峰在 1992 年。类似的测算方法还有张军和施少华(2003),他们测算的我国 1953—1998 年的 TFP 增长率在-9.87%—12.6%,波谷在 1963 年,波峰在 1964 年;1978—1998 年的 TFP 增长率在-6.43%—7.73%,波谷在 1990 年,波峰在 1993 年。

章祥荪和贵斌威(2008)使用 Malmquist 指数法测算我国 1979—2005 年的 TFP 增长率。Malmquist 指数法具有不需要对生产函数结构做先验假定、不需要对参数进行估计、允许无效率行为存在、能对 TFP 变动进行分解等优点,在近来的研究中受到越来越多的关注。并且在 Malmquist 指数法下,TFP 的变动可以被分解为技术效率变动、技术进步和规模报酬变动三部分,相较于另外三种方法,Malmquist 指数法具有更广泛的适用性。章祥荪和贵斌威(2008)运用 Malmquist 指数法分析我国 30 个省(自治区、直辖市)1978—2005 年的面板数据,得到各省份每年的 TFP 变动及其分解值,并以此为基础得到全国和地区的 TFP 变动及其分解值。由于使用面板数据,Malmquist 指数法的优势在于估算较为精确,缺陷在于估算相对复杂。章祥荪和贵斌威(2008)得出 1978—2005 年我国 TFP 增长率在-4.24%—8.76%,波谷在 1986 年,波峰在 1979 年。需要指出的是,Malmquist 指数法给出的我国 TFP 增长率的波谷与波峰与大多数主流文献不同。

Wang 和 Yao(2003)基于索洛残差法,考虑了劳动力的异质性,根据教育年限将劳动力分为五类。其研究发现,过去几十年,我国迅速的人力资本积累显著提升了经济增长及全要素生产率增长,1953—1977 年 TFP 增长率为-0.57%,1978—1999 年 TFP 增长率为 2.32%。

Young(2003)使用索洛残差法估算我国 1978—2008 年的 TFP 增长率。其调整了原始官方数据,使用调整后的数据测算我国 TFP 增长率,结果为 1.4%。

从表 5-1 可以看出,不同研究对全要素生产率增长率的测算结果差别非常大,年增长率低的接近-10%,高的可以达到 12%以上。这也说明对这个指标进行测算是件非常困难的事情,尤其是还受到中国宏观经济数据质量的影响。在数据约束的情况下,即使我们自己测算,估计也不大可能得到更好的结果。

（二）全要素生产率决定因素分析

下面将从经济制度变迁、技术进步、资源环境、城镇化等因素对全要素生产率增长率乃至潜在经济增长的影响进行定性分析。

1. 经济制度变迁

改革开放为中国经济增长提供了全新的制度安排。市场化改革通过改变资源配置方式和激发微观主体的积极性而释放出巨大的制度红利，突出表现在迅速发展的非国有经济和不断扩大的对外开放。中国所有制改革使得1980—2004年非国有工业总产值占比平均每年提高4.1%，这种变化不仅能够促进多种所有制经济成分之间的竞争，而且有利于建立产权明晰的有效率经济。对外开放程度的不断加深则促使我国更加直接地参与全球经济的合作与分工，在此过程中，中国获得了丰富的知识、技术及其他资源，进而使得我国经济的生产可能性边界具备了向外扩张的能力。根据邱晓华等（2006）的测算，制度创新对我国经济增长产生了十分重要的促进作用，1980—2004年年均拉动经济增长0.3个百分点，对经济增长的贡献率达到3.1%。他们的研究表明市场化改革仍然是TFP增长的最重要因素，对TFP增长的贡献率为39.23%。王小鲁等（2011）采用非国有企业在经济中的比重作为市场化的代理变量，发现市场化对改革期间的经济增长有显著贡献，1997—2007年市场化改革的推进对经济增长的贡献达到年均1.45个百分点。

然而，中国的市场化改革基本遵循"由易到难、由经到政"的路径，前期相对简单、低成本的改革已经走完，但在这个过程中也形成了许多过渡性的体制和庞大的既得利益集团，而进一步推进改革会打破已有的利益格局，触及大量深层次的利益关系。普遍认为，现阶段我国的经济体制改革已经进入深水区，未来一段时间如何走完深水区将面临许多的困难和风险，制度红利可能会因进一步推进市场化改革的困难和风险大幅提升而步入较长期的衰减阶段。陈彦斌等（2012）研究发现，1981—1999年我国的市场化指数年均增速是13.7%，2000年以后增幅则普遍小于5%，并且基本上保持递减态势，预计未来也难以改观。可以判断，按目前的情况，经济制度对中国经济潜在增长的影响会减弱，我国经济的可持续增长有赖于进一步推进市场化改革。

2. 技术进步

改革开放初期，关于人才培养和科技发展的政策导向以及社会环境均发生了重大的有利转变。随着自身不断的努力以及学习和借鉴国外先进生产力，我国的科学技术水平从一个低起点迅速提升。同时，改革开放政策使得劳动生产力获得了空前的解放，从而极大地促进了我国潜在增长率不断提高。

相较于以往，随着改革开放的不断深入，现阶段我国与发达国家的技术差距已经大幅缩小，对外部技术和知识的吸收变得更加困难。同时，当前技术进步增速放缓,世界性技术进步在较长时期内处于低谷,未来也难以出现突破性进展(陈彦斌和姚一曼,2010)。此外,由于中国知识产权制度仍不是非常完备,技术发达国家加强了技术保护力度。不过,中国已经步入技术追赶阶段的后期,并且未来将进一步向世界技术前沿靠近,因此自主创新在技术进步中的重要性大大提高。但我国自主创新能力依然不足,很多高端技术装备和关键核心技术的对外技术依存度过高,以电子信息领域为例,它的对外技术依存度超过80%,今后一段时间内自主创新能力很难获得显著提高。根据世界银行(2012)的研究,自主创新的核心动力来自私营企业,政府的规划和干预对提升自主创新能力的作用有限。因此,私营企业实力的壮大和良好的市场环境将对当前和今后中国的技术进步起到决定性作用,但是在未来较长时期内,经济运行依然会受到政府较强的影响,而这不利于自主创新能力的提升。

3. 资源环境

我国经济发展长期以来伴随着资源的高消耗和污染物的高排放,这种粗放型经济增长模式致使当前和今后中国面临资源紧缺和环境恶化的双重问题,这将制约中国长期经济增长潜力。

首先,从资源禀赋的角度看,中国人均能源资源拥有量在世界上处于较低水平。根据世界银行的数据,中国煤炭、天然气和石油的人均占有量分别仅占世界平均水平的67%、7.5%和5.4%。随着经济社会的发展和人民生活水平的提高,未来能源消费还将大幅增长,资源约束就会不断加剧。同时,根据国土资源部(2009)公布的资料,若不转变经济发展方式并加强勘查,我国45种主要矿产中的19种预计在2020年将出现不同程度的短缺。目前,中国已经成为全球第一大能源消费国,2011年我国能源消耗占世界的19.3%,能源缺口约为3亿吨。以石油消费为例,2011年我国石油消费量达到4.6亿吨,成为世界第二大石油消费国,石油的对外依存度亦从21世纪初的32%增至56.5%。能源资源的强约束已经成为我国经济运行中的常态,这将严重削弱资源的供给能力,导致资源价格升高,进而增加企业的生产成本。

其次,从环境制约的角度看,我国生态环境总体仍呈恶化趋势,水、大气、土壤、重金属等污染严重,经济发展面临越来越严苛的环境约束。京津沪等十多个省区的大气污染物排放已超过环境承载力,近年来北京地区出现的持续雾霾天气就是最好的例证。目前频发的环境问题使得社会大众对环境质量的要求越来越高,这会进一步增加企业的生产成本。在此境况下,如果不尽快采取措施,转变依靠透支资源和环境的粗放型发展模式,那么必将过快地消耗中国未来的资源,过早地耗尽大部分发展潜力,严重影响我国经济的可持续发展。

4. 城镇化

从城镇化率的角度来看,结合国际上对城镇化阶段的划分标准,改革开放以来中国城镇化可以分为三个阶段,分别以 30% 和 50% 为分界点。第一个阶段是 1978 年年底至 1995 年年底的初期阶段,城镇化率从 17.9% 提高到 29.0%,年均提高 0.65 个百分点,临近 30% 的分界点。第二个阶段是 1995 年年底至 2010 年年底的快速推进阶段,城镇化率从 29.0% 提高到 50.0%,年均提高 1.39 个百分点,达到 50% 的分界点。第三个阶段是 2010 年年底至今的快速推进但速度放缓阶段,城镇化率从 50.0% 提高到 2017 年的 58.5%,年均提高 1.22 个百分点,相对于前一阶段有所放缓。

改革开放以来,中国城镇化率大幅度提高。当然,中国城镇化质量不高的问题还比较突出,主要体现在城市内部二元结构明显、土地资源空间错配、外出务工人员就业质量低、城市治理水平有待提升等方面。未来,中国的城镇化在遵循以往成功路径稳步推进制度创新、提高城镇化质量的同时,亟待进一步处理好与经济社会发展的关系、城乡关系、"四化"关系,要积极推进城镇化与高质量发展、乡村振兴、智能化等联动,实现高质量的、推进城乡发展一体化、探索第四次工业革命时代的城镇化。

(三) 全要素生产率增长率预测

根据 The Conference Board Total Economy Database 公布的调整后的中国官方 TFP 增长率数据,2015—2017 年中国全要素生产率增长率为 3.4%。进一步的,我们认为未来全要素生产率增长率将出现下降趋势。主要原因有:第一,中国作为落后国家的后发优势在逐渐减弱,与发达国家的技术差距在不断缩小;第二,改革进入深水区,帕累托改进难度增大,全要素生产率增长的难度加大,制度变迁的贡献将会减小;第三,资源环境压力越来越大,随着中国经济的发展和人民生活水平的提高,人们对提高包括环境质量在内的生活质量的要求越来越强烈,这也会抑制全要素生产率的增长;第四,中国城镇化可能会减速,将抑制全要素生产率的增长。

因此,我们认为全要素生产率将出现下降趋势,但下降多少需要认真思考。鉴于不同的改革前景和创新投入力度等对全要素生产率的影响可能会大不相同,我们基于情景分析法,对 2018—2025 年全要素生产率增长率设定了三种情景:① 高值,数值为 2.8%,即 2015—2017 年三年全要素生产率增长率平均值的 80%;② 低值,到 2025 年,我国将维持目前全要素生产率增长乏力的情况,年均增长率在 1.2% 左右,此前推动中国全要素生产率高速增长的动力将逐渐势微;③ 中值,上面两种情形的平均值 2.0%。

三、资本存量增长率的估算

（一）相关文献梳理

如表 5-2 所示，王小鲁等（2009）根据国家统计局过去五十多年的全社会固定资产投资数据，计算了不变价格的全国固定资本存量。它在改革开放前（1952—1978 年）以年均 9.3% 的速度增长，1979—1998 年平均增长 10.0%，1999—2007 年平均增长 13.5%，呈加速趋势。快速的资本形成主要是高储蓄—高投资的结果，外资也起了一定的作用。高资本形成率是过去支撑中国经济增长的主要因素之一。资本增长率在未来几年可能降低，但由于高储蓄模式不可能在短期内改变，我们估计 2008—2020 年的平均资本增长率仍然可以保持在 13% 左右。

表 5-2 资本存量增长率的测算值

研究人员和时间	测算年份区间	折旧率	基期资本存量（1978 年）	资本增长率
王小鲁等（2009）	1952—1978	5%		9.3%
	1979—1998			10%
	1999—2007			13.5%
	2008—2020			13%
吴国培（2015）	2014—2020	7.3%		7.9%
	1978—2012			
	2014—2020			
王华（2017）	1952—2015	5%和10%		10.38%和10.04%

资料来源：北京大学国民经济研究中心整理。

吴国培（2015）对 2014—2020 年的资本存量进行了估算，认为新常态下中国经济必须摆脱对高投资的依赖，固定资产投资增速将会持续下滑。特别是 2009—2013 年，固定资产形成占当年 GDP 的比重平均高达 46.2%，较此前 5 年的均值提高了 6 个百分点，未来几年固定资本形成总额实际增速必将放缓。但考虑到中国仍然是一个地区发展差异大的经济体，国内基础设施建设、新兴战略性产业投资和中西部开发尚有很大的空间，而且在 2020 年前，中国的总抚养比虽然略微上升，但对高储蓄率影响并不太大，充实的储蓄资源仍然能够保证国内固定资产投资处于一个较高的水平。综上，他们假设基准情形为：2014—2020 年固定资本形成总额实际增速在 2013 年 9% 的水平上以每年相对前一年 0.2 个百分点的速度逐步放缓；在较悲观的情形下，则从 2016 年以每年 0.5 个百分点的速度逐步放缓。

王华（2017）重新估算了 1952—2015 年的中国资本存量。对于以 5% 折旧率估算的中国资本存量，由 1952 年的 840.81 亿元增至 2015 年的 424 486.29 亿元，63 年间增长了 500 倍之多，年均增长率为 10.38%。具体而言，资本存量在经历了20世纪50年代的高速增长后(增长率最高达到1959年的20.96%),在整个60年代陷入低迷状态(增长率普遍在5%以下),1970年之后增长率处于长期相对平稳上升的过程,至2009年达到最高点15.3%,之后又进入下降区间。对于以10%折旧率估算的中国资本存量,1952—2015年的绝对水平有所下降,从1952年的800.81亿元增至2015年的331 614.75亿元,增长了410多倍,年均增长率为10.04%。

(二)资本存量增长率估算

根据上文的分析,我们分别选择13.0%、10.0%和7.3%三种资本存量增长率[其中7.3%是根据吴国培(2015)的方法],对2018—2025年的资本存量增长率计算的平均值。

四、资本产出弹性

(一)相关研究梳理

如表5-3所示,郭庆旺和贾俊雪(2004)、曹吉云(2007)、Wang和Li(2011)、昌忠泽和毛培(2017)采用柯布-道格拉斯生产函数,遵循规模报酬不变的假定,采用永续盘存法估算资本存量,并运用OLS估计得到各参数估计值。孙琳琳(2005)在资本租赁价格的基础上估计出中国的资本投入指数(将资本投入分为建筑和设备两类),资本投入指数相比资本存量的概念更能准确地测量生产过程中的资本投入项,结果表明1981—2002年资本投入对经济增长的贡献率为49%。白重恩和钱震杰(2009)运用要素成本法计算了增加值中的资本收入份额,得出资本收入份额在1995—2006年从0.409上升到0.527。李宾和曾志雄(2009)首先利用城镇人均劳动收入乘以城镇人口数加上乡村人均劳动收入乘以乡村人口数得到总劳动收入,再以总劳动收入除以名义GDP得到劳动产出弹性,最后根据规模报酬不变的假定得出资本产出弹性。黄梅波和吕朝凤(2010)的估算方法与郭庆旺等(2004)相似,利用生产函数法估算资本弹性和劳动弹性,差别在于使用固定资产形成总额作为投资的替代并将折旧率设定为6.67%。中国人民银行营业管理部课题组(2011)认为生产函数是规模报酬递增的,基于此得出1978—2009年资本产出弹性为0.775,略高于其他学者的估计值。

表5-3 资本产出弹性的测算值

研究人员和时间	测算年份区间	资本产出弹性
郭庆旺和贾俊雪(2004)	1978—2002	0.69
孙琳琳(2005)	1981—2002	0.49
曹吉云(2007)	1979—2005	0.557
白重恩和钱震杰(2009)	1995—2006	1995—2006年由0.409上升到0.527

(续表)

研究人员和时间	测算年份区间	资本产出弹性
李宾和曾志雄(2009)	1978—2007	在1984年到达最低点0.44,之后稳步上升,到2007年维持在0.62左右
黄梅波和吕朝凤(2010)	1952—2008	0.6749
中国人民银行营业管理部课题组(2011)	1978—2009	0.775
Wang 和 Li(2011)	1978—2008	0.542
陆旸和蔡昉(2014)	1980—2010	0.502
陈昌兵(2014)	1978—2012	0.6
乔红芳和沈利生(2015)	1978—2011	0.655
吴国培(2015)	2008—2012; 2020	0.456 0.425
黄志钢和刘霞辉(2015)	1985—2030	分为四个阶段:1985—2007年为0.62;2008—2012年为0.55;2013—2018年为0.57;2019—2030年为0.50
余永泽(2015)	1978—2012	0.70—0.85
郭豫媚和陈彦斌(2015)	1979—2014	0.52
郑东雅和皮建才(2017)	1998—2007	1998—2007年由0.476上升到0.615
昌忠泽和毛培(2017)	1978—2014	0.6838
王华(2018)	1952—2015	在5%和10%折旧率下分别为0.4514和0.5369
The Conference Board(2018)	1990—2017	在2007年到达最高点0.54,之后稳步下降,2015—2017年维持在0.392不变

资料来源:北京大学国民经济研究中心整理。

与之前的研究相比,陆旸和蔡昉(2014)、郭豫媚等(2015)等引入人力资本这一变量,增大了估计的准确性,得出的资本贡献因子分别为0.502和0.52。乔红芳和沈利生(2015)使用MRW模型(扩展的索洛模型),基于实物资本和人力资本合理配置视角,测算中国1978—2011年的潜在产出和潜在经济增长率,得出资本产出弹性为0.655。黄志钢和刘霞辉(2015)在生产函数的框架下分别对资本投入型、劳动投入型、效率驱动型和消费需求拉动型等增长路径进行测算与比较,结果表明新常态下我国应当走出一条效率资本投入型的增长路径,并在此路径下测出1985—2007年、2008—2012年、2013—2018年和2019—2030年中国的资本产出弹性分别为0.62、0.55、0.57和0.50。余永泽(2015)采用可检验的超越对数形式生产函数,对1978—2012年中国整体及分省份的全要素生产率进行测算,发现资本要素对经济增长的贡献达到75%—80%。

郑东雅和皮建才(2017)认为现有文献测算全要素生产率大多是基于希克斯中性技术进步,希克斯中性技术进步不改变资本和劳动的边际产出比——资本报酬份额和劳动报酬份额保持不变,而资本产出弹性不变的文献根本不适合分析资本偏向型技术进步。为了考察资本偏向型技术进步对中国经济增长的影响,他们在拉姆齐模型中引入资本偏向型技术进步,得出1998—2007年资本报酬份额从0.476上升到0.615。王华(2018)基于2016年发布的、依据新的核算标准修订的GDP数据和固定资本形成总额数据,采用超越对数生产函数重新估计TFP增长率模型的参数,结果表明数据修订的影响较为微弱,在5%和10%折旧率下的资本份额分别为0.4514和0.5369。The Conference Board(2018)采用生产函数法,并将固定资产划分为信息与通信技术资产、非信息与通信技术资产,测算出2015—2017年资本产出弹性维持在0.392。

(二)资本产出弹性估算

根据上述文献梳理,我们分别选择0.4、0.45和0.54三种情形下的资本产出弹性。

五、劳动力增长率

在劳动力总量和增长率的预测方面,我们使用北京大学国民经济研究中心《中国中长期经济社会发展展望(2013—2030)》对中国劳动力总量和增长率的预测数值,具体如表5-4所示。

表5-4 中国2018—2025年劳动力总量和增长率的预测

年份	劳动人口总量(20—65岁,亿人)	增长率(%)
2018	9.3	−0.30
2019	9.3	−0.43
2020	9.2	−0.51
2021	9.2	−0.51
2022	9.2	−0.50
2023	9.0	−0.66
2024	9.0	−0.33
2025	9.0	0.01

资料来源:北京大学国民经济研究中心,中国中长期经济社会发展展望(2013—2030),第20页。

六、潜在GDP增长率预测

(一)各参数预测

首先对上述估算结果简单总结一下。

1. 全要素生产率增长率

按以上分析,我们对2018—2025年全要素生产率增长率设定三种情景:① 高值,2.8%;② 低值,1.2%;③ 中值,2.0%。

2. 资本存量增长率

对于2018—2025年的资本存量增长率,我们分别选择13.0%、10.0%和7.3%三档增速。

3. 资本产出弹性系数

根据上文的文献梳理,我们分别选择0.4、0.45和0.54三种情形下的资本产出弹性,得出均值为0.46。

4. 劳动力增长率

在劳动力总量和增长率的预测方面,我们使用北京大学国民经济研究中心的预测数值:2018—2025年,中国劳动力增长率平均为-0.4%。

(二)潜在GDP增长率预测

基于经济增长率计算公式以及各参数的估算值(其中,资本产出弹性系数为各估算值的平均值),在剔除极端值后,得到潜在GDP增长率的预测值。如表5-5所示,在全要素生产率增长乐观、中性和悲观三种情形下,2018—2025年中国GDP潜在增长率分别为7.2%、6.4%和5.6%。

表5-5　2018—2025年中国潜在GDP增长率预测

情景	全要素生产率增长率	资本存量增长率	资本产出弹性系数	劳动力增长率	劳动产出弹性系数	GDP潜在增长率
高	2.80%	13.0%	0.46	-0.4%	0.56	7.2%
中	2.00%	10.0%	0.46	-0.4%	0.56	6.4%
低	1.20%	7.30%	0.46	-0.4%	0.56	5.6%

数据来源:北京大学国民经济研究中心计算。

第三节　研究结论与政策建议

一、研究结论

本章基于新古典增长理论,推导计算我国潜在GDP增长率的测算公式,通过大量文献梳理对测算公式的相关参数进行归纳总结,采用经验分析法并结合当前各种影响因素的变动,估算中国的潜在经济增长率。其中,通过经验分析认为,经济制度变迁、技术进步、资源环境和城镇化等因素是影响全要素生产率乃至潜在经济增长率的决定因素;然后基于情景分析法,对2018—2025年的年均全要素生产率和资本增速分别设定高值、中值和低值三种情景,估算出潜在增长率分别为

7.2%、6.4%和5.6%。对应的全要素生产率增长率分别选定为2.8%、2%和1.2%，资本存量增长率分别设定为13%、10%和7.3%。

我们认为，中国潜在增长率的下滑是趋势性的，主要原因在于影响潜在增长率的各个因素都有下行的趋势。中国人口增速在下滑，即将达到峰值，劳动力早就开始减少；随着老龄化的深入，储蓄率也将逐步下滑，这将导致资本增速下滑；而全要素生产率增长率也将难以维持以往高增长的局面。

二、对我国货币政策目标的政策建议

依据凯恩斯宏观经济调控理论框架，货币政策的目标主要在于解决经济增长的周期性波动，例如在经济增长周期下滑时，需要采用扩张性货币政策。但是，中国自进入新常态以来，增长率下跌的主要原因是潜在增长率的下降，而不是周期性的经济行为。从中长期来看，为应对这一形势，货币政策应注意以下事项。

第一，调低经济增速目标。经济增速的目标应该等于或接近潜在增速。下调GDP目标增速，这是尊重经济运行客观规律的必然要求，也是遵循经济发展实际的现实选择。随着中国特色社会主义进入新时代，中国经济发展也进入新时代，基本特征就是经济由高速增长阶段转向高质量发展阶段。中国经济再像过去一样保持高速增长，既不符合经济发展的客观规律，也不切合资源和环境承受能力的实际。

第二，继续推行"积极的财政政策要更加积极、稳健的货币政策要松紧适度"的政策组合。积极的财政政策要重在减税而非政府投资，而稳健的货币政策则应重在保持定力而非"大水漫灌"式的强刺激之路。以减税为重心的积极财政政策有助于短期内稳增长，而稳健货币政策有助于控通胀以及防范金融风险，两者相互协调作用不仅可以缓解新常态下的经济下行压力，还可以稳定利率，刺激社会投资。

第三，积极推进改革和培育创新能力，释放改革红利和技术进步红利，货币政策既要避免过度紧缩引致各种金融风险，又要灵活运用各种货币政策工具确保基本稳定的流动性，尤其要确保经济发展重点领域和薄弱环节（例如技术创新领域、教育领域、战略性新兴产业领域等）的信贷投放，从生产技术创新、人力资本质量提升和知识密集型产业培育等方面推动全要素生产率提高，进而为中国未来的潜在增长率提供新动能。

第六章 推动中国特色社会主义新时代的技术进步①

第一节 引 言

习近平总书记在党的十九大报告中指出,中国特色社会主义进入新时代,经济发展进入新阶段。我国发展的这一新的历史方位是依据党的十八大以来我国经济、政治、社会、文化等各个领域发生的历史性变革,尤其是依据我国社会主要矛盾转化而作出的重大政治判断。经济发展进入新常态,由高速增长阶段转向高质量发展阶段,正处在转变发展方式、优化经济结构、转换增长动力的攻关期。

基于增长速度和经济结构的变化,要素投入机制对我国产业发展的驱动作用不断减弱,技术进步对三次产业整体的驱动作用日渐增强,只有依靠足够的人力资本投资和技术进步才能克服困境并维持经济增长(蔡海霞,2014;刘伟,2015)。新时代经济发展的动力必须从要素驱动、投资驱动转向创新驱动,这已经成为共识。然而,无论是技术进步还是创新本身也需要新的驱动力(金碚,2015)。如何更好地推动技术进步,是新时代和发展新阶段保持经济持续健康发展的重要理论与实践命题。

从经济理论的角度来看,技术进步是推动现代经济增长的核心力量。在马克思主义的历史唯物主义理论和政治经济学分析中,技术进步扮演了推动生产力发展和生产关系变革的物质力量的重要角色。《共产党宣言》指出:"资产阶级在它的不到一百年的阶级统治中所创造的生产力,比过去一切世代创造的全部生产力还要多,还要大。自然力的征服,机器的采用,化学在工业和农业中的应用,轮船的行驶,铁路的通行,电报的使用,整个大陆的开垦,河川的通航,仿佛用法术从地下呼唤出来的大量人口——过去哪一个世纪料想到在社会劳动里蕴藏有这样的生产力呢?"②马克思在《资本论》等著作中还深刻分析了技术进步在资本主义生产方式下如何实现,如何为资本主义生产目的服务,如何受到资本主义生产关系的制约。在西方经济理论中,继熊彼特提出"创造性破坏"概念以及创新理论之后,

---

① 本章相关内容已发表:方敏,李梁.推动中国特色社会主义新时代的技术进步[J].改革与战略,2018,34(1):129—133.
② 马克思恩格斯文集(第2卷)[M].北京:人民出版社,2009:36.

索洛、卢卡斯、罗默等人又提出新古典增长模型和内生增长理论,把关注点集中在技术进步对经济增长的作用,但是却没有考察生产方式和生产关系对技术进步的影响。

本章根据马克思主义政治经济学的基本原理和方法,结合现有的实证研究结果,指出了技术进步的若干基本特征以及影响技术进步的经济因素和制度因素,提出了推动新时代技术进步的政策取向。

第二节 技术进步的不确定性、不平衡性和有偏性

按照历史唯物主义理论,技术进步体现的是劳动的主观、客观因素之间物质结合关系的变革。从质的方面看,技术进步意味着社会劳动生产力的提高,从量的方面看,技术进步意味着劳动主观、客观因素的结合比例以及投入产出比例的变化,即劳动生产率的提高。马克思指出:"劳动生产力是由多种情况决定的,其中包括:个人的平均熟练程度,科学的发展水平和它在工艺上应用的程度,生产过程的社会结合,生产资料的规模和效能,以及自然条件。"[①]由此可见,决定劳动生产力及其实现效果的因素可以来自物质生产力、人的劳动能力以及劳动的社会结合等方面。无论哪一个方面、哪一个因素发生变化,都可以在劳动的技术形式及其结果中表现出来。因此,实现技术进步具有多元化的基础,自然条件、物质资本和人力资本(这里指人的劳动能力)的改善和提高都能带来不同程度的技术进步。特别是科学发展本身具有无限的开放性和不确定性,因而技术进步从本质上讲也具有开放性和不确定性。技术进步和生产力发展的这一基本性质构成了人类社会不断发展的物质基础。

虽然以技术进步为代表的生产力发展从根本和长远来看具有开放性、不确定性和无限可能性,但是在特定的历史发展阶段和生产方式条件下,从特定产业的技术发展历程来看,技术进步一旦出现,往往就会呈现出一定的"路径依赖"性质。从生产力发展的基本规律来讲,技术进步必然是一个逐步累积的、由量变到质变的过程。从生产关系对生产力发展的影响来看,技术进步受制于特定生产方式的生产目的及其实现方式。马克思在《资本论》中指出:"如果只是把机器看作使产品便宜的手段,使用机器的界限就在于:生产机器所费的劳动要少于使用机器所代替的劳动。可是对资本来说,这个界限表现得更为狭窄。因为资本支付的不是所使用的劳动,而是所使用的劳动力的价值,所以对资本来说,只有在机器的价值和它所代替的劳动力的价值之间存在差额的情况下,机器才会被使用……并通过

---

① 马克思恩格斯文集(第5卷)[M].北京:人民出版社,2009:53.

竞争的强制规律对他发生影响。"[①]在这种情况下,如果出现某种能够为个别资本带来超额剩余价值从而提供市场竞争先发优势的技术进步,而其他个别资本还没有找到替代性技术,那么对其他个别资本来说,利用后发优势,通过追随、模仿相同或类似的技术路线通常是节约生产费用的最优选择。在这一过程中,具有先发优势的技术就可以通过规模效应、学习效应、协作效应及预期效应等机制达到自我加强的目的,形成特定的技术进步路线(Arthur,1988,转引自诺斯,1994),除非出现新的技术进步,通过相同的过程建立起具有垄断性质的竞争优势,代替旧的技术,完成资本主义的"创造性破坏"过程。

由于技术进步在其生命周期内所具有的路径依赖性质,从社会范围内看,技术进步可能存在横向的不平衡性,这种不平衡性本身就是生产力发展水平不平衡的具体表现。比如,从我国的区域经济结构来看,东中西部地区技术进步模式存在较大差异。研究表明,东中部分别通过进口渠道与FDI渠道获得国外知识溢出,西部则无法通过国际知识溢出提升技术水平(蔡伟毅和陈学识,2010)。不同省份的技术进步增长率也存在差异,北上广技术增长率最高,苏浙鲁闽次之,其他地区又次之,技术扩散方向是由发达地区向落后地区扩散(舒元和才国伟,2007)。再比如,从产业结构来看,不同产业的技术进步特点与产业自身属性高度相关,劳动密集型产业的技术进步具有渐进性,而资本密集型产业的技术进步往往具有跳跃性(代谦和李唐,2009),同时行业间的全要素生产率增长具有缓慢发散的趋势,国有比例及垄断程度越高的行业的全要素生产率越高(陈勇和唐朱昌,2006)。此外,能耗与排放强度越高的行业的技术进步空间越大(何小钢和张耀辉,2012);等等。

最后,从长期来看,节约活劳动是技术进步的必然趋势。但是在短期内,技术进步受各种因素影响,可能呈现出某种偏向性,包括劳动偏向型、资本偏向型和中性等不同类型(Hicks,1932)。比如,美国1899—1960年技术进步总体上是资本偏向型,这也符合工业化初期技术进步的普遍特征(David和Klundert,1965)。与此类似,中国改革开放以来加速进行的工业化进程,使得技术进步也呈现出资本偏向型的特征(戴天仕和徐现祥,2010;陆雪琴和章上峰,2013),并且这种偏向性同时存在于劳动密集型部门和资本密集型部门(黄先海和徐圣,2009)。这种有偏的技术进步对长期经济发展可能存在不利影响。比如,虽然社会上同时也存在偏向技能劳动的技术进步(王林辉等,2014),但是由于资本偏向的技术进步更为普遍,而劳动生产效率上升的速度较慢,不足以抵消资本生产效率下降的速度,因此工业的全要素增长率较低,并且自1990年以后就呈现下降趋势(钟世川,2014)。

---

① 马克思恩格斯文集(第5卷)[M].北京:人民出版社,2009:451.

第三节 影响技术进步的经济因素和制度因素

技术进步体现了生产力发展水平的提升,因此影响技术进步的因素就是影响生产力发展的因素。一方面,从社会再生产的有机过程来看,技术进步所代表的生产的发展会受到交换、分配、消费等其他环节的作用和影响;另一方面,生产力的发展总体上又会受到生产关系的作用和影响。以上两方面构成了影响技术进步的经济因素和制度因素。

马克思在《〈政治经济学批判〉导言》中指出,生产与分配、交换、消费构成一个总体的各个环节,"一定的生产决定一定的消费、分配、交换和这些不同要素相互间的一定关系。当然,生产就其单方面形式来说也决定于其他要素。例如,当市场扩大,即交换范围扩大时,生产的规模就增大,生产也就分得更细。随着分配的变动,例如,随着资本的积聚,随着城乡人口的不同的分配,等等,生产也就发生变动。随后,消费的需要决定着生产。不同要素之间存在着相互作用。每一个有机整体都是这样。"①

影响生产和技术进步的社会再生产其他环节具体表现为一系列经济因素,包括要素禀赋、人口结构、消费需求、行业发展状况、市场化水平、金融发展水平、国际经济交往水平等。现代经济学在这些方面提供了大量的实证研究。比如,要素禀赋积累的相对速度会引致企业技术研发偏向丰裕要素(Acemoglu,1998,2002,2003,2007),而人力资本投资(王林辉等,2014)、R&D 投入与科教支出(林勇和张宗益,2009)则通过改变要素禀赋来间接作用于技术进步。人口结构通过影响要素禀赋(例如,老龄化减少劳动力并降低储蓄)来影响技术进步的偏向(邓明,2014)。消费需求则是企业技术进步的动力源泉及方向(金晓彤和黄蕊,2017)。企业特征(规模、所有制结构、公司治理及财务风险状况)通过影响研发活动来作用于技术进步,企业科研管理因紧密联系市场而对技术进步具有促进作用(肖文和林高榜,2014)。行业开放度及规模与技术进步正相关,而国有比例及行业集中度与技术进步负相关(陈勇和李小平,2007),同时中国工业行业资本深化的技术选择是技术变化(最优生产前沿的改变)的格兰杰原因(陈勇和唐朱昌,2006)。市场化率提高可通过减少寻租、优化研发配置、促进竞争等途径推动技术进步,市场化率提升1%引起技术进步提升0.02%(周兴和张鹏,2014)。金融信贷水平提高可改善全社会技术效率(林勇和张宗益,2009)。国际经济往来对技术的影响体现在经济体既可经进口及 FDI 渠道获得国外知识溢出(蔡伟毅和陈学识,2010),也可通过外向型 FDI(在技术丰裕国家合资设厂)获取先进技术(赵伟等,2006)。进

---

① 马克思恩格斯文集(第8卷)[M].北京:人民出版社,2009:23.

口规模扩大 1 单位,TFP 提高 0.023 单位(林勇和张宗益,2009)。与此同时,外贸虽促进技术进步,却不足以使技术进口国实现反超(苏志庆和陈银娥,2014)。

唯物史观告诉我们,生产力的发展会受到生产关系的作用和影响。在《资本论》第一卷第四篇中,马克思分析了资本主义生产的技术形式从简单协作发展为分工和工场手工业,再发展为机器和大工业,资本家利用新发明、新机器、新方法等技术进步手段,不断改变生产的技术形式,不断提高社会劳动生产力,最大限度地节约不变资本和可变资本,在竞争中获取超额剩余价值,从而实现整个资本的相对剩余价值。然而,这种为个别资本获取剩余价值或实现利润最大化的技术进步,在不断提高资本有机构成的条件下,不仅导致相对过剩人口出现,还会使社会全体资本一般利润率下降,从而形成资本主义生产方式对技术进步的历史局限作用。按照这一分析提供的基本原理,生产关系既从个别资本的角度,同时也从社会总资本的角度,对资本主义的技术形式和生产力发展水平产生影响。在现实中,影响和作用于技术进步的生产关系就具体表现为各种制度因素,包括企业层面和政府层面的制度安排。

根据现有的研究,企业层面的所有制结构、公司治理结构、折旧制度、政治关联度都会影响企业的技术进步。企业所有制结构主要影响技术进步途径的选择,比如国有比重高的企业更偏好通过技术引进和购买来提升技术水平(肖文和林高榜,2014;戴静和张建华,2013)。公司治理结构则可协调技术创新过程中的利益冲突(辛书达,2013),并为技术创新提供制度保障及动力(王丽芳,2014)。折旧制度对企业研发也有影响(林勇和张宗益,2009),有计划地提高折旧率可加速现有工业技术的提升(仲良,1993)。企业政治关联对技术进步表现出两面性(既通过降低竞争、引发过度投资及寻租、承担增长与就业"政治包袱"等机制阻碍创新,又通过帮助企业获取创新资源、降低创新风险、提高融资能力促进创新),但实证表明总体上政治关联阻碍了企业创新(袁建国等,2015)。

政府层面的技术创新政策、对外开放政策、收入分配政策、补贴政策、知识产权保护制度、环境规制政策也是技术进步的重要影响因素。技术创新政策影响或改变一国范围内技术创新的速度、方向和规模(黄悦胜,2002)。对外开放政策促进技术进步(赵伟等,2006;林勇和张宗益,2009;蔡伟毅和陈学识,2010),而贸易保护政策阻碍技术进步(苏志庆和陈银娥,2014)。收入分配政策影响劳动与资本的相对收入份额,劳动份额下降减少消费而延缓技术进步,资本份额上升刺激生产而促进技术进步(杨巨,2012),即对技术进步而言劳资收入比存在一个最优区间。政府补贴政策总体上因重长期轻短期而降低企业技术创新效率(肖文和林高榜,2014),但对战略性新兴产业而言则有明显的技术进步效应(陆国庆等,2014)。完善的知识产权保护制度加速了中国出口技术提升,研发力度越大、技术水平越高的行业,其提升作用越显著(柴江艺和许和连,2012)。环境规制强度的适度提高,短期内因增加企业"遵循成本"而阻碍技术进步,长期内则因"创新补偿"效应而提高生产技术进步率(张成等,2011)。另外,税收政策、产业政策都不同程度地影响技术进步,而财政政策则发挥重要指导作用(林勇和张宗益,2009)。

第四节 推动新时代的技术进步

中国特色社会主义进入新时代、经济发展进入新阶段这一重大判断,一个重要的依据就是从目前世界范围来看,一场新的科技革命和产业革命正在孕育。中国经过四十年的改革开放,生产力整体水平得到了极大的提升,从技术进步的角度来看,已经从过去的跟跑进入跟跑、并跑、领跑的新阶段,并且有望实现"弯道超车",从后发优势转向先发优势。在这样一个转折期和窗口期,加快推动我国技术进步既面临挑战,同时又面临巨大的发展机遇。

我国经济发展进入新常态,技术进步也面临新常态下的挑战。从增长理论来看,技术进步的新常态是指超越索洛增长阶段后,技术进步逐步内生化且速度趋缓的长期态势。有研究表明,如果把要素(尤其是资本)投入体现的技术进步考虑在内,1990—2005年我国设备投资带来的年均技术进步率达5.1%—6.0%(孙克,2011);但是如果按照全要素生产率测算,中国1985—2003年总体年均技术进步率仅为2.3%,其中存在两个技术进步的波峰,即1990—1993年年均进步率9.7%,1999—2003年年均进步率13.7%(陈勇和唐朱昌,2006)。但是必须看到,在高速增长阶段,我国技术进步很大程度上依赖于开放条件下的干中学、低成本竞争以及模仿—套利机制(中国经济增长与宏观稳定课题组,2010),但是从20世纪90年代后期开始,这套机制在推动技术进步方面的作用已经弱化(林勇和张宗益,2009),当前中国整体技术水平已收敛至世界前沿附近,模仿型技术进步的空间已经进一步收窄(魏枫,2015),如果不能进一步实现技术效率的提升(要素配置向最优生产前沿移动)和技术变化(最优生产前沿的移动),我国整体的技术进步率在未来将会出现进一步放缓的趋势。

在这种条件下,如何推动新时代的技术进步?根据本章的分析,重点是在政府和企业两个层面进行制度创新和制度建设。

首先,从社会全局和政府战略的高度,加快建设创新型国家,实施创新驱动发展战略。习总书记在十九大报告中指出:"创新是引领发展的第一动力,是建设现代化经济体系的战略支撑。"实施创新驱动发展战略,要加强国家创新体系建设,充分发挥社会主义的制度优势,立足世界科技前沿,服务于国家目标和战略需求的重大领域,通过国家实验室、科研机构等创新单元,整合创新资源,进行具有基础性、原创性、前瞻性、颠覆性的研究。

其次，要继续深化科技体制改革，加大政府对教育科研的投资，同时按照市场驱动与政府激励相容的要求，建立以企业为主体、市场为导向、产学研深度融合的技术创新体系，促进科技成果转化为现实生产力，并通过机制和体制改革，发挥人的积极性，形成一支规模大、结构优、素质高的创新人才队伍。体制改革的关键是处理好市场与政府的关系，既要强化企业在创新中的主体地位，又要科学规划技术要素资源的产业转移次序(金晓彤和黄蕊，2017)；既要推进市场化尤其是要素市场化改革以促进技术要素的自由流动(邓明，2014；陈勇和唐朱昌，2006)，又要从政府的长远目标入手，利用科技扶持政策纠正市场短期偏好的影响(肖文和林高榜，2014)。政府主要通过规范竞争以及税收、信贷政策激励企业从事研发，对于竞争性产业的技术进步，改革的重点是扩大行业开放，消除行政壁垒。

最后，在加强自主创新的同时，应继续维持技术引进并强化对引进技术的消化吸收。国家应坚持对外开放，继续通过进口和 FDI 等渠道吸收国际先进技术，鼓励有实力的企业在技术丰裕国家合资设厂学习先进技术，破除地方保护主义及市场分割，企业和地方应结合自身实际采取不同的技术引进政策。

第七章 产业政策与深化供给侧结构性改革
——以电力行业为例[①]

在2015年11月10日召开的中央财经领导小组第十一次会议上,习近平总书记首次提出要"着力加强供给侧结构性改革";2015年12月18日至21日召开的中央经济工作会议明确了"去产能、去库存、去杠杆、降成本、补短板"五大任务;2016年1月26日召开的中央财经领导小组第十二次会议研究供给侧结构性改革方案,供给侧改革进入具体实施阶段;2016年12月14日至16日召开的中央经济工作会议肯定了以"三去一降一补"五大任务为抓手的供给侧结构性改革所取得的初步成效,并指出2017年是供给侧结构性改革的深化之年。那么,如何在"三去一降一补"的基础上深化供给侧结构性改革呢?本章认为实施好产业政策、做好供给管理,是深化供给侧结构性改革的核心抓手,并以电力行业为例具体阐述如何优化产业政策,深化供给侧结构性改革。

第一节 产业政策是深化供给侧结构性改革的核心抓手

"供给侧结构性改革"这一概念提出以来,出现了大量的解读性、理解性的文章。尽管在"什么是供给侧结构性改革""如何进行供给侧结构性改革"等问题的理解上存在分歧,但是在以下两个方面的理解上却是一致的。一是对于供给侧结构性改革的必要性,都认为当前我国经济运行面临的突出矛盾和问题的根源是重大结构性失衡,单纯依靠总需求管理无法解决,需要从供给侧、结构性改革上想办法,努力实现供求关系新的动态均衡。二是对于供给侧结构性改革的目标,都认为主攻方向是提高供给质量,提高全要素生产率,提升整个供给体系的质量和效益。

换言之,供给侧结构性改革的最终目的是要形成高效的、与需求结构相适应的国民经济产业体系。以电力行业为例,截至2016年年底,我国全口径发电设备

[①] 本章相关内容已发表:林卫斌,苏剑.产业政策与深化供给侧结构性改革——以电力行业为例[J].价格理论与实践,2017(1):12—14.

容量为 16.5 亿千瓦,其中火电 10.5 亿千瓦、水电 3.3 亿千瓦、并网风电 1.5 亿千瓦、并网太阳能发电 7 742 万千瓦、核电 3 364 万千瓦。庞大的电力系统为我国经济社会发展用电需求提供了必要的保障,但是整个电力行业在系统运行效率上仍存在问题。从发电设备利用小时看,2016 年我国 6 000 千瓦及以上电厂发电设备利用小时数为 3 785 小时,其中火电设备利用小时数为 4 165 小时。这就意味发电设备没有得到充分利用,存在供大于求、产能相对过剩和资产闲置的现象。在我国经济增长进入新常态、用电需求增速减缓的大背景下,要使电力供求关系实现新的动态均衡,需要从供给侧入手管理或者干预供给。

从范畴上看,政府对某一特定行业的管理或干预可以分为针对市场结构的管理和针对企业行为的管理两大类。针对市场结构的管理主要体现在强制性的产业重组和市场准入监管两个方面,前者改变实际竞争状况,后者决定潜在竞争状况。针对企业行为的管理的主要目的是矫正市场失灵,主要包括两种手段,一是通过强制性政策约束企业行为,二是通过激励性政策引导企业行为。对企业行为的约束包括对自然垄断环节的监管、对市场交易秩序的监管和对环境等外部性行为的监管;引导企业行为的激励性政策包括税收、补贴、公共服务等。政府为实现一定的经济社会目标而对某一特定行业市场结构和企业行为的系列管理措施形成产业政策体系。由此可见,产业政策的制定与实施是深化供给侧结构性改革的核心抓手。

第二节　深化供给侧结构性改革要求发挥好竞争政策的基础性作用

供给侧结构性改革的最终目的是提高供给体系的质量和效益,这要求优化资源配置。而无论是经济学基本理论还是世界各国经济发展实践的一般经验都显示,优化资源配置的基本前提是发挥好价格机制的作用,这也是党的十八届三中全会提出"要使市场在资源配置中起决定性作用"的原因所在。具体到行业层面,就是要让市场竞争发挥基础性作用,竞争政策应该是最基本也是最重要的优先的产业政策。深化供给侧结构性改革必须发挥好竞争政策的基础性作用。2015 年 5 月 8 日发布的《国务院批转发展改革委关于 2015 年深化经济体制改革重点工作意见的通知》(国发〔2015〕26 号),要求促进产业政策和竞争政策有效协调;10 月 12 日发布的《中共中央国务院关于推进价格机制改革的若干意见》(中发〔2015〕28 号),要求加强市场价格监管和反垄断执法,逐步确立竞争政策的基础性地位;2016 年 6 月 1 日发布的《国务院关于在市场体系建设中建立公平竞争审查制度的意见》(国发〔2016〕34 号),进一步明确要求各地区、各部门确立竞争政策的基础性地位。

具体到电力行业,当前我国电力供求关系失衡的根本原因在于没有发挥竞争政策和价格机制的基础性作用,集中体现在发电企业生产多少取决于政府有关部门的调度指令,价格则取决于政府价格主管部门核定的上网电价。这样,发电企业在投资建设电厂时不会充分考虑市场消纳能力,而是想方设法"跑马圈地""做大资产",以期在政府主导的电量分配中占据优势,而信息不完全等因素决定了难以通过政府的规划和项目审批来平衡电力供求关系,这就造成当前我国发电领域"僧多粥少"的困局,并导致严重的效率损失。因此,深化供给侧结构性改革最根本的举措就是改变传统上以行政命令和管制为主要手段的供给管理方式,发挥好竞争政策和价格机制在资源配置中的基础性作用。2015年3月,中共中央、国务院发布《关于进一步深化电力体制改革的若干意见》(中发〔2015〕9号,简称"9号文"),开启了新一轮电力体制改革。本轮电力体制改革要解决的核心问题是在"厂网分开"产业重组的基础上,探索电力市场竞争的实现方式,在"管住中间、放开两头"的体制架构下,建设电力批发市场和零售市场,发挥价格机制的作用以优化资源配置。特别是在当前发电设备相对过剩的情况下,哪些电厂可以生产,哪些电厂需要减少出力,或者作为备用容量,甚至退出市场等问题,应该由市场需求和企业自身的成本状况决定,使得最有效率的电厂得到有效调度,以满足经济社会发展的用电需求。进而,价格机制还会引导电力投资与建设回归理性,企业在投资建设电厂时必然会充分考虑市场消纳能力和企业自身的竞争力。

第三节 深化供给侧结构性改革要求健全市场监管

健全的市场监管体制机制是发展市场经济的必然要求,也是发挥好竞争政策基础性作用的必然要求。一个没有监管的市场如同一个没有法治的社会,必然是失序和混乱的。尤其是在新一届政府成立以来大力推进简政放权的背景下,更需要加强市场监管,实现放管结合,这也是深化供给侧结构性改革的必要举措。

以电力行业为例,为充分发挥竞争政策和价格机制的基础性作用,需要对电力产业进行重组并建立电力市场、引入竞争。从国际电力体制改革和电力市场竞争的实践经验看,电力体制市场化改革在打破自然垄断和行政垄断的同时可能引致市场垄断问题,可能出现各种阻碍竞争、限制竞争、损害竞争的行为,主要体现在以下几方面:一是可能引致滥用市场支配地位、限制竞争。为打破售电端的垄断,本轮电力体制改革在消费端引入了多元售电主体,有完全独立的售电企业,有拥有发电资产的售电企业,有拥有配电资产的售电企业,还有由输配、调度一体化的电网公司组建的售电企业。不同类型的售电企业在相互竞争的过程中,具有支配地位的企业可能会滥用市场支配地位限制竞争行为。二是可能引致达成垄断协议或运用市场势力操纵价格。特别是在电力批发市场中,发电企业可能会达成垄断协议或者运用市场势力操纵价格,2001美国加州电力危机的爆发在一定程度上就是价格操纵的结果。三是可能引致经营者集中、阻碍竞争。在电力市场竞争的过程中，可能会出现部分电力企业逆改革大势的行为，通过各种方式提高市场集中度。比如在英国，1990年电力行业私有化改革后，1995年英国国家电力公司(National Power)与电力生产公司(PowerGen)试图通过收购地区电力公司，提高市场集中度。上述损害市场有效竞争的行为必然要求加强电力市场监管，对电力市场中企业行为进行必要的干预，以确保公平有效竞争的市场秩序。

在电力市场监管方面，我国在经过了10年的国家电力监管委员会实践后，于2013年确立了"政监合一"的模式，由国家能源局负责，并发布了《电力市场监管办法(征求意见稿)》。但是，我国当前电力市场监管的最大问题在于无法可依和缺乏与监管职责相应的执法手段，这难以适应电力体制改革后电力市场监管的需要。换言之，按照目前的格局，电力市场难以被有效监管，竞争政策的基础性地位难以确立。

当然，对于电力市场的监管，与国际通行做法一样，在我国同样存在两条主线：一是专业性的电力市场监管，二是综合性的反垄断。在反垄断方面，我国2007年出台了《中华人民共和国反垄断法》(自2008年8月1日起施行)，并成立国务院反垄断委员会，成立三家反垄断执法机构。其中，国家发展改革委价格监督检查与反垄断局负责价格相关的反垄断，商务部反垄断局负责反经营者集中，国家工商行政管理总局反垄断与反不正当竞争执法局负责反价格垄断行为以外的垄断协议与滥用市场支配地位，以及滥用行政权力限制竞争等行为。国务院反垄断委员会负责研究拟订竞争政策，评估市场竞争状况，制定反垄断指南，协调反垄断执法工作等。

考虑到我国反垄断机构的分散性以及反垄断实践时间尚短，反垄断执法机构恐怕既难以像美国司法部那样对电力市场中的各种市场垄断行为展开独立调查和执法，也难以像德国联邦卡特尔办公室那样对电力市场进行"大部制式"的监管。使竞争政策在电力行业中积极发挥作用的相对比较可行的办法是建立专业性的电力市场监管机构和综合性的反垄断机构之间的协同作用机制。具体地，可以考虑由国务院反垄断委员会及反垄断执法机构授权电力市场监管机构对垄断协议、经营者集中、滥用市场支配地位和滥用行政权力限制竞争等行为进行监督、监测和调查。电力监管机构向国务院反垄断委员会及反垄断执法机构提交监管报告，由反垄断执法机构对垄断行为实施相应的执法处罚。这样，一方面可以解决电力市场监管机构无法可依和执法手段不足的问题，使《反垄断法》和能源领域相关法规共同成为《电力市场监管办法》的上位法；另一方面有利于同时发挥电力市场监管机构在电力市场监管方面的专业性和反垄断执法部门在反垄断执法方面的合法性与权威性。二者协同作用，真正在电力行业中确立竞争政策的基础性地位,使市场在电力资源配置中起决定性作用,同时更好地发挥政府作用。

第四节 深化供给侧结构性改革要求完善财税政策

如果说市场监管是通过约束企业行为来实现供给侧管理的,那么通过税收或者补贴等财政政策对企业行为进行必要的引导则是供给侧管理的另外一种可行的手段和方式。特别是对于提供公共品等具有重要正外部性的行为,需要政府有效发挥好财税政策的作用加以推动。比如电力行业中风电、太阳能等可再生能源的发展对于推动我国能源结构清洁化具有重要的社会价值,但是在发展初期,特别是在化石能源发电所产生的环境污染外部成本没有内部化的情况下,其成本高昂,缺乏竞争力,因此需要政府积极发挥产业政策的作用,对可再生能源发电给予必要的扶持。

为促进可再生能源发展,我国采用的机制为政府核准项目、确定上网电价,并要求电网企业全额收购,上网电价超过煤电机组标杆电价部分,利用对销售电量征收可再生能源电价附加形成的基金予以补偿。这种电价补贴和全额收购制度对推动我国可再生能源快速发展发挥了重要作用。但是,随着可再生能源发展规模的不断扩大,这种发展机制的弊端日益突出:一是没有充分考虑市场消纳能力。我国可再生能源发展从战略规划到项目投资、从上网价格到并网消纳等,都是在政府"有形之手"的指挥下完成的。由于信息不完整,政府在项目审批和价格制定时难以充分考虑市场消纳能力,难以通盘考虑并有效衔接其他的电源建设和电网建设,其结果是可再生能源在快速发展的同时,也存在一些盲目扩张、无序发展的现象。二是全额收购难以落地。尽管可再生能源电力上网电价超过常规火电标杆电价的部分由可再生能源发展基金补偿,但电网企业收购可再生能源电力的积极性不高,因为接纳可再生能源电力会增加电网稳定运行难度和辅助服务成本。尽管有优先调度和全额收购的政策,但是由于信息不对称、缺乏强制性监管措施等,监管部门难以实现有效监管,全额收购难以落实。对于新建项目,电网企业缺乏加强电网建设为其提供接入服务的积极性,一些规划内项目也不能及时接入。三是并网消纳难题突出。一方面,可再生能源发电项目建设时没有充分考虑市场的消纳能力;另一方面,电网企业缺乏收购可再生能源电力的积极性。两种因素的综合结果就是可再生能源发电并网消纳难题日趋突出,既闲置生产能力、投资不能产生效益,又浪费宝贵的风光资源。随着可再生能源规模进一步扩大,市场消纳难的矛盾还将进一步加剧。四是财政补贴和费用补偿压力巨大。随着可再生能源规模日渐扩大,财政补贴和费用补偿压力与日俱增。2013年,国家把可再生能源电价附加征收标准由0.8分/千瓦时提高到1.5分/千瓦时。2016年1月,财政部、国家发改委发布了《关于提高可再生能源发展基金征收标准等有关问题的通知》,明确可再生能源电价附加标准自 2016 年 1 月 1 日起由 1.5 分/千瓦时提高到 1.9 分/千瓦时,但仍然无法满足补贴要求,拖欠额度超过 500 亿元。

由此可见,我国电力行业中可再生能源发电产业政策亟待调整和完善,特别是在电力市场化改革的大背景下,注重引入市场机制,让可再生能源电力参与市场竞争。只有在市场机制条件下,企业建设可再生能源发电项目才能考虑其经济性及市场消纳能力,才能有效避免强制性收购造成的扭曲和无序开发。当然,考虑到可再生能源发电与化石能源发电相比较的社会效益,政府可以以煤电社会成本为基础,确定可再生能源补贴标准。可再生能源补贴的基础应该是煤电负外部性所产生的社会成本。国家能源主管部门会同有关部门,在科学测算可再生能源发电所能节省的社会成本的基础上,通盘考虑可再生能源发展的容量补贴标准、电量补贴标准和税收、金融优惠政策等。同时,根据今后火电排污税征收情况适时调整可再生能源补贴标准,建立可再生能源与常规能源的有序竞争机制。考虑到我国经济可承受能力,煤电外部环境成本征收难以一步到位。

除了补偿外部环境成本,对可再生能源进行补贴的另一理论依据是促进技术进步。财政可以设立专项资金,采取 PPP 等市场化方式,扶持一些技术上可能取得重大突破、有较好发展前景的可再生能源重大技术研发和示范工程建设。

第八章　数字经济:新时代的新动力[①]

党的十九大报告指出,我国经济已由高速增长阶段转向高质量发展阶段,正处在转变发展方式、优化经济结构、转换增长动力的攻关期。在新旧动能转换的进程中,数字经济、高端装备制造、生物制药、文化创意等一批新兴经济业态正加速成长。其中数字经济的发展尤为迅猛,已经成为新时代下引领中国经济增长的新动力,同时也是我国对外交流与合作的新名片。根据中国信息通信研究院的测算,2017年中国广义的数字经济规模已经达27.2万亿元,占GDP比重为32.9%,对GDP贡献率为55%。[②] 一大批网信企业也迅速发展,2017年腾讯和阿里巴巴进入全球市值前十企业行列,科技部公布的164家独角兽企业中与数字经济相关的企业多达145家。与此同时,数字经济在2017年相继被写入政府工作报告和党的十九大报告,并成为对外交流尤其是"一带一路"中的重点合作领域,受到国家层面的高度关注。

什么是数字经济?数字经济的传导机制和发展规律有什么特点?全球与中国的数字经济基本发展趋势如何?有什么不同?对于这些问题有关各方尚未达成共识,亟须从理论高度予以总结和分析。因此,本章围绕数字经济这一经济发展的新业态,从基本内涵、全球与中国发展的一般态势、中国数字经济面临的机遇与挑战等维度展开,进而为数字经济的实践提供理论支撑。

第一节　数字经济的基本内涵

一、数字经济的定义

20世纪40年代以来,电子计算机的发明与通信设备、信息网络等的快速普及,引发了科技与社会经济的剧烈变革,被称为"数字化革命",也被称为"第三次工业革命"或"第三次科技革命"。相应地,社会经济发展形态也发生了巨大变化,继农业经济、工业经济后,一种以现代信息通信技术为依托,以网络尤其是互联网为载体,通过信息网络实现资源生产、分配、交换和消费的新型经济——数字经济(Digital Economy)——开始成为全球关注的焦点。

[①] 本章相关内容已发表:张辉,石琳.数字经济:新时代的新动力[J].北京交通大学学报(社会科学版),2019,18(2):10—22.

[②] 数据来源:中国信息通信研究院《中国数字经济发展与就业白皮书(2018年)》.

现阶段数字经济尚未形成统一的定义,但一般沿用 G20 杭州峰会的表述。根据 G20 杭州峰会的定义,数字经济是指以使用数字化的知识和信息作为关键生产要素、以现代信息网络作为重要载体、以信息通信技术的有效使用作为效率提升和经济结构优化的重要推动力的一系列经济活动。在云计算、物联网、人工智能等新一代信息技术的驱动下,数字经济的外延不断拓展,由狭义的数字产业化转向广义的产业数字化,涉足的行业由传统的基础电信、电子信息制造、软件服务、互联网等信息产业渗透至其他非信息行业,在智能制造、现代农业、"互联网+"等方面均发挥着重要作用。

从数字经济的溯源看,其正式提出是在 20 世纪 90 年代中期。彼时美国正处于克林顿政府执政时期,经济持续增长近十年,GDP 增速稳定在 4% 左右,成为美国有经济周期以来最长的经济扩张期,这一出色表现也被称为"新经济"(New Economy)。而在新经济的背后,知识和技术创新被认为是新经济发展的直接动力,其中现代信息通信技术的高速发展发挥了关键作用。这一时期,互联网进入高速发展阶段,网络、搜索引擎和电子商务的发展引人注目。数字经济也在这一大背景下被提出并引起广泛关注。

1995 年加拿大学者唐·泰普斯科特(Don Tapscott)最早提出"数字经济"这一概念(Tapscott,1995)。由于新经济中信息是以数字方式呈现的,它们以字节形式储存在电脑中,以光速传播于网络中。利用二进制代码,所有信息和传输都可以用 0 和 1 这两个数字来体现和完成,被称为数字经济。此后有关数字经济的论述逐渐增多。例如,Negroponte(1996)认为,由于数字经济的推动和促进,人类的发展由原子加工过程转变为信息加工处理过程。Mesenbourg(2001)则将数字经济分为三个组成部分:电子商务基础设施(硬件、软件、电信、网络、人力资本等)、电子商务(通过计算机网络实现的商务行为)、电子商业(商品的交易,例如在线售书等)。随着信息技术的运用逐渐深入,数字经济的内涵和外延也在不断拓宽,除传统的电子商务外,社交媒体、搜索引擎等逐步被包括进这一领域。

在"数字化革命"浪潮的席卷下,数字经济作为世界创新和包容性增长的动力得到广泛认同,各国开始纷纷抢占数字经济的高点,出台了一系列数字经济发展战略。1997 年日本通产省开始使用"数字经济"一词。1998 年美国商务部发布《浮现中的数字经济》(The Emerging Digital Economy),并在接下来的几年中陆续推出系列报告,对数字经济进行深入解读,在全球引起巨大反响。2008 年金融危机爆发以来,全球经济衰退,数字经济被视为未来的产业发展方向,受到各国高度重视。

二、数字经济的发展历程

作为一种经济业态,数字经济最早可追溯到 20 世纪 40 年代兴起的信息经济,经历了七十多年的发展历程。我们对数字经济的发展历程进行梳理发现,数字经济的发展历程可以分为五个时期。

(一)萌芽孕育期(20世纪40年代至60年代)

20世纪40年代至60年代是数字经济的起步阶段。1946年美国国防部研制出世界上第一台通用计算机ENIAC,标志着数字经济时代的正式开始。

早期计算机主要采用电子管技术,使用机器语言或汇编语言编写应用程序,应用领域主要为科学计算和数据处理,应用场所主要是在军事、科研院校和大中型企业。20世纪50年代中期,晶体管的出现使得计算机开始朝小型化方向发展。1954年,IBM制造出第一台使用晶体管的计算机TRADIC,计算能力有了很大提高。20世纪60年代中期,集成电路的发明引发了电路设计革命,1964年IBM研制成功第一台采用集成电路的通用电子计算机IBM 360。1970年采用大规模集成电路研制出IBM S/370,并将硬件与软件分离出来,从而明确了软件的价值。1971年,Intel公司研制成功世界上第一款微处理器4004,基于微处理器的微型计算机时代从此开始。软件上也出现了标准化的程序设计语言和人机会话式的BASIC语言等。从技术发展特点看,随着集成电路设计与加工能力的进步,计算机核心处理和存储技术快速发展,计算机的体积不断缩小,价格也持续下降,可靠性增强,计算速度也更快。这一时期,IBM和惠普分别占据大型计算机和小型计算机的大部分市场份额。

(二)起步成长期(20世纪70年代中期至90年代中期)

20世纪70年代中期至90年代中期,随着大规模集成电路的出现,计算机的体积进一步缩小,性能进一步提高,开始普及到中小企业及居民等生活领域。1981年,IBM推出第一台个人电脑IBM5150,采用英特尔的8088微处理器,搭载微软的MSDOS系统,标志着计算机正式进入个人电脑时代。计算机在商业领域开始广泛运用,由大企业向中小企业普及,并开始进入千家万户,以计算机为核心的IT产业初步形成。在硬件领域,苹果于1976年成立,并于1984年推出麦金塔电脑,首次将图形用户界面广泛应用到个人电脑上。康柏和戴尔先后于1982年和1984年创立,并在便携式电脑上取得进展。在软件领域,微软1975年创立并于同年将BASIC语言移植到个人电脑上,1980年开发出DOS系统。1977年甲骨文公司创立,并开发出商用的SQL数据库。日本企业开始进入IT领域,NEC、夏普、东芝等企业以存储器为切入口在半导体芯片领域实现快速发展,东芝还设计出世界上第一台手提电脑,NEC和富士通向全球出口超级计算机。

(三)快速发展期(20世纪90年代中期至21世纪初)

20世纪90年代中期至21世纪初,伴随个人电脑和网络技术的发展,网络经济飞速发展。一般认为,从1995年开始,数字经济开始进入网络时代。互联网最早可追溯到1969年美国国防部建立的ARPAnet,在之后的发展历程中逐渐形成

NSFnet(1986)、万维网(1991)等主干网。1993年,美国克林顿政府执政后推出"信息高速公路"战略,大力推动信息基础设施建设,标志着计算机网络进入信息高速公路发展阶段。随后,世界各国积极投入大量资金进行信息基础设施建设,促进本国信息高速网络的快速发展。

1994年网景公司成立,开发出导航者浏览器,1995年上市首日股票市值达数十亿美元,引发了IT产业的爆发式增长,以互联网为核心的信息技术开始渗透社会经济的各个方面。在搜索服务上,雅虎和谷歌先后于1995年和1998年成立。在电子商务领域,1995年亚马逊和eBay创立,开始挑战传统商务。Netflix于1997年成立,拓展了在线影片租赁。与此同时,网络硬件领域的三大供应商思科、3COM和海湾网络公司的营业收入达到10亿美元,成为主要的受益者。在中国,腾讯(1998)、阿里巴巴(1999)、百度(2000)等互联网公司也开始起步。在移动通信领域,20世纪70年代以后,移动通信技术开始得到快速发展,1985年高通成立,将原有的军用通信技术CDMA迅速转化为民用。

网络经济发展的热潮在2000年达到顶点,由于个人电脑计算速度、存储规模和网速越来越对新兴经济发展形成制约,使得很多今天能够广泛应用的商业模式得不到有效的技术支撑,网络经济的发展速度远远超出实体经济的发展需要,最终导致2000年的网络经济泡沫破灭。

(四)全面覆盖期(2001年至2015年)

2001年后,美国相继爆发次贷危机(2007)和金融危机(2008),但随着个人电脑计算速度、存储规模和网速的几何级增长,移动通信技术的不断进步以及智能手机的出现,曾经破灭的网络经济在以移动互联网为代表的新技术驱动下迎来又一波繁荣,由个人电脑互联网进入移动互联网时代。

在移动通信领域,3G、4G等移动通信技术逐步投入使用。在移动终端上,苹果于2007年推出iPhone智能手机,并于次年发布iOS操作系统;三星等企业迅速跟进,颠覆了以诺基亚、摩托罗拉为代表的传统手机制造商。在互联网企业方面,以雅虎为代表的互联网1.0公司逐渐被Facebook(2004)、Twitter(2006)等互联网2.0公司取代,互联网的平台化趋势越发明显,Airbnb(2008)、Uber(2009)等共享经济模式开始引领时代发展潮流。在新一代信息技术基础上,云计算于2006年被正式提出,云化成为IT领域的发展趋势。

(五)转型调整期(2016年至今)

2016年,数字经济的技术基础走到关键的时代节点,一场新的数字经济变革正在悄然酝酿。信息技术的关键基础——以集成电路为核心的微电子技术,现阶段已经发展到14 nm且即将进入7 nm级别,制造工艺不断逼近物理极限。在传统的摩尔定律即将走到尽头的今天,数字经济将朝着物联网、云计算、大数据、智能化等方向发展。2005年,国际电信联盟正式提出物联网概念,经过十余年的培育和探索,全球物联网正从以碎片化、孤立化应用为主的起步阶段迈入重点聚焦、跨界融合、集成创新的新阶段。云计算经过前期的技术积累,从2016年开始进入全面爆发阶段。根据Gartner的数据统计,2017年全球公有云市场规模达2602亿美元,预计2020年达4114亿美元。云服务应用已经深入各行各业,并成为众多行业实现数字化转型的重要力量。2008年大数据被正式提出,现已在政府决策、交通、物流、金融、广告、电信、医疗、娱乐和农业等领域得到广泛运用。根据IDC的测算,大数据市场规模年增长率达40%,2017年市场规模约530亿美元。智能化近年来得到迅速发展,从传统的手机、平板电脑向机器人、虚拟现实、可穿戴设备、智能汽车、智能家居、智能城市、人工智能等多维度发展。此外,区块链、平台经济、分享经济等新业态纷纷涌现。

三、数字经济的传导机制和发展规律

从传导机制看,数字经济对国民经济的影响主要体现在替代效应、渗透效应、创新效应和产业关联效应四个方面。

第一,在摩尔定律的作用下,ICT(Information Communication Technology,信息通信技术)产品的相对价格持续下降,ICT投资不断追加,使得ICT在很大程度上替代劳动、资本等其他生产要素,成为经济发展的新型驱动力。例如在传统制造业领域,工业机器人、人工智能、大数据等信息技术逐渐得到大规模应用,在减少普通劳动力需求的同时极大地提升了生产效率。以工业机器人为例,根据Acemoglu和Restrepo(2017)的研究,如图8-1所示,1993年欧洲和美国的工业机器人普及率分别为0.67和0.4,到2014年已经提升至2.43和1.78。

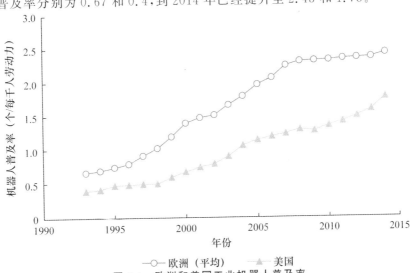

图8-1 欧洲和美国工业机器人普及率

第二,ICT属于通用目的技术,具有通用性、渗透性等特点,能广泛运用于社会经济各领域,提高各部门要素间的协同性。根据信通院的测算,2017年我国农业、工业和服务业中数字经济占比分别为6.5%、17.2%、32.6%,ICT技术在现代农业、智能制造、"互联网+"等领域正崭露头角。① 现有行业统计的20个大类中,数字经济主要涉及制造业中的计算机、通信和其他电子设备制造业,服务业中的信息传输、软件和信息技术服务业这两个行业。利用2015年投入产出表的数据计算这两个行业的完全分配系数,可以发现数字经济与所有行业均存在前向完全相关关系,具体如表8-1所示。其中,计算机、通信和电子设备制造业的主要前向关联产业为其本身、建筑业、电气机械和器材、通用设备、交通运输设备等行业,信息传输、软件和信息技术服务业的主要前向关联产业为建筑、其本身、金融、通信设备和计算机行业、化学产品等,在第二产业和第三产业中均扮演着重要角色。与此同时,数字技术在创新公共服务、保障改善民生等方面的作用也逐渐凸显,地方政府也纷纷推进数字技术在医疗卫生、就业保障、电子政务等领域的应用,以提升政府的服务水平。

表8-1 数字经济主要前向完全关联产业

计算机、通信和其他电子设备制造业

位次	行业	完全分配系数	占比
1	计算机、通信设备和其他电子设备	1.2183	0.3889
2	建筑	0.1865	0.0595
3	电气机械和器材	0.1732	0.0553
4	通用设备	0.1513	0.0483
5	交通运输设备	0.1442	0.0460
6	信息传输、软件和信息技术服务	0.1420	0.0453
7	租赁和商务服务	0.1192	0.0380
8	科学研究和技术服务	0.1027	0.0328
9	化学产品	0.0953	0.0304
10	专用设备	0.0813	0.0260

---

① 中国信息通信研究院《中国数字经济发展与就业白皮书(2018年)》。

(续表)

信息传输、软件和信息技术服务业

位次	行业	完全分配系数	占比
1	建筑	0.1822	0.1486
2	信息传输、软件和信息技术服务	0.1648	0.1343
3	金融	0.0790	0.0644
4	计算机、通信设备和其他电子设备	0.0701	0.0571
5	化学产品	0.0608	0.0496
6	交通运输、仓储和邮政	0.0535	0.0436
7	公共管理、社会保障和社会组织	0.0494	0.0403
8	金属冶炼和压延加工品	0.0492	0.0401
9	租赁和商务服务	0.0363	0.0296
10	电力、热力的生产和供应	0.0359	0.0293

数据来源：根据2015年中国投入产出表计算。

第三，数字经济是技术和人才密集型行业，创新活力最为强劲，对全要素生产率的提升最为明显，在经济下行周期往往是经济复苏的主要推动力。数字经济领域的创新型企业从两方面影响危机冲击下的经济环境：一方面，能够对整体下行的经济提供支撑和缓冲；另一方面，在经济复苏阶段，创新型企业将迅速崛起，在技术优势和经验优势下成长为引领行业乃至整个经济体的引擎，同时不断向经济体输出正外部性。类似案例屡见不鲜，20世纪70年代末80年代初，世界经济再陷低谷，影响波及诸多发达国家。在此大背景下，部分经济体不依托传统优势产业，另辟蹊径，率先支撑国家度过了危机，成为带领经济体走出阴霾的领头羊。意大利中部和东北部（"第三意大利"）的艾米利亚和托斯卡纳等地区、德国的巴登-符腾堡、法国的奥耶纳克斯、丹麦的日德兰、瑞典的斯迈兰、西班牙的巴塞罗那、美国旧金山南部的硅谷等，都是新经济牵动经济复苏的典型案例。世界知识产权组织公布的2017年PCT（Patent Cooperation Treaty，专利合作条约）专利申请数据显示，计算机技术和数字通信排在所有技术领域的前两位，排名前十的企业中数字经济相关企业占据六席，如表8-2所示。

表 8-2　全球 PCT 专利申请前十企业

排名	2017 年		2016 年	
	企业名	专利申请数	企业名	专利申请数
1	华为	4 024	中兴	4 123
2	中兴	2 965	华为	3 692
3	英特尔	2 637	高通	2 466
4	三菱	2 521	三菱	2 053
5	高通	2 163	LG	1 888
6	LG	1 945	惠普	1 742
7	京东方	1 818	英特尔	1 692
8	三星	1 757	京东方	1 673
9	索尼	1 735	三星	1 672
10	爱立信	1 564	索尼	1 665

数据来源：WIPO。

第四，数字经济与绝大部分行业都存在前向和后向相关关系，关联性强、涉及面广。其中，计算机、通信设备和其他电子设备行业属于中间投入型制造业，而信息传输、软件和信息技术服务属于最终需求型服务业。利用投入产出表的数据测算其完全消耗系数和完全分配系数，可以发现，计算机、通信和其他电子设备制造业 80% 的消耗和分配都集中在第二产业，主要以产业内循环为主，而信息传输、软件和信息技术服务业则有较大比例的消耗和分配集中在第三产业。如表 8-3 所示，从 2007 年到 2015 年，上述两个行业在第三产业上的完全消耗系数和完全分配系数不断提升，第二产业的系数呈下降趋势，表明数字经济在连接和平衡二、三产业上发挥着越来越重要的作用。

表 8-3　信息行业的完全关联产业分布（按三次产业分）

	计算机、通信设备和其他电子设备制造业		信息传输、软件和信息技术服务业	
	完全消耗系数	完全分配系数	完全消耗系数	完全分配系数
2007 年				
第一产业	0.01	0.02	0.01	0.03
第二产业	0.85	0.72	0.86	0.71
第三产业	0.14	0.26	0.13	0.26

(续表)

	计算机、通信设备和其他电子设备制造业		信息传输、软件和信息技术服务业	
	完全消耗系数	完全分配系数	完全消耗系数	完全分配系数
2010年				
第一产业	0.02	0.03	0.01	0.03
第二产业	0.82	0.68	0.86	0.71
第三产业	0.16	0.30	0.13	0.26
2012年				
第一产业	0.02	0.01	0.02	0.02
第二产业	0.80	0.82	0.62	0.52
第三产业	0.19	0.17	0.36	0.46
2015年				
第一产业	0.02	0.01	0.03	0.01
第二产业	0.77	0.80	0.58	0.57
第三产业	0.21	0.20	0.39	0.42

数据来源：笔者根据历年中国投入产出表计算。

纵观数字经济的发展历程，可以发现数字经济的发展有以下五大规律。

第一，在地位上已经由单纯的产业问题上升至发展问题。数字经济是继农业经济和工业经济之后的一种新型经济社会发展形态，从多个维度对人类社会进行了升级和重塑：① 生产要素方面，在大数据和人工智能等新一代信息通信技术的推进下，数据成为新一轮产业竞争中的重要生产要素，超过了农业文明时期的土地和劳动、第一次工业革命时期的机器设备和第二次工业革命时期的资本，谁拥有信息和数据，谁就能在数字时代占得先机；② 基础设施建设方面，信息通信技术与传统的铁路、公路等交通基础设施相比，单位成本更低且效率更高，在数字经济愈发关键的现代社会将发挥更加重要的作用；③ 国际治理体系构建方面，网络空间主权开始成为国家主权的重要组成部分，网络空间国际合作成为国家合作的新内容，并且由于互联网具有无国界、无边界的特性，在数字经济时代中互联网将各国紧密联系在一起，任何国家都无法在信息化浪潮中独善其身；④ 社会生活领域方面，新一代通信技术改变了人们的办公和社交习惯，数字时代的工作和生活模式逐渐建构形成。

第二，在推动机制上主要由技术与市场双核驱动，其中技术是根本推动力，为数字经济的发展提供源头保证，而市场反馈也使得数字经济能做大做强。以人工智能为例，这一概念早在1956年就被提出，并受到科技界和资本的追逐，但出于硬件能力不足、算法缺陷等原因，在20世纪末陷入发展低迷期。进入21世纪以来，大数据、云计算等新一代信息技术给人工智能发展带来了新的机遇，成本低廉的大规模并行运算、大数据、深度学习算法、人工智能芯片的发展使得人工智能技术取得突飞猛进的进展。与此同时，信息技术被发明创造后，只有在市场的推动下才能获得更快的发展速度。例如全球定位系统最早由美国军方研发，1964年开始应用于军事领域，不对市场开放。1983年美国政府开始解禁，将GPS免费提供给民用，但民用信号受一定程度影响。冷战结束后，美国政府才逐渐放松对GPS的管制，向全球开放高精度的GPS，给美国企业带来了巨大的经济效益。

第三，在发展内核上，人才和数据是数字经济发展的核心要素，其中人才是数字经济发展中最重要的资源，而数据则是现阶段及未来数字经济发展的核心。对于数字经济企业，尤其是轻资产的互联网企业，高技术人才是企业发展的核心资源。与此同时，数据资源具有的可复制、可共享、无限增长和供给的禀赋，打破了自然资源有限供给对增长的制约，成为数字经济发展的关键生产要素和重要资源。一方面随着物联网和互联网技术的进步和逐渐普及，数据接口呈几何级数增长；另一方面数据存储技术和数据安全防范不断升级，使得数据成为个人和企业的重要战略资源、数字经济的核心要素。IDC的数据显示，2015年全球新产生和复制的数据量约为8.59ZB，预计到2020年将达到44ZB。

第四，军民融合是数字经济发展的重要抓手。纵观数字经济的发展历程，可以发现数字技术往往发轫于军事需求，在军事领域应用成熟后向民用领域扩散。从历史经验看，国防科技领域长期积淀形成的优质创新资源和技术，一旦加速向民用领域开放共享，与市场需求相结合，就会激发出无尽的创新活力，催生一大批新技术、新产品、新产业。其中，美国从第二次世界大战中的"曼哈顿计划"开始就十分重视军民一体的国防科技创新对产业升级的拉动作用，军民融合在其数字经济的发展过程极为关键，计算机、互联网、无线通信、数据安全与恢复、无线视频传输等都是典型代表。

第五，在参与主体上，新兴的中小企业往往更具创新活力，更容易在某一新兴领域发展成为领导型企业，引领未来一段时间内所属行业的发展。以美国为例，在每一次数字技术革命的窗口，都有一批新兴的IT企业出现，并占据相应的领导地位。在20世纪五六十年代，计算机领域主要还是IBM（1911）和惠普（1939）的天下。到60年代末70年代初计算机兴起的风口，一大批新兴的硬件制造商和软件提供商兴起，例如集成电路领域的英特尔（1968）、AMD（1969），个人电脑领域的苹果（1976）、戴尔（1984），软件领域的微软（1975）和甲骨文（1977）。90年代后互联网时代开始，思科（1984）、高通（1985）等网络设备和技术提供商迎来新的发展机遇，雅虎（1995）、亚马逊（1995）、eBay（1995）、谷歌（1998）等一批新兴企业迅速崛起。21世纪的移动互联网时代,在线支付领域出现了PayPal(1998),在线旅行社领域出现Priceline(1998),云计算领域涌现出Salesforce(1999)等一批领军企业,社交领域Facebook(2004)、Twitter(2006)等企业应运而生,共享经济领域也出现了Airbnb(2008)、Uber(2009)等一批领导型企业。而七八十年代美国的主要竞争对手日本则主要依靠老牌企业,例如笔记本电脑领域的东芝(1875),CPU领域的NEC(1899)、夏普(1912)和富士通(1935),创新活力不足,与美国的竞争中以失败告终。

第二节 数字经济已成为新时代的新动力

一、数字经济的全球布局

2008年金融危机以来,世界经济遭遇严重打击,近几年开始缓慢复苏,2017年全球经济预计增长3.0%,但与危机前相比仍有一定差距。在经济发展相对缓慢的大背景下,寻找经济增长的新动力成为各国经济发展的重要议题。与此同时,随着数字技术的广泛运用,数字经济在社会经济中发挥的经济效益逐步被挖掘,各国政府也纷纷开始加大对数字经济的投入和扶持。根据埃森哲的测算,数字技术的运用将对未来的经济发展产生极大的带动作用,大部分国家数字经济在GDP的占比都有望在2015—2020年提高3个百分点,相当于全球经济总产值增加12.5%。2017年全球十大上市公司中,数字经济企业占据七席,苹果、谷歌、微软分列前三。

在数字化浪潮的席卷下,各国纷纷开启数字化革命,争夺数字经济这一未来产业高地。截至2015年,34个OECD成员国中有27个制定了与数字经济相关的国家战略。美国相继发布《联邦云计算战略》《大数据研究和发展倡议》等文件,加快部署云计算、大数据、人工智能等全球网络信息技术的前端领域。欧盟也于2015年推出数字化单一市场战略,力图解决欧洲电信市场碎片化及投资不足的问题,在同一市场上为企业和服务营建公平竞争环境。2015年英国政府出台《数字经济战略(2015—2018)》,2017年发布《英国数字化战略》,力争让英国成为全球领先的数字化经济体。俄罗斯于2017年出台《数字经济规划》,从规范管理、人才和教育、信息基础设施与安全等五个方面推动本国数字经济发展,以及欧亚经济联盟内的数字经济空间一体化。日本在21世纪初就制定"IT立国"战略,2014年发布《制造业白皮书》,重点发展机器人在内的战略新兴产业。发展中国家也在抓紧赶超,印度于2015年推出"数字印度"战略,大力发展网络基础设施。巴西作为世界第七大信息市场,早于2007年就将信息产业列入《促进增长计划》。

在数字经济的基础用户层面,全球互联网用户规模持续扩大,但近年来增速有所放缓。《2017年国际电信联盟年度报告(2018)》显示(见图8-2),2017年35.8亿人接入互联网,普及率达48%,其中发达国家为81%,发展中国家为41.3%。从用户增速看,互联网用户数增速整体呈下降趋势,由2007年的19.18%逐渐降至2017年的5.73%,互联网普及已经由快速发展期进入缓慢增长期,欧洲、北美等发达地区已接近触顶,非洲仍有巨大挖潜空间。与此同时,随着3G、4G移动通信技术的成熟、智能手机的快速发展,过去十年移动互联网快速发展,已经成为国际互联网的主流。2008—2017年,世界每百人手机拥有量由59.7迅速提升到103.5,发展中国家也达到98.7。4G技术接棒3G进入成熟期,2017年全球已有58个国家和地区部署了111张TD-LTE商用网络,4G全球用户数超过12.6亿,5G的大规模商用也提上日程。近年来移动互联网进入下半场,智能手机市场进入饱和,由"蓝海"迈向"红海"。2016年全球智能手机出货量增速直线下滑至0.6%,2017年首次下滑。

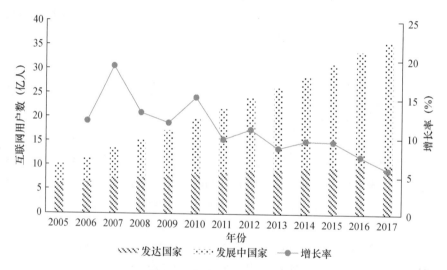

图8-2　全球互联网用户数量

数据来源:国际电信联盟。

从数字经济发展的最新动向看,在数字经济的基础产业(集成电路产业)面临瓶颈、传统的摩尔定律走向尽头的同时,以大数据、云计算、物联网、人工智能等为代表的新一代信息技术正全面崛起,引领数字经济走向新的发展阶段。根据Garner的估计,2017年约有84亿个物联网设备被投入使用,比上一年度增长31%,到2020年预计增长至204亿。与此同时,2017年物联网终端的市场规模达1.69万亿美元,到2020年将达1.9万亿美元。云计算在2016年全面发力,进入深入应用阶段,微软、亚马逊、阿里巴巴等企业在这一领域暂时处于领先地位。随着移动互联网、移动终端和数据传感器的出现,数据正以超乎想象的速度快速增长,2017年全年数据总量超过15.2ZB,同比增长35.7%,未来几年全球数据的年增长速度在25%以上。与此同时,大数据市场也正蓬勃发展。相关数据显示,2017年全球大数据市场规模达到589亿美元,同比增长29.1%。到2020年,全球大数据市场规模将突破1200亿美元。2015年以来,人工智能开始受到广泛关注,在深度学习优化算法、大数据技术发展、AI芯片性能提高三大基石技术突破的背景下开始爆发式增长,识别技术、无人驾驶、人工智能芯片等领域取得大量突破。CNNIC的数据显示,截至2017年6月,全球人工智能企业达2542家,其中美国拥有1078家,中国拥有592家。

二、数字经济在国内的发展状况

近年来,数字经济也成为我国政府工作的突破口和着力点。2016年7月,G20杭州峰会通过《二十国集团数字经济发展与合作倡议》,是全球首个由多国领导人共同签署的数字经济政策文件。2016年10月,中共中央政治局就实施网络强国战略进行第三十六次集体学习,习近平总书记在主持学习时强调"加快数字经济对经济发展的推动……做大做强数字经济,拓展经济发展新空间"。2017年政府工作报告提出"推动'互联网+'深入发展、促进数字经济加快成长",这也是数字经济首次被写入政府工作报告。同年10月,习近平总书记在党的十九大报告中指出,"(过去五年)数字经济等新兴产业蓬勃发展,(在未来的工作中将)推动互联网、大数据、人工智能和实体经济深度融合"。2018年4月,习近平总书记在全国网络安全和信息化工作会议上强调"要发展数字经济,加快推动数字产业化……"。在具体的政策层面上,中国也主动抓住数字经济的发展契机,相继出台《关于积极推进"互联网+"行动的指导意见》《智能制造发展规划(2016—2020年)》《新一代人工智能发展规划》等一系列指导性文件,先后设立国家集成电路产业投资基金、中国互联网投资基金,从资金、人才等多个维度予以扶持。

根据信通院的测算,2017年中国数字经济规模达27.2万亿元,占GDP比重达32.9%,对GDP的贡献率为55%,成为仅次于美国的数字经济大国。根据《中国科技统计年鉴》的数据可以测算出,1994—2014年,中国信息和通信技术投入对GDP的拉动达1%,远远高于美(0.6%)、英(0.6%)、德(0.4%)、法(0.3%)、日(0.3%)等发达国家。

在网络用户基础层面,如图8-3所示,截至2017年年底,中国网民规模达7.72亿,互联网普及率达55.8%,高于同期欧洲人口总量。一批杰出的网信企业纷纷涌现,腾讯和阿里巴巴跻身全球上市公司前十强,科技部公布的2017年164家独角兽企业名单中,数字经济相关企业高达145家,前10名中占据9席。尤其在互联网经济领域,中国已经在电子商务、即时通信、共享经济、平台经济、金融科技等多个方面走在时代前列。2017年我国网络零售额达到7.18万亿元,对社会消费品零售总额增长的贡献率为37.9%,并由高速增长逐渐向高质量发展转变。共享经济正处于风口,网约车、共享单车、网上公开课等一批新业态、新商业模式不断涌现。根据国家信息中心的估计,未来5年国内共享经济有望保持年均30%以上的高速增长。到2017年全国两化融合发展水平为51.8,22%的企业正在向集成提升阶段迈进。与此同时,中国在新一代信息技术上正在加速追赶,逐步缩小同美国的发展差距。以人工智能领域为例,中国在识别技术、人工智能芯片等领域已经实现大规模商业化,在无人驾驶领域正处于全球探索者的前沿。

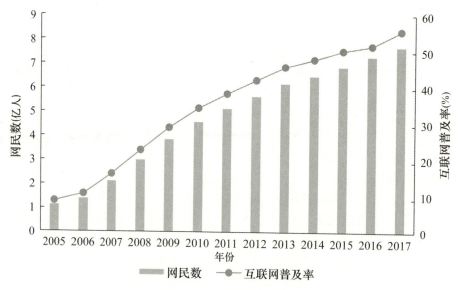

图8-3 中国互联网用户数量

数据来源:中国互联网络信息中心《第41次中国互联网络发展状况统计报告》。

在区域布局上,数字经济的发展程度仍然与整体经济水平高度正相关,北京、广东、上海、浙江和江苏是数字经济最为发达的地区,中部的湖北、西部的四川等地区发展迅速,其他地区则相对滞后。精确到城市维度,145家数字经济独角兽企业高度集聚在"北上深杭"四座城市。其中北京高达61家,主要集中在中关村园区,其次为上海的30家,杭州和深圳分别以16家和13家紧随其后。此外,成都的软件业、贵州的大数据产业、武汉和西安等地的集成电路产业也都各有特点,但和第一梯队仍然存在较大差距。

第三节 数字经济发展的机遇、挑战与展望

现阶段,数字经济已经成为全球争夺的未来产业高点,同时也是中国新常态下推动经济发展的新动力。在未来的一段时间内,数字经济的发展将迎来新的发展机遇,同时也不可避免地面临新的挑战,如何利用好机遇、处理好问题,对于数字经济的发展将具有重要的战略意义。

一、发展的新机遇

(一)庞大的网络用户规模为数字经济的发展提供了广阔的市场

著名的梅特卡夫法则指出,网络的价值等于其节点数的平方,因此网络上联网的计算机越多,每台电脑的价值越大,增值部分以指数关系不断变大。2018年6月中国网民规模高达8.02亿,稳居全球第一。随着"宽带中国"战略的持续实施、4G的全面铺开和5G的规模化商用,中国的互联网用户仍将有较大的增长空间,为数字经济尤其是互联网经济的发展提供了广阔的市场环境,这也是中国在数字经济领域竞争中的优势之一。

(二)"数字丝绸之路"为网信企业的发展提供了新的增长空间

数字经济企业最大的特点之一就是国际化布局。一方面,数字技术受空间约束较小,使得全球紧紧联系在一起,加强了全球联系;另一方面,数字技术较为统一,数字经济发展的范式也具有很强的复制性,因此数字经济的企业大多是跨国企业,海外业务在企业发展中占据重要位置。2016年猎豹移动海外收入占总收入比重为65.3%,华为海外业务营业收入占总收入比重高达45.35%,阿里巴巴海外业务收入占比也达到24.32%。中国企业海康威视已经成为英国闭路电视摄像头的最大供应商,2016年出售的设备数量超过100万。随着国内和欧美市场的逐渐饱和,东南亚、南亚、非洲等"一带一路"相关地区成为新的潜在市场,数字丝绸之路也成为"一带一路"建设中的亮点。例如,小米手机在印度布局,深圳传音手机风靡非洲,滴滴积极开拓东南亚等海外市场。

(三)全方位的政策扶持为数字经济发展营造了良好环境

虽然国家层面尚未发布数字经济发展规划,但"互联网+"、人工智能发展规划等一系列相关的政策文件相继出台,使得数字经济迎来了良好的发展机遇。与此同时,各省也抓住数字技术发展的契机,出台了相应的政策文件,扶持当地数字经济的发展。"十二五"规划中,全国只有15个省级行政区出台了数字经济相关的产业政策。到"十三五"规划时期,几乎每个省都出台了扶持数字经济的产业政策,大力发展包括集成电路等基础产业、"云、大、物、移"等新一代信息技术在内的数字产业,积极推动"互联网+",提升工业化与信息化的融合水平,促进智慧城市、电子政务的发展。

二、面临的新挑战

从以上的分析可以看出,数字经济已经成为新常态下中国经济增长的新动力,并将在现代化经济体系的建设中大有作为。但也要清楚地认识到,中国虽然已经成为数字经济大国,但仍然不是数字经济强国,和美国相比仍然存在相当大的差距。

(一)自主创新能力不强,核心技术受制于人

现阶段我国数字经济发展呈现以市场驱动为主的特点,应用创新较多,技术创新相对较少,尤其是在互联网产业。凭借庞大的网络用户基数和广阔的市场规模,国内应用层互联网企业发展迅速,而核心技术领域发展较为滞后。在集成电路设计、基础软件等领域,我国还远远落后于欧美,尤其是在高端芯片、电脑操作系统和手机操作系统等领域,仍处于积极追赶阶段,起码需要几十年的时间才能完全赶上。核心技术的缺失使得我国数字经济的发展存在较大的安全隐患,数字经济的大楼盖得很高,但地基不牢。例如,在信息技术核心领域——集成电路领域,龙芯等自主研发的 CPU 与英特尔仍有较大差距,华为海思、展讯等国产移动设备芯片仍难以比肩高通和三星。核心技术的缺失为数字经济的优质发展带来了重大挑战。

(二)人才竞争加剧,高端人才稀缺

数字经济是典型的知识密集型产业,对人才的需求尤为突出。随着人工智能的发展,重复性强的低技能人才逐渐被机器取代,而创造性强的高技能人才需求持续上升。互联网企业用工成本中主要是贷款利息、服务器成本和人力成本。从人才数量看,现阶段我国数字经济领域的人才总量较为庞大;但从人才质量看,高技能人才极为稀缺,尤其缺乏跨界融合型人才。此外,现有的教育体制与经济发展有所脱节,大学培养的人才不能满足企业的需求,尤其体现在高等教育上。与此同时,随着数字经济的行业集中度不断加强,大企业倾向于囤积人才,使得中小企业无人可用。从产业链看,高技能人才被上游企业垄断,下游的中小企业缺乏竞争力,只能进入蓝海市场或是给大企业解决最后一公里的需求。

(三)数字化转型任重道远,普惠性发展尚未实现

数字经济不仅是一种新的经济业态,更是一种新型的社会生活方式和社会技能。现阶段我国居民的数字化素养仍然普遍不高,很大一部分人仍没有享受数字技术带来的红利。究其原因,一方面国内的信息基础设施未全面覆盖,"数字鸿沟"问题突出。在东部沿海等发达地区,信息基础设施接近全覆盖,而在中西部地区则较为落后。信息基础设施建设的区域不平衡,使得相当一部分人没有享受到数字红利。另一方面,现有的教育体系欠缺数字化能力和思维的培养,使得受教育者尤其是儿童和青少年适应数字化转型的能力相对较弱。

三、展望与对策

对于未来数字经济的发展,以下几点值得重点关注。

(一)高度重视基础研究,加快推进自主创新

基础研究是科技进步的先导、自主创新的源泉,只有以深入、扎实的基础研究为后盾,核心创新能力的提高才能找到支点。日本20世纪90年代在信息产业的挫折为我们提供了不重视基础研究和自主创新的典型案例。1976—1979年,日本开始实施超大规模集成电路项目,投资金额超720亿日元,大力发展集成电路产业。依靠产品的成本优势和可靠性,日本以存储器为切入口迅速占领半导体市场,到1989年日本芯片全球市场占有率达53%,美国下降至37%。1990年日本半导体产业在全球前十中占据六位,前二十中占据十二位。90年代开始,美国掀起新一轮技术革命,率先发展以网络技术为代表的信息技术;而日本的发展策略以应用技术和产品开发为主,基础研究力量不足,对以互联网为代表的新的信息技术缺乏敏感性。与此同时,日本企业在存储器领域的优势逐渐丧失,韩国等地区很快取代日本成为主要供应商。90年代中期开始,日本信息产业发展速度减慢,在微处理器、计算机网络、软件等核心领域完全丧失主导权。反观我国,现阶段我国基础研究的相对不足严重制约了数字经济的进一步发展。2013年,我国基础研究占比仅为4.7%,远远低于美国(16.5%)、英国(14.9%)、法国(25.4%)、韩国(18.1%)等科技发达经济体的水平。[①] 为推进数字技术的发展,我国要紧紧抓住全球信息产业的最新趋势和技术前沿,实现关键技术的自主创新。具体而言,短期内应在移动互联网、云计算、大数据、物联网等应用型技术产品方面实现突破,长期应致力于在操作系统、集成电路、基础软件、基础算法等基础性技术领域实现突破。

(二)紧密关注市场技术的变化,重视产学研高效对接,着重开发市场技术的应用

美国硅谷的发展经验是重视市场技术的典型案例。硅谷已是当前全球技术市场化最为成熟的新兴工业园区,其重要经验是以大学科研机构为关键支撑,以市场化为导向,充分实现了产学研相结合,科研成果能迅速转化为社会生产力。现阶段,我国数字经济中技术与市场脱节问题较为严重,下一步应朝以客户为基础、以需求为导向、以产业化为目标的方向迈进。

(三)高度重视人才工作,创造容纳天才的社会环境,培育数字经济的人力资本

任何国家,任何事业,人才都是决定其兴衰成败的根本。战略性新兴产业由其特性所决定,对创新人才的要求更高。历史已经证明,如果没有一批技术型创

---

① 数据来源:《中国科技统计年鉴》。

业雄才、创新型管理大师与风险性投资的合力合谋,美国的信息产业也不可能迅猛成长。在硅谷早期的发展历程中,斯坦福大学和加州大学伯克利分校为硅谷企业提供了源源不断的高素质科技创新人才,培育了惠普、思科、苹果、雅虎、谷歌等一批知名企业。现阶段,硅谷已经成为海外科技人才集聚创业最集中的地区,高技术人才中有 36.3% 来自海外,而同期中关村国际性人才比重仅为 1.5%。因此我国要高度重视人才队伍的建设,为高科技人才的培养提供全方位、多领域的优厚环境,形成"天下英雄入吾彀中"的人才局面,为数字经济发展提供充足的智力储备和创新来源。

第九章　中国融资租赁产业制度变迁研究及发展建议[①]

20世纪80年代以来,中国金融体系的改革与发展稳步推进,符合市场经济需要的金融机构和金融市场基本框架逐步建立,金融必须服务实体经济的逻辑思路逐步确立(李扬,2013)。与此同时,中国融资租赁产业经过发展,成为中国金融体系中越来越不可忽视的力量,其凭借与实体产业密切联结的优势,以及对促进经济结构调整和转型升级的深远影响,已成为政府和企业关注的热点。本章力图通过关于融资租赁产业制度变迁的研究,探索中国金融产业改革的一般规律,推动制度供给者在改革方案设计上的科学性,以降低制度变迁成本。

第一节　知识溢出视角下的制度创业理论模型

一、制度创业理论

制度创业(Institutional Entrepreneurship)理论的重要组成部分之一是组织场域(Organizational Field),它主要研究介于组织与社会之间的中观单元,包括主要的供给者、消费者、管制机构,以及类似的相关组织。在组织场域分析中,有关制度创业的研究,是把解决"嵌入能动性悖论"(The Paradox of Embedded Agency)[②]的重点归结为以下几个方面:一是"为何要进行制度创业",即制度创业的动因;二是"如何实现制度创业",即制度创业的主要过程;三是"谁来推动制度创业",即制度创业的主体(项国鹏等,2013)。如图9-1所示,其研究重点可归结为制度创业的主体涉及的制度创业动因、过程、场域等多个因素。

二、理论模型的提出

通过对现有制度创业理论的综合分析,结合融资租赁产业情境,本章将研究的焦点集中到制度创业主体——制度创业者上。发生诱致性制度变迁必须要有

---

① 本章相关内容已发表:曾旒缯.中国融资租赁产业制度变迁研究及发展建议[J].技术经济与管理研究,2019(1):60—65.

② "嵌入能动性悖论"问题,即在自己的认知、利益和身份受到规制、规范和认知过程的形塑的情况下,嵌入某制度场域的行动主体难以产生制度变革的设想和进行新的实践,也就更难以促使他人接受自己的设想和新实践。

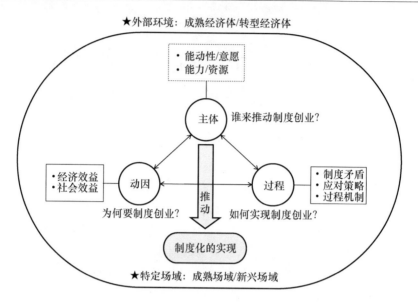

图 9-1 制度创业研究的整合分析框架

某些来自制度不均衡的获利机会(林毅夫,1994),这种不均衡形成的制度矛盾是制度创业的内在动因,但仅有制度矛盾的存在是不够的,制度变革的最终产生还必须通过中介机制——人类实践实现。反过来看,组织场域中只有具备推动制度变革的内在动力和外在能力的主体,才能成为制度创业者,进而推动制度变革。因此,在特定的组织场域中,制度创业者基于经济利益等利己因素,具有推动制度变革的创业根本动力,具有破除组织场域中制度矛盾的能动性;同时,制度创业者还必须具备支撑其在场域内展开动员的能力及策略,建立推动制度创业的机制。如图 9-2 所示,本章构建了理解知识密集型产业制度化过程的理论框架,揭示了基于知识溢出的制度创业的内在推动机制。该理论模型具有如下内涵。

第一,当新兴产业的核心参与主体出于获取利益的动因启动制度创业时,需要调动其自身的能动性来形成一种破坏性力量,以打破现有制度体系中现实存在的制度矛盾,获得新制度的合法化。这种力量来自其自身的所有制属性,在转型经济的背景下,产权明晰的主体更能代表股东的利益,从而产生这种自主性和能动性。

第二,新兴产业的核心参与主体同时具备能力(资源)上的先进性。知识密集型服务业天然具备知识势差,知识势差的产生主要来自专业化分工、主体背景不同等造成的分布非均衡,也是知识在系统内流动的动因。因此,这是一种建设性力量,作为知识溢出方的专业属性,使其将行业有关规则、制度等知识扩散给利益

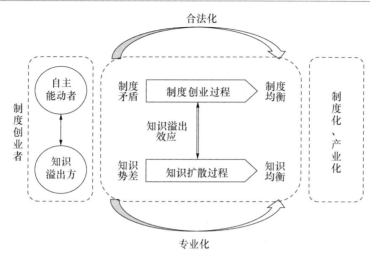

图 9-2 基于知识溢出的制度创业推动机制模型

相关者,通过专业化来获得广泛的认同,推进产业发展。

第三,制度创业主体同时具备上述两重属性、两种力量,作为知识溢出方,通过知识溢出效应,促进制度创业的阶段性推进,协同组织场域进行适应性调整,最终实现相关产业的制度化。

第二节 中国融资租赁产业阶段性制度化过程分析

本章在上述框架下从制度创业者能动性、知识溢出的视角审视融资租赁产业演化发展的过程。

首先,结合融资租赁产业的各发展阶段特征来看(Sudhir,2000),其组织场域总体上包括供给层、需求层、政策层及中立层等四大类行动主体,其集体行动将作用于整个组织场域。

其次,融资租赁产业作为金融服务产业,是典型的知识密集型服务业,知识密集型服务业与客户间的知识生产、传播包括隐性知识与显性知识的获取,隐性知识和显性知识的再次组合,以及重组后的知识转移等阶段(Strambach,2001)。在知识不断传播与创新的过程中,融资租赁产业获得了持续发展,自 20 世纪 50 年代在美国发端以来,已日渐成熟,并形成一套知识体系(见图 9-3),包括大量显性知识与隐性知识。

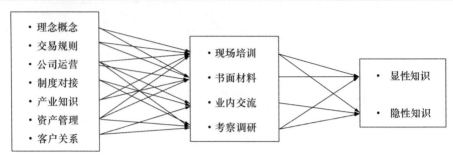

图 9-3 融资租赁产业知识分类

此外,从组织场域的类型来看,融资租赁产业相关主体构成了转型经济体中的新兴场域(苏晓华等,2013)。因此转型场域中融资租赁产业的制度创业可以折中地划分为"去制度化、前制度化、理论化、扩散化"四个阶段。以下,按照四个阶段对中国融资租赁产业的制度化过程进行分析。

一、行业起步阶段:去制度化

1978 年十一届三中全会召开后,中国迈入了以经济建设为中心的新的历史阶段,一系列改革新政相继出台,金融改革同步展开(刘刚,2007)。20 世纪 80 年代初,融资租赁的引入与发展是一个去制度化的过程。

(一)组织场域的形成及知识溢出

本阶段,除 1981 年中信公司等发起设立的第一家提供融资租赁服务的融资租赁公司——中国东方租赁有限公司主体外,还存在几类服务主体:一是租赁公司的股东,包括合资租赁公司的外方股东,中资租赁公司的行政主管部门各大部委等;二是合资租赁公司、中资租赁公司的审批部门,外经贸部、人民银行等;三是与专业银行、信托公司等开展租赁业务合作的国外租赁公司、银行等。本阶段融资租赁产业的场域构成如图 9-4 所示。

在融资租赁组织场域的主体中,存在以下知识溢出的关系:

(1)股东对租赁公司的知识溢出。由于外资股东方拥有成熟的融资租赁运作体系,公司成立后业务迅速推进,服务客户迅速累积。

(2)融资租赁公司对主管部门的知识溢出。合资租赁公司向相关管理部门做了大量宣传、沟通工作,充分告知融资租赁的原理和惯例,主动输出相关知识,使这项新生事物能够很快得到有关部门的理解和支持,顺利获得审批。

(3)融资租赁公司对需求方的知识溢出。改革开放之初,多数企业、工商界人士对融资租赁缺乏认识,存在误解,对融资租赁的接受度不高,融资租赁公司就融资租赁业务进行主动宣传、推广。

(4)国外合作机构对国内融资租赁从业企业的知识溢出。除专业租赁公司之

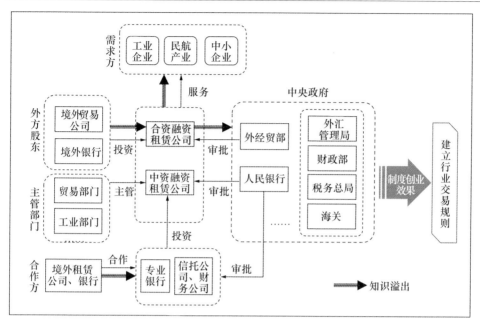

图 9-4 行业起步阶段组织场域的形成

外,银行信托部门、信托公司的租赁部门等,与外国租赁公司及银行共同合作租赁信贷业务,从中获得部分知识溢出。

(二)制度创业者的出现

从上述分析中可以看出,本阶段合资租赁公司是主要的知识溢出方,承担着制度创业者的角色,这与其自身性质及特点密不可分,符合 FDI 途径知识溢出的模式。因此,合资租赁公司在知识存量、知识势差方面较中资公司、银行、信托公司等更具优势,承担了组织场域中的制度创业者角色。

其他主体中,中央政府部门具备改革开放的决心,从获得社会效益的角度看具备制度创业的动因,但其对融资租赁的认识需要一个过程,尚不具备承担制度创业者角色的资源能力。需求方的相关企业对融资租赁的认识不够深入,业务规模尚小,难以有效推动。

(三)制度创业效果

1. 从合法化的角度。在管制合法性方面,以合资租赁公司为代表,积极宣传融资租赁理念,主动对接管制部门,获得了融资租赁业务开展所需的基本外汇、税务、财务处理、海关等相关政策支持。在规范合法性方面,尽管存在"重审批、轻监管"的不足,合资租赁公司、中资租赁公司各自明确了企业性质及审批监管部门。在认知合法性方面,融资租赁在民航等服务领域获得推广,管制部门对融资租赁建立了初步的概念。

2. 从专业化的角度。在外方股东、合作单位的知识溢出效应的作用下,合资租赁公司、中资公司基本建立了业务体系,能够开展简单的融资租赁业务。在融资租赁公司成立伊始的 1981—1983 年,业务量很小,每年只有几百万美元;1984—1985 年大批租赁公司成立,业务量成百倍地增长,1985 年业务量估计 3 亿—4 亿美元,1988 年达到一个高峰期,比 1987 年增长 51%。也就是说,1981—1988 年,融资租赁业务量从每年百万美元迅速增长到亿级。

二、整顿停滞阶段:前制度化

20 世纪 80 年代中后期,中国从计划经济向商品经济转型,金融体系不健全,金融业务开展配套法律缺失,与开展融资租赁业务所需的法律环境、商业环境不同步,从而导致制度间的不兼容。此时,融资租赁发展进入前制度化阶段。

(一)合法性危机及组织场域的演变

20 世纪 80 年代,中国处在经济制度转轨阶段,租赁公司的风险控制以审查项目文件为主。1988 年 6 月,最高法院下发通知,要求"国家机关、行政主管部门不能提供担保",相关融资租赁项目失去政府信用及财政支持,作为承租人的国企频频出现无力支付租金的情况,"欠租潮"爆发,融资租赁全行业产生巨额呆账、坏账。中国整个融资租赁产业的发展陷入困境,面临严重的合法性危机。

本阶段,如图 9-5 所示,在经济转型的大背景之下,合资融资租赁公司面临市场环境、客户性质的转变,中资租赁公司面临政企分开改革、金融秩序整顿。"欠租潮"是新旧制度不兼容的体现。由于租赁项目风险爆发,最高院、地方法院、地方政府出现在场域中。1988 年,24 家中外合资租赁公司联合成立"中外合资租赁公司联谊会",1992 年,代表租赁行业的重要组织——中国外商投资企业协会租赁分会正式成立(以下简称"外资租赁业协会")。

(二)制度创业者的演变及作用

本阶段,外资租赁业协会作为中外合资融资租赁公司的代表机构,在融资租赁产业的制度创业中发挥了重要作用,成为重要的制度创业者。外资租赁业协会主要通过以下方式发挥政策影响的作用,推动行业合法性危机的消除:① 通过组织政府部门境外考察,提升认识;② 积极支持境外机构对我国的技术援助;③ 组织论坛、研讨会推动内部交流及政策影响;④ 积极组织参与政府有关部门相关政策制定及立法工作。与此同时,合资租赁公司也积极在行业内进行知识输出,出版书籍,对租赁理念的传播、专业领域的人才培养起到了关键作用。

然而,由于融资租赁在中国引入的时间并不长,知识的吸收转化需要一个过程,仅凭借书籍等不足以完成相关业务知识在行业内的吸收与转化。如图 9-6 所示,知识的性质与其扩散难易度存在一定的相关性。融资租赁基本知识,包括基

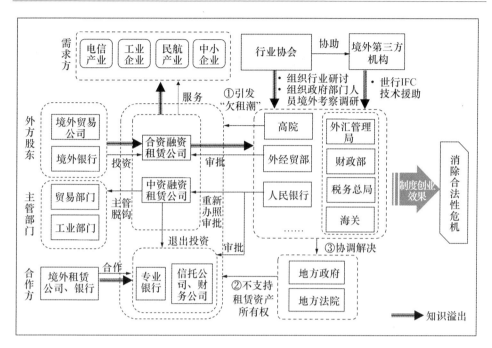

图 9-5 整顿停滞阶段组织场域的演化

本交易规则等,已经得到扩散,而风险管控等转化相对困难的知识在行业内尚未被真正地吸收和转化,这也是造成行业风险集聚的直接原因。

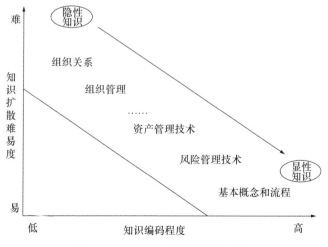

图 9-6 融资租赁知识扩散难易程度

此外,新交易规则在扩散的过程中,不同主体对规则会有不同的解读,甚至也可能遇到有意识的阻碍。比如地方政府、地方法院对融资租赁债权的解读，与中央政府存在认识上的不一致，这一方面有其嵌入自身利益的考虑，另一方面也反映出这是一个"自上而下"的过程，在相关意识上地方与中央存在明显的差距。

（三）制度创业效果

1. 从合法化的角度。在合资租赁公司、外资租赁业协会的呼吁下，租赁行业的欠租问题引起中央政府高度重视，在财政部、经贸委的协调督促下，截至1998年年底，欠租问题基本得到解决。同时，在行业危机的负面反馈作用下，中央政府、行业协会等共同推动，吸收国外先进经验，有关租赁会计准则、融资租赁合同等政策制定和立法的工作开始启动，为取得合法性铺开了基础工作。

2. 从专业化的角度。本阶段，融资租赁的业务操作能力持续提升。1988年，根据厦门民航和广州民航的需求，中信公司采取国际通行的杠杆租赁方式，分别引进737客机和757客机，开启了利用外资大规模引进飞机的先例。1997年金融危机后，新世纪国际租赁操作了2.48亿美元的国际银团贷款，用于开展电信融资业务，发挥了租赁公司在特殊时期、特殊的资金配置和传导作用。

三、重建徘徊阶段：理论化

经历了合法性危机，融资租赁产业自引入以来面临的法律法规不健全这一制度矛盾日益激烈，1999年后，融资租赁发展进入理论化阶段，逐步形成了监管制度、财务制度、税收制度等一系列理论化成果。

（一）基础制度建立与组织场域的演变

在场域理论化过程中，如图9-7所示，组织场域中兼营租赁业务的主体逐步退出，专营的租赁公司因监管部门的改变而逐步演化为外资融资租赁公司、内资试点融资租赁公司、金融租赁公司三类。

1. 外资融资租赁公司。随着中国兑现入世承诺，2005年商务部出台《外商投资租赁业管理办法》，审批范围由合资租赁企业扩大到外商独资租赁企业，欧美一些专业租赁公司、设备制造厂商等陆续加入。

2. 内资试点融资租赁公司。2004年10月，国家税务总局和商务部下发《关于从事融资租赁有关问题的通知》，启动了内资租赁发展融资试点工作。对内资融资租赁公司的监管上，相比对外资企业的监管要更加细致，试点企业都是具有较强产业背景的企业。

3. 金融租赁公司。从1986年到1995年获批的金融租赁公司共有16家，由于金融体制的不健全，金融租赁公司一直处于发展的困境。2000年《金融租赁公司管理办法》出台实施后，金融租赁公司经历了一次重组潮，随着2003年银监会的设立，金融租赁公司的监管性质发生变化，行业监管逐步规范。

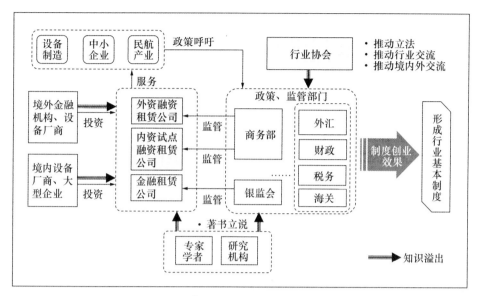

图 9-7 重建徘徊阶段组织场域的演化

此外,本阶段外资租赁业协会仍然发挥着重要的推动作用,民航等受惠于融资租赁的产业越来越多地参与到税收等相关政策的呼吁中,关注融资租赁的专家学者逐步增多。

(二) 制度创业者的演变及作用

本阶段,合资租赁公司与外资租赁业协会仍是组织场域的核心力量,租赁行业组织的力量进一步加强:① 持续积极参与相关法律法规及政策的制定,包括参与《合同法》租赁专章、会计准则、《融资租赁法》的起草制定,积极推动制度基础建设;② 通过组织考察等形式提升政府主管部门对相关制度的认识;③ 代表融资租赁行业通过多种途径协调相关部门;④ 广泛开展与国际租赁行业协会间的交流,同时,中国金融学会金融租赁专业委员会,以及上海、北京、广州等地方租赁业协会纷纷成立,组织间互动增多;⑤ 组织、参与多种形式的专业化租赁交流,包括民航、设备租赁、医疗器械等专业化的融资租赁业务交流会议与论坛。

在此阶段,随着业内交流渠道的增加,知识扩散也越来越多地通过人员流动展开。在组织场域内,隐性知识主要是通过场域内企业间人员的接触进行传播,在交流的过程中,能够激发创新,扩展行为主体的专业知识量,隐性知识由此得以向编码化知识转换。随着本阶段行业市场化程度的日益提升,租赁业内人员流动加剧,早期进入合资融资租赁公司的本土化员工得以发挥中坚作用。

(三) 制度创业效果

1. 从合法化的角度。随着中国市场经济体系的逐步建立和完善,虽然租赁行业逐渐演化出三种不同类型的租赁公司,但各类型租赁公司对改善政策环境的迫切需求是一致的。在各界的呼吁和支持下,融资租赁业相关的法律、会计、税收、监管四大支柱基本确立,各界对融资租赁的认知度得到了极大提高。融资租赁行业的管制合法性大大增强,规范合法性、认知合法性显著提升。

2. 从专业化的角度。随着制度环境的优化,中国融资租赁业加快了发展进程。2006年,内资试点企业新增融资租赁合同额约66亿元,同比增长211%;利润1.35亿元,比上年增长62%。融资租赁的业务领域遍及装备制造、冶金、电力、医疗、印刷、航空、铁路、城市公共交通等众多行业,促进了地方经济的繁荣和相关行业的发展。

四、高速发展阶段:扩散化

2007年后,伴随着中国市场化改革的不断深入,融资租赁成为中国金融体系的重要组成部分,其发展进入扩散化阶段。

(一) 组织场域的演变

在基本制度建立的基础上,中国融资租赁产业蓬勃发展。如图9-8所示,在商

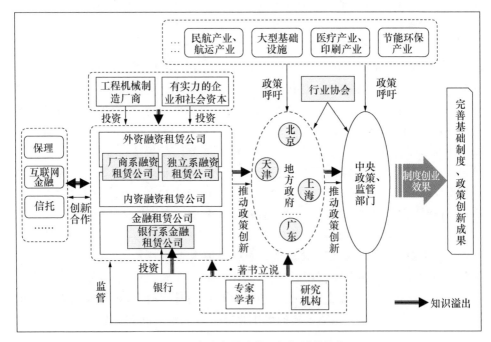

图 9-8 高速发展阶段组织场域的演化

业银行、工程机械制造厂商、有实力的企业和社会资本的共同推动下,形成了以厂商系融资租赁公司、银行系金融租赁公司以及独立系融资租赁公司为代表的三类市场化发展主体。与此同时,天津、上海、北京和广东等地方政府积极推动发展,成为场域内重要的主体,与租赁公司及行业组织、各实体产业租赁客户共同推动国家相关政策创新,促进区域产业集聚。另外,越来越多的金融业态加入了场域,与融资租赁公司共同开展创新合作。

(二)制度创业者的演变及作用

上一阶段,虽然国内租赁业的政策环境得到大大改善,但相对国际发达租赁市场,国内融资租赁行业的政策环境仍相距甚远,障碍主要集中在业务税负重导致的租赁公司成本高问题,缺乏动产登记制度导致的出租人物权保护问题,监管导致的业务流程复杂、效率低下问题等。

本阶段,除活跃的租赁公司主体外,部分地方政府加入了推动制度创业的阵营,地方政府与租赁公司互动配合,共同推动租赁产业的聚集与创新发展。以天津市政府为例,自2005年开始,天津成为全国综合配套改革试验区,融资租赁企业与天津市政府积极互动,租赁公司提出具体政策建议,天津市政府积极吸收采纳,在税负成本、出租人物权保护等方面进一步推动中央政府和监管部门的政策与监管模式的创新。

(三)制度创业效果

1. 从合法化的角度。本阶段融资租赁产业的合法性已广泛建立,特别是2015年8月《国务院办公厅关于加快融资租赁业发展的指导意见》及《国务院办公厅关于促进金融租赁行业健康发展的指导意见》出台,融资租赁的合法性得到了前所未有的提升。全国各地积极响应,融资租赁产业对实体经济的支持作用得到各界的广泛认可。

2. 从专业化的角度。近年来,随着融资租赁业政策支持力度加大,融资租赁社会认知度进一步提高,其应用领域也得到不断拓展,融资租赁企业的经营管理、风险控制能力也不断加强,规模保持快速增长势头。2008—2015年,融资租赁年均复合增长率达75%,租赁合同余额增长约28倍。截至2018年年底,全国融资租赁合同余额约为6.6万亿元。

第三节 研究发现及相关建议

在上述分析的基础上,中国融资租赁产业制度化过程的总结如表9-1所示。

表 9-1 中国融资租赁产业制度化过程总结

	去制度化阶段	前制度化阶段	理论化阶段	扩散化阶段
关键事件	1979年《中外合资经营企业法》；1981年合资、中资专业租赁公司成立,开展业务	1988年高院发文政府不再担保；1989年汇率动荡；1992年外资租赁业协会成立；1995年5月《商业银行法》颁布,形成分业经营格局；1996年组织世行IFC技术援助	1999年8月人民银行主办"中国租赁业研讨会"；1999年《合同法》设租赁专章；2000年租赁会计准则发布；2001年外资租赁放开；2004年内资租赁试点；2005年《金融租赁公司管理办法》下发	2007年银监会修订《金融租赁公司管理办法》,允许银行进入租赁领域,银行系租赁公司迅速发展；2015年国务院发文支持融资租赁产业；各地保税区、自贸区出台各项"先行先试"政策
场域结构特征	合资租赁公司、中资租赁公司专营,以及银行、信托公司、财务公司兼营机构迅速增加；中央政府持开放态度；国有企业、中小乡镇企业引进设备,以及民航利用外资引进飞机是主要业务领域	合资占市场主体,陷入业务危机；中资面临金融牌照危机,业务萎缩；行业协会出现,代表租赁公司；中央政府态度积极,地方政府意识落后；民航改革推动飞机租赁业务	政府单位、银行陆续退出租赁公司,金融租赁公司发展困难,民营资本陆续重组；兑现入世承诺,外资租赁公司、厂商陆续进入；中央政府积极推动行业支柱制度建立；民航、电信、工程机械等行业需求持续推动产业发展	市场经济日趋成熟,投资主体多元化,三类租赁公司特色发展,专业化水平、国际化水平不断提升,龙头企业上市；地方政府积极推动区域融资租赁产业集聚；其他相关金融业态加入场域,共同开展创新；涉足产业多元化,拓展至医疗设备、基础设施、节能环保等领域
制度矛盾	计划经济体制下,金融体制不健全,针对融资租赁业务开辟制度接口	经济体制转型,国企承租人及租赁公司都须适应,政府担保失效等因素造成支付危机,而承租人权益得不到法律支持	租赁产业四大支柱奠定基础,但税务等政策仍不能支撑融资租赁发挥最大制度优势	经济、金融体制日益健全,基本制度环境逐步优化,行业在现有框架下局部突破,《融资租赁法》立法尚未实现

（续表）

	去制度化阶段	前制度化阶段	理论化阶段	扩散化阶段
制度创业者行动策略	租赁公司主动与主管政府部门沟通，通过专项审批方式打通开展业务的基本政策环节	合资租赁公司、行业协会组织向政府提出政策建议，组织业内、政府人员考察、学习；业内有影响力的人士发挥政策、公众影响作用	行业协会组织培训、论坛，积极参与行业政策的制定和立法；行业协会推动相关产业出台支持、鼓励政策；专家、学者著书立说发挥影响力	行业领先租赁公司与地方政府战略合作，争取"先行先试"，共同推动政策创新、业务创新
合法化进度	管制、规范、认知合法性低；取得基本的展业政策	出现合法性危机后，中央政府协调地方政府解决欠租危机	管制合法性增强，规范合法性显著提升，认知合法性有所提升	管制合法性基本建立，规范合法性持续推进，认知合法性显著提升
专业化进度	外资股东对合资公司的知识输出；租赁公司对政府部门的知识输出；租赁公司之间的学习效应；企业内部通过培训、交流等方式提升业务操作实现；知识主要在企业内转化，显性知识吸收较快，多数企业能够操作简单租赁业务	行业协会对政府部门的知识输出；国际第三方机构对中国的技术支持；政府部门的主动学习；租赁公司与政府间的知识溢出流量增加；行业知识开始总结出版并传播；知识主要在租赁企业间、企业与政府间流动、转化，欠租危机的发生从侧面反映出融资租赁企业隐性知识转化需要一个过程	外资租赁公司、厂商陆续加入，对行业输入、更新专业化知识；行业协会继续促进场域内的交流，从基本业务等拓展到营销等领域；政府部门的知识累积并开始加工创新；相关专业书籍、理论研究增多；知识在全场域流动、转化加速，全行业业务操作专业化水平提升，能够独立操作较复杂的租赁业务	租赁公司对地方政府知识输出，推动政策创新，开展业务创新；地方政府的知识吸收能力差异导致政策创新差异、竞争效应；本土化租赁公司积累了一定知识存量，为创新奠定基础；租赁公司之间的知识存量、知识创新差异导致业务能力差异、竞争效应；知识在新场域流动、转化，涉及多产业、多环节创新业务

一、研究发现

基于制度创业相关理论，着眼于融资租赁组织场域制度创业者的能力与能动性及其合法化、专业化的实现，本章得出以下结论：

第一，融资租赁产业引入中国后，其阶段性发展的过程，本质上是融资租赁公司等制度创业者开展制度创业的过程，通过租赁企业、行业组织、政府、用户企业等场域主体的协同推进，逐步实现行业的专业化、合法化及制度化。

第二，在中国融资租赁产业制度化的前三个阶段，合资租赁公司（包括其代表者外资租赁业协会）在制度创业的各阶段都发挥了主导作用，反映出其作为制度创业者所具备的能动性（动因）及能力（资源）；其产生能动性的根本动因是获取利益，融资租赁制度本身会降低交易费用；其具备的能力（资源）——在融资租赁制度方面保有的知识势差及由此带来的机会识别能力，通过知识溢出效应扩散到整个场域，发挥影响作用。

在中国转型经济的情境下，制度创业者的所有制属性是决定其在制度创业中发挥作用的内生因素，产权清晰更能够推动主体为追逐经济利益而进行制度创业。合资融资租赁公司从一开始就具有明确的产权主体，明确的利益动因，能够目标明确地开展制度创业；而同一时期的内资租赁公司、兼营租赁业务的银行，产权不清晰，影响其作为独立主体参与融资租赁制度创业的能动性，这也是这些主体发展路径不同的重要原因之一。后期，随着国有商业银行股份制改造的完成，其产权逐步清晰，在允许进入融资租赁产业后，迅速拓展业务。民营资本的设备厂商等进入融资租赁领域，也迅速带动产业发展。

第三，在扩散化阶段，产业发展所需的基本制度环境已经建立，中国经济市场化体系趋于健全，行业在现有框架下具备相关条件，进一步从简单融资租赁阶段向创新性融资租赁阶段转变，这就需要在政策层面进行局部突破，意识先进、知识吸收能力强的地方政府加入了组织场域，与行业领先的租赁公司协作，影响、游说中央政府进行政策突破，推动融资租赁在区域内的集聚发展。这是参与主体在集体学习、试错和创新活动中共同知识形成、演化的结果。

二、相关建议

当前，融资租赁产业发展进入新的阶段，从规模上看，中国已成为全球第二大融资租赁市场，但从质量上看，我们的监管标准不统一、融资租赁企业业务模式单一、细分领域的专业化程度低等问题还较为突出。在构建现代金融体系的大背景下，融资租赁的监管面临新的变革，结合中国融资租赁行业的发展路径及其规律，有关未来融资租赁行业的监管及引导方面建议如下：

第一，持续营造适应行业发展需要的基础环境。在此前银监会与商务部已积累一定监管经验的基础上，通过统一监管部门进行融合，强化对财政、工商、税务、海关、外汇等部门的知识溢出，以推动部门间沟通、协调；持续完善融资租赁行业发展所需的四大支柱，并积极推动融资租赁业的立法，明确行业的市场准入、经营范围等。此外，在现有分立的行业协会的基础上，成立全国性统一的行业组织，继续发挥其境内外行业交流、企业与主管部门沟通的桥梁作用。

第二，引导融资租赁企业防范金融风险，提升专业化水平。监管机构应加强对融资租赁集聚的天津、上海、广东等地的调研,掌握行业最新发展动向和诉求,以把握好监管调整的尺度。一方面,着眼于融资租赁的金融属性,针对作为非银行金融机构的融资租赁公司和作为一般工商企业的融资租赁公司,建立统一监管标准,严格考察股东资质,鼓励具有业务协同能力的股东进入,淘汰空壳外资融资租赁公司,参照金融租赁公司,拓展行业中优秀融资租赁公司的融资渠道;另一方面,着眼于融资租赁服务实体产业的能力,引导其提升租赁资产管理、余值处置等管理技术,推动整个行业从类信贷业务向专业化经营转型。

第三,鼓励优秀的制度创业者发挥特定作用。随着行业市场化水平及专业化程度的持续提升,涌现出一些多元股东背景、经营规模与品质俱佳、发展势头良好的融资租赁龙头企业,这些具有自主性、警觉性的企业发挥越来越重要的行业带头作用。政府应当鼓励这些企业,持续保有制度创业的能动性与能力,比如进一步扩大开放金融服务业,促进其与境外金融机构竞争与融合,或者支持其进行国际化的收购兼并,在专业性上不断进行知识吸收创新,获取更高知识势差,在整个场域内形成知识溢出效应,以世界先进水平为标杆,促进产业总体发展水平的提升。

第十章　交易费用视角下的金融产业演化发展研究[①]

——以中国融资租赁产业为例

改革开放 40 年来,我国金融业改革与开放持续深化,并呈现出特定的演化规律。以中国的融资租赁产业为例,自 20 世纪 80 年代被引入以来,经历了阶段性波动发展的过程:20 世纪 80 年代初期引入到末期业务发展达到阶段性顶点;随后的 20 世纪 90 年代,行业风险爆发经历调整,业务规模持续萎缩;以 2000 年为分水岭,之后逐步恢复;2007 年后中国融资租赁产业在金融租赁公司的带动下出现爆发式增长,中国融资租赁合同余额由 2007 年的约 240 亿元迅速增长至 2017 年的约 6 万亿元,跻身全球第二大租赁市场。同时,按资产规模计,融资租赁已成为中国居银行、信托、保险及证券后的第五大金融业态。

融资租赁的引入给中国金融体系中以银行信贷为主的间接融资制度带来了一定改变,新的金融服务组织方式带来的交易成本变化,促进了中国融资租赁市场的发展,并使中国融资体系日趋多元化。本章在交易费用的视角下,力图深入剖析融资租赁产业的引入及其发展演变过程,探索我国金融产业演化发展的本质规律,为金融体制深化改革开放及融资租赁产业政策制定提供理论参考,以推进金融业供给侧结构性改革,支持融资租赁等新兴金融业态创新发展,增加有效、高效金融供给,满足实体经济多层次、多元化、多类型的金融需求(孙国峰,2017),更好地落实"金融服务实体经济"的要求,提高金融的中介效率和分配效率,有效发挥其媒介资源配置的功能(李扬,2017)。

第一节　基于交易费用的金融中介替代性分析框架

一、基于金融交易费用的金融制度发展理论

当前,交易费用已成为解释诸多经济现象的重要概念。科斯在《企业的性质》

[①] 本章相关内容已发表:曾旎缯.交易费用视角下的金融产业演化发展研究——以中国融资租赁产业为例[J].金融与经济,2019(6):4—9.

(1937)一文中将"交易费用"①的概念阐述为"市场交易达成或价格决定的成本",以此解释企业的出现。此后,众多经济学家进一步地扩展和应用交易费用的概念,用来解释经济组织和经济制度等诸多现象。现实的经济世界是一个专业化分工的世界,基于不同的金融服务需求和金融服务类型产生了多样化的金融中介,并发展固化成金融制度,由此金融服务业细分出不同金融业态。同样,交易费用也可作为分析金融制度发展的一种重要工具。

金融体系中大量的金融交易费用客观存在,其产生与变化也遵循交易费用影响因素的作用规律,金融中介的出现及与之相关的制度的建立,对降低金融交易费用及提高金融资源配置效率发挥了重要作用。从本质上说,金融交易费用是专业化和分工的费用,具体作用可细分为如下类型:第一,由于金融交易对手之间存在信息不对称性,金融中介凭借其专业性,在服务于金融交易双方的过程中,能够明显降低交易对手自行了解和掌握对方信息的成本;第二,金融交易双方都存在机会主义倾向,经济体系中须建立遏制此种倾向的规范,在此框架之下确保交易双方的权益得以实现;第三,经济体系中存在一定程度的不可预知性,相关保障机构和监管机构的存在能够在一定程度上对抗金融交易风险,使得金融交易费用得以系统地压缩,由此形成金融制度体系。换言之,正是交易成本的存在和成本节约的机会推动了新的金融中介(金融业态)的产生和演化。金融制度随社会经济的发展而发展,能够进一步降低金融交易费用的金融制度在不断演进中实现优化选择。

二、金融中介替代性分析框架

"交易费用分析范式"这种更具微观性质的分析,为研究各种金融制度形式的相互替代等问题提供了一个很好的视角,为本章研究金融产业的演化、融资租赁产业的存在与发展的内在机制提供了一个重要的分析框架。Scholtens 和 Wensveen(2000,2003)提出了金融中介的"补充理论",认为在金融市场发展中,因金融中介的参与而带来了"交易费用收益"——增值收益,这提升了金融服务交易的效率,进而又推动了金融中介机构的演化发展。在此过程中,金融中介机构通过其专业化能力对交易费用产生以下两种作用:一是直接降低交易费用;二是为客户提供价值增值,从而抵消交易费用。这实质上体现了专业化报酬递增(杨小凯和黄有光,1999)。

依据交易费用理论,本章研究的对象是发生在储蓄者与融资方之间的所有交易活动及由此产生的交易费用。

---

① 本章中的"交易费用"与"交易成本"皆代表"Transaction Cost",根据不同语境使用习惯而采用不同表述。

结合金融服务的具体情况,如表 10-1 所示,本章将金融服务的交易费用划分为四个主要的部分:资金转化成本(C_f)、信息搜寻成本(C_i)、合约履行成本(C_m)和系统保障成本(C_s)。显然,资金从储蓄者到融资方之间的金融服务组织方式不同,其交易费用的内涵是不同的。

表 10-1 金融服务交易成本

类型	内容
资金转化成本(C_f)	社会资金从储蓄者到融资方手中所要历经的金融机构的合理利润、组织管理成本等
信息搜寻成本(C_i)	金融机构与交易相关方之间在签订合同前,为达成交易而采取行动以减少信息不对称性,以及抑制逆向选择及道德风险产生而发生的成本
合约履行成本(C_m)	合约签订后,确保合约履行进行监控和督促,防范合同执行中违约风险的成本
系统保障成本(C_s)	由于政策变动对特定金融服务方式的稳定运行造成不确定性带来的成本

因此,本章提出"金融服务综合交易成本"这一概念,其定义为:

$$C_T = C_t - R_t = (C_f + C_i + C_m + C_s) - (R_f + R_i + R_m + R_s) \quad (10\text{-}1)$$

其中,C_T 代表金融服务综合交易成本,即资金从储蓄者到融资方的整个过程中产生的综合交易成本;C_t 为金融服务交易成本的总和;R_t 为金融服务增值收益的总和;C_f、C_i、C_m、C_s 以及 R_f、R_i、R_m、R_s 分别代表资金转化、信息搜寻、合约履行和系统保障等四个方面的交易成本及额外增值收益。

由于交易费用和增值收益的测度存在难度,因此式(10-1)主要用于比较,以考量两种金融服务方式的效率差异,或者同一种金融服务方式不同阶段、不同形式的效率差异。从式(10-1)可以得到以下两点推论:

推论 1:在特定的金融服务方式下,交易成本中具备较大改善潜力的环节,将成为该金融服务方式创新突破的重要领域。

推论 2:在特定的金融服务方式下,某些服务领域更容易获得额外增值收益,这些领域将成为该金融服务方式的重点发展市场。

第二节 中国融资租赁产业的交易费用结构演变分析

基于上述分析框架,以下将重点分析银行与融资租赁业务的模式,比较两者交易费用的差异,找出融资租赁从以银行为主导的间接融资体系中分化出来的原因。

一、融资租赁与银行信贷业务的交易流程差异

一直以来,我国的金融体系是以银行为主导的金融体系,金融市场层次单一,

银行体系较为发达,资本市场的发展相对滞后(尚福林,2014)。如图10-1所示,在银行主导的金融体系中,银行运用自身的资金、人才、信息等总和优势,在储蓄转化、资源配置、提供风险管理服务等方面发挥着主导作用。我国融资租赁产业从产生到发展都与银行有着密切的联系,两者的客户有很大的共同性,两者之间也存在必要的合作。

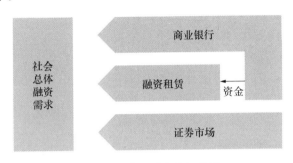

图10-1　中国融资市场格局

考察融资租赁与银行信贷两种不同的金融服务方式,如图10-2所示,其交易流程存在明显的不同。在银行信贷方式中,银行与借款人、供应商之间是链状关系,银行将贷款给借款人,借款人支付银行利息;借款人将从银行获得的资金支付给供应商用以购买设备,供应商将设备提供给借款人。在此过程中,银行与供应商之间并不发生联系。而在融资租赁方式中,出租人(租赁公司)与承租人、供应商之间是网状关系。出租人(租赁公司)将货款支付给供应商,供应商将设备提供给承租人,承租人定期支付租金给出租人(租赁公司);此外,银行与出租人(租赁公司)开展资金合作。由于交易流程的差异,这两种金融服务方式的交易费用也会受到不同因素的不同程度的影响,其具体产生也必定会存在相应的差异。

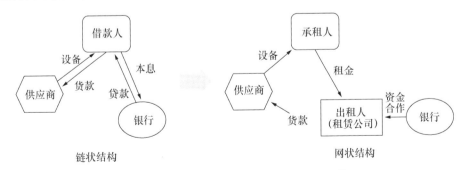

图10-2　银行信贷与融资租赁交易流程比较

因为融资租赁增加了与供应商的关系这一环节,因此融资租赁公司可以凭借其对租赁设备的专业性认知、与供应商密切的关系等向客户提供各种额外的增值服务,带来增值收益,事实上降低了总体交易成本,由此在一定程度上拓展了融资服务的边界。

二、融资租赁发展各阶段交易费用结构的变化

以下将分析中国融资租赁产业引入以来交易成本结构变化的过程机制,比较各阶段的交易成本,刻画融资租赁产业在中国存在与发展的演化规律。

（一）行业起步阶段:外资引进成本优势

20世纪80年代初期,融资租赁业务以合资租赁公司为主力,租赁方式作为利用外资引进国内急需的先进技术和适用设备的一种可行模式,其资金来源及业务流程如图10-3所示,由于主要由外方股东运用外国银行资金,其资金成本相对我国同期银行资金成本要低;特别是对于飞机租赁等业务,通过融资租赁还能享受出口国的税收优惠,从而进一步降低资金成本。

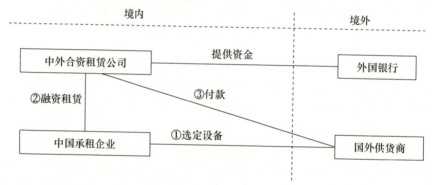

图 10-3 合资租赁公司业务流程

信息搜寻方面,当时合资租赁公司进行了一些符合国情的模式创新,即在为客户提供资金融通的同时,又提供代办进口服务,降低了融资方因相关业务信息缺乏而带来的成本。合同履行方面,早期在计划经济体制下,融资租赁开展业务非市场化运作,要求承租人提供信用担保以实现风险控制,而非通过信用评估与控制。系统保障方面,当时国家对融资租赁的政策导向积极,各主管部门对融资租赁公司的申请实行专项审批,业务开展所需基本政策许可基本具备。

本阶段,如表10-2所示,融资租赁因其能够给具有引进设备以进行升级改造需求的企业以及非公经济领域带来额外增值收益,对采用融资租赁引进外资、改造设备的企业而言,其相对银行信贷具有较为突出的综合交易成本优势,从而,成为推动这些产业发展的动力,同时也带动融资租赁行业本身的迅速增长。

表 10-2　行业起步阶段交易成本比较

	银行信贷核心影响因素	融资租赁核心影响因素	相对成本
资金转化	财政资金；所有制歧视	合资企业外方股东资金成本较低；境外融资租赁税收补贴的增值收益	融资租赁较低
信息搜寻	行政性分配安排	能够代办操作较复杂的外汇及贸易环节，降低对融资方信用、能力的要求；对采用融资租赁模式的企业而言，带来提前发展的增值收益	融资租赁较低
合同履行	行政审批与担保	行政计划与政府担保	两者趋同
系统保障	具备基本制度体系	尽管相关制度不完善，但由于政策导向积极，租赁公司通过专项审批，打通了开展业务的政策通道	两者趋同

（二）整顿停滞阶段：合同履行成本激增

自1988年始，随着经济体制改革加速，原有的经济运行格局被打破，体制迅速转换，企业作为独立的市场主体尚不能完全适应，也给融资租赁的发展带了冲击。

资金转化方面，1995年《商业银行法》颁布实施后，部分银行背景的租赁公司中方股东从租赁行业撤资。此外，1997年亚洲金融危机爆发后，合资租赁公司的日韩股东纷纷从中国市场撤资，造成融资租赁公司资金来源紧张、成本上升。合同履行方面，1988年最高人民法院发布通知，规定"国家机关不能担任担保人"。失去国家信用担保，出租人的权益失去了保障，造成了融资租赁公司的巨额呆账、坏账，租赁业的发展陷入危机。系统保障方面，制度欠缺造成前期业务累积大量风险，形成"欠租潮"，引发监管成本激增，对行业形成打击。相反，信息搜寻方面，由于市场对融资租赁业务的认知度进一步加大，特别是在民航飞机租赁业务领域取得更广泛的认知，信息搜寻成本有所降低。

本阶段，如表10-3所示，体制转换、经济波动、行业经营管理能力不足、累积风险爆发等因素，使得各项交易成本激增，融资租赁行业业务萎缩，陷入发展危机。

表 10-3　整顿停滞阶段交易成本比较

	银行信贷核心影响因素	融资租赁核心影响因素	相对成本
资金转化	逐步转向市场化运营	合资公司外方股东撤资，中资公司银行股东撤资	融资租赁上升
信息搜寻	行政性分配安排向市场化转型	融资租赁认知度加大	两者趋同
合同履行	行政审批的贷款坏账率高	政府担保失效，引发"欠租潮"	融资租赁激增
系统保障	具备基本制度体系	部分租赁公司的投机行为引发监管成本大幅提升	融资租赁激增

（三）重建徘徊阶段：消除系统保障成本

1999年后，随着一系列规章制度的建立，我国融资租赁业顺利开展所需的法律法规、监管规定、会计准则和税收政策等不断完善，融资租赁业的运行得到规范，行业的制度支柱基础初步成型。

资金转化方面，随着中国市场化改革的不断深入和对外开放速度的加快，有实力的企业、工程机械厂商、外资租赁企业等受到鼓励准入，资本输入为行业资金筹措提供了来源。信息搜寻方面，本阶段市场对融资租赁业务的认知度进一步加大，融资租赁公司业务操作经验积累更丰富。合同履行方面，1998年融资租赁行业的欠租问题基本得到解决，融资租赁公司逐步走向市场化运作。系统保障方面，随着《合同法》租赁专章、《企业会计准则——租赁》以及相关监管审批规定等一系列法律法律的出台，阿曼波（2007）提出的融资租赁的法律、会计、税收和监管等四大制度支柱基本建立。

本阶段，如表10-4所示，随着经济环境、制度环境的逐步改善，融资租赁的综合交易成本逐步下降，中国融资租赁产业逐步恢复发展动力。

表10-4　重建徘徊阶段交易成本比较

	银行信贷核心影响因素	融资租赁核心影响因素	相对成本
资金转化	市场化运营	兑现入世承诺，外资进入	融资租赁成本下降
信息搜寻	市场化手段	有技术的租赁公司认知度高，业务上升快	两者趋同
合同履行	市场化手段	产权制度获得承认	融资租赁成本下降
系统保障	制度体系较为完善	法律、会计、税收及监管等四大制度支柱基本建立	融资租赁成本下降

（四）高速发展阶段：特色成本优势分化

2007年后，随着中国市场化改革的不断深入，中国融资租赁产业进入市场化发展的阶段，成为中国金融体系的重要组成部分，并出现银行系、厂商系、独立系三种类型的租赁企业各具特色、细分发展的局面。

资金转化方面，总体上，银行系租赁公司的资金成本相对厂商系、独立系租赁公司较低。长期来看，租赁公司还可以通过批量采购降低采购成本、进行反周期操作、进行余值管理、开展租赁资产交易，进一步提升资金使用效率。对用户而言，在会计、税收等政策环境完善的基础上，通过融资租赁的方式，可避免因使用自有资金而造成流动性压力，获得加速折旧和延迟交税等利益，调整负债率和优化财务状况等。信息搜寻方面，从融资方的角度看，随着融资租赁产业发展环境的优化、业务市场化的开展,与银行贷款相比,融资租赁门槛低,融资程序简单。从供给方角度看,三类融资租赁公司各自通过不同方式,探寻到交易费用最低的细分业务模式。合同履行方面,相对于银行仅拥有抵押品处置权及债务追索权,融资租赁的出租人拥有设备所有权,一旦发生违约,对设备的追索更加可控,利用融资租赁的产权安排确保了交易风险的降低。系统保障方面,支持租赁业发展的四大支柱逐步健全,税务、会计等政策的调整和确认进一步降低了交易成本。

本阶段,如表10-5所示,随着制度环境的优化,融资租赁的制度性优势得以显现,其相对于银行信贷在某些特定行业、特定领域具有明显的成本优势;随着相关业务技术的进一步成熟,还具备较大的发展潜力。

表10-5 高速发展阶段交易成本比较

	银行信贷核心影响因素	融资租赁	
		基本影响因素	深化影响因素
资金转化	商业化、市场化	资金来源不同,成本差异化;减轻资金压力、降低机会成本;加速折旧、税收优惠、售后回租进行财务调整	价格谈判;反周期操作;余值管理;租赁资产交易
信息搜寻	客户资源、信用评价体系	融资租赁公司可做复杂操作;客户对租赁认知度增大	主动建立销售渠道
合同履行	监督合同执行	两权分离,掌握租赁物产权	减少小额、频繁交易,降低资产专用性;运用技术手段
系统保障	制度体系较为完善	法律、会计、税收及监管基本建立,日趋完善	信用体系建设;动产登记制度

以上对中国融资租赁产业的交易成本结构演变及其导致的行业发展特征的分析,支持了本章的推论1和推论2。

第三节 对中国金融产业深化改革开放的启示及建议

通过上文基于交易费用的金融中介替代性分析框架的建立,以及对中国融资租赁产业演化发展过程的印证分析,结合中国现阶段金融供给侧改革的深层次要求,得到如下启示及建议。

一、降低交易费用

交易费用降低是决定金融产业制度变迁的重要变量,金融体系改革应朝着降低体系总体交易费用的方向进行。从融资租赁阶段性发展历程分析可以看出,这种金融服务方式得以在中国存在,从原有金融服务体系中分化出来,并在经济转型的不同阶段呈现不同发展特征,根本上是由于其产生的交易成本及额外增值收益的不同表现形式及其强弱变化,造成其推动力变化:在行业起步阶段,其动力主要体现在降低引入外资的政策成本;在整顿停滞阶段,其动力的削弱主要体现在体制变革造成的履约成本激增;在重建徘徊阶段,构建制度支柱以消除体系保障成本,从而得以恢复动力;在高速发展阶段,系统保障成本降低并趋同,参与主体在其他不同环节对交易成本的减低及带来额外增值,形成各具特色的发展路径。

因此,在我国金融供给侧改革的推进过程中,应该以体系总交易成本为指标衡量改革发展的动力,着眼于能否有效降低体系总体交易费用,如何降低关键环节的交易成本、提升额外收益等,从而指导金融供给侧改革及时进行校正调整。

二、设计良好的系统保障制度

系统保障成本是影响金融新业态演化的关键因素,金融新业态的引入及发展应以良好的制度设计为基础。上文将金融服务的各项交易成本细分为资金转化成本、信息搜寻成本、合约履行成本和系统保障成本四大类,但从融资租赁发展四大阶段性特征的形成来看,系统保障成本是关键因素。在行业起步阶段通过专项审批等政策支持打通了业务开展通道,得以顺利引入这一创新业务;在整顿停滞阶段,前期由于制度欠缺造成的业务风险累积,引发监管成本大幅提升,给行业带来毁灭性打击;在重建徘徊阶段及高速发展阶段,制度支柱的建立健全为行业的持续健康发展扫清了道路,融资租赁产业逐步成熟。事实上,这一过程反映出我国在金融监管上一个长期存在的问题。我们通常在一个新业态刚引入时,会给予一定的管制放松和政策支持,这对政府部门而言是较为容易实现的,也会取得降低交易费用的显效,但由于政策的制定往往缺乏长远布局和系统设计,当行业发展了一段时间,必然会产生一些偏离和发生极端情况,此时一般会通过政策的收紧或转向来遏制不良趋势,系统交易费用就会激增,结果往往会出现"一管就死"的情况。

因此,在金融新业态演化过程中,政府部门应当转换监管思维,提升监管能力,划清政府与市场的边界,以建立长效机制为目标,扎实做好金融基础设施建设,着力稳步降低制度性交易成本。同时,进一步发挥行业协会的作用,促进监管部门与行业主体之间的沟通,从而推动行业良性发展。例如,融资租赁产业发展过程中,外资租赁业协会在行业法律法规制定、行业知识溢出等方面起到了重要作用。

三、以需求为导向推进金融创新发展

金融产业的创新发展应以需求为导向,在重点细分领域深耕。中国融资租赁产业的发展,是在飞机租赁等业务领域取得突破后迅速发展起来的,这一方面得益于中国民航市场对运力需求的巨大市场空间,另一方面得益于抓住了这一细分领域本身的发展特性,即飞机融资金额大、周期长、现金流稳定等,这些特点契合融资租赁的交易结构。通过飞机融资租赁的财税政策、SPV(Special Purpose Vehicle,特殊目的实体)业务模式等的突破,显著降低了中国飞机融资租赁业务的交易成本,从而有效助推了中国飞机租赁产业的发展。

当前我国金融供给存在较严重的结构性问题,"融资难、融资贵"的问题尚未得到解决,"金融服务实体经济"是金融改革的方向,金融如何更好地服务实体经济,需要深化金融供给侧改革。借鉴融资租赁在飞机租赁业务上取得突破的经验,应当鼓励建立更多专门领域的金融机构,开展细分领域的专业金融服务,深入研究细分市场客户的真实需求和业务特点,从降低金融服务各环节交易成本入手,设计个性化、差异化和定制化的产品,积极扶持需求空间大、符合国家战略需要的农村金融、普惠金融、绿色金融、新型产业金融等创新模式,形成多元化的金融服务供给体系。

四、加大金融技术投入

应鼓励和推动金融企业加大金融技术投入,走专业化发展之路。在中国融资租赁产业逐步成熟的阶段,分化出银行系、厂商系、独立系三大类型的融资租赁,其根本原因是在市场化的背景下,三类公司各自抓住了能够利用自身优势掌控的核心环节,以降低交易费用、提升增值收益。银行系重点在资金转化成本;厂商系重点在供应商对代理商、客户的控制,从而降低合同履行成本;独立系重在通过渠道建设等对承租人加以掌控,降低信息搜寻成本。可见随着融资租赁政策环境的日趋完善,可挖掘的政策性交易费用降低空间将越来越有限,从政策性交易成本到技术性交易成本的降低是必由之路。

当前,传统金融业态越来越多地受到新的金融科技等技术手段的影响与冲击。大数据、人工智能等技术的运用将有效降低业务成本,提高服务效率,扩大服务边界。因此,应当鼓励和推动金融企业加大金融技术投入、梳理金融服务流程、创新金融服务模式,这既是降低系统交易费用、实现金融业态迭代发展的重要手段,也将对进一步优化金融供给结构产生深远影响。

五、扩大金融产业开放

近年来,随着我国融资租赁产业的发展与成熟,越来越多的租赁企业走出去做业务,甚至通过并购发展,掌控了国际领先的租赁公司,取得了全球化的市场参与能力,大大提升了中国融资租赁产业在国际市场上的整体地位。

因此,在当前进一步开放金融业的背景之下,银行、保险、证券等其他较为成熟的业态可持续扩大开放,"引进来"与"走出去"并举,加强国际交流合作,这必将有利于获取国外先进的金融管理技术,进一步降低技术性交易成本,从而促进中国金融行业提升专业化水平,提升国际竞争力,维护国家金融安全。

第十一章 人力资本与区域创新研究①
——基于空间面板模型的分析

第一节 引 言

近年来,随着中国经济进入新常态,有关中国经济增长可持续性的争论引起广泛关注。自 Krugman(1994)指出东亚经济增长主要依靠要素投入而非全要素生产率以来,学界对中国经济增长模式展开了热烈讨论。一般认为,改革开放以后的中国经济增长模式主要是要素驱动,增长主要由资本、能源、原材料、劳动力等要素投入拉动,技术进步和创新对经济增长的贡献较小(郭庆旺和贾俊雪,2005;王小鲁等,2009)。随着中国资源、环境、人口等要素禀赋优势逐步减弱,经济增长方式也应从传统的"要素驱动"转为通过技术进步提高生产率的"创新驱动"。对此,党的十八大报告明确提出要实施创新驱动发展战略,将创新驱动上升至国家发展战略层面;十八届五中全会将创新发展提升至五大发展理念之一;十九大报告更是提出到 2035 年基本实现社会主义现代化,跻身创新型国家前列的奋斗目标。创新的来源除了物质资本的投入,人力资本、社会环境、政府政策也都发挥了关键作用(杨鹏和陶小马,2016)。其中,人力资本作为推动创新的重要抓手,受到社会各界的高度重视。

从现实看,我国已经是一个人力资源大国,但尚不是创新大国。教育部和科技部的数据显示,2016 年我国各类高等教育在学总规模达到 3 699 万人,高等教育毛入学率达到 42.7%,研发人员总量居世界第一位,达 24 余万。② 相应地,人力资源的高储备并未带来直接的高创新回报。世界知识产权组织(WIPO)和彭博社分别发布的 2017 年全球创新指数中,中国分别位列第 22 和第 21,在发展中经济体

---

① 本章相关内容已发表:张辉,石琳.人力资本与区域创新研究——基于空间面板模型的分析[J].湖南大学学报(社会科学版),2018,32(5):49—57.

② 数据来源:教育部,《2016 年全国教育事业发展统计公报》;科学网,http://news.sciencenet.cn/htmlnews/2017/1/365552.shtm.

中位居第一,但与美国、日本及欧盟国家相比仍存在较大差距。① 运用每万人发明型专利授权数的数据也可以发现,1998—2015 年我国创新能力有了极大提升,每万人发明型专利授权数平均值由 0.11 上升至 1.92。然而地区间的创新产出差距也在不断抬高,区域创新能力最强的北京与最低的西藏之间的差距由 32 倍扩大至 132 倍。② 由于创新能力是区域经济发展的重要推动力,创新能力的空间差距拉大有可能导致区域发展差距加大,因而区域创新能力差距的拉大引发了社会各界的担忧。在传统的 R&D 投入带动效应减弱的背景下,怎样提升人力资本对创新的推进作用、如何通过人力资本的再分配缩小区域创新差距,这些问题成为研究的热点。

根据内生经济增长理论,人力资本通常被认为是通过技术扩散来促进技术创新的(Nelson 和 Phelps,1966),主要包括两种观点:一种是 Romer(1987)等提出的资本拉动型,即人力资本、物质资本带来的外部性促进了技术创新,从而推动经济增长;另一种是 Grossman(1991)等提出的技术创新由以人力资本投入等为基础的 R&D 部门独立推动。各国学者运用经验分析方法,对人力资本与区域创新的关系进行了研究,大部分结果表明,人力资本对区域创新具有显著性影响(例如 Hussler 和 Rondé,2007;Doloreux,2002;Simonen 和 McCann,2008 等)。对中国人力资本与区域创新的研究也佐证了这一点(例如王学军和陈武,2008;何庆丰等,2009;钱晓烨等,2010;高彩梅等,2014)。

进一步地,由于人力资本的培育存在多种结构,人力资本的配置也与多种所有制相关联,因此人力资本的异质性也会对创新产生不同影响。一方面,创新部门主要包括高等院校、研究机构在内的政府部门,以及根据市场势力划分的市场部门和垄断部门,赖德胜和纪雯雯(2015)的研究表明市场部门的人力资本对创新有促进作用,政府部门和垄断部门则会产生不同程度的抑制作用(赖德胜和纪雯雯,2015)。另一方面,高等教育的人力资本与高中、义务教育相比对创新具有更加显著的促进作用(吴延兵和刘霞辉,2009;纪雯雯和赖德胜,2016),创新型的人力资本与效率型的人力资本相比更能促进企业创新(吴淑娥等,2013)。

上述研究基于理论分析和经验研究对人力资本在创新中的作用进行了比较详细的分析,对我国加大人力资本投入、推动创新具有重要的借鉴意义。但以往文献的研究思路一般是从人力资本的异质性出发,分析不同形态的人力资本的创新效率,而少有对创新的异质性进行研究。而实际上,根据科技部的统计方法,我

---

① 数据来源:WIPO,http://www.wipo.int/publications/en/details.jsp?id=4193;http://www.csis-cips.org/news/2018/1/24/outward-and-upward。

② 数据来源:《中国科技统计年鉴》。

国的R&D活动分为三种类型:基础研究、应用研究和试验发展。其中,基础研究是指为了获得关于现象和可观察事实的基本原理的新知识而进行的实验性或理论性研究;应用研究是指为了确定基础研究成果可能的用途或是为了达到预定的目标,探索应采取的新方法(原理性)或新途径而进行的创造性研究;试验发展是指利用从基础研究、应用研究和实际经验所获得的现有知识,为产生新的产品、材料和装置,建立新的工艺、系统和服务,以及对已产生和建立的上述各项作实质性的改进而进行的系统性工作。基础研究的主体主要是政府,应用研究与试验发展的主体主要是企业。应用研究与试验发展更能带来直接的经济效益,这两部分在R&D部门中占据较大比重。2016年,基础研究、应用研究和试验发展占研究与试验发展经费总支出的比重分别为5.2%、10.3%和84.5%。[①] 然而,对于现阶段人力资本对不同的创新部门的拉动效应有什么区别,相关的研究较少。

本章的创新之处在于,从创新的异质性角度对人力资本与区域创新的关系进行研究。一方面将创新活动分为基础创新和应用创新两类,另一方面从人力资本的平均水平和结构两方面进行了分析。由于人力资本和创新存在较强的内生性与空间溢出效应,本章运用固定效应、空间计量等方法进行检验,结果发现:我国人力资本对基础创新具有显著的正向影响作用,对于应用创新的影响并未凸显;从人力资本的异质性看,高等教育对于区域创新的影响发挥关键作用,平均受教育年限则不显著;基础创新对于应用创新的先发拉动机制没有完全体现,产学研一体化发展仍较为落后。基于以上结论,本章对我国的区域创新发展提出了相应的政策建议。

本章接下来的行文安排如下:第二部分是本章的模型构建与数据说明,第三部分运用OLS和固定效应的基础模型进行了估计,第四部分采用空间计量的方法进行了进一步分析,第五部分是稳健性检验,第六部分得出本章的主要结论和政策建议。

第二节 模型构建与数据说明

一、模型设定

现有的创新相关研究一般沿用Griliches(1979)提出的创新生产函数:

$$Inv = \theta K^{\alpha} H^{\beta} \qquad (11\text{-}1)$$

其中,Inv表示创新能力,θ表示创新效率,K表示物质资本,H表示人力资本,α、β分别表示物质资本和人力资本的弹性系数。

本章在Grillches(1979)创新模型的基础上,构建以下计量模型:

[①] 数据来源:国家统计局,2016年全国科技经费投入统计公报。

$$\ln v_{eit} = \alpha_1 + \alpha_2 H_{eit} + \alpha_3 \Gamma_{eit} + u_{eit} \quad (11\text{-}2)$$

$$\ln v_{ait} = \beta_1 + \beta_2 H_{ait} + \beta_3 \ln v_{eit-1} + \beta_4 \Gamma_{ait} + z_{ait} \quad (11\text{-}3)$$

其中,下标 e 和 a 分别表示基础创新部门和应用创新部门。$\ln v$ 表示创新产出,H 表示人力资本投入,Γ 为一组控制变量,下标 i 和 t 分别表示省份和时间。由于基础创新主要是理论贡献,会对之后的应用创新产生直接影响,因此在模型(11-3)中加入了基础创新的滞后项。

二、指标选取、说明及描述性统计

本章选取 1998—2015 年全国 30 个省(市)面板数据对人力资本与两类创新部门的关系进行了研究。[1] 由于西藏地区数据缺失较为严重,本章选取了大陆地区除西藏外的其余 30 个省级行政单位。之所以选取 1998 年作为起点,是因为 1998 年之前的数据质量较差,缺失值较多且缺乏重庆市的数据。本章的数据主要来自《中国统计年鉴》《中国科技统计年鉴》《中国劳动统计年鉴》及各省历年统计年鉴。为了剔除价格因素,本章中涉及价格的指标均按照相应价格指数换算成 1998 年的价格水平。为降低异方差带来的偏误,本章对所有指标均进行了对数化处理。

(一)人力资本指标

本章采用平均受教育年限和每万人高等学校本专科毕业生人数作为人力资本的替代指标。

已有文献大部分采用平均受教育年限作为衡量人力资本的替代指标,本章也沿袭这一方法,但有所改进。一方面,现有文献常用一个区域整体的平均受教育年限,但由于当期的创新产出主要体现在劳动力市场上,本章借鉴赖德胜和纪雯雯(2015)的做法,采用劳动力人口的平均受教育年限。平均受教育年限的计算公式为:

$$\begin{aligned}\text{edu}_{\text{level}} = &\text{illiteracy}_{\text{percentage}} \times 0 + \text{primary}_{\text{percentage}} \times 6 + \text{middle}_{\text{percentage}} \times 9 \\ &+ \text{senior}_{\text{percentage}} \times 12 + \text{university}_{\text{percentage}} \times 16\end{aligned} \quad (11\text{-}4)$$

另一方面,已有研究表明人力资本结构也会给创新带来不同的影响,高等教育对创新的影响最为显著,本章根据已有的研究选取每万人高等学校本专科毕业生人数作为衡量人力资本结构特征的变量。

(二)创新产出指标

在基础创新产出的相关研究中,常常用每万人科技论文数这一指标,实际操作中每万人科技论文数常用三大检索次数与地区人口的比重得到。[2] 在应用创新中,国内学者普遍将专利授权量(发明、实用新型和外观设计三项专利授权数之

---

[1] 创新产出数据无法精确到地级市,本章选取省级面板数据。
[2] 重庆 1998 年的三大检索次数数据缺失,本章用插值法处理。

和)代表技术创新的水平(Choi 等,2011;Filatotchev 等,2011)。但李婧等(2010)和毛其淋(2010)的研究均表明,发明型专利更能代表一地区的创新水平,为控制人口特征,本章采用每万人创新型专利授权数作为应用创新的代理变量,在稳健性检验中采用另一常用指标——技术市场成交额占 GDP 比重,即技术市场技术输出地域合同金额占 GDP 比重。

(三)控制变量

为保证结果的准确性,本章考虑了多个控制变量。物质资本投入方面,常用指标一般为 R&D 支出,本章有所改进,采用 R&D 经费内部支出占 GDP 比重来衡量 R&D 投入强度,统计年鉴中 R&D 经费内部支出分为基础研究、应用研究和试验发展,给我们的研究提供了便利;一地区的经济发展水平往往对创新产出有正向促进作用,本章选取人均 GDP 代表该地区的经济发展水平;已有文献表明 FDI 对于区域技术创新具有重要影响,本章选取人均外商直接投资额这一指标,按照相应年份汇率将美元换算成人民币并进行了平减①;产业结构也可能对创新产出产生影响,本章选用第二产业、第三产业占 GDP 比重来衡量一个地区的产业结构;市场化程度越高,越有可能对创新起促进作用,樊纲等(2011)计算了中国各省份市场化进程相对指数,是国内衡量地区市场化程度较为权威的指标,但由于该数据只到 2009 年,本章采用私营及个体就业人数占总就业人数的比重来衡量一地区的市场化程度;良好的基础设施能够促进信息的交流,使企业更直接、更迅速地获得最新的技术信息,加快技术创新和知识水平的提高,本章采用 Démurger (2001)的方法,即用各地区公路里程与各地区面积的比重来测度交通基础设施。

表 11-1 总结了主要变量的描述性统计结果。

表 11-1 主要变量描述性统计②

变量名	观测值	平均值	标准差	最小值	最大值
每万人科技论文数(篇)	510	−0.64	1.74	−7.39	3.64
每万人创新型专利授权量(件)	540	−2.04	1.60	−6.22	2.70
技术市场成交额占 GDP 比重(%)	540	−0.90	1.19	−5.24	2.71
平均受教育年限(年)	540	2.15	0.17	1.41	2.59
每万人本专科毕业生人数(人)	540	3.10	0.86	1.03	4.50
R&D 投入强度(基础创新)(%)	540	−3.19	0.97	−6.08	−0.19
R&D 投入强度(应用创新)(%)	540	−2.28	0.96	−4.88	0.45

---

① 福建 2013—2015 年的 FDI 数据根据《福建统计年鉴》在历史可比口径的基础上以全口径的增长率计算得到。

② 所有变量均进行了对数化处理,会出现负数。

(续表)

变量名	观测值	平均值	标准差	最小值	最大值
人均GDP(元)	540	9.53	0.69	7.77	11.04
市场化程度(%)	540	2.20	0.59	0.77	3.80
二产占比(%)	540	3.80	0.20	2.98	4.08
三产占比(%)	540	3.70	0.16	3.34	4.38
公路网密度(公里/每平方千米)	540	−0.55	1.76	−3.92	9.14
人均外商直接投资(元)	540	5.49	1.55	1.70	15.26

第三节 基础模型估计

常规地,本章首先运用混合 OLS 和固定效应(FE)两种基础方法进行了估计,估计结果如表 11-2 所示,其中模型(1)和(2)是在普通 OLS 回归中得到的估计结果,(3)和(4)是在固定效应模型中得到的估计结果。由于创新产出往往是前序投入的产物,本章对人力资本和 R&D 投入的变量滞后一期,在应用创新的回归中加入基础创新的滞后一期进行回归。与此同时,所有模型均控制了年份层面的固定效应。为了增强回归结果的稳定性,文章所用的标准误均为稳健标准误。

表 11-2 混合 OLS 和固定效应的回归结果

	混合 OLS		固定效应	
	基础创新	应用创新	基础创新	应用创新
	(1)	(2)	(3)	(4)
平均受教育年限	0.208	0.412	0.0172	−0.0691
(滞后一期)	(0.428)	(0.251)	(0.385)	(0.789)
每万人本专科毕业	1.213***	0.0668	0.633**	0.475
生人数(滞后一期)	(0.119)	(0.0971)	(0.213)	(0.265)
R&D 投入强度	0.762***	0.144***	0.246***	−0.121
(滞后一期)	(0.0380)	(0.0431)	(0.0472)	(0.0866)
基础研究(滞后一		0.172***		0.00172
期)		(0.0394)		(0.0427)
人均 GDP	0.257	0.565***	0.191	−0.187
	(0.141)	(0.111)	(0.259)	(0.515)
二产占比	1.410***	0.578***	0.840	0.509
	(0.249)	(0.162)	(0.646)	(0.775)
三产占比	0.184	2.193***	0.373	1.608
	(0.347)	(0.246)	(0.684)	(0.861)

(续表)

	混合 OLS		固定效应	
	基础创新 （1）	应用创新 （2）	基础创新 （3）	应用创新 （4）
市场化程度	0.274***	0.263***	0.105	0.262
	(0.0792)	(0.0515)	(0.0842)	(0.138)
公路网密度	0.0323*	0.0592***	0.00446	0.0238
	(0.0143)	(0.0134)	(0.0137)	(0.0305)
人均外商直接投资	0.0799*	−0.00578	0.000717	−0.0594
	(0.0317)	(0.0189)	(0.0523)	(0.0599)
截距项	−10.61***	−19.59***	−8.553	−11.35
	(1.766)	(1.418)	(4.482)	(5.733)
R^2	0.9196	0.9438	0.7736	0.7335
时间固定效应	控制	控制	控制	控制
观测值	480	510	480	510

注：括号内是稳健标准误；* 表示 $p<0.05$，** 表示 $p<0.01$，*** 表示 $p<0.001$。

从回归结果可以看出，（1）—（4）中，滞后一期的平均受教育年限对基础创新和应用创新都没有显著影响。滞后一期的每万人本专科毕业生人数对基础创新具有显著影响，在 OLS 回归中的系数为 1.213，在 FE 中系数为 0.633，即每万人本专科毕业生人数每增加 1%，用每万人科技论文数表示的基础创新增加 0.633%；相反，每万人本专科毕业生人数对应用创新均没有显著影响。R&D 投入强度对基础创新具有正向的促进作用，在固定效应模型中滞后一期的 R&D 投入强度每增加 1%，基础创新提升 0.246%。基础研究对于应用研究的影响，在 OLS 中表现为显著的正向促进，但在固定效应模型中显著性消失。从以上的分析可以看出，在基础回归中，人力资本对两部门创新的影响不同，人力资本对基础创新具有显著的正向促进作用，进一步考虑人力资本的结构可以发现，每万人本专科毕业生人数（即高等教育的规模）对于一地区的创新极为关键。然而以上分析较为粗略，没有考虑到创新可能存在的空间相关性，还需要进行进一步分析。

第四节 空间计量分析

以往的研究表明，区域创新往往存在空间相关性（李婧等，2010；杨鹏和陶小马，2016），传统的计量方法没有过多考虑空间因素的作用，上述使用 OLS 和固定效应模型得到的估计结果可能会存在较大偏误。本章引入空间计量方法，考虑区域创新存在的区域相关性，从而更好地估计人力资本对两部门创新的影响。

按照一般的研究思路,本章首先根据每年的数据计算出 1998—2015 年基础创新和应用创新的全局 Moran's I 值,如图 11-1 所示。可以看出,基础创新和应用创新在每一年度的 Moran's I 值均显著为正,近年来均在 0.15 左右,从而表明基础创新和应用创新均存在显著的空间正相关关系,需要引入空间计量方法进行研究。

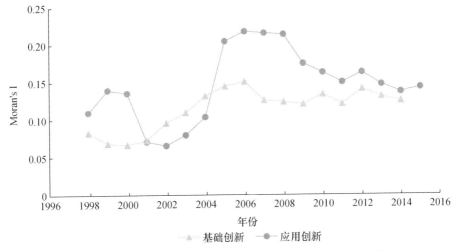

图 11-1　1998—2015 年基础创新和应用创新的 Moran's I 值[①]

在空间权重矩阵的设计上,本章借鉴李婧等(2010)的做法,采用邻接权重和地理距离权重两种空间权重矩阵进行估计。

空间邻接权重矩阵是按照地理区域在空间上的相互邻接关系进行赋值,其中对角线上的元素为 0,其他元素满足

$$w_{ij} = \begin{cases} 0, & i \text{ 和 } j \text{ 空间不邻接} \\ 1, & i \text{ 和 } j \text{ 空间邻接} \end{cases} \quad (i \neq j)$$

地理距离权重则认为两地区间的联系程度不仅取决于空间是否邻接,还与两地区的地理距离密切相关,本章选取较为常用的地理距离权重矩阵,其中对角线上的元素为 0,其他元素满足

$$w_{ij} = \begin{cases} 1/d_{ij}^2, & i \text{ 和 } j \text{ 空间邻接} \\ 1, & i = j \end{cases} \quad (i \neq j),$$

其中,d_{ij} 是两地区地理中心的距离,一般选用各省省会之间的距离,本章根据国家

[①] 注:每一年份的 Moran's I 值都通过了显著性检验,限于篇幅并未列出。

基础地理信息系统网站提供的 1：400 万电子地图在 ArcGIS 软件中测出。

在空间计量模型的选取上，本章采取一般形式的空间杜宾模型，一方面是因为空间误差模型等是空间杜宾模型的特殊形式，另一方面是因为模型的选取并不影响本章的主要结论。① 空间计量模型的估计结果如表 11-3 所示。从回归结果可以看出，空间计量的估计结果与基准回归类似，但稍有区别。平均受教育年限对两部门创新均没有显著影响，与基准回归相似。滞后一期的每万人本专科毕业生人数对基础创新具有正向的促进作用，在地理距离权重中的系数为 0.617，即每万人本专科毕业生人数每增加 1‰，基础创新产出增加 0.617 个百分点；而应用创新的系数则不显著。对于滞后一期的 R&D 投入强度来说，对基础创新具有显著的促进作用，在模型 2 中的估计系数为 0.259；对应用创新则没有显著影响。在应用创新中，滞后一期的基础研究系数为正但不显著，这表明基础研究对于后期的应用研究的促进作用并没有凸显。

表 11-3 空间计量模型的估计结果

	模型 1：邻接权重		模型 2：地理距离权重	
	基础创新	应用创新	基础创新	应用创新
	(1)	(2)	(3)	(4)
平均受教育年限（滞后一期）	−0.0908	−0.0407	−0.0711	0.363
	(0.415)	(0.504)	(0.388)	(0.468)
每万人本专科毕业生人数（滞后一期）	0.734***	0.233	0.617**	0.296
	(0.185)	(0.211)	(0.199)	(0.201)
R&D 投入强度（滞后一期）	0.269***	−0.0882	0.259***	−0.0900
	(0.0501)	(0.0918)	(0.0502)	(0.0971)
基础研究（滞后一期）		0.0208		0.0236
		(0.0351)		(0.0320)
人均 GDP	0.361	0.665	0.186	0.556
	(0.198)	(0.413)	(0.250)	(0.369)
二产占比	0.281	−0.381	0.950	−0.129
	(0.477)	(0.524)	(0.564)	(0.650)
三产占比	−0.0270	1.105	0.621	1.715*
	(0.472)	(0.801)	(0.649)	(0.796)

---

① 限于篇幅，其他模型的估计结果未列出。

(续表)

	模型1:邻接权重		模型2:地理距离权重	
	基础创新 (1)	应用创新 (2)	基础创新 (3)	应用创新 (4)
市场化程度	0.0964 (0.0862)	0.153 (0.106)	0.0816 (0.0852)	0.194 (0.112)
公路网密度	0.00425 (0.0126)	0.0504 (0.0280)	0.00231 (0.0135)	0.0567* (0.0249)
人均外商直接投资	-0.00431 (0.0423)	-0.0198 (0.0473)	-0.00137 (0.0498)	-0.0325 (0.0444)
截距项	-2.220 (12.67)	-4.516 (12.42)	-16.40 (13.79)	-16.65 (12.83)
R^2	0.7734	0.8749	0.8079	0.9021
时间固定效应	控制	控制	控制	控制
ρ	-0.293** (0.0899)	0.200** (0.0724)	-0.0933 (0.0901)	0.305** (0.0994)
σ^2	0.0357*** (0.00619)	0.0742*** (0.0108)	0.0377*** (0.00681)	0.0717*** (0.0108)
观测值	480	510	480	510

注:括号内是稳健标准误;* 表示 $p<0.05$,** 表示 $p<0.01$,* 表示 $p<0.001$。

第五节 稳健性检验

为了保证本章结果的稳健性,接下来从两方面进行稳健性检验:第一,每万人发明型专利授权数这一指标可能不能较好地反映应用创新水平,因此本章使用技术市场成交额占GDP比重这一指标作为应用创新的代理变量进行空间计量分析;第二,R&D研发内部支出对基础研究、应用研究和试验发展的统计划分方法在2009年及以后才较为完整,之前的统计较为粗略,数据的准确性可能会影响本章的主要结果,因此采用2009年及以后的数据进行分析。

一、技术市场成交额占GDP比重作为代理变量

对于第一个问题,使用技术市场成交额占GDP比重(取对数)作为应用创新重新进行了估计,估计结果如表11-4中的(1)和(2)所示。可以看出,除了平均受教育年限在邻接权重模型中对应用创新具有一定的正向促进作用,其他关键变量均不显著,与上文结果类似,表明人力资本对应用创新的促进作用尚未凸显;同时,基础创新的前置效应也没有体现。

二、仅考虑 2009 年及以后的样本

考虑到数据质量问题,本章使用 2009 年及以后的样本重新进行了估计,结果如表 11-4 中的(3)至(6)所示。可以看出,平均受教育年限仍然没有对两部门创新产生显著影响;每万人本专科毕业生人数、R&D 投入强度对基础创新具有显著的促进作用,对应用创新则不显著。值得注意的是,在 2009 年后的估计结果中,滞后一期的基础创新对应用创新具有正向的促进作用,在不同的权重矩阵下的系数分别为 0.438 和 0.456,这初步表明 2009 年后基础创新对应用创新的促进作用开始凸显,但由于样本量较小,所得结果仍然需要作进一步研究。

表 11-4 稳健性检验结果

	技术市场成交额占 GDP 比重		2009 年及以后样本			
	邻接权重	地理距离权重	邻接权重		地理距离权重	
	应用创新	基础创新	应用创新			
	(1)	(2)	(3)	(4)	(5)	(6)
平均受教育年限(滞后一期)	2.861*	2.055	0.196	0.434	−0.392	0.318
	(1.342)	(1.390)	(0.403)	(0.681)	(0.411)	(0.646)
每万人本专科毕业生人数(滞后一期)	−0.352	−0.490	0.579*	0.00796	0.593*	0.0260
	(0.492)	(0.656)	(0.225)	(0.314)	(0.268)	(0.288)
R&D 投入强度(滞后一期)	0.118	0.217	0.117*	0.0490	0.113*	0.0201
	(0.193)	(0.206)	(0.0521)	(0.0548)	(0.0533)	(0.0649)
基础研究(滞后一期)	0.0804	0.00407		0.438***		0.456***
	(0.130)	(0.128)		(0.0884)		(0.0965)
截距项	42.40*	−2.863	3.587	−11.79	−19.85	−8.516
	(17.12)	(19.10)	(9.356)	(16.03)	(13.49)	(17.77)
R^2	0.4268	0.3842	0.6403	0.9242	0.6856	0.9235
时间固定效应	控制	控制	控制	控制	控制	控制
ρ	−0.275***	−0.238*	−0.131	0.129	−0.143	−0.0940
	(0.0726)	(0.110)	(0.112)	(0.112)	(0.143)	(0.162)
σ^2	0.377***	0.396***	0.00701***	0.0240**	0.00722***	0.0225***
	(0.0903)	(0.110)	(0.00163)	(0.00797)	(0.00149)	(0.00626)
观测值	510	510	180	210	180	210

注:括号内是稳健标准误;* 表示 $p<0.05$,** 表示 $p<0.01$,*** 表示 $p<0.001$。

第六节 结论和政策建议

通过以上实证分析,我们可以得出以下结论:

(1)将创新分为基础创新和应用创新两个部门进行研究,可以发现我国人力

资本对基础创新具有显著的正向作用,对于应用创新的影响并未凸显。从现实看,我国的基础研究部门主要集中在高等院校、研究院所等机构,侧重于学术论文的发表,忽视实际应用的创新,从而导致应用创新相对滞后。

(2) 从人力资本的异质性看,高等教育对于区域创新的影响发挥关键作用,平均受教育年限则不显著,这与已有的研究结论类似,从而表明高等教育应该作为人力资本推动创新的重要抓手。

(3) 从基础创新与应用创新的关系来看,基础创新对于应用创新的先发拉动机制没有完全体现。从现实来看,我国的产学研一体化发展落后,以理论创新为主的高等院校、研究所的理论成果市场转化率较低,与以应用创新为主的企业联系也不够充分,从而限制了基础创新对应用创新的先导作用。

现阶段我国已经进入经济发展转型的关键时期,为争取早日实现2035年跻身创新型国家前列的奋斗目标,必须在人力资本维度上加大投入,健全人力资本对创新的促进机制。结合本章以上主要结论,我们提出以下政策建议:

(1) 加强政府的创新环境建设力度,多维度支持创新活动。要引导科研人员向一线流动,投身于科技创新一线;改善人才评价机制,增大技术创新和技术转移在职称等评价中的比重;允许研发成本计入当期成本抵扣,通过税收政策,鼓励企业进行技术创新。

(2) 继续扩大教育规模,提升人力资本质量。现阶段我国教育规模已经进入世界前列,但人力资本质量相对较低,因此政府应加强教育投入,尤其是大力发展高等教育,提升教育质量,从而提升我国的人力资本质量,促进区域创新产出提高。

(3) 根据实际要求合理分配基础创新、应用创新配套的人力资本投入和配置。根据人力资本投入在两部门的投入产出效率作出最优决策,从而实现人力资本的最优配置;创新技术要素参与收入分配机制,加快技术要素向现实生产力转化。

第十二章 "一带一路"背景下的新型全球化格局[①]

"一带一路"是"丝绸之路经济带"和"21世纪海上丝绸之路"的简称。2013年习近平总书记在哈萨克斯坦和印度尼西亚提出共建丝绸之路经济带和21世纪海上丝绸之路——"一带一路"倡议。习近平总书记提出可以用创新的合作模式,共同建设"丝绸之路经济带",以点带面,从线到片,逐步形成区域大合作。[②] 东南亚地区自古以来就是"海上丝绸之路"的重要枢纽,中国愿同东盟国家加强海上合作,互通有无、优势互补、共享机遇、共迎挑战,共同建设"21世纪海上丝绸之路",实现共同发展、共同繁荣。[③] 自习近平总书记第一次提出"一带一路"倡议已有6年时间,6年以来我国将象征着"和平合作、开放包容、互学互鉴、互利共赢"丝路精神的"一带一路"建设逐渐从理念转化为行动,得到全球100多个国家和国际组织的积极支持和参与,联合国大会、联合国安理会等重要决议也纳入"一带一路"建设内容,积累了丰硕的成果。2017年5月14日上午国家主席习近平在"一带一路"国际合作高峰论坛开幕式上发表主旨演讲,指出"古代丝绸之路绵亘万里,延续千年,积淀了以和平合作、开放包容、互学互鉴、互利共赢为核心的丝路精神。这是人类文明的宝贵遗产"。[④]

从历史上看,19世纪70年代德国地理学家李希霍芬(Ferdinand von Richthofen)首次提出"丝绸之路"(Seidenstrassen)的概念——"自公元前114年至公元127年间连接中国与河中以及印度的丝绸贸易的西域道路"。[⑤] 1903年,法国汉学家沙畹(Edouard Chavannes)则将"陆地丝绸之路"和"海上丝绸之路"进行分别阐述:"丝路有陆海二道,北道出康居,南道为通印度诸港之海道,以婆庐羯泚为要港。又称罗马犹斯丁与印度诸港通市,而不经由波斯,曾于五三一年遣使至阿拉伯西南也门与希米亚提人约,命其往印度购丝,而转售之于罗马人,缘其地常有舟

[①] 本章相关内容已发表:张辉,易天,唐毓璇."一带一路"背景下的新型全球化格局[J].政治经济学评论,2018,9(3):201—217.

[②] 习近平.弘扬人民友谊 共创美好未来[N].人民日报,2013-9-8.

[③] 习近平.携手建设中国—东盟命运共同体[N].人民日报,2013-10-4.

[④] 习近平.携手推进"一带一路"建设——在"一带一路"国际合作高峰论坛开幕式上的演讲[N].人民日报,2017-5-5.

[⑤] Richthofen F. V. China. Bd. 1. Berlin,1877,454 ff.

航至印度。"①

中国学者对"丝绸之路"的关注和研究稍稍滞后。20世纪50年代和60年代，有关"丝绸之路"的研究主要是从对外友好关系和边疆民族团结等角度展开的。近年来，随着国际交流合作的扩大及"一带一路"倡议的提出，"丝绸之路"的研究再次迎来高潮，学者们主要关注其内涵、路径、潜力等方面。"一带一路"的提出更多的是借鉴"丝绸之路"的象征意义，然而"一带一路"提出的特殊国际经济背景及其历史必然性亟待关注；同时，通过这一平台，中国希望分享给世界的发展经验也值得深入探究。

总体而言，推进"一带一路"倡议是顺应经济发展需要，同时得到国际社会普遍支持的重要举措，下文将从历史必然性、时间节点选择、内在经济发展范式、沿线国家和地区、如何推进等五个方面阐明其内在经济逻辑。

第一节 "一带一路"提出的历史必然

一、经济发展阶段的诉求

经济全球化是当代发展的一个显著特点。然而，全球化从最初发展至今并不是始终处于快速上升的发展阶段，世界经济发展经历了曲折反复的路径。20世纪50年代以来，亚洲经济总量快速增长，欧美经济占世界份额逐年下降。同时，世界各大洲人口的动态发展变化表现出相似的规律，欧洲人口占世界的比重逐年下降，美洲人口占比趋于平稳，根据联合国贸易和发展会议数据库的统计结果，截至2015年欧洲占世界人口的比重已降至10.1%，美洲人口占世界人口的13.5%，而亚洲人口则占世界人口的59.8%。经济的发展离不开劳动力的支撑，欧美经济体中虽然大多数是发达国家，但未来由于人口增长乏力，劳动力越来越稀缺，不利于其长期可持续发展。虽然亚洲一直是人口最多的大洲，但其占世界人口的比重仍在缓慢上升。作为人口第一大国的中国，虽然人口红利逐步减小，但从世界范围来看，仍是劳动力资源相对丰富的国家。与人口第二大国印度相比，中国劳动力素质更高。根据世界银行数据库，2015年，印度成人识字率仅为72.22%，而中国则已达96.36%。当今世界经济又面临一次新的产业中心转移，与此相伴的是对高素质劳动力的扩张性需求。中国提出"一带一路"倡议，建立发达国家和发展中国家交流合作的公共平台，一方面通过自身高素质人才的红利与发达国家形成产业、价值链的对接，另一方面将推动广大发展中国家的人口红利向人力资源、资本方向转换。

图12-1显示了自1960年以来世界进出口贸易总额占GDP比重的变化趋势。

---

① 沙畹.西突厥史料[M].北京：中华书局，1958：167.

1960—1975年是全球化比较快的阶段,达到年均增长2%。这个阶段成就了日本,日本在雁阵模型的范式下引领东亚经济的快速发展。1975—1989年缓慢增长,年均增长1.1%,这个时代实际上成就了美国里根主义,也是新自由主义推进的高潮阶段,日本没抓住这个阶段的战略机遇期,美国里根主义的推行使得之后日本经济连续失去了两个"十年"。1990—2007年全球化进入了爆发式的增长周期,达到年均2.2%,这个阶段中国抓住了机会,由一个相对落后的国家跃升成为世界第二大经济体。2008年之后表现出负增长(-0.2%)。在全球化发展出现反复的背景下,特别是2008年之后"逆全球化"趋势越来越严重的特殊时刻,如果我国没有主动作为,对全球化新阶段进行正向构造,提出一个新的全球化思路,那么未来无论是我国还是全球的发展都将面临巨大的挑战和风险。

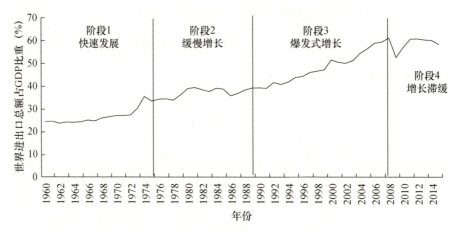

图 12-1　世界进出口贸易总额占 GDP 比重

资料来源:世界银行数据库。

二、世界经济发展寻求新动力的诉求

1979年撒切尔夫人上台后,发达经济体开始推行新自由主义,虽然世界经济的发展势头很好,但是带来了严重的两极分化。不仅有发达经济体内部的两极分化,还有发达经济体和发展中经济体之间的不断加剧的两极分化。无论是美国还是加拿大等,西方发达经济体内部的两极分化都在加大。以美国为例,1970—2014年,30岁的劳动者收入超过其父母在同样年龄时的比例从90%下降到41%。其中,中产和低收入家庭的收入提升越来越困难,而高收入阶层子女收入超过其父母的比例则保持在较高水平。[①] OECD在《收入不平等》(*Income Inequality*)一

---

① Chetty R., Grusky D., Hell M., et al. The fading American dream: Trends in absolute income mobility since 1940[J]. Science, 2017, 356(6336):398.

书中指出，OECD 国家的收入不平等已经达到过去半个世纪的最高水平，其中最富有人口的收入水平是最贫穷的 10% 人口的 9 倍，这一数值在 25 年前是 7 倍。同时，发达国家（以 G7 为代表）内部收入分配两极分化程度加剧，具体表现为基尼系数近三十年整体呈上升趋势。Wind 的数据显示，G7 国家中，近三十年来美国的基尼系数最高，从 1983 年的 33.6 上升到 2010 年的 38，加拿大的基尼系数从 1983 年的 29.9 上升到 2010 年的 32（绝对不公的收入分配基尼系数是 100）。另外，发达经济体和发展中经济体的差距也在不断扩大，1990—2015 年，人均 GDP 收入差距由 24.5 倍上升到 27.4 倍。从人均 GDP 的量来看，高收入国家这 25 年人均 GDP 上涨 26 780 国际元，发展中经济体仅增加 896 国际元。随着时间的推移，这两个层面的收入两极分化带来的负面效应越来越严重，增大了经济社会不稳定。世界上出现了越来越多"逆全球化"的声音和事件，发生了诸如英国脱欧等"黑天鹅事件"，社会动荡，恐怖袭击频发。

"一带一路"倡议的提出就是针对世界经济出现的这些问题，推进形成全面开放新格局，力图构建一个以"政策沟通、设施联通、贸易畅通、资金融通、民心相通"的创新合作模式为主的包容性开放合作平台。习近平总书记在十九大报告中指出，"中国开放的大门不会关闭，只会越开越大。要以'一带一路'建设为重点，坚持引进来和走出去并重，遵循共商共建共享原则，加强创新能力开放合作，形成陆海内外联动、东西双向互济的开放格局。"通过全球经济紧密合作，使全球的产业分工形成一个金字塔，塔基越大塔尖就越高，将上一轮全球化发展浪潮中被边缘化的经济体纳入这一次全球分工当中，从而扩大资源配置的空间，做大塔基，进一步提升塔尖高度。在这一过程中，不仅带动了发展中经济体的发展，还为发达经济体的发展提供了更广阔的空间。这与发达国家扩大对外经济交往合作有着截然不同的目标：发达国家通常是利用自身优势与发展中国家进行非等价交换以获取高额利润；我国则是为了适应生产力发展到了新的阶段，通过与更多国家合作，用新的生产关系替代旧的生产关系。[①] 因此，由中国发起倡议的"一带一路"不同于以往由发达国家倡导的经济合作，它旨在带动包括中国在内的广大发展中国家进一步发展，是一个对发展中国家而言更加包容、更加公平的合作平台。

第二节 "一带一路"提出的时间节点选择

1978 年改革开放到 2015 年，刨除通货膨胀因素，中国经济年均增长率是 9.7%，中国现在已成为世界第二大经济体。然而，根据 Maddison 数据库统计，我国在 1950 年人均 GDP 在 142 个国家中排名第 133。改革开放后我国仍是一个低

---

① 周文，方茜."一带一路"战略的政治经济学思考[J].马克思主义研究，2015(10).

收入发展中经济体,在联合国1978年统计的188个国家和地区中,尽管我国GDP总量已进入世界前10,但人均收入水平仅排名第175,仍属于世界较落后经济体。然而,改革开放之后的三十年间,我国经历了飞速的发展,1978年我国人均GDP仅为全球平均水平的7.8%,而2015年这一数值已经上升至79.3%。以"一带一路"沿线国家中的印度为例,按2005年不变价计算,1960年印度人均GDP为228.3美元,约是中国1981年的水平(229.81美元),2014年印度人均GDP为1 233.95美元,约是中国2001年的水平(1 212.47美元),2014年中国人均GDP达3 862.92美元,是同期印度的3.13倍;人均GDP从220美元升至1 230美元,印度花了54年,我国仅用了20年。

从表12-1可见1990年中国GDP总量仅占美国的6.2%、日本的11.8%,而2015年中国GDP总量分别是美国和日本的60.6%和263.5%。从人均GDP来看,我国由改革开放之初世界平均水平的7.8%到2015年达到80%。所以,无论是总量、速度还是人均水平,中国经济增长对世界都有着较强的示范作用。

表12-1　1990年、2000年和2015年世界主要国家的GDP对比情况

国家/年份	GDP(亿美元)			占世界GDP比重(%)			中国为各国GDP比率(%)			各国GDP增长率(%)	各国通货膨胀(%)
	1990	2000	2015	1990	2000	2015	1990	2000	2015	2015	2015
中国	3 569	11 985	108 664	1.6	3.7	14.8	/	/	/	6.90	1.44
美国	57 572	97 648	179 470	26.4	30.5	24.4	6.2	12.3	60.6	2.43	0.12
日本	30 183	46 674	41 233	13.8	14.6	5.6	11.8	25.7	263.5	0.47	0.79
德国	17 145	19 002	33 558	7.9	5.9	4.6	20.8	63.1	323.8	1.69	0.23
法国	12 445	13 280	24 217	5.7	4.1	3.3	28.7	90.2	448.7	1.16	0.04
英国	9 959	14 509	28 488	4.6	4.5	3.9	35.8	82.6	381.5	2.33	0.05
意大利	11 334	10 973	18 148	5.2	3.4	2.5	31.5	109.2	598.8	0.76	0.04
巴西	4 620	6 447	17 747	2.1	2.0	2.4	77.3	185.9	612.3	−3.85	9.03
俄罗斯	5 168	2 597	13 260	2.4	0.8	1.8	69.1	461.5	819.5	−3.73	15.53
印度	3 175	4 602	20 735	1.5	1.4	2.8	112.4	260.4	524.1	7.57	5.87
世界	218 133	320 019	734 336	/	/	/	/	/	/	2.47	1.44

资料来源:1990年、2000年数据来自《国际统计年鉴2010》,2015年数据来自世界银行。

除总量之外,经济结构在2002—2007年也悄悄发生了变化。原来日本是东亚经济发展的雁头,组织整个东亚的生产体系。2002年中国第一次超过日本成为欧盟的第一大贸易伙伴,到2014年中国对欧盟的贸易规模是日本的4.3倍;2003

年中国第一次超过日本成为美国和加拿大的第一大贸易伙伴,到 2015 年中国对美加的贸易规模是日本的 3.2 倍;2007 年中国第一次超过日本成为东南亚七国(越南、柬埔寨、菲律宾、泰国、马来西亚、新加坡、印度尼西亚)的第一大贸易伙伴,到 2014 年中国对东南亚七国的贸易规模是日本的 1.6 倍。这些数字意味着全球贸易分工体系已悄然发生改变,中国逐渐从东亚雁阵的尾部掉转,成为欧洲、北美和东南亚的第一大合作伙伴。2013 年习近平总书记提出"一带一路"倡议,一方面顺应了我国在全球分工体系中整体格局变化的历史潮流,另一方面通过构建与发展中国家及发达国家的新的生产分工合作关系,满足了我国社会主义生产力发展到新水平所提出的内在要求。

第三节 "一带一路"内在经济发展范式

"一带一路"内在经济发展范式是什么?我们从研究中提出了全球价值双环流模式(见图 12-2)。新自由主义的浪潮之后,发展中经济体越来越边缘化,而发达经济体内部之间的贸易越来越紧密。"一带一路"平台致力于将更多国家带入新一轮的全球化进程中,解决边缘化所带来的经济增长缓慢甚至停滞的问题。

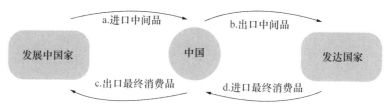

图 12-2 全球价值双环流模式[①]

从全球 188 个经济体看,现在世界呈现出一个全球价值双环流的经济模式。以中国向国外出口来看,最终消费品占统计国家和地区前五位的有 123 个,中间品占前五位的国家和地区有 73 个;以中国从国外进口来看,最终消费品占到统计国家和地区前五位的有 60 个,中间品占前五位的国家有 74 个。三分之一到三分之二的国家无论是中间品还是最终消费品的进出口都紧密地与中国联系在一起。把这些国家再做第二次分类,可以发现在整个循环体系中,中国处于一个枢纽平台的位置。我国从大量的发展中经济体进口中间品、出口最终消费品,而与发达经济体之间又发生相反方向的贸易。在这个时间节点上,只有充分发挥中国这个平台的作用,才能把世界上的发展中经济体和发达经济体两个经济圈紧密联系起来。

---

① 张辉,易天,唐毓璇.一带一路:全球价值双环流研究[J].经济科学,2017(3).

全球价值双环流,具体而言是指世界经济的循环正从传统的"中心—外围"式的单一循环,越来越变为以中国为中介的"双环流"体系,其中一个环流位于中国与发达国家之间(北美经济体和西欧经济体),另一个环流存在于中国与亚非拉等发展中国家之间。一方面,中国与发达国家之间形成了以产业分工、贸易、投资、资本间接流动为载体的循环体系;另一方面,中国又与亚非拉发展中国家之间形成了以贸易、直接投资为载体的循环体系。在这两个循环体系中,中国越来越成为连接发达经济体与亚非拉发展中经济体的主要中间节点或枢纽点。[1][2][3]

从"一带一路"沿线的60多个国家和地区看,中国也处于中间位置,近一半的国家的经济发展水平高于我国,又有近一半的国家的发展水平低于我国。"一带一路"是全球经济进入新架构条件下提出的一个全球化新模式。中国处于中间位置,不但与发达经济体的关系很紧密,又与发展中经济体密切合作,形成了一个双"8"字模式。在全球大的"8"字模式下,"一带一路"沿线上又嵌套了一个小"8"字模式。其中,上半圈是当前经济研究中较受关注的中国与发达经济体之间的贸易分工合作,下半圈则是中国与欠发达国家和地区之间的合作。在经济全球化的大趋势下,下半圈的合作分工并不明晰,很多国家逐渐被边缘化,越来越落后。"一带一路"的提出首要解决的便是发展问题[4],尤其是下半圈广大发展中国家的发展问题,通过"一带一路"合作平台,带动下半圈的欠发达经济体进入全球分工体系,将为被边缘化国家的发展带来新的契机。

目前,我国处于双环流体系的中间位置,与发达国家和其他发展中国家都保持着紧密的合作关系。随着供给侧结构性改革的逐步深入,"我国产业迈向全球价值链中高端,培育若干世界级先进制造业集群"[5]。这样一方面可以向发达国家提供更优质的中间品,为发达国家经济发展提供成本逐步减小的优势;另一方面也为其他发展中国家腾挪出更大的发展空间,通过发展中国家之间的相互贸易合作,带动发展中国家实现整体的经济发展。

第四节 "一带一路"沿线国家和地区比较

"一带一路"沿线国家和地区主要可以分为东南亚、南亚、西亚北非、中亚、中东欧、南欧等几个区域。从总体经济情况看,"一带一路"沿线国家经济总量较大,

---

[1] 刘伟,郭濂.一带一路:全球价值双环流下的区域互惠共赢[M].北京:北京大学出版社,2015.
[2] 张辉.全球价值双环流架构下的"一带一路"战略[J].经济科学,2015(3).
[3] 张辉,黄昊,朱智彬."一带一路"沿线国家重点行业跨境并购的网络研究[J].亚太经济,2017(5).
[4] 郑新业."一带一路"研究院的前期研究工作[J].政治经济学评论,2015(4).
[5] 习近平.决胜全面建成小康社会 夺取新时代中国特色社会主义伟大胜利——在中国共产党第十九次全国代表大会上的报告[EB/OL].(2017-10-27)[2019-8-25]. http://news.cnr.cn/native/gd/20171027/t20171027_524003098.shtml.

其中中国发挥引领作用,近年来 GDP 增速受国际大环境影响有所下滑;经济发展水平相对滞后,地区发展不平衡现象突出;产业结构呈现"三二一"特征,农业比重相对较高;对外贸易上出口大于进口,占世界较大比重,其中能源出口地位突出,2015年受国际经济形势影响呈低迷态势;通货膨胀压力凸显;收入分配处于合理区间。①

东南亚是人口较为密集的区域,2015 年东南亚 11 国② GDP 共约 2.53 万亿美元,占世界比重为 3.4%,2000—2015 年 GDP 平均增速为 5.1%。人均 GDP 2015 年约为 4 004 美元,属于中等收入偏下地区。东南亚 11 国除东帝汶外,其他国家均为东盟成员国。1997 年 12 月,中国和东盟发表了《中国—东盟首脑会议联合声明》,确定了中国—东盟面向 21 世纪睦邻互信伙伴关系的方向和指导原则。2010 年 1 月 1 日,中国—东盟贸易区正式全面启动,东盟和中国的贸易占到世界贸易的 13%,成为一个涵盖 11 个国家、19.96 亿人口、GDP 达 11.43 万亿美元的巨大经济体,是目前世界人口最多的自贸区,也是发展中国家间最大的自贸区。

南亚 8 国③中印度经济发挥引领作用,近年来 GDP 增速较快。2015 年南亚 8 国 GDP 共约 2.79 万亿美元,占世界比重为 3.7%,2000—2015 年 GDP 平均增速为 6.7%。人均 GDP 2015 年约为 1 600 美元,2000—2015 年人均 GDP 平均增速为 5.1%,属于中低等收入地区。南亚 8 国中的印度是经济体量最大的国家,GDP 总量占 8 国总量的 82.3%,2000—2015 年 GDP 平均增速为 7.18%。

西亚北非处于三洲两洋的交通要冲,石油资源丰富,经济支柱为石油加工出口,其石油、天然气出口在世界能源出口中占据重要地位。然而当地战乱不断,局势动荡。2015 年西亚北非 17 国④ GDP 共约 3.2 万亿美元,占世界比重为 4.25%,2000—2015 年 GDP 平均增速为 4.5%。作为世界主要的石油出口地区之一,西亚北非人均 GDP 水平接近世界均值,2015 年约为 9 882 美元(2015 年世界人均 GDP 为 10 241 美元),属于中高等收入地区。

中亚即亚洲中部地区,深居内陆,大都是在苏联解体后成为独立国家。中亚 5 国⑤ GDP 体量相对较小,经济发展水平相对较低;产业结构上主要依托丰富的自然资源发展油气产业,经济发展与油价紧密相关。2015 年中亚 5 国 GDP 共约

---

① 此部分数据来自世界银行,使用 2010 年不变价美元为计价单位。
② 东南亚 11 国包括印度尼西亚、柬埔寨、老挝、缅甸、马来西亚、文莱、菲律宾、新加坡、泰国、东帝汶和越南。
③ 南亚 8 国包括阿富汗、孟加拉国、不丹、印度、斯里兰卡、马尔代夫、尼泊尔、巴基斯坦。
④ 西亚北非 17 国包括阿拉伯联合酋长国、巴林、埃及、巴勒斯坦、伊拉克、以色列、约旦、科威特、黎巴嫩、阿曼、也门、卡塔尔、沙特阿拉伯、土耳其、格鲁吉亚、亚美尼亚、阿塞拜疆。西亚北非沿线国家中叙利亚、伊朗数据缺失,此处仅统计其余 17 国情况。
⑤ 中亚 5 国包括土库曼斯坦、吉尔吉斯斯坦、乌兹别克斯坦、塔吉克斯坦、哈萨克斯坦。

2 956亿美元,占世界比重为0.4%,2010—2015年GDP平均增速为7.3%。人均GDP 2015年约为4 306美元,属于中高等收入地区。

中东欧泛指欧洲大陆地区曾受苏联控制的前社会主义国家。2015年中东欧13国①GDP共约3.2万亿美元,占世界比重为4.3%,2010—2015年GDP平均增速为3.5%。2015年人均GDP约为10 634美元,属于高收入地区。

南欧孕育了古希腊、古罗马文化,确立了早期的基督教社会,为西方的思想及知识体系奠定了基础。南欧8国②经济体量相对较小,近年来经济增长缓慢,其中希腊深陷债务危机。2015年南欧8国GDP共约4 384亿美元,占世界比重为0.6%,2010—2015年GDP平均增速为0.8%。人均GDP水平高于世界平均水平,2015年约为13 055美元,属于高收入地区。

从以上分析可以看出,"一带一路"沿线国家发展相对不平衡,同时每个区域表现出不同的特点与资源禀赋。中国作为一个大国,在20世纪50年代就建立了较为完善的工业体系,而"一带一路"沿线多国的工业化程度不高,总体上仍处于工业化进程中。③ 因此,一方面中国可以利用自己拥有的较为完善的产业结构,带动发展程度更低的国家提升制造业水平,使之在全球产业分工体系中与产业结构高的国家的差距逐渐缩小,输出更高附加价值的工业加工品;另一方面中国可以输出自身的技术和知识及工业化进程经验,并获取快速发展所需的资源。

总体来看,世界已呈现出双8字的经济合作模式,在全球发达经济体和发展中经济体中,中国居中,在"一带一路"65个沿线国家和地区(上文提及62个,除此之外,伊朗、叙利亚数据不可得)当中,中国也是居中。"一带一路"沿线国家的GDP总量只占全球总量的1/4,但是人口占1/2以上,如果把中国刨除"一带一路"65个沿线国家,那么该地区的人均GDP水平只有全球的1/4,"一带一路"的经济诉求就是发展,这也是联合国大会全票通过"一带一路"倡议的重要原因。

第五节 "一带一路"如何推进

根据国家统计局数据和世界银行数据整理得出,1978—2015年,中国经济创造了年均GDP增速9.71%(同期世界经济年均增速为2.94%)、人均GDP增速约9%的持续增长进程,同时使8亿人口脱离贫困。在速度和持续时间层面上,中国经济的高速增长期皆超过了第二次世界大战后的日本和亚洲"四小龙"。1978

---

① 中东欧13国包括保加利亚、白罗斯、捷克共和国、爱沙尼亚、匈牙利、立陶宛、拉脱维亚、摩尔多瓦、波兰、罗马尼亚、俄罗斯联邦、斯洛伐克共和国、乌克兰。

② 南欧8国包括波斯尼亚和黑塞哥维那、希腊、克罗地亚、马其顿王国、黑山、塞尔维亚、斯洛文尼亚、阿尔巴尼亚。

③ 刘伟,张辉.一带一路:产业与空间协同发展[M].北京:北京大学出版社,2017.

年中国经济总量仅位居世界第十,2010年成为世界第二大经济体,经济总量占世界的份额由1978年的1.8%提高到2015年的15.5%。在全球金融危机爆发的时段里,中国成为带动世界经济复苏的重要引擎,对世界经济增长的年均贡献率超过20%。到2015年年底,中国完成了联合国"千年发展目标",并对世界范围内该目标的实现作出了卓著贡献。同时,根据联合国数据整理得到,1987年世界的低收入国家是49个,到2015年低收入国家还有26个,大概占60%,也就是三十多年前作为低收入国家,三十多年后还是低收入国家的概率极大。能达到中国的水平,由低收入水平发展到中高收入水平的经济体只有4个,即中国、拉丁美洲的圭亚那、非洲的赤道几内亚、南亚的马尔代夫。因此,"一带一路"沿线国家和地区可以借鉴中国发展的经验,解决其发展中遇到的瓶颈问题。

一、工业化

改革开放以来我国经济取得了举世瞩目的成就,国内生产总值(以1978年为基年)在1978—2015年从3 678.7亿元增长到111 361.6亿元,创造了年均GDP增速近10%的增长"奇迹"。但2008年全球金融危机后,受短期波动和中长期下行双重影响,中国经济增长进入换挡期。经济增速放缓的背后隐藏着产业结构上发生的一系列深刻变化。第一,中国的工业化对经济增长的作用巨大,主要表现在工业体系的建立与结构的优化方面。从1949年到改革开放,中国一直实行重工业优先发展的赶超战略,改革开放后中国日益向遵循比较优势的发展方向转变。重工业发展的正外部性使得赶超战略在一定程度上为我国后来的经济起飞打下了良好的工业基础。[1] 比较优势战略在中国的应用非常成功。[2] 中国至今仍继续发挥自己现有的比较优势,在吸取了工业化发展初期的经验教训之后,中国首先加强了基础工业的发展,长期供给不足的能源、原材料、交通、通信等产业实现了初步的供需平衡。第二,轻重工业比例趋于合理。前三十年间,中国过分追求重工业的优先发展,造成一些基本消费品长期短缺。改革开放初期,轻工业有了快速增长,轻重工业比例从1978年的43.1∶56.9变为51.5∶48.5。此外,在产业结构的高度化上,低附加值、低需求弹性的行业比重呈下降趋势,附加值和需求弹性相对较高的行业比重呈上升趋势。第三,中国各省发展水平呈现出明显的梯度特征[3],这正好与沿线各国表现出的发展阶段各不相同良好匹配。寻找比沿线各国产业结构高度稍高的省份进行对接,将国内省份在相似发展阶段时处理特

---

[1] 姚洋,郑东雅. 重工业与经济发展:计划经济时代再考察[J]. 经济研究,2008(4).
[2] 林毅夫,蔡昉,李周. 中国的奇迹:发展战略与经济改革[M]. 上海:上海人民出版社、上海三联书店,1994.
[3] 刘伟,张辉,黄泽华. 中国产业结构高度与工业化进程和地区差异的考察[J]. 经济学动态,2008(11).

定经济发展困境与问题的具体做法推广至相应国家,同时国内省份也可以在沿线国家进行针对性的投资、合作。在匹配后的定向合作中,由于发展阶段相似,因而经济合作的推行将更为顺利,同时能够帮助沿线国家解决其发展中遇到的瓶颈问题,带动沿线国家实现经济增长和产业升级。

相比之下,以沿线国家中的印度为例,2014 年中国人均 GDP 高达 3 862.92 美元,是同期印度的 3.13 倍。导致经济发展差异的一个重要因素是两国的产业结构非常不同。印度第三产业更为发达,但第二产业薄弱,工业化基础建设不完善,未来难以形成持续有效的经济发展动力,如果第三产业出现超越整个经济社会发展水平的情况,就会导致社会资源向第三产业过度集中,工业品和农业品生产资源缺乏,使得产品相对价格偏高,最终导致整体社会福利水平的降低;由于服务业的可贸易性差,在工业薄弱的基础上过度发展服务业容易导致国际收支逆差,削弱动用国家外汇储备进行宏观调控的能力。反观中国,虽然目前面临第二产业包袱过重、产业结构调整困难以及产能过剩的窘境,但是在 2012 年后中国第二产业和第三产业增加值比重出现反转,第三产业增加值比重上升趋势明显,第二产业增加值比重下滑,中国目前的产业结构调整初见成效,过剩产能逐步消化,生产资源开始逐步向第三产业转移。事实上,不仅仅是印度,"一带一路"沿线很多国家都存在产业结构不够合理、工业体系不够完善的问题,中国工业化对经济发展起到了明显的促进带动作用,将自身工业化经验通过"一带一路"的平台推广,供沿线各国参考借鉴,可以帮助沿线国家建立更加有效的工业体系,改变因工业发展不足对经济发展造成的负向作用,从而促进区域经济发展。

二、基础设施先行

2008 年金融危机之后,以美国为首的发达国家为刺激私人消费与投资的增长,出台了多轮的量化宽松政策,引起国际贸易市场的出口额及大宗商品、股票等市场的价格产生较大波动,世界正在呈现流动性泛滥、资产价格剧烈波动的格局。而过剩流动性亦给中国带来转型压力,挤压民间资本对实体经济的资金投入,同时催生过剩流动性流入股市、债市、房地产等,导致资产价格大幅波动和金融工具"脱实向虚"的负面结果。究其根本,原因在于货币投放量与经济生产能力不匹配。生产能力的提高一方面可以通过投资技术(即技术进步)来实现,然而近年来技术创新进度迟缓,世界层面自 2011 年以来人均劳动产出及全要素生产率水平持续滑落,技术进步还没能达到可以促进生产力提高的门槛,从而过剩的流动性未能流入合适的技术项目中;另一方面可以通过加强引致新的生产能力的前期铺垫来实现,如基础设施建设,Dave(2017)用印度 1861—1930 年的铁路数据证实前置的基础设施建设可降低贸易成本从而带动地区经济增长。[①] "一带一路"基础设施前置投资的理念恰恰契合发达国家基础设施建设年久失修、发展中国家基础设施落后的背景。考虑到发达国家的基础设施建设缺乏翻修的启动资金,发展中国家缺乏相关技术和资本,基础设施发展相对于其国民财富水平相对滞后,因此基础设施是提高生产力水平和经济增长水平的发力点。

本章选取45个国土面积大于中国省均面积的国家数据,测算其在2005年和2013年两个截面的数据,基础设施建设与经济发展水平的超前、均衡、滞后关系。测算结果显示,发达国家如德国、日本、美国均表现出基础设施相对滞后的结果,发展中国家如印度、巴西表现出基础设施相对滞后的结果。同时,发达国家与发展中国家在2005年与2013年两个截面的基础设施水平也没有呈现较大的改进,仍然处于相对滞后的水平,而中国的基础设施建设在1995年表现为协调,2005年和2013年表现为轻度超前,从中可以看出中国的基础设施建设经验的确具有较强借鉴价值。因此,发达国家与发展中国家现今均有较强的提高基础设施水平的内在诉求。

在全球流动性过剩及多数国家的基础设施水平相对滞后的背景下,基础设施建设有助于创造新的生产力以提高经济增长水平,是当下过量货币的较好投资去处。习近平总书记在2013年中央经济工作会议上强调,推进"丝绸之路经济带"建设,抓紧制订战略规划,加强基础设施互联互通建设。"一带一路"以基础设施建设投资为核心出发点,借助这一国际合作平台,与世界分享中国在基础设施先行上的经验,契合当今世界流动性过剩与经济发展低迷并行的背景,给沿线国家经济发展带来新气象。

三、城镇化

城镇化是中国改革开放进程中探索出的重要经验,对社会经济发展的重要意义主要体现为以下三点:① 产业结构上与工业化紧密结合,创造大量就业机会,吸收农村剩余劳动力,促进经济由第一产业向第二、第三产业转移,并且提升劳动生产率;② 投资拉动上与基础设施投资相辅相成,为经济增长助推动力;③ 创新推动上加强信息传播和科技推进,使城市成为主要的科技创新基地和信息交流中心。中国在城镇化建设方面积累的丰富经验对"一带一路"沿线国家具有重要的借鉴意义。

改革开放四十年来,中国的城镇化事业取得巨大成就。从数量层面看,1978—2015年,中国城市数量由1978年的193个增至2015年的656个,建制镇

---

① Dave, D. Railroads of the Raj: Estimating the impact of transportation infrastructure[J]. American Economic Review, 2018, 108(4—5): 899—934.

数量由2173个增至20515个①,城镇人口由1.71亿人增至7.63亿人,城镇化率也由1978年的17.9%升至2015年的55.6%,2013年首次超过世界平均水平,增幅也远远高于同期世界水平(38.5%—53.9%)。从结构层面看,100万人口以上城市群的人口规模由1978年的7620万人增至2015年的3.37亿人,占总人口比重从8.0%升至24.6%,快于同期世界水平的增幅(16.3%—22.9%)。按照最新的城市统计标准,北京、上海、天津、重庆、广州、深圳、武汉等7个城市已成为城区常住人口1000万以上的超大城市,其中北京、上海的常住人口数均已突破2000万。从城镇布局看,城镇布局日趋合理,呈现"大分散、小集中"格局。根据夜间灯光数据的分析,1992—2013年中国城市建成区面积迅速扩张,城市分布由以中心城市为主的孤立点分布演化为成片分布,在长三角、京津冀和珠三角等原有城市群继续扩张的同时,又涌现出山东半岛、辽中半岛、中原、闽东南、成渝、武汉等一批新的人口数超2500万的大都市带。

现阶段,"一带一路"国家城镇化总体水平较低,城镇体系构建不完善,区域发展不平衡现象突出。2015年,除中国外的"一带一路"国家城镇化率约为44.2%,分别低于中国和世界平均水平11.4个百分点和9.7个百分点,1978—2015年年均增速为0.8%,也低于中国(3.1%)和世界(0.9%)的同期水平。从"一带一路"内部结构看,区域间发展水平差距极大,城镇化水平最高的新加坡(100%)与最低的斯里兰卡(18.4%)相差81.6个百分点。按区域划分来看,西亚和北非地区由于干燥的气候条件、石油工业发达,城市化发展水平最高,其中卡塔尔、科威特的城镇化率接近100%,巴林、黎巴嫩、阿联酋、沙特等国也均超过80%,但埃及(43.1%)和也门(34.6%)在城镇化水平上处于较低水平;蒙古也因为自然条件的因素,城市化水平高达72%;中东欧和南欧地区属于经济较发达地区,城镇化水平较高,2015年平均水平分别为69.2%和66.2%,但也不乏波黑、摩尔多瓦等欠发达地区;高加索三国城镇化约为55.9%,处于中期加速阶段;东南亚国家在城镇化建设上总体处于较低水平,2015年平均城镇化率为43.7%,除新加坡、马来西亚和文莱外,其他国家均处于城市化早期和中期加速阶段;中亚5国平均城镇化率约为40.5%;南亚城镇化率约为33.1%,其中印度(32.7%)、巴基斯坦(38.8%)、孟加拉(34.3%)三国均处于中期加速阶段,尼泊尔和斯里兰卡等国发展较为滞后。②

因此,中国在城镇化方面的经验可以带动"一带一路"沿线国家城镇体系的建立与完善。在城镇化速度推进上,城镇化与工业化的双轮驱动、基础设施的前置

---

① 数据来源:《中国城市建设统计年鉴》。
② 数据来源:世界银行数据库。

投资将会提供重要助力;在城镇合理布局上,新型城镇化下形成的城市群建设框架、大中小城市与小城镇协调发展的战略布局具有重大参考意义;在城镇化质量提升上,"以人为本"理念指导下的城市公共服务水平提升以及智慧城市等数字技术的广泛运用具有极强的前瞻性。

第六节 结 论

"一带一路"不是一个封闭的体系,我国仅仅充当这个新型国际合作平台的倡议者,希望任何志同道合的国家和地区加入这一新的发展理念当中,构建一个更加包容、公平、合理的世界合作共赢分工体系。目前,"一带一路"沿线国家经济总量占世界经济总量的1/4以上,而中国又占其中的40%。从沿线国家总量上看,这些经济体的经济社会发展强烈影响着世界经济的格局,而中国又在其中占据着重要的地位。在当前全球经济转折点上,中国作为"一带一路"倡议的发起国,立足于建立一个大范围的国际交往平台,推进世界各国的经济交流与合作,同时通过这一平台的建立和发展,缓解世界劳动力配置、可持续发展乏力、收入两极分化等方面出现的瓶颈,为世界发展带来新的机遇。

"一带一路"是中国从区域大国向世界大国转型的一次主动尝试,试图构建适合自身发展同时分享发展成果的更加开放、更加包容的全球治理机制。2014年11月6日,习近平总书记在中央财经领导小组第八次会议上强调:"'一带一路'贯穿欧亚大陆,东边连接亚太经济圈,西边进入欧洲经济圈。无论是发展经济、改善民生,还是应对危机、加快调整,许多沿线国家同我国有着共同利益。推进'一带一路'建设,要诚心诚意对待沿线国家,做到言必信、行必果。要本着互利共赢的原则同沿线国家开展合作,让沿线国家得益于我国发展。要实行包容发展,坚持各国共享机遇、共迎挑战、共创繁荣。"不管是从经济发展阶段还是从产业结构来看,中国目前都处于发达经济体与发展中经济体之间的水平,这决定了中国将在这个体系中起到上下承接的作用。同时,推动"一带一路"建设是将包括我国在内的广大发展中国家的利益放在一起,促进发展中经济体的共同发展。在"一带一路"这个开放共赢的合作平台上,中国与沿线国家将具有良好的合作基础和无限的发展空间。

习近平总书记在2017年5月14日"一带一路"国际合作高峰论坛开幕式的演讲中指出:"'一带一路'建设植根于丝绸之路的历史土壤,重点面向亚欧非大陆,同时向所有的朋友开放。"《孟子·梁惠王下》中有这样一段千古流芳之问:"独乐乐,与人乐乐,孰乐乎?"中国将在"一带一路"倡议推进过程中不断向世界证明,中国目前不仅是全球第二大经济体,更有古道热肠之诚恳、一言九鼎之诚信、身先士卒之承诺、兼善天下之承担。

第十三章 "一带一路"沿线国家产业结构高度及合作路径研究①

2013年9月和10月,中国国家主席习近平在出访中亚和东南亚国家期间,先后提出共建"丝绸之路经济带"和"21世纪海上丝绸之路"的重大倡议。2013—2014年,习近平总书记于中央经济工作会议、中央财经领导小组会议上进一步深化部署,并于2014年走访13个周边国家和地区。2014年、2015年,李克强总理于政府工作报告中进一步阐述"一带一路"理念和计划。2016年"推进'一带一路'建设工作座谈会"召开。2017年政府工作报告提出,高质量办好"一带一路"国际合作高峰论坛。2018年12月18日,习近平总书记在庆祝改革开放40周年大会上的讲话中再次强调:"我们要以共建'一带一路'为重点,同各方一道打造国际合作新平台,为世界共同发展增添新动力。"时至今日,"一带一路"上的国际产业合作正在如火如荼地展开。改革开放40年发展到今天,我国正处于产业转型升级、新旧动能转换的重要转折期,基于对沿线国家的大规模投资的产业合作成为必然。

国家发展和改革委员会、外交部和商务部在2015年3月联合发布的《推动共建丝绸之路经济带和21世纪海上丝绸之路的愿景与行动》指出:"陆上依托国际大通道,以沿线中心城市为支撑,以重点经贸产业园区为合作平台,共同打造新亚欧大陆桥、中蒙俄、中国—中亚—西亚、中国—中南半岛等国际经济合作走廊;海上以重点港口为节点,共同建设通畅安全高效的运输大通道。""一带一路"的发展不仅依赖于基础设施的互联互通,也依赖于产业结构的优势互补。在理论的理想状态下,"一带一路"国家的产业合作扩大了比较优势,提升了生产要素自由流动的效率,使资源的最优配置突破原有界线,在更大范围内实现帕累托优化。明晰不同国家的产业结构,明确产业合作路径,对于推进"一带一路"合作有着重要的意义。一方面,中国迄今为止的经济发展经历了不同的产业阶段,当前正处于工业化中后期(刘伟等,2008),产业结构高度、经济增长逻辑都发生了显著的变化;另一方面,"一带一路"沿线国家处于不同的产业结构高度,具有不同的生产要素禀赋和不同的经济发展周期,研究各国产业情况有助于更合理地配置要素资源。

---

① 本章相关内容已发表:张辉,闫强明,唐毓璇."一带一路"相关国家产业结构高度及合作路径研究[J].学习与探索,2019(1):75—83.

鉴于此,本章首先回顾了我国产业结构高度的发展历程,重点梳理了"一带一路"沿线主要国家的产业结构情况,并以同样的方法测算了各国产业结构高度。进一步地,本章对影响国际产业合作的其他重要考量因素(GDP、劳动力及境外投资)进行分析,将此四个变量定义为"钻石理论"的四个维度,尝试探讨产业合作思路。

本章认为:第一,中国的工业化进程进入了加速阶段,产业链更新换代及在国际市场上寻找优化的生产要素是必然趋势;第二,"一带一路"各国处于不同的工业化阶段,结构差异及要素互补为产业合作提供了充分的前提;第三,产业合作过程中,除了产业结构,GDP、劳动力及境外投资构成了国家产业合作的四个关键要素,借此可以对各国产业合作提供新的思路。

第一节 中国产业结构高度

本章用产业结构高度指标作为衡量"一带一路"沿线国家产业结构的重要指标,原因在于:第一,产业结构高度衡量了各国产业发展的阶段,是其工业化进程的有效表征;第二,产业结构高度能有效反映各生产要素及产业结构比例对整体经济发展的影响,包括但不限于劳动生产率的提升、技术水平的提升、资本积累的提升等;第三,我国产业结构高度研究充分且数据充足(1978—2016年),具备与沿线各国经济发展的可比性(刘伟,1995;周昌林和魏建良,2007;张辉,2009;张辉和任抒杨,2010)。

本章沿用刘伟等(2008)的研究逻辑,认为产业结构高度不仅是不同产业份额和比例的衡量,还是劳动生产率的衡量。其演化发展过程的内涵则是:① 在产业结构中,第一产业占优势逐渐向第二产业、第三产业占优势转变;② 在部门结构中,由劳动密集型产业向资本密集型产业、技术密集型产业转变;③ 在产品结构中,由制造初级产品向制造中间产品、最终产品转变(周林等,1987)。本章所使用的计算方法简述如下:

$$H = \sum v_{it} \times \mathrm{LP}_{it}^N$$

其中,H 为产业结构高度指标,i 表示为 1,2,3,分别定义为一、二、三次产业;v_{it} 表示为 t 时间内产业 i 在 GDP 中所占的比重;LP_{it}^N 为 t 时间内产业 i 的劳动生产率的标准化参量,定义为:

$$\mathrm{LP}_{it}^N = \frac{\mathrm{LP}_{it} - \mathrm{LP}_{ib}}{\mathrm{LP}_{if} - \mathrm{LP}_{ib}}$$

$$\mathrm{LP}_{it} = \mathrm{VA}_{it}/L_{it}$$

其中,VA_{it} 为 t 时间产业 i 的增加值,L_{it} 为 t 时间产业 i 的劳动力数量,LP_{it} 为 t 时间产业 i 的劳动生产率,LP_{ib} 为工业化起步时产业 i 的劳动生产率,LP_{if} 为工业化

完成时产业 i 的劳动生产率。

本章修订了上文中工业化进程的劳动生产率标准。依据钱纳里方法（Chenery 等，1986），将 1977 年劳动生产率标准（工业化起点为 140 美元，工业化终点为 2 100 美元），折算美国 CPI 后计算得到 2010 年劳动生产率标准①，如表 13-1 所示。

表 13-1 工业化进程的劳动生产率标准

	劳动生产率 （1970 年美元）	劳动生产率 （2010 年美元）	劳动生产率 （2010 年人民币）
工业化起点：人均收入为 813 美元（2010 年美元）			
第一产业	70	407	2 752
第二产业	292	1 696	11 480
第三产业	340	1 974	13 367
工业化终点：人均收入为 12 195 美元（2010 年美元）			
第一产业	1 442	8 374	56 693
第二产业	3 883	22 550	152 662
第三产业	1 344	7 805	52 840

由于本章对各国产业结构进行横向对比，采用世界银行数据进行分析，因此对中国产业结构高度的衡量也采用世界银行统计口径进行分析。与我国统计口径相比，世界银行统计结果偏高（1992—2005 年平均方差 ±1.21%），但整体趋势和发展阶段吻合一致。② 我们对 1992—2015 年中国产业结构进行统计分析，表 13-2 的结果显示：① 中国产业结构高度一直稳步推进。刘伟等（2008）的研究表明，1998 年后中国工业化进程进入了加速阶段。本章的研究延展了整体时间序列至 2015 年，侧面验证中国工业化在 1998 年后进入了加速阶段。② 中国第一产业和第二产业的发展速度低于第三产业的发展速度。究其原因，主要是由城市化以及第三产业的非均衡发展造成的。通过对中国投入产出分析（张辉和任抒杨，2010）可以看出，中国第三产业尤其是传统服务业在工业化进程中受到资本以及科技的影响，导致产业结构不均衡发展。③ 从平均的角度看，2015 年我国工业化进程刚刚越过工业化完成的标准。但是本章认为，第一产业（0.3251）和第二产业（0.5619）的劳动生产率仍低于工业化完成水平，但第三产业（1.6126）的劳动生产

---

① 由于世界银行横向对比国家时采用 2010 年固定货币单位计算国家劳动生产率，本章同样采用 2010 年可比价格进行分析。

② 误差主要来源于：① 世界银行采用 OECD 及内部调研数据，与《中国统计年鉴》口径不一致；② 就业人口比例与《中国统计年鉴》相比低估，导致人均 GDP 有 ±5% 的浮动。

率发展较快,因此仍需慎言已经完成工业化。④ 比较 2000 年与 2015 年,第二产业的劳动生产率已经提升至三倍有余,不少第二产业的生产要素已经更新换代,不少劳动密集型企业转向了技术和资本密集型。不少企业在国际市场上重新寻找生产要素,或者部分产业需要对外输出,这也为"一带一路"产业合作提供了理论依据。

表 13-2　1992—2015 年中国产业结构高度

年份	第一产业的 LP_{it}^N	第二产业的 LP_{it}^N	第三产业的 LP_{it}^N	产业结构高度 H
1992	0.0027	0.0305	0.0228	0.0218
1993	0.0058	0.0493	0.0303	0.0343
1994	0.0155	0.0629	0.0403	0.0459
1995	0.0258	0.0775	0.0406	0.0549
1996	0.0343	0.0895	0.0550	0.0673
1997	0.0357	0.1024	0.0997	0.0895
1998	0.0385	0.1121	0.1538	0.1149
1999	0.0382	0.1285	0.2069	0.1442
2000	0.0372	0.1512	0.2558	0.1761
2001	0.0403	0.1693	0.3254	0.2156
2002	0.0440	0.2023	0.3827	0.2575
2003	0.0483	0.2373	0.4352	0.2971
2004	0.0693	0.2592	0.4648	0.3194
2005	0.0757	0.2869	0.5388	0.3665
2006	0.0863	0.3158	0.6387	0.4264
2007	0.1075	0.3389	0.7982	0.5119
2008	0.1289	0.3769	0.8862	0.5696
2009	0.1444	0.3986	1.0133	0.6462
2010	0.1679	0.4393	1.1286	0.7172
2011	0.1984	0.4715	1.2164	0.7747
2012	0.2260	0.4828	1.3561	0.8543
2013	0.2627	0.5107	1.4180	0.9113
2014	0.2968	0.5424	1.4847	0.9709
2015	0.3251	0.5619	1.6126	1.0688

第二节 "一带一路"国家产业结构高度横向比较

上节对中国的产业结构高度和发展阶段进行了分析,为了进一步探索我国与"一带一路"沿线国家的产业合作空间,本节运用同样的方法对"一带一路"沿线重点的 64 个国家和地区进行比较研究[①],研究范围参考邹嘉龄等(2015)的分类方式,如表 13-3 所示。基于世界银行统计数据,利用各个国家 2015 年 GDP、就业人数计算各行业劳动生产率[②]。由于部分国家数据可得性受限,在缺乏分行业数据的国家,采用以下替代公式计算:产业结构高度 $H=$(人均 GDP－工业化起点人均 GDP)/(工业化终点人均 GDP－工业化起点人均 GDP)

表 13-3 "一带一路"研究范围

板块	国家
蒙、俄	俄罗斯、蒙古
东南亚 11 国	印度尼西亚、泰国、马来西亚、越南、新加坡、菲律宾、缅甸、柬埔寨、老挝、文莱、东帝汶
南亚 8 国	印度、巴基斯坦、孟加拉国、斯里兰卡、阿富汗、尼泊尔、马尔代夫、不丹
西亚、中东 19 国	沙特阿拉伯、阿联酋、阿曼、伊朗、土耳其、以色列、埃及、科威特、伊拉克、卡塔尔、约旦、黎巴嫩、巴林、也门共和国、叙利亚、巴勒斯坦、格鲁吉亚、阿塞拜疆、亚美尼亚
中东欧 19 国	波兰、罗马尼亚、捷克共和国、斯洛伐克、保加利亚、匈牙利、拉脱维亚、立陶宛、斯洛文尼亚、爱沙尼亚、克罗地亚、阿尔巴尼亚、塞尔维亚、马其顿、波黑、黑山、乌克兰、白罗斯、摩尔多瓦
中亚 5 国	哈萨克斯坦、乌兹别克斯坦、土库曼斯坦、吉尔吉斯斯坦、塔吉克斯坦

由表 13-4 分析可发现,"一带一路"沿线有 34 个国家的产业结构高度超过 1.0。从平均意义而言,这些国家已经完成工业化阶段。这意味着这些国家的劳动生产率和劳动力成本在一定程度上接近或高于我国平均水平,并且产业链条处于价值链相对较高的阶段,更倾向于资本驱动型和技术驱动型的生产率提升。这类国家对于生产要素驱动型企业的吸引力有限,因为这些企业通常会寻找更廉价、更有效的劳动生产率和劳动力成本组合。从产品角度而言,我国的产业链或许正在为这些国家提供中间产品,因此从这些国家或许更容易吸引市场驱动型的企业出海。

[①] 为研究便利,本章选取的 64 个国家和地区为普遍意义上的主要沿线国家,但并不代表"一带一路"限定于此 64 个国家。

[②] GDP 采用固定可比价格 2010 年美元为单位;各产业劳动生产率采用行业增加值除以劳动就业人数。

另外可以观察到,有 3 个国家的产业结构高度低于 0,分别为阿富汗、尼泊尔和也门。巴勒斯坦及叙利亚缺乏统计数据。从对外合作的角度而言,除了特定行业的专业性需求,与这类国家在生产要素和市场驱动角度进行产业合作或许存在一定的挑战。

对于"一带一路"沿线 25 个产业结构高度在 0 和 1.0 之间的国家,它们正处于工业化进程中,其产业结构化水平等同或低于我国平均水平,劳动生产率等同或低于我国平均水平。这类国家对生产要素驱动型企业具有较强的吸引力。从我国产业发展的角度看,转移部分产能过剩产业,帮助和支持这些地区的工业化进程也是"一带一路"的本质要义之一。

表 13-4 "一带一路"国家产业结构高度[①]

国家和地区	第一产业的 LP_{it}^N	第二产业的 LP_{it}^N	第三产业的 LP_{it}^N	产业结构高度 H
蒙古	0.3842	0.4606	0.8326	0.6415
俄罗斯	1.5593	1.0114	2.7316	2.1141
印度尼西亚	0.2602	0.4404	0.6619	0.4982
泰国	0.2233	0.5147	1.3970	0.9736
马来西亚	1.4382	1.0299	2.4195	1.8303
越南	0.0684	0.0871	0.1615	0.1164
新加坡	—	6.0306	11.7757	10.2676
菲律宾	0.1397	0.3135	0.4585	0.3810
缅甸				0.0468
柬埔寨				0.0186
老挝				0.0653
文莱	12.0320	8.1629	3.8358	6.5814
东帝汶				0.0153
印度	—			0.0830
巴基斯坦	—			0.0287
孟加拉国	—			0.0139
斯里兰卡	0.2387	0.3193	1.3886	0.9724
阿富汗	—			(0.0188)
尼泊尔	—			(0.0112)
马尔代夫	0.5133	0.4554	1.7139	1.3849
不丹	0.1018	0.7879	0.5070	0.5578

① 部分国家缺乏三次产业标准化劳动生产率,原因为受限于分行业就业人口数据可得性;但本章采用替代公式(上文)计算全行业平均产业结构高度参数代替。

(续表)

国家和地区	第一产业的 LP_{it}^N	第二产业的 LP_{it}^N	第三产业的 LP_{it}^N	产业结构高度 H
沙特阿拉伯	2.1910	3.8901	4.8860	4.3645
阿联酋	—	—	—	3.4568
阿曼	—	—	—	1.4284
伊朗	1.0372	0.4430	2.4575	1.5822
土耳其	1.4300	1.6358	5.7609	4.1155
以色列	—	—	—	2.8382
埃及	0.2841	0.3470	0.7987	0.5776
科威特	—	—	—	3.0466
伊拉克	—	—	—	0.3929
卡塔尔	1.2468	4.0459	12.3147	7.4596
约旦	—	—	—	0.2183
黎巴嫩	—	—	—	0.5475
巴林	—	—	—	1.8997
也门共和国	—	—	—	(0.0036)
叙利亚	—	—	—	—
巴勒斯坦	—	—	—	—
格鲁吉亚	0.1003	0.7120	1.6143	1.2536
阿塞拜疆	0.1808	1.5833	1.1657	1.3048
亚美尼亚	0.4622	0.5672	1.0258	0.7849
波兰	0.7033	1.4153	4.9032	3.6088
罗马尼亚	0.3752	0.9609	3.8826	2.7326
捷克共和国	4.0112	1.7103	6.1838	4.4392
斯洛伐克	5.0644	1.5552	5.8126	4.3028
保加利亚	1.3036	0.6104	2.4860	1.9066
匈牙利	3.0106	1.3770	4.5587	3.4798
拉脱维亚	1.3443	1.1398	4.5251	3.6433
立陶宛	1.3852	1.5485	4.6074	3.5774
斯洛文尼亚	1.8943	2.1752	8.0633	5.9881
爱沙尼亚	3.2565	1.2211	5.1636	4.0171
克罗地亚	1.7283	1.4230	5.5534	4.2996
阿尔巴尼亚	0.7147	0.6029	2.1248	1.4293
塞尔维亚	0.6564	0.7406	2.1307	1.5741

（续表）

国家和地区	第一产业的 LP_{it}^N	第二产业的 LP_{it}^N	第三产业的 LP_{it}^N	产业结构高度 H
马其顿	0.9389	0.4358	2.2051	1.5897
波黑	0.7584	2.5990	3.4704	3.0265
乌克兰	0.5329	0.1678	0.5207	0.4319
白罗斯	0.9417	0.5348	1.3491	1.0126
摩尔多瓦	0.2309	0.1121	0.8588	0.6606
黑山	2.9477	0.9256	2.5646	2.2710
哈萨克斯坦	0.4918	1.1088	2.3992	1.8848
乌兹别克斯坦	—	—	—	0.0912
土库曼斯坦	—	—	—	0.5167
吉尔吉斯斯坦	0.0689	0.0333	(0.0020)	0.0193
塔吉克斯坦	—	—	—	0.0099

特别地，东南亚可以作为生产要素驱动型企业出海的首选市场。① 从产业结构高度而言，除了马来西亚、新加坡、文莱，东南亚其他国家的产业结构都落后于我国平均水平。从一般意义而言，它们可以作为我国产业链条的上游，与我国的发展形成优势互补。而当我国工业化进程不断加速后，转移部分产业，帮助这些工业化程度较低的国家建立完善的生产体系，推进国际化生产要素合理分配，对于进一步优化全球产业结构和产业链条同样有着重要的意义。② 从境外投资、贸易角度而言，东南亚搭建了东盟平台，凭借便利的交通以及政策优惠，东南亚11个国家的外贸占中国整体的43.9%（邹嘉龄等，2015），这本身也说明"一带一路"产业合作存在巨大空间和基础。③ 从劳动力数量而言，印尼、泰国、越南、马来西亚、菲律宾等有着大量受过教育但劳动生产率相对较低的人群，这为部分产业合作提供了先决条件；而缅甸、柬埔寨、老挝等有着接近1亿的人口，但受教育程度仍然需要进一步提升。④ 从GDP而言，印度尼西亚GDP仅落后于俄罗斯、印度、土耳其，位列"一带一路"沿线国家第四。泰国、马来西亚、新加坡、菲律宾等都是GDP体量可观的经济体，可以为中国产业合作提供强大的市场支撑。

为了更清晰地反映各国产业结构高度的特征，图13-1展示了各国产业结构高度的具体分布，其中横轴表示GDP体量，纵轴表示产业结构高度。综合考虑经济体量和所处发展阶段，我们选择部分产业结构高度位于[0.05, 2]、GDP位于前25的国家[\$150BN, +∞]，如图13-1中的方框所示，在下节进行更具针对性的分析。这个区间的国家正是我国产业合作的重点国家，包括印度、印度尼西亚、哈萨克斯坦、马来西亚、泰国、埃及、菲律宾等。其可观的市场、一定的劳动力基础、相似或可转移的产业链环节,都表征它们可以作为"一带一路"合作的重点区域。

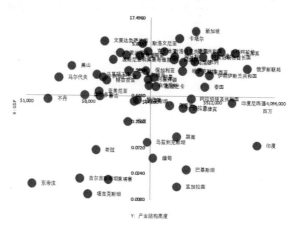

图 13-1　各国产业结构高度的分布

第三节　产业合作模型探讨

除了产业结构高度这一核心指标能有效反映各国的产业结构和劳动生产率,国家贸易、吸引境外投资也是取决产业合作的重要因素。中国对"一带一路"沿线的发展中国家进行投资,多是出于产业转移、产业链整合以获取效率优势的目的。对于国家贸易,邹嘉龄等(2015)通过投入产出法分析贸易对经济的贡献,深化了这个观点:"中国与'一带一路'沿线国家贸易联系紧密,相互依赖加深。'一带一路'沿线国家大多为新兴市场国家,经济增长迅速,商品需求越来越大,同时由于美国、欧盟等国的消费疲软,也导致中国的出口向新兴市场国家转移,使得中国与'一带一路'沿线国家贸易往来日益密切。"

另外,对国家对外经贸合作区的几个重点园区案例进行分析,研究发现,除了基础设施(张辉,2017)及国家战略,影响企业出海的另外两个主要因素分别是劳动力数量和 GDP 体量,它们同时也是生产要素理论的重要变量(刘伟和张辉,2008)。鉴于此,基于世界银行数据,本章对各国劳动力和 GDP 也进行了比较分析。

表 13-5 显示了 GDP 排名前 23 的国家,除印度、印度尼西亚、泰国、菲律宾、埃及、巴基斯坦、孟加拉国、越南以外,均为完成工业化的国家。事实上,这些国家也正是"一带一路"上的重要产业合作市场。

表 13-5　各国 GDP 比较分析

国家	产业结构高度 H	GDP（美元）	劳动力数量	境外投资引入占 GDP 的比重（%）
印度	0.0830	2 301 373 678 534	678 770 685	1.22
俄罗斯	2.1141	1 631 635 841 879	86 381 749	4.33
土耳其	4.1155	1 087 550 784 488	35 328 613	1.19
印度尼西亚	0.4982	988 127 958 653	163 491 481	2.36
沙特阿拉伯	4.3645	678 729 654 965	16 315 674	1.37
波兰	3.6088	556 180 631 944	19 976 674	−0.82
伊朗	1.5822	456 944 194 217	31 431 514	0.67
泰国	0.9736	393 677 285 158	48 671 372	3.21
阿联酋	3.4568	367 632 720 967	7 050 460	2.85
马来西亚	1.8303	329 952 500 699	18 848 041	3.51
新加坡	10.2676	289 173 890 722	3 654 264	22.05
以色列	2.8382	277 531 860 242	5 081 609	4.25
菲律宾	0.3810	266 055 328 763	61 632 992	1.38
埃及	0.5776	249 951 802 079	40 414 642	2.22
捷克共和国	4.4392	223 836 215 360	5 952 196	2.24
巴基斯坦	0.0287	215 894 314 582	96 067 055	0.61
伊拉克	0.3929	190 895 417 467	12 956 850	1.49
罗马尼亚	2.7326	189 517 132 389	10 318 516	2.17
哈萨克斯坦	1.8848	186 260 298 082	11 872 988	5.23
卡塔尔	7.4596	166 951 102 638	2 096 032	−0.50
孟加拉国	0.0139	156 629 549 345	96 056 386	0.96
越南	0.1164	154 508 616 052	70 328 509	5.76
匈牙利	3.4798	142 909 319 135	4 950 551	−3.01

表 13-6 显示劳动力数量排名前十的国家。可以清楚地看到，这些正是我国企业走出去的重点考虑国家。一方面，这些国家充足的劳动力为我国传统产业链条提供了有效的生产要素；另一方面，除俄罗斯外，这些国家均处于工业化进程中，劳动力生产率、整体产业存在迫切的升级诉求。我国企业出海为这些劳动力提供了就业机会，并为其国家产业升级提供了支持。

表 13-6 各国劳动力数量比较分析

国家	产业结构高度 H	GDP（美元）	劳动力数量	境外投资引入占 GDP 的比重(%)
印度	0.0830	2 301 373 678 534	678 770 685	1.22
印度尼西亚	0.4982	988 127 958 653	163 491 481	2.36
巴基斯坦	0.0287	215 894 314 582	96 067 055	0.61
孟加拉国	0.0139	156 629 549 345	96 056 386	0.96
俄罗斯	2.1141	1 631 635 841 879	86 381 749	4.33
越南	0.1164	154 508 616 052	70 328 509	5.76
菲律宾	0.3810	266 055 328 763	61 632 992	1.38
泰国	0.9736	393 677 285 158	48 671 372	3.21
缅甸	0.0468	70 537 733 541	40 544 196	3.20
埃及	0.5776	249 951 802 079	40 414 642	2.22

综上，本章将产业结构高度、GDP、劳动力数量、境外投资引入占 GDP 比重四个变量定义为产业合作的四个重要维度。Porter(1980)的竞争优势理论将生产要素、市场需求条件、相关支持行业以及国家/企业的竞争优势作为竞争环境中的四个重要维度；政府和机会则交互影响着整体竞争态势。本章参考这四个影响维度，将以上四个变量定义为产业合作的"钻石模型"，该方法通过识别不同主体国家的特征，可以有效地为不同类型的企业"走出去"寻找合作空间提供理论借鉴，具体模型如图 13-2 所示。

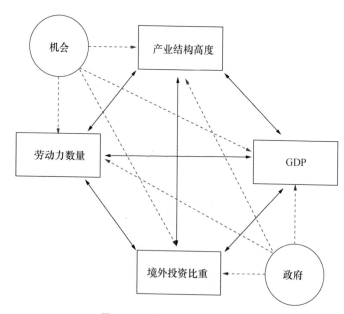

图 13-2 产业合作"钻石模型"

产业结构高度作为结构性变量,表征了国家或地区在产业合作中的产业结构,同时也反映了国家和地区的竞争优势。部分国家具有较高的第三产业劳动生产率,带动了整体产业结构高度提升,如新加坡等;部分国家则通过第一产业促进整体经济的发展,如文莱等。同时,产业结构高度也反映了国家和地区的生产水平,较低的产业结构高度意味着有提升前景,适合初级产品、中间产品的合作;较高的产业结构高度意味着有技术优势,适合附加值较高的价值链环节合作。

劳动力作为生产要素变量,表征了国家或地区在产业合作中的重要生产要素集合。波特指出,生产要素变量包括自然要素、专业资源及各类其他生产要素。充足的劳动力为产业合作提供保证,同时劳动力的质量和受教育水平也是产业合作的重要考量。

GDP 表征了国家或地区的市场体量,是国家自身经济发展的体量。如俄罗斯、印度、土耳其、印度尼西亚等国拥有大体量的市场,对部分市场驱动型的企业具有较强的吸引力。

境外投资比重反映了国家对境外投资的支持和保障程度。如表13-7所示,新加坡、蒙古、吉尔吉斯斯坦等国的境外投资比重较高,意味着境外投资对其经济增长的影响较大,且整体的投资环境较为稳定。对于东道国而言,中国对"一带一路"沿线产业合作可总结为在资源、生产、市场等三个环节实现成本和效率的提升。

表 13-7 各国境外投资引入比较分析

国家	产业结构高度 H	GDP（美元）	境外投资引入（美元）	境外投资引入占GDP的比重(%)	劳动力数量
新加坡	10.2676	289 173 890 722	63 772 316 791	22.05	3 654 264
蒙古	0.6415	11 677 573 630	2 150 897 062	18.42	1 722 391
吉尔吉斯斯坦	0.0193	6 082 952 726	757 642 400	12.46	3 462 746
马尔代夫	1.3849	2 954 819 941	325 256 930	11.01	267 318
黑山	2.2710	4 529 794 704	446 490 330	9.86	250 817
阿尔巴尼亚	1.4293	13 098 926 534	1 253 783 309	9.57	1 201 656
柬埔寨	0.0186	15 903 594 934	1 345 044 252	8.46	12 528 008
土库曼斯坦	0.5167	37 253 652 748	3 061 000 000	8.22	3 147 446

本章选择部分当前境外投资重点国家进行比较分析,包括印度尼西亚、印度、埃及、泰国。在分析过程中,本章将我国的各项指标定义为标准单位1,据此对各个国家与我国进行横向比较。

印度尼西亚作为亚洲人口大国,拥有1.63亿劳动力以及接近万亿美元的

GDP，其产业仍停留在工业化中期水平，大量的汽车制造业、机械零部件制造业、食品加工业等为主要的产业形态，产业升级动力不足。不过基于庞大的人口基数以及近年来的境外投资，其经济发展前景可观。印度尼西亚目前产业结构高度参数为 0.4982，每年吸引境外投资 230 亿美元，更多信息可参见图 13-3。中国生产要素驱动型企业是走向印度尼西亚市场的主体，这些企业可以利用印度尼西亚较为充足的劳动力，通过产业合作降低生产成本。

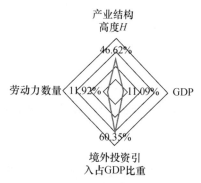

图 13-3　印度尼西亚钻石模型参数①

泰国作为亚洲工业化起步较早的国家，产业结构高度接近于中国（0.9736），境外投资占 GDP 比重为 3.21%，接近中国的 3.90%，拥有 4 800 万劳动力，4 000 亿美元 GDP，更多信息可参见图 13-4。中国企业走向泰国的主要原因在于其相对较低的劳动力成本和相对较成熟的劳动力教育水平，产业合作通过富足的劳动力降低了生产环节的成本。另外，泰国的橡胶等原材料作为生产要素也吸引了大量的橡胶企业。泰国的产业形态与印度尼西亚类似，主要包括汽车零部件和整车制造、食品加工、橡胶石化等加工业。其相对成熟的市场以及较低的市场进入壁垒，促使了市场环节的产业合作。

印度作为快速发展的经济体，劳动力规模接近 7 亿，GDP 2.3 万亿美元，但整体产业结构高度较低，处于工业化初级水平（0.083），外资投资环境尚未健全，吸引外资占 GDP 仅 1.22%，更多信息可参见图 13-5。印度的整体市场规模和劳动力规模使其成为南亚一个独特的、独立的市场。生产要素驱动型以及市场驱动型的企业都能在印度找到相应的合作空间，开展适当的产业合作。充足的劳动力可以在生产环节的产业合作中发挥效用。

---

① 图中参数表示印度尼西亚指数与我国指数的比值，即以我国参数为标准单位 1。

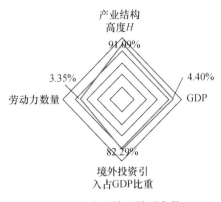

图 13-4　泰国钻石模型参数

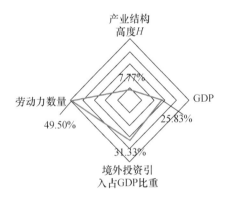

图 13-5　印度钻石模型参数

埃及作为"一带一路"上的重要站点,产业结构高度 0.5776,境外投资占比 2.22%,更多信息可见图 13-6。近年来,埃及投资环境逐渐改善,整体经济发展潜力大,但现有产业结构较为单一,工业化需求强烈。埃及劳动力数量为 4 000 万,GDP 2 500 亿美元。生产要素驱动型企业能够在埃及找到合适的生产要素;且由于埃及优越的地理位置,可同时辐射亚洲欧洲市场,对于市场驱动型企业也同样有吸引力。企业可以通过资源和市场两个环节的产业合作,使资源得到有效利用并扩大市场规模。

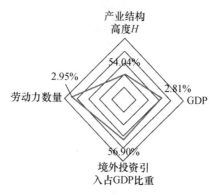

图 13-6 埃及钻石模型参数

第四节 小 结

本章基于我国成熟的产业结构高度研究方法，探讨我国产业结构和生产要素配置，认为在工业化进程加速后，我国的产业结构存在更新换代的需求，且正好契合全球市场对于优化生产要素配置的需要。"一带一路"沿线各国的产业结构与我国产业结构的差异和互补，为国际产业合作提供了基础。通过对"一带一路"沿线各国的产业结构高度的计算，发现不同的产业结构及市场类型对于要素驱动型企业、市场驱动型企业有着不同的吸引力。产业结构高度较高的国家，对市场驱动型企业有着相对更强的吸引力；而产业结构高度较低的国家，对要素驱动型企业有着相对更强的吸引力。"一带一路"倡议的提出恰逢其时，有利于"人类命运共同体"的形成。

在进一步横向比较各个国家的产业合作思路时，本章定义了产业合作"钻石模型"，包括产业结构高度、劳动力数量、GDP体量及境外投资引入比重。通过对四个重要维度的分析，探讨产业合作的策略和路径。劳动力及GDP决定了国家的市场体量和生产要素禀赋；而产业结构高度决定了国家的产业结构特点和竞争优势；境外投资引入比重则从侧面反映了国家吸引外资的政策和制度环境。

综上，本章认为构建"一带一路"产业合作路径可以从以下几方面着手：

第一，以产业分析为指引，针对"走出去"的企业，做好政策支持和服务工作。提供一套系统、深入的信息指导，针对东道国不同的发展阶段、资源禀赋以及产业结构的契合性等方面，确定适合发展合作的产业、行业类别，帮助中国企业更好地了解目标市场和国家，方便中资企业结合自身的生产优势，从不同产业层面形成合力，打开"一带一路"产业合作的新局面。

第二，加强与沿线各国的政策协同，集中配置资源以支持产业平台。例如，建立产业合作园区,为中国企业"走出去"搭建海外发展平台,有利于企业相对集中投资,形成产业集群。相较单体企业境外投资模式,产业合作园区明显提高了企业抗风险以及应对东道国突发事件的能力,并增强了与东道国政府对话中的平等权利。我们应当加强在外交、商务、援外、科教文卫等各领域以及各政府部门之间的协同性,将各类资源优先向有助于"一带一路"产业合作的方向配置,为推动"一带一路"沿线的产业合作发挥积极的作用。

第三,结合我国的供给侧改革提高政府治理,系统地建立风险监测机制,加强政府服务和相关制度等软性基础设施。从"一带一路"产业合作承接地来看,很多东道国的制度环境与国内差异较大,政治风险较高,而对于国际环境风险的低估和国际人才的匮乏容易导致合作成本增加及投资决策失误,我们应当加强提供政府高端服务,包括组织智力资源以提供精准的决策服务。

第十四章 "一带一路"倡议下中国能源国际合作新格局[①]

第一节 "一带一路"倡议前中国能源国际合作存在的主要问题

2013年9月、10月,国家主席习近平在访问哈萨克斯坦和印度尼西亚期间,先后提出了共建"丝绸之路经济带"和"21世纪海上丝绸之路"的重大倡议。"一带一路"倡议的实施将对中国能源国际合作产生重大影响。在此之前,经过改革开放以来三十多年的探索与实践,中国能源国际合作的深度和广度不断提升,在保障国家能源供应方面成效显著。但是,过去三十多年的能源国际合作总体上是在以美国为首的发达国家主导的国际政治经济秩序格局下开展的,我国相对比较被动,存在一些有待破解的、深层次的矛盾与难题。

一、能源进口来源地过于集中,资源保障受到制约

2012年,中国进口原油2.7亿吨,对外依存度56.4%。其中,49.8%来自中东地区,23.9%来自非洲地区,13.1%来自之前的苏联地区(田春荣,2013)。前五大原油进口来源国分别是沙特阿拉伯、安哥拉、俄罗斯、伊朗和阿曼,合计进口量占原油进口总量的59.0%。天然气方面,2012年,中国进口天然气421亿立方米,对外依存度26.2%。其中,管道天然气进口的99.3%来自土库曼斯坦;液化天然气进口来源地主要集中在中东地区和南亚地区。前五大液化天然气进口来源国分别是卡塔尔、澳大利亚、印度尼西亚、马来西亚和也门,合计进口量占液化天然气进口总量的91.0%。煤炭方面,2012年中国进口煤炭2.9亿吨。其中,从印度尼西亚和澳大利亚进口的煤炭占煤炭总进口量的比重分别高达41.1%、20.6%(见表14-1)。

[①] 本章相关内容已发表:林卫斌,陈可馨."一带一路"倡议下中国能源国际合作新格局[J].中国井冈山干部学院学报,2017,10(5):42—51.

表 14-1　中国能源主要进口来源国进口量及份额(2012 年)

单位:原油(万吨),天然气(亿立方米),煤炭(万吨)

品种		国别	所属地区	进口量	数量份额(%)
原油		沙特阿拉伯	中东	5 390	19.9
		安哥拉	西非	4 016	14.8
		俄罗斯	苏联	2 433	9.0
		伊朗	中东	2 201	8.1
		阿曼	中东	1 957	7.2
天然气	管道天然气	土库曼斯坦	中亚	213	50.7
	液化天然气	卡塔尔	中东	68	16.2
		澳大利亚	大洋洲	48	11.4
		印度尼西亚	东南亚	33	7.9
		马来西亚	东南亚	25	6.0
		也门	中东	8	1.9
煤炭		印度尼西亚	东南亚	11 847	41.1
		澳大利亚	大洋洲	5 946	20.6
		蒙古	东亚	2 213	7.7
		俄罗斯	苏联	2 019	7.0
		越南	东南亚	1 741	6.0

数据来源:原油数据转引自田春荣.2012 年中国石油和天然气进出口状况分析[J].国际石油经济,2013,3;天然气数据来自 BP Statistical Review of World Energy 2013;煤炭数据来自中国煤炭市场网。

从表 14-1 可看出,中东、中亚和非洲地区是中国油气进口的重要来源地。但是,这些地区政治、经济、社会、民族、宗教矛盾突出,形势复杂多变,社会不稳定因素较多。中东北非地区受政治体制、经济危机、地缘政治和宗教矛盾等国内国外因素影响,政局动荡,武装冲突频发。中亚地区政治形势比较复杂,恐怖势力威胁比较突出,安全隐患比较严重。与此同时,这些地区是美欧、俄罗斯等大国全球战略布局的关键领域,属于其势力范围。而中国在这些地区的影响力和军事存在都比较薄弱,缺乏维持地区稳定的话语权和能力,这使得中国能源进口的资源保障安全具有很大的不确定性。

二、能源进口通道有瓶颈,运输安全存在风险

中国石油进口 90%是通过海上油轮运输,陆上管道和铁路运输占 10%左右(汪玲玲和赵媛,2014)。海运主要有四条线路,分别是中东航线[①]、非洲航

---

① 中东航线:波斯湾—霍尔木兹海峡—马六甲海峡—中国沿海港口。

线①、拉丁美洲航线②和东南亚航线③。其中,中东航线承担了近一半的石油运送量,非洲航线承担了约30%的石油运送量。中国石油进口的80%经过马六甲海峡,38%经过霍尔木兹海峡(王金照,2016)。液化天然气方面,主要从中东、东南亚、大洋洲海上运输至中国。这些运输线路地缘政治复杂多变。一是美国为维护其在中东地区的战略和经济利益,通过海外基地、轮流驻防、联合军事等手段对海上咽喉航道实施严密控制,意欲控制中国海上石油运输安全;二是日本、俄罗斯、印度等国纷纷插手马六甲海峡防务,同时介入中国南海问题;三是马六甲海峡、亚丁湾及其附近海域海盗猖獗,全球三分之二的海盗袭击事件发生于此,增加了中国油气海外运输通道的不稳定性。

三、能源议价能力低,长期承受油气价格溢价

中国虽然拥有较大的国际能源市场需求量,但尚未掌握足以影响国际能源价格的议价能力,长期承受石油和液化天然气市场的"亚洲溢价"④。2002—2009年中国相对于美国每桶原油的平均溢价高达4.2美元,日本相对于美国每桶原油的平均溢价达2.2美元(如表14-2所示,张艺馨等,2012)。按2002—2012年中国年平均进口量(约6亿吨)测算,每桶1美元的亚洲溢价使得中国每年需要为此多支付近6亿美元。

表14-2 2002—2009年中国、日本对美国的石油溢价结果   (单位:美元)

国家	2002年	2003年	2004年	2005年	2006年	2007年	2008年	2009年	平均
中国—美国	2.35	3.39	3.38	4.51	6.23	1.79	9.65	2.29	4.2
日本—美国	2.21	2.58	3.82	5.47	−0.50	22.87	−38.45	19.44	2.2

数据来源:张艺馨,方建春,杨靖.亚洲溢价的困境与对策研究[J].国际经济合作,2012,5.

液化天然气方面,长期以来,亚太地区的液化天然气进口价格相对于欧美地区整体上存在较高的溢价。例如,2013年卡塔尔出口到日本的液化天然气到岸价为16.2美元/10^6Btu,扣除约2美元/10^6Btu的运输成本,离岸价为14.2美元/10^6Btu;卡塔尔出口到韩国和中国的液化天然气离岸价分别为14.7美元/10^6Btu和15.7美元/10^6Btu。而同期,卡塔尔出口到西班牙的液化天然气到岸价为10.0美

---

① 非洲航线,包括北非航线、西非航线和南非航线三条。北非航线:苏伊士运河—亚丁湾或直布罗陀海峡—好望角—马六甲海峡—中国沿海港口;西非航线:好望角—马六甲海峡—中国沿海港口;南非航线:马六甲海峡—中国沿海港口。

② 拉丁美洲航线:拉美—好望角—马六甲海峡—南海—中国沿海港口或者拉美—巴拿马运河—太平洋—中国沿海港口。

③ 东南亚航线:东南亚—马六甲海峡—南海—中国沿海港口。

④ 石油:中东地区的部分石油输出国对出口到世界不同地区的相同原油采用不同的计价方式,使亚洲地区的石油进口国要比欧美国家支付更高的石油进口价格,产生了"亚洲溢价"问题。液化天然气出口国针对亚太地区也同样采取价格歧视。

元/10^6Btu,扣除约 1.5 美元/10^6Btu 的运输成本,则离岸价为 8.5 美元/10^6Btu。由此可见,卡塔尔出口到亚太地区的液化天然气离岸价相对于出口到欧洲的离岸价有 5—7 美元/10^6Btu 的溢价(张宝成等,2015)。

四、海外能源投资面临诸多风险,收益较低

随着"走出去"战略的实施,中国海外能源投资规模不断扩大,尤其是 2008 年全球金融危机以后,以三大国有石油公司为主的中国企业接手大量的油田资产。这些投资提高了国内石油供应保障能力,但投资收益率普遍偏低,且面临诸多风险。

东南亚、东非、北非及拉丁美洲是中国能源企业资金投放的重地,占海外投资的 70% 以上(梁莹,2015)。这些国家多为发展中国家,能源储备丰富,但政治环境极不稳定。比如,利比亚战乱使中国石油企业遭受损失,出现了固定资产损失、未收回应收账款损失、大规模撤侨等问题。此外,"贷款换石油"的模式面临较大的主权债务违约风险,如委内瑞拉"贷款换石油"项目存在严重的债务违约风险。

总体上,中国海外能源投资的经济效益尚待提升。从经营效率看,中国三大石油企业与国际石油巨头的差距较大,例如在销售收入、净利润方面,均远低于埃克森美孚。中国三大石油公司的海外项目约有三分之二处于亏损状态(尹一杰,2011)。

五、多边国际能源治理与合作参与深度不够

中国参与国际能源合作以双边合作为主。双边能源合作机制包括中国和各国签署的一系列双边能源合作协议,以及设立的双边能源合作机构(以中亚为例,包括中哈能源合作分委会、中乌能源合作分委会及中土能源合作分委会等)。原因在于不同地区有不同的历史和文化,中国国内的政治和经济发展水平使双边合作更加直接,表现在沟通成本低、容易取得利益;但缺陷也不断显现。由于某些区域内的国家在经济体制、能源环境等方面具有相似性,中国和该区域内各国(如中亚、东南亚地区等)分别建立双边能源合作机制存在重复谈判和磋商,导致高交易成本和低效率问题。

中国对于世界多边能源合作的参与深度不够。虽然中国 1984 年加入国际原子能机构,2015 年 5 月成为国际能源宪章组织的签约观察员国,2015 年 11 月成为国际能源署联盟国,但参与方式相对被动、不够活跃、影响力较弱。

第二节 "一带一路"倡议以来中国能源国际合作新进展

"一带一路"是新时期中国对外合作格局的主动求变和战略性调整,明确了中国今后对外合作的重点方向。能源合作是"一带一路"战略实施的关键领域之一,其根本的战略目标是在巩固已有国际合作成果的基础上,进行战略性、结构性调整并补短板,着重解决当前能源领域国际合作中存在的深层次的矛盾与问题,构筑中国能源国际合作新格局和新体系。"一带一路"倡议自提出以来,得到了 100 多个国家和国际组织的积极响应,中国与 50 多个国家签署了相关合作协议,同 20

多个国家开展了国际产能合作等。"一带一路"能源合作在贸易、基础设施建设、投资和国际治理等方面取得新进展。

一、能源供应来源更加多元

"一带一路"战略所覆盖区域涵盖了中东、非洲、中亚、俄罗斯和东南亚等能源较为丰富的国家和地区。"一带一路"战略的推进、中国与"一带一路"沿线国家和地区之间能源合作的加强,有效缓解了中国对某一国家或地区能源进口的过度依赖,实现了能源供给的多元化。以往中国的油气进口主要来自中东和非洲,如今增加了从俄罗斯和中亚地区的进口。2016年,中国进口原油中48.0%来自中东地区,17.8%来自非洲地区,16.4%来自之前的苏联地区。与2012年相比,中国来自非洲地区进口原油所占的比重由23.9%下降至17.8%,增加了从俄罗斯等的进口份额,同时俄罗斯取代沙特阿拉伯,成为中国进口原油市场份额第一的国家。2016年对中国原油供应量增加最多的也是俄罗斯,增幅达1 005万吨,其次是巴西和安哥拉,分别增加524万吨和504万吨。天然气方面,与2012年相比,2016年中国自乌兹别克斯坦、缅甸和哈萨克斯坦进口管道天然气的比例大大提高,占全部管道天然气进口量的22.6%;自土库曼斯坦进口的比例由99.3%下降到77.3%(见表14-3)。

表14-3 中国能源主要进口来源国进口量及份额(2016年)

单位:原油(万吨),天然气(亿立方米),煤炭(万吨)

品种		国别	所属地区	进口量	数量份额(%)
原油		俄罗斯	苏联	5 248	13.8
		沙特阿拉伯	中东	5 101	13.4
		安哥拉	西非	4 374	11.5
		伊拉克	中东	3 621	9.5
		阿曼	中东	3 506	9.2
天然气	管道天然气	土库曼斯坦	中亚	299	40.0
		乌兹别克斯坦	中亚	44	5.9
		缅甸	中亚	39	5.3
	液化天然气	澳大利亚	大洋洲	165	22.2
		卡塔尔	中东	69	9.2
		印度尼西亚	中亚	38	5.2
		马来西亚	东南亚	36	4.8
煤炭		印度尼西亚	东南亚	10 371	40.6
		澳大利亚	大洋洲	7 049	27.6
		蒙古	东亚	2 640	10.3
		朝鲜	东亚	2 246	8.8
		俄罗斯	苏联	1 877	7.3

数据来源:海关信息网。

二、能源进口运输方式多样化

目前,中国海陆油气通道建设初具规模,逐步形成东北、西北、西南及海上四条油气输送通道。陆路油气输送通道主要有中哈油气管道、中俄油气管道及中缅油气管道(见表14-4)。截至2016年年底,已建好的油气管道输送原油2593万吨,天然气439亿立方米,分别占原油、天然气进口总量的6.8%、58.8%。按设计输送能力来看,中哈、中俄、中缅油气管道的设计年输油量分别为2000万吨、1500万吨和2200万吨,年输气量分别为850亿立方米、380亿立方米和120亿立方米,如果按设计输送能力计算,每年通过陆路管道运输进入中国的原油和天然气总量分别为5700万吨、1350亿立方米,分别是原油、天然气进口总量的15.0%、180.0%(按2016年原油进口量为38101万吨、天然气进口量为746亿立方米计算)。陆路油气通道的建设有助于打破中国油气进口长期以来对海上运输的严重依赖,尤其是中缅原油管道将从中东、非洲进口的原油直接通过管道运往中国内陆,绕过了马六甲海峡。

表14-4 中国原油、天然气进口通道的进展

	管道	途径地区	设计输量	开工建设时间	(计划)建成投产时间
原油通道	西北:中哈原油管道	哈萨克斯坦、中国	2000万吨/年	2004年	2009年7月
	东北:中俄原油管道	俄罗斯、中国	1500万吨/年,最大年输油量3000万吨	2009年4月	2011年1月
	西南:中缅原油管道	缅甸、中国	2200万吨/年	2010年6月	2017年4月
天然气通道	西北:中亚天然气管道 — 中亚A线天然气管道	乌兹别克斯坦、哈萨克斯坦、中国	150亿立方米/年	2008年7月	2009年12月
	中亚B线天然气管道	乌兹别克斯坦、哈萨克斯坦、中国	150亿立方米/年	2008年7月	2010年10月
	中亚C线天然气管道	乌兹别克斯坦、哈萨克斯坦、中国	250亿立方米/年	2011年12月	2014年5月
	中亚D线天然气管道	乌兹别克斯坦、塔吉克斯坦、吉尔吉斯斯坦、中国	300亿立方米/年	2014年9月	"十三五"期间
	西南:中缅天然气管道	缅甸、中国	120亿立方米/年	2010年6月	2013年7月
	东北:中俄天然气管道 — 中俄东线天然气管道	俄罗斯、中国	380亿立方米/年	2014年9月	"十三五"末期
	中俄西线天然气管道(因价格问题,搁置)	—	300亿立方米/年	—	—

资料来源:作者整理。

三、探索国际油气交易中心建设

目前中国组建了上海国际能源交易中心、上海石油天然气交易中心等平台,积极发展能源现货、期货等衍生品的交易,逐步培育和建立全球联系的期货和现货石油、天然气产品市场,减少"亚洲溢价"(见表14-5)。上海石油天然气交易中心2016年完成天然气交易305亿立方米,单边交易量占全国消费总量的7.3%,2017年的天然气交易量为512亿立方米,单边交易量占全国消费总量的10.7%(宋薇萍,2017)。

表14-5 上海国际能源交易中心、上海石油天然气交易中心基本情况

机构名称	成立时间	经营范围	目标	大事记
上海国际能源交易中心	2013年11月	组织安排原油、天然气、石化产品等能源类衍生品上市交易、结算和交割,制定业务管理规则,实施自律管理,发布市场信息,提供技术、场所和设施服务	致力于建设一个能客观反映亚太能源供求关系的国际化能源衍生品平台	1. 2014年10月,能源中心与迪拜商品交易所(DME)在迪拜签署了谅解备忘录 2. 2017年5月,能源中心正式发布原油期货业务规则
上海石油天然气交易中心	2015年3月	开展天然气、非常规天然气、液化石油气、石油等能源产品的现货交易,提供交易相关的技术、场所和设施服务,以及资讯与信息服务	旨在成为具有国际影响力的石油天然气交易平台、信息平台和金融平台	1. 项目交易中心于2015年7月启动试运行,2016年11月正式上线运行 2. 2017年7月,交易中心联合中海石油气电集团有限责任公司浙江销售分公司首次推出液化天然气竞价交易

资料来源:上海国际能源交易中心、上海石油天然气交易中心官方网站。

四、创新金融服务,助力能源投资

中国与"一带一路"沿线国家的经济合作重点包括基础设施互联互通、能源资源合作、工业园区和优势产能合作等。能源企业以往对外投资合作的领域一般是能源生产的上游,主要为了获取能源。"一带一路"倡议提出以来,尤其是在周边区域国家内,逐步加强了对下游产业的投资。资源国由于技术落后、生产设备陈旧、基础设施建设老化,急需中国给予技术、生产设备和资金方面的支持,因此加强下游能源炼化等方面的投资是中国能源对外投资的新动向。

从投资资金来源看,中国目前已有和在建的七大资金平台可以为"一带一路"提供资金支持。亚洲基础设施投资银行和丝路基金是最主要的资金提供方。亚投行主要从事中长期债权融资,为"一带一路"沿线国家的基础设施建设提供资金

支持。丝路基金主要从事中长期股权融资,利用中国外汇储备资金直接支持"一带一路"建设。截至2017年6月,丝路基金投资规模已经超过60亿美元,投资覆盖"一带一路"沿线多个国家。丝路基金目前已先后投资俄罗斯亚马尔液化天然气一体化项目、西布尔公司天然气及石化项目等一系列重大项目,并出资20亿美元设立了中哈产能合作基金(温馨和马晓成,2017)。截至2017年7月,亚投行已批准17个项目,价值28亿美元。

五、能源工程承包、技术合作和装备出口力度加大

"一带一路"沿线国家是中国能源工程、技术、装备"走出去"的主要市场和优势产能合作的重要地区,电力和油气是"走出去"的重点领域。

中国电力装备技术已达到世界先进水平,据不完全统计,截至2015年年底,主要电力企业在建项目数量1639个,在建项目合同额累计1548亿美元,同比增长约8.8%。对外承包项目领域主要集中在火电站、输变电、水电站、市政工程等能源与基础设施项目。同时,电力设备和技术出口规模增长较快,设备和技术出口金额为137亿美元,同比增加约153.0%;主要出口设备类型集中在电力设备元件、电厂单元设备及监控保护系统等方面。技术服务主要集中在勘测设计及项目管理方面;设备出口及技术服务地区主要集中在亚洲、非洲、欧洲等地。

在油气领域,"一带一路"沿线国家工程技术装备需求市场大,而沿线国家当地工程技术装备能力偏低,总体上供给不足。中国石油工程技术服务和装备制造实力强,并具备明显的低成本优势,且拥有复杂大型项目的工程技术服务经验和工程总承包能力,与"一带一路"沿线国家的市场、需求具有很好的契合点。2015年,沿线国家石油工程技术服务市场投资规模约1568亿美元,占同期世界石油工程技术服务投资总额的45%,石油装备年需求量在300亿美元以上。2015年中石油在"一带一路"沿线30多个国家开展能源工程技术服务和工程建设承包业务分别占这两项业务海外总收入的57%和80%。工程技术服务业务同时带动了装备制造业务的出口,实现了良好的投资回报和带动效应(王震,2017)。

六、积极推进双边、多边能源合作机制

在双边合作方面,目前已有50多个国家与中国签署相关合作协议。以中亚为例,自"一带一路"倡议提出以来,中国与乌兹别克斯坦、哈萨克斯坦、吉尔吉斯斯坦签署了多份合作协议(见表14-6)。

表 14-6 2014 年以来中国与中亚国家签订的双边文件

国家	签订文件	时间	有关能源合作的主要内容
中国、乌兹别克斯坦	《中华人民共和国和乌兹别克斯坦共和国联合声明》	2016.6	将在能源领域深化互利合作,探讨油气、煤炭、电力领域合作项目
	《中华人民共和国和乌兹别克斯坦共和国关于进一步深化全面战略伙伴关系的联合声明》	2017.5	支持中国进出口银行和国家开发银行在《中华人民共和国商务部和乌兹别克斯坦共和国对外经济关系、投资和贸易部关于投资合作的谅解备忘录》框架下为能源领域富有前景的投资项目提供融资
中国、哈萨克斯坦	《中华人民共和国和哈萨克斯坦共和国关于全面战略伙伴关系新阶段的联合宣言》	2015.8	深化核能领域合作,推动和平利用核能领域的合作项目 拓展和深化中哈全面能源伙伴关系,开展油气田勘探开发、原油加工等领域新项目合作,扩大对华能源出口。双方愿加快中哈原油管道扩建、中哈天然气管道二期(别伊涅乌—巴佐伊—奇姆肯特)建设,以及奇姆肯特炼油厂现代化改造项目 哈愿就建设第四炼油厂同中方开展合作,愿研究在中国西部地区进行原料加工合作的可能性。双方将进一步深化油气领域配套合作,扩大煤炭领域合作,包括煤炭综合加工和生产高附加值产品
	《中华人民共和国政府和哈萨克斯坦共和国政府联合公报》	2015.12	依据 2015 年 8 月签署的《中华人民共和国政府与哈萨克斯坦共和国政府关于加强产能与投资合作的框架协议》,推动能源领域的项目在 2016 年开工 扩大和深化能源合作,按时落实中哈原油管道扩建、中哈天然气管道二期(别伊涅乌—巴佐伊—奇姆肯特)建设、奇姆肯特炼油厂改造项目;扩大煤炭领域合作,包括煤炭开发和生产高附加值产品;继续深化核领域合作,推动和平利用核能领域合作项目
	《中华人民共和国和哈萨克斯坦共和国联合声明》	2017.6	拓展和深化核能领域合作,推动和平利用核能领域的合作项目 拓展和深化能源合作,开展油气田勘探开发、原油加工等领域合作,推动两国能源贸易稳步发展
中国、吉尔吉斯斯坦	《中华人民共和国政府和吉尔吉斯共和国政府联合公报》	2016.11	进一步深化能源合作,推动中国—中亚天然气管道 D 线项目

资料来源:中国一带一路网。

在多边合作方面，2016年6月，中国、蒙古、俄罗斯三国元首共同签署了《建设中蒙俄经济走廊规划纲要》，标志着"一带一路"首个多边经济合作走廊正式实施。在能源方面，着力加强三方在能源矿产资源领域的产能与投资合作，实现产业协同发展，形成紧密相连的区域生产网络。具体包括：研究新建输电线和新发电设备的经济技术合理性；在具体建议形成的情况下，研究过境蒙古国的中俄原油及天然气管道的合理性；继续推动三方在核能、水电、风电、光伏能源、生物质能源等方面的合作。2017年5月，中国在北京主办"一带一路"国际合作高峰论坛，全面总结"一带一路"建设的积极进展，共商下一阶段重要合作举措。

第三节 "一带一路"倡议下中国能源国际合作前景展望

"一带一路"是世界上跨度最长的经济大走廊，贯通中亚、东南亚、南亚、西亚乃至欧洲部分区域，东、西侧各连接着亚太和欧洲经济圈，沿线绝大多数是新兴经济体和发展中国家，发展潜力巨大。中国是世界上最大的能源消费国，要想在国际市场上拥有更大的话语权，应适应世界能源新形势，并积极融入能源国际合作中。实施"一带一路"倡议，意味着中国能源国际合作将从被动应对向主动作为转变，保障中国能源供给安全、提升国际市场的话语权等。

2017年5月，国家发展和改革委员会、国家能源局联合发布了《推动丝绸之路经济带和21世纪海上丝绸之路能源合作愿景与行动》（下称《能源合作愿景与行动》），对"一带一路"倡议背景下中国能源国际合作进行了定位："加强'一带一路'能源合作旨在共同打造开放包容、普惠共享的能源利益共同体、责任共同体和命运共同体，提升区域能源安全保障水平，提高区域能源资源优化配置能力，实现区域能源市场深度融合，促进区域能源绿色低碳发展，以满足各国能源消费增长需求，推动各国经济社会快速发展。"随着"一带一路"倡议的深入实施，中国能源国际合作将在现有基础上不断广化和深入，开创新格局。

一、形成多元化能源进口来源新格局

为应对中国能源对外依存度不断上升、能源进口来源地相对集中的局面，缓解中国能源供需矛盾，保障中国能源供应安全，中国能源需要形成多元化能源进口来源新格局。这就要求在巩固现有的中东、非洲供应外，开拓新领域，加强与俄罗斯和中亚地区的能源合作。尤其是考虑到中亚地区的能源禀赋与地缘优势，中国可能在"一带一路"倡议框架下助推中亚地区成为新的能源供应中心。

在能源禀赋方面，中亚地区不仅自身油气资源丰富，还处于全球油气资源核心地带——"中东—中亚—俄罗斯"油气带的中心位置，能源开发潜力巨大。随着能源开发技术的提升以及能源运输通道的完善，以中亚地区为支点，带动中东、西亚、外高加索、里海、俄罗斯等地区能源开发的规模效应将逐步显现。在区位优势

方面,中亚地区与中国新疆接壤,为进一步释放中亚地区对中国的能源供应潜力提供了地理便利。这种便利使得中国能够构建与中亚地区直通的能源运输网络,避免经过第三方国家或地区,为中国的能源供应增加了稳定的陆路渠道,极大地提高了能源供应可靠性。在政治基础方面,中国与中亚地区已有良好的政治合作与互信底蕴,有利于深化中国与中亚地区在能源领域的合作。共同建设"丝绸之路经济带"最开始就是在习近平主席访问哈萨克斯坦时提出的。中国与中亚5国早在2013年就全部建立了战略伙伴关系。此外,2001年成立的上海合作组织也为中国与中亚地区在政治、经济、安全上的互助打下了良好的基础。

二、在区域能源共同体建设中实现中国能源"走出去"与"引进来"的有机结合

"一带一路"沿线国家在能源供需、产业配置等方面的互补性很强,合作潜力巨大。在油气市场方面,"一带一路"倡议涵盖了中东、中亚、俄罗斯等油气输出地,同时涵盖了中国、印度等油气消费增长极,推动构建区域油气共同体,建立更为开放互补的区域油气供需格局,有利于实现供需双方的长期稳定发展,目前已形成中国—中亚—俄罗斯油气共同体的雏形。在电力市场方面,"一带一路"沿线各国供需互补性强,推动构建区域电力共同体,有利于推进区域电网升级改造,满足跨国跨区域的错峰用电,促进区域电力供需平衡,实现区域内电力资源的集约利用,目前已形成中国—东盟、中国—中亚、中国—蒙古—俄罗斯—韩国(东北亚)、孟中印缅、中亚—南亚等几个电力共同体的雏形。

经过40年的改革开放,中国在产业、技术、资金、人才、管理等方面积累了相对雄厚的基础,通过构建"一带一路"沿线区域能源共同体,可有效结合中国能源产业的"走出去"与沿线国家的"引进来",促进区域能源基础设施建设,破解区域能源发展瓶颈。例如,"一带一路"沿线国家油气产业发展较为滞后,加工炼化、技术服务与装备制造能力相对不足,而中国在这些方面均有较明显的优势和富余的能力,通过在炼厂扩建、油田工程技术服务、装备制造等领域的合作,一方面可转移中国富余的生产能力,另一方面可促进当地油气产业的快速发展。

在能源投资对象方面,中国海外能源投资将更加着重对清洁、可再生能源的投资。"一带一路"沿线各国都已将开发新能源和替代能源置于能源战略的重要位置。根据《推动共建丝绸之路经济带和21世纪海上丝绸之路的愿景与行动》(下称《愿景与行动》),中国将顺应全球能源格局发展新趋势,能源投资的合作重点除了加大传统能源资源勘探开发合作,也要积极推动水电、核电、风电、太阳能等清洁、可再生能源合作。在能源投资主体方面,将私人资本引入"一带一路"能源重点项目建设。在《愿景与行动》提到,"引导商业性股权投资基金和社会资金共同参与'一带一路'重点项目建设"。作为为基础设施建设提供资金支持的亚投行,其未来三个重点领域之一便是引入公私伙伴关系模式,鼓励更多的私人资本参与基础设施建设项目,提升其参与基础设施投资的能力。在上下游产业链方面,随着"一带一路"建设的推进,大力开拓沿线资源国上下游领域的投资机会,加强对外能源全产业链投资,推进能源资源就地、就近加工转化合作。同时,逐渐扩大能源投资的广度和深度,向炼化、管道、工作技术服务在内的全产业链迈进,实现共同发展。

三、形成以中国为主导、辐射亚欧大陆的金融服务机制

在油气定价权方面,长期以来亚洲地区都缺乏有国际影响力的石油天然气现货和期货交易平台,而且由于中国能源金融衍生品(包括油气现货、期货、金融产品合约、绿色金融等)发展缓慢,不利于国内石油天然气经营者利用金融工具进行套期保值,难以应对国际市场价格波动带来的风险。"一带一路"的战略实施将会改变这一被动局面。上海国际能源交易中心和上海石油天然气交易中心的组建,将充分发挥市场配置资源和价格发现的功能。上海国际能源交易中心近期推出原油期货业务,将大大提高中国在国际原油市场定价的话语权。上海石油天然气交易中心将按照"先现货后期货,先气后油"的发展模式,逐步开展中远期合同交易,最后拓展期货交易业务。

在推进能源贸易本币结算方面,《愿景与行动》提到,"扩大沿线国家双边本币互换、结算的范围和规模"。目前,中国主导建立了一系列国际性投融资平台,包括亚洲基础设施投资银行、亚洲债券基金倡议、丝路基金、金砖国家开发银行等,与原有的欧美国家主导的一套国际金融组织体系相平行,形成必要的补充而非替代关系。同时,从国内金融机构来看,国家开发银行、中国进出口银行正在推进"一带一路"项目储备库,同中国主导的新兴国际金融机构一起加大对战略资源类项目、跨国管道建设的支持力度,为能源交易枢纽创造有利条件,推动区间结算平台的建设,争取推进合作项目人民币结算,促进亚洲定价中心发展。上海国际能源交易中心推出的原油期货业务可实现境内市场与全球市场的融通,表现在原油期货以人民币计价,充分利用人民币跨境使用、外汇管理等金融创新政策。

四、建立多边能源合作新机制

现有全球能源治理体系总体上是以美国、欧洲等发达经济体为主导形成的,规则和程序更加有利于维护这些主要发达国家的利益。国际能源署、国际能源宪章组织等国际组织是发达的石油消费国政府间的经济联合组织,明显倾向于主要的发达经济体。全球能源定价机制基本由发达经济体通过构建金融化的全球能源现货期货市场和高层次能源咨询智库机构控制,在很大程度上制约了发展中国家。当前,以中国、印度为代表的发展中国家成为引领世界经济增长的引擎,在国际能源市场上不断提高的地位与其在国际能源市场中的影响力和话语权明显不匹配。随着世界能源消费中心向发展中国家转移,能源贸易重心从大西洋盆地逐

渐向亚太地区转移,需要建立更适合亚洲地区的多边能源合作机制。"一带一路"沿线集中了重要的能源供应国和新兴的能源消费大国,是全球能源增量市场的主要贡献者,为了深入推进区域国际能源合作,可以充分依托"一带一路"倡议,建立多边能源合作新机制。

早在 2006 年俄罗斯总统普京便提出了建立"上海合作组织能源俱乐部"的倡议,目标是改善地区能源安全、协调各国能源战略,促进能源生产方、运输方、消费方之间的协作,得到参会人员的认同。2013 年 9 月,在上海合作组织成员国元首理事会第十三次会议上,中国国家主席习近平发表《发扬上海精神,促进共同发展》,再次提议成立能源俱乐部,协调能源合作,保证供求关系的稳定性,促进能源安全,并在提高能效、开发新能源等方面开展全面合作。可见中国及沿线国家对建立多边能源合作新机制早已有了共识。2017 年 5 月,国家能源局相关负责人就《能源合作愿景与行动》答记者问时提到,中国倡议建立一个"一带一路"国家和地区共同参与的开放性和共享性的平台——"一带一路"能源合作俱乐部,以增进理解、凝聚共识,共同探讨各国能源发展面临的问题,扩大各国间的能源合作和交流,推动各国间的人才交流和信息共享。

《愿景与行动》指出,"积极利用现有双多边合作机制,加强双边合作,强化多边合作机制作用"。无论是顶层战略设计还是具体实践路径,都力图将"一带一路"沿线国家的合作推向一个更高的层次,促进要素流动、资源有效配置和市场深度融合,开展更大范围、更高水平、更深层次的区域合作,打造以中国为主要力量参与构建的全球合作共赢的良好范本。所以,对中国及沿线国家更为有利的方式是:通过"一带一路"多边合作机制,加强与主要能源供应国的利益协调,最终在新的多边政治互信基础上,建立新的多边能源合作机制。这将显著增强中国在全球能源治理方面的话语权。

第十五章　推动海南自贸区打造国际飞机租赁中心的政策建议[①]

在海南建省办经济特区30周年之际,国家制定下发了《关于支持海南全面深化改革开放的指导意见》,赋予海南改革开放新的重大责任和使命。依托海南区位优势、产业特色,以打造国际飞机租赁中心为重要战略定位之一,将为建设体现中国特色、符合海南发展要求的自贸区(港)探索创新发展路径。

第一节　海南自贸区发展飞机租赁产业的必要性

一、可作为海南自贸区(港)金融创新的重要落地抓手

根据《关于支持海南全面深化改革开放的指导意见》,海南自贸区将不以转口贸易和加工制造为重点,而以现代服务业等为主导,围绕金融等重点领域,深化现代服务业等对外开放,实行高水平的贸易和投资自由化便利化政策。飞机租赁是集融资与融物、贸易与技术更新于一体的新型金融产业,业务操作综合财务、税务、保险、担保、法律等专业,涉及航空运输及飞机制造等产业,多为跨国性交易,是我国深化金融领域改革与开放的重要抓手之一。2013年,国务院办公厅下发《关于加快飞机租赁业发展的意见》,强调加快发展飞机租赁业有利于优化金融资源配置,促进金融业务多元化和国际收支平衡,具有重要的现实意义和深远的战略意义。因此,在海南发展飞机租赁业务,将有利于扩大金融业对外开放,推动海南传统产业优化升级,培育形成经济增长的新动能。

二、为海南航空运输能力提供坚实支持,推动泛南海航空枢纽建设

2018年博鳌亚洲论坛上,海南省省长提出将围绕打造泛南海国际贸易和航运枢纽,力争在近三年内开通国际航线100条以上。航空运输产业是海南"打造成为我国面向太平洋和印度洋的重要对外开放门户""建设国际旅游消费中心"的重要支撑。随着海南59国人员入境旅游免签证政策落地实施,企业国际总部和区域总部经济加快推进,旺盛的商旅消费需求将带动国内外航空运输企业的航线布局,海南自贸区的航空运输产业势必迎来新一轮的大发展。大力发展飞机租赁业

[①] 本章相关内容已发表:曾旎缯.海南自贸区建设国际飞机租赁中心构想[J].开放导报,2018(6):103—106.

教育部哲学社会科学系列发展报告
MOE Serial Reports on Developments in Humanities and Social Sciences

将有利于扩大机队规模,提升国家航空服务能力和综合应急能力;同时,大规模的飞机运力引进需求,将对飞机租赁的支撑服务能力提出更高要求。因此,发展飞机租赁产业对海南乃至中国航空业的发展将起到重要支撑作用。

三、有利于加强与"一带一路"国家航空产业的互动,推动海南自贸区(港)与各国务实合作

海南位于"两亚"(东南亚、东北亚)往来"两洲"(亚洲、大洋洲)的十字路口,海口、三亚更是我国"21世纪海上丝绸之路"的重要战略支点,地理位置优越。"一带一路"建设,交通运输要先行,航空运输网络的搭建需要产业链相关主体的紧密合作。飞机作为一种全球性的资产,变换所有者及其管辖区十分便利,以飞机租赁公司为主导,可以建立与"一带一路"沿线各国航空公司的密切合作,推动航空运输产业链的跨国整合,有利于推动海南国际航空枢纽建设;同时,由于未来10年到20年是国产大飞机市场开拓以及航空制造业转型升级的关键阶段,依托我国飞机租赁公司,还可推动国产大飞机在"一带一路"沿线各国的推广使用,更将推动各国的航空运输服务体系建立更为紧密的联系。海南利用建设自由贸易区(港)的契机,依托先行先试的政策优势,可通过飞机租赁产业加强同"一带一路"沿线国家和地区在航空运输领域多层次的务实合作,发挥战略性作用。

四、有利于推动海南自贸区(港)深度参与全球价值链重构

当前,全球竞争已经从市场份额竞争转变为价值链位置的竞争,自由贸易港是当今世界最高水平的开放形态,海南自贸区需要在观念、体制机制上进行相应转型升级,依托特定优势产业推动在全球价值链竞争中的地位与作用。飞机租赁居于现代航空产业链价值高端位置,且未来市场空间与价值巨大。波音2017年发布的《市场展望报告》显示,未来20年全球商用飞机新增规模达41 030架,总价值约6.1万亿美元,复合增长率为4%—6%;其中,39%的新飞机将交付给亚洲,中国未来20年预计需要7 240架新飞机,总价值达1.1万亿美元。全球第三大飞机租赁商AVOLON的研究显示,全球飞机租赁市场的渗透率为67%。以此测算,未来20年,全球飞机租赁市场总规模将达到4.1万亿美元,年均增长4.6%;中国飞机租赁市场总规模将达到0.74万亿美元,年均增长6%。与此同时,近十年来,全球飞机租赁市场格局正在重塑,2017年中国租赁公司拥有中国市场在租飞机总数的一半以上、新增租赁飞机85%以上,拥有世界飞机租赁市场份额的1/10。随着中国租赁公司的崛起,在海南自贸区发展飞机租赁产业,培育形成全球飞机租赁产业高地,推动自身走特色发展之路正当其时。

第二节 国内外飞机租赁产业集聚发展的经验借鉴

一、爱尔兰：全球最大的飞机租赁聚集地

1975年，爱尔兰成立了吉尼斯·匹特航空公司（全球最大飞机租赁公司GECAS的前身），开启了爱尔兰飞机租赁业的发展。如今，爱尔兰已经发展成为全球最大的飞机租赁聚集地，吸引了全球机队规模排名前列的飞机租赁公司入驻，建立了完整的飞机租赁产业链，管理和拥有全球9 000多架飞机，约占全球租赁飞机的一半。爱尔兰发展飞机租赁的优势主要有以下几点。

（一）相对优惠的税收政策

在当地设立的飞机租赁企业适用12.5%的企业所得税税率；爱尔兰对飞机租赁企业的增值税和印花税方面予以豁免；爱尔兰遵循欧盟海关法律，飞机进入欧盟的关税在飞机用于商业目的的情况下免除。在税务申报时，飞机资产可采用8年直线折旧、无残值，即每年折旧率最高可设定为12.5%，应税利润总额显著降低。此外，对在已与爱尔兰签署了全面避免双重征税协议的国家开展业务，还可消除或减轻双重征税。税收政策带来的交易成本降低使得设立在爱尔兰的租赁公司提升了其在全球市场的竞争优势。

（二）较为完善的法律保障体系

爱尔兰为飞机租赁产业提供了完善的法律保障。在司法体制方面，爱尔兰基本沿袭英国习惯法，与英国具有较高的类似性，能够为债权人提供有效的保护，违约情况下债权人保护有利于飞机资产取回，有效保障了飞机租赁公司的合法权益，从而推动了当地融资租赁业务的开展。

（三）积极提供经营便利条件

爱尔兰政府营造了促进当地飞机租赁产业发展的宽松经营环境。比如，飞机租赁公司的注册流程简便、分支机构设立不受限；对飞机租赁业务不设置专门的监管要求；对资金跨国流动、资产取回等均无管制或限制；租赁公司开展经营的制度成本较低。

（四）良好的支持服务产业环境

经过四十余年的发展，爱尔兰租赁配套服务体系发展迅速、臻于完善，在飞机租赁产业专业化服务、人才储备等方面保持了相对高度和独特优势。比如，对处于设立初期或成熟期的各类型飞机租赁公司，都有专业的服务公司提供所需的外包服务，为飞机租赁公司迅速走上正轨、拓展业务提供有力的专业化支持。

二、天津东疆：我国最大、全球第二大飞机租赁聚集地

2011年5月，国务院批准天津东疆为我国唯一飞机租赁创新试点区，并下发《国务院关于天津北方国际航运中心核心功能区建设方案的批复》（国函〔2011〕51

号),明确批复天津东疆港区多项先行先试措施支持。截至2018年4月,注册租赁企业2754家,累计完成1140架飞机租赁业务,约占我国内地飞机租赁业务增量的90%,租赁资产总规模已超过9000亿元人民币,成为全球第二大飞机租赁聚集地。天津东疆飞机租赁业务的快速发展主要得益于四点政策支持。

(一)税收优惠:"不予不取",地方税收按比例返还

天津市人民政府对东疆保税区实行"不予不取"政策,即东疆产生的地方税收全部留存东疆,以支持东疆的建设发展。东疆保税港区管委会根据企业的投资规模、业务规模等条件,与企业最终正式签署《合作备忘录》。飞机租赁企业的财政扶持主要为:将企业所得税/预提所得税地方留成40%部分,增值税/代扣代缴增值税地方留成50%部分,印花税/地方附加地方留成100%部分等税收按一定比例予以返还。

(二)金融政策:收取外币租金、外商企业资本金意愿结汇

2011年,国务院印发《关于天津北方国际航运中心核心功能区建设方案》,允许在东疆保税港区注册、有离岸业务需求的企业开设离岸账户;对于具有真实贸易背景的融资筹资需求,支持商业银行在商业原则基础上提供人民币融资便利。2012年,国家外汇管理局批准将天津东疆保税港区纳入外商投资企业外汇资本金结汇改革试点范围,注册于东疆的外资租赁公司的外汇资本金可意愿结汇,意愿结汇比例暂定为100%,意愿结汇降低了企业的汇率波动风险。

(三)营商环境:提供宽松的经营环境和更好的法律保障

天津东疆保税区在行政审批方面提供便利,海关、外管、商务委、税务等部门形成联合团队,提供一站式、高效的企业登记注册服务;对于资信良好和业务成熟的融资租赁企业,东疆保税港区支持其设立项目子公司,并不对最低注册资本金进行限制;准予其以绝对控股方式设立单机项目公司,简化和规范其在境外设立项目公司和专业子公司的审批手续。此外,针对融资租赁物权属争议问题,取得最高法院批准天津市进行租赁合同司法解释试点,出台相关案件审理的指导意见,使得租赁公司权益得到更好的保护。

(四)海关监管:简化申报手续,创新监管模式

其一,推行"空中申报、落地放行"模式。可于租赁飞机到达前,在东疆保税港区办理入区备案申报手续,同时完成租赁贸易或转关申报工作,实现飞机落地放行。其二,推行"离岸业务"通关模式。享受实行实货不入区、仅备案、不报关的通关流程。其三,采用"属地申报,口岸验放"模式。注册于东疆的租赁公司负责完成整体通关流程,属地海关和异地海关加强沟通与合作,实现租赁物品异地海关顺利进出境。

从"爱尔兰模式"和"东疆模式"可以看出,两地飞机租赁业务发展的可借鉴之处为:第一,低税率优惠是飞机租赁企业聚集的重要因素;第二,应提供宽松的经

营环境,适度放开融资和资本管制,拓展飞机租赁企业融资渠道;第三,要推动行业相关要素聚集,形成与飞机租赁业相配套的产业群,为租赁业发展提供完善的支持。

第三节 海南发展飞机租赁产业、打造国际飞机租赁中心的思路及建议

一、发展思路

借鉴爱尔兰及天津东疆飞机租赁产业发展的成熟经验,结合海南的区位及政策优势,海南自贸区发展飞机租赁产业相关思路建议如下:

(一)发展原则:政策先行,优化环境

一是坚持政策、制度创新带动功能创新,进而促进产业创新,通过政策优势与制度创新,形成后发优势;二是注重综合配套环境的同步提升,打造更加优良的营商环境,吸引龙头企业入驻,促进飞机租赁企业健康、可持续发展;三是构建适应自由贸易试验区(港)发展需求的政策体系,培育、聚集关联产业发展,形成飞机租赁全球聚集高地。

(二)发展定位:打造"一带一路"离岸飞机租赁中心

目前,我国国内飞机租赁业务的发展已取得成效,但与《关于加快飞机租赁业发展的意见》中提出的"2020年至2030年,打造飞机租赁产业集群,形成若干具有国际竞争力的飞机租赁企业"还有较大差距。目前,我国国际离岸租赁业务几乎空白,2015年7月我国飞机租赁企业才完成国内首单飞机离岸租赁业务,离岸飞机租赁业务量不超过10单。海南自由贸易区(港)应以"离岸租赁和出口租赁等细分领域"为重点,建成与国际接轨的飞机租赁发展生态体系,搭建全球飞机租赁产业聚集高地,服务"一带一路"沿线国家,培育形成与天津东疆"南北呼应、协同发展"的大格局。

(三)发展路径:以创新提升综合服务水平

一是积极出台相关配合政策,鼓励飞机租赁企业创新业务开展模式,支持开展离岸租赁、出口保税租赁等业务,支持探索开展风险租赁业务;二是发展以飞机租赁业务为核心的总部经济,支持鼓励国内外具有带动效应的飞机租赁龙头企业在海南设立国际总部\亚太区域总部,吸引带动一批飞机租赁服务类企业落户,努力建成飞机租赁企业的主要集聚地;三是培育飞机租赁资产交易市场,营造一个国际化的、完备的交易环境,使其成为打通航空制造、航空公司、航空服务全链条的核心环节,在中国航空全产业链发展中承担起推动作用。

二、政策建议

（一）增大税收优惠力度

参照爱尔兰及天津东疆的发展模式，为飞机租赁企业提供较为优惠的税收减免。一是待产业发展和政策条件相对成熟后，积极争取中央支持对在海关特殊监管区域内注册的飞机租赁公司免除飞机租赁业务增值税、印花税，降低所得税税率至10%。二是若不能直接降低税率，则提供税收返还政策，以达到实际降低税负的效果。返还总金额为：项目期内，增值税、印花税与所得税返还总额；第1—4年，增值税返还缴纳金额的100%，印花税返还缴纳金额的100%，所得税返还缴纳金额的100%；第5—12年，增值税返还缴纳金额的95%，所得税返还缴纳金额的50%。三是签订双边税收协定，便于开展国际业务。现在很多国内飞机租赁公司将业务总部设立在爱尔兰，为留住中资租赁公司并吸引境外飞机租赁公司到海南自贸区操作飞机租赁业务，需大力推动国家与包括"一带一路"沿线各国的双边税收协定签订工作，提高跨境飞机租赁业务竞争力。四是在会计处理方面，比照爱尔兰政策，允许税务8年加速折旧政策，降低租赁期间的税负，当年亏损可抵扣前一年的利润和未来永久利润，为飞机租赁公司提供更多的灵活性及优惠。

（二）适当放开金融管制，强化资金保障

一是放宽用汇、用债限制。支持外商投资飞机租赁企业资本金意愿结汇，支持飞机租赁企业利用国家外汇储备开展跨境业务，支持租赁业务收取外币租金，允许飞机租赁企业在境外开立人民币账户等。二是拓展境内、境外多元化融资渠道。争取中国人民银行给予飞机租赁企业等于或低于给予商业银行的固定利率的长期贷款；构建全球性租赁资产交易平台，推动飞机租赁资产处置的便利化；支持在海南注册的飞机租赁企业发债及上市。三是提供专项资金保障。设立海南飞机租赁产业发展基金，对飞机租赁产业予以重点支持，对于海南飞机租赁产业发展带动性强、经济发展贡献大的重点项目，按照"一事一议"的原则，根据具体情况具体研究确定，另行予以重点扶持。

（三）创新海关监管模式，简化申报手续

一是针对海口保税区位于较远的澄迈县境而美兰机场不属于海关特殊监管区域的问题，应创新监管模式，对于注册在海关特殊监管区域内的融资租赁公司从境外购买并租给国内航空公司使用的、空载质量在25吨以上的飞机，在确保有效监管的前提下，充分运用全国通关一体化机制、通关联动监管模式，委托机场海关监管予以解决飞机实际入区的问题。二是可借鉴天津东疆模式，争取在美兰机场划定临时跑道和专用区域，用于为以租赁方式进口的飞机办理入境手续和停靠。随着飞机租赁业聚集高地的形成和自贸区建设的推进，争取在美兰机场设立海关特殊监管区。

（四）优化营商环境，鼓励业务创新

一是放宽飞机引进指标限制。目前我国飞机引进审批环节较多，审批时间较长，通常在半年至一年之间，在飞机引进指标方面，民航局设有不同额度的限制。可在海南进行飞机引进改革试点，简化飞机引进审批限制，扩大飞机引进指标额度，增大飞机租赁企业引进飞机的自主权。二是简化飞机引进审批限制。简化飞机引进批文、外债批文流程，将部分审批权限下放至海南。三是支持项目子公司设立与业务开展。支持资信良好和业务成熟的飞机租赁企业在海南设立项目子公司，对最低注册资本金不做限制，允许其公司住所与母公司相同，允许以绝对控股方式设立单机项目公司，允许飞机专业子公司持续经营多个飞机项目。四是允许和鼓励金融租赁企业探索飞机保税租赁、航空器经营租赁、飞机出口租赁、飞机离岸租赁、境外筹措外债租赁、跨境人民币结算租赁等飞机租赁交易创新结构和模式。

（五）鼓励引入及培养专业人才

一是积极推动海南大学等高等院校设立租赁专业或者租赁学院，培养租赁专业本土人才供给。二是建立从业人员资格认定和准入制度，开展飞机租赁专业培训，培养一批既懂航空制造专业知识，又熟悉金融保险、国际贸易、法律、税务、财务等与国际接轨的专业人才，服务于飞机采购、租赁、适航转移、调机、进出口和飞机保险等产业链的各个环节。三是依托海航集团等海南本土航空租赁企业平台，从天津东疆、香港、爱尔兰等地引进一批飞机租赁的优秀人才，为产业发展聚集人才资源。四是制定优惠政策吸引人才、留住人才，比如对飞机租赁公司高管和专业技术人才进入海南工作实行适当的工资薪金免征个人所得税政策支持。

第十六章 乡村振兴战略背景下的农村基础设施建设[①]

——基于公共经济学的视角

第一节 问题提出

党的十八大以来,以人民为中心的发展思想得到深入贯彻,人民获得感显著增强,但相对而言,农村居民与城镇居民的生活水平仍存在一定差距,城乡发展不平衡、农村发展不充分,仍是当今中国社会的主要矛盾之一。在党的十九大报告中,将农业、农村、农民问题界定为关系国计民生的根本性问题,提出"必须始终把解决好'三农'问题作为全党工作重中之重",充分体现了党和国家对"三农"问题的高度重视。

1994年税制改革后,由于财权减少,省级以下行政单位(地、县、乡)的开支负担日益沉重,基层财政包袱转化为沉重的农民负担。2000年,农村干部李昌平发出的"农民真苦,农村真穷,农业真危险"的呼吁,引发各界对"三农"问题的普遍关注。从2004年至今,中央一号文件连续15年聚焦"三农"问题。党的十九大报告提出的乡村振兴战略,是进入新时代的重大治国方略,并在2018年的中央一号文件中以乡村振兴战略为主题,进行了全面部署。乡村振兴战略作为国家战略,是关系全局性、长远性、前瞻性的国家总布局,是国家发展的核心和关键问题,关系到我国能否从根本上解决城乡差别、乡村发展不平衡与不充分的问题,也关系到中国整体发展是否均衡,能否实现城乡融合发展的问题。

符合"三农"需要的基础设施建设,是乡村振兴战略的物质基础,对促进农业和农村现代化建设,发展农村经济具有重要的作用。世界银行发布的《1994年世界发展报告》聚焦于为发展提供基础设施,指出乡村地区的基础设服务明显少于

[①] 范昕墨.乡村振兴战略背景下的农村基础设施建设——基于公共经济学的视角[J].改革与战略,2018,34(9):70—73+96.

城市,城市人口在饮用水、取水和电力方面获得的基础设施服务明显好于农村人口。[①]《2004年世界发展报告》聚焦于贫困人口的服务,认为贫困人口难以获得有效的公共服务。在偏远农村获得服务所需的费用可能要高得多。[②]《2006年世界发展报告》聚焦于发展与质量问题,关注到部分群体由于缺乏可负担的基础设施服务,导致其生活与市场和服务隔绝,进而导致经济机会的减少。[③] 这些都说明农村和贫困人口的基础设施供给短缺是普遍存在的世界性难题。

在我国,农村地区的基础设施建设也受到高度重视。2008年,中央一号文件以加强农业基础建设、促进农业发展农民增收为主题,对各类农村基础设施建设进行了全面战略部署。虽然2008—2018年这10年间,我国农村基础设施建设水平有了很大的提高,农村人居环境明显改善,基本社会服务不断向乡村延伸,多数公共品和公共服务已经在乡村实现广覆盖,但其数量和质量与城市相比仍存在较大差距。以环保设施为例,《全国农村环境综合整治"十三五"规划》公布的数据显示,目前,仍没有垃圾收集处理设施的建制村占比为40%,未建设污水处理设施的建制村占比高达78%,农村环境"脏乱差"问题依然突出。这在很大程度上制约和影响了"三农"问题的解决,也成为扶贫减贫工作的主要障碍之一。

第二节 公共经济学视角下农村基础设施建设主要矛盾解析

一、农村基础设施公共产品属性与政府有限供给能力之间的矛盾

从公共经济学的公共产品理论出发,基础设施是具有广泛的外部性、一定的受益非排他性和消费非竞争性的社会产品,具有公共产品和准公共产品的属性。受农村人口在小范围集聚特点的限制,一些在城市中能够产生效益的基础设施,在农村由于建设规模较小、单位建设成本高、收益少、现金流小等特点,难以实现规模效益,也应视同公共产品,由政府予以引导和提供资金支持。在我国的财政收支框架下,虽然中央一直在加大对农村基础设施的投入,但从实际情况来看,在广大农村地区,基础设施建设支出仍主要由地方政府负担。以全国公共财政支出的农林水事务支出项下农村基础设施建设为例,由表16-1可以看出,农村基础设施建设的绝大部分来源于地方公共财政支出,显示出对地方政府财政资金的较大依赖性。

---

① World Bank. World Development Report 1994: Infrastructure for Development[R/OL]. [2019-8-28]. https://openknowledge.worldbank.org/handle/10986/5977.
② World Bank. World Development Report 2004: Making Services Work for Poor People[R/OL]. (2003) [2019-8-28]. https://openknowledge.worldbank.org/handle/10986/5986.
③ World Bank. World Development Report 2006: Equity and Development[R/OL]. (2005) [2019-8-28]. https://openknowledge.worldbank.org/handle/10986/5988.

表 16-1　农林水事务项下农村基础设施建设财政支出结构　（单位：亿元）

指标名称	2010年	2011年	2012年	2013年	2014年	2015年	2016年
全国公共财政支出	213.51	242.45	322.70	343.79	374.83	410.28	822.15
中央本级公共财政支出	1.78	2.17	1.47	1.73	1.73	1.65	1.62
地方公共财政支出	211.73	240.28	321.23	342.06	373.10	408.63	820.53

数据来源：Wind 经济数据库。

地方政府有限的财力及供给能力与农村基础设施公共物品属性之间的矛盾，是我国农村基础设施投入总量不足的主要原因之一，由此产生的直接后果就是我国城市居民与农村居民享有的基础设施存在较大的不平等，即在基础设施领域中，实际也存在类似于洛伦兹曲线的现象，如图 16-1 所示。

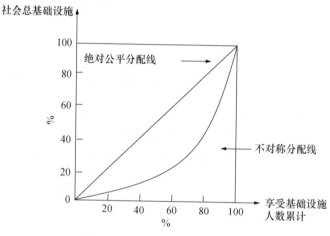

图 16-1　基础设施供给洛伦兹曲线

二、政府主导的农村基础设施供给效率与农村居民现实需求之间的矛盾

基础设施具有公共产品和准公共产品的属性，政府应作为基础设施的主要提供者或至少是统筹主导者在理论界已经形成共识。由于农村基础设施具有更为广泛的公共产品属性，因此政府也理应承担主要的供给责任。但从农村基础设施建设的现实情况来看，往往存在基础设施供给效率较低、供需失衡等情况。如图 16-2 所示，供给过剩部分在现实中具体对应着政绩工程的低质供给、重复建设，供给不足部分则对应着反映农民需求的各类基础设施，这种低效供给、供需失衡，势必会导致农村基础设施的供给脱离农村居民的真实需求，造成资金及资源的浪费，难以达到改善农村生产生活条件、增进区域福利的目标。

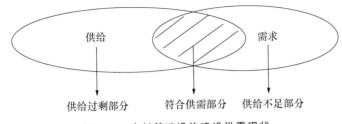

图 16-2 农村基础设施建设供需现状

Niskanen(1971)从公共选择理论的视角,基于政府也是理性经济人假设,认为政府也有追求效用最大化的倾向,由此将产生一味追求预算规模、过度提供公共物品等政府行为的异化,进而导致社会资源配置的低效率。这对农村基础设施供给的低效率问题也有一定的解释力。鉴于现有考核制度、决策流程及投融资机制等诸多因素,地方政府在谋取经济利益和政治晋升等效用的驱动下,对农村基础设施的供给行为也将产生异化,即政府供给行为中的权力寻租导致国家用于农村公共事业的资源配置呈现扭曲状态(赵淼,2007)。农村公共产品供给决策机制则容易导致农村居民对公共产品需求与基础设施供给的偏差(贾康和孙洁,2006),地方政府对农村基础设施的供给更多地倾向于考虑自身利益而非农民的真正需求。如果能将农村居民的真实需求引入基础设施建设的供给决策,则能够有效地改善这一情况。

三、农村基础设施建设政府政策下达与监督执行之间的矛盾

公共选择理论将理性经济人假设引入对政治行为的分析当中,使得委托代理理论的应用拓展到公共经济学领域。就农村基础设施建设的政府决策过程而言,上下级政府之间也存在非对称信息博弈:与上级政府相比,下级政府处于信息优势地位,由于缺乏有效的监督机制,上级政府的政策下达与下级政府的贯彻执行之间往往存在偏差,因此委托代理理论对解释农村基础设施建设过程中各层级政府间的政策下达与监督执行之间的矛盾也是适用的。在农村基础设施建设的现实过程中,也确实出现了一定程度上的资金占用和套取现象。国家审计署公布的《2016年第11号公告——审计署关于农林水专项资金审计结果》显示,在重点抽查的69个县(区)252.84亿元农林水资金中,部分政策措施落实和资金分配拨付缓慢,统筹整合不到位,涉及金额达75.26亿元;骗取套取农林水资金5.71亿元;超标准范围发放资金、优亲厚友、以权谋私以及违反中央八项规定精神,涉及金额5.68亿元;涉农项目建设运营管理不规范、部分项目建成后效益不佳甚至形成损失浪费,涉及金额高达37.18亿元。

第三节 "以人民为中心"的多维农村基础设施建设促进机制

符合新时代农民需求的基础设施供给，能够给农村地区特别是偏远、贫困地区的农业生产、农村发展、农民生活条件带来极大改善，进而促进农村经济发展和农民增收。因此，农村基础设施建设应以人民为中心，充分尊重农村居民意愿，针对农村基础设施建设中现存的矛盾，系统建立多维基础设施建设促进机制，调动多方力量，统筹规划布局，合理配置资源，促进农村基础设施建设的有效供给，使广大农民共享改革成果，增强农民的获得感，实现精准扶贫。

一、资金筹集维度

（一）明晰权责，建立政府分类供给机制

在农村基础设施建设过程中，普遍存在的一个主要问题是各级政府对于各类农村基础设施建设的权责界定不明晰，由此造成基础设施建设的供给盲点和各级政府推诿免责等现象。因此，应该基于城乡融合发展、公共服务均等化的考虑，强化政府投入和主导责任，健全分级分类投入体制，中央政府主要负责农村专项基础设施的投入与建设；省级政府负责省域内农村基础设施的规划布局和统筹管理，并加大财政资金支持力度；市县级地方政府负责统筹配置辖区内各类资源，充分发挥财政资金的引导作用，具体组织实施地方性农村基础设施建设。

（二）政商合力，建立社会资本合作机制

在我国的广大农村，基础设施底子薄、涉及面广是不可回避的现实，仅仅依靠有限的财政资金进行建设难以为继。因此，将社会资本引入农村基础设施建设领域，探索政府与社会资本的合作机制是十分必要的，具体可从以下方面着手：一是优化农村基础设施投资环境，为社会资本投资提供良好的条件；二是探索并积极推动PPP模式在农村基础设施建设中的应用和示范项目的落地；三是支持民间资本以资本入股等形式参与农村基础设施建设；四是探索农村基础设施建设的运营补偿机制，通过资源捆绑、财政补贴、援建奖励、政策优惠等方式提高基础设施的投资收益，为社会资本获得投资回报提供保障；五是政府投入财政资金作为"种子"资金，探索政府与社会资本合作的基金形式。通过建立社会资本合作机制，实现财政资金对社会资本的引导作用，共同促进农村基础设施建设。

（三）金融支持，建立多维融资保障机制

农村基础设施建设离不开金融机构的支持，应构建各类金融机构参与的多维融资保障机制。一是加强政策性银行对农村基础设施建设的引导、投入和支持；二是各类商业银行业积极利用金融科技手段，适应农村基础设施融资主体及项目特点，在风险可控的基础上，加大对农村基础设施的信贷投放力度；三是加强农村信用体系建设，通过担保、评级机构为农村基础设施建设提供信用评价，提高增信措施,为拓宽资金渠道提供信用支撑;四是在符合条件的农村基础设施建设项目中,引入国际金融组织和外国政府贷款,充分利用各类资源。

二、规划布局维度

近年来,随着我国城镇化进程的推进,一些农村地区出现了人口结构失衡、村庄空心化、农村人口外流等现象。因此,在进行农村基础设施建设时,应考虑实际需求,因地制宜,统筹规划。

(一)前瞻布局,建立统筹规划机制

由市级或县级地方政府根据用户人数和用户结构等实际情况,统筹考虑辖区内农村基础设施建设的层次性和地域性,在做好农村基础设施需求预测的基础上前瞻布局。对于可以共同建设及共同使用的农村基础设施,应合理选址,加强周边乡镇级政府的合作,科学界定权责,分担成本,避免无序和重复建设,提高利用率,减少因规划不当而造成的浪费。

(二)需求导向,建立需求表达及识别机制

农村居民是农村基础设施的直接使用者和受益者,其需求应该得到充分重视。因此,各级政府应主动识别农村居民的真实需求,结合"一事一议"制度,采用农村基础设施建设的项目公示、投票等方式,加强民主决策,有效保障农村居民的知情权、参与权和监督权,保障农村居民的有效需求得到满足,实现资源的合理配置,避免出现政绩工程和形象工程。

三、监督执行维度

(一)规范使用,建立资金监管机制

地方各级财政部门、各政府职能部门要加大资金监管力度。一是省级地方政府应建立农村基础设施建设项目信息管理系统,实施项目资金动态管理,并进行公示,增加透明度;二是各级政府间应细化明确农村基础设施建设的转移支付比例,保证将资金拨付到位;三是各级政府申报农村基础设施建设项目应从农村居民的实际需要出发,并确保按时保质完成;四是资金使用部门应定期主动向主管财政部门汇报经权威机构审计的农村基础设施建设资金使用情况。

(二)奖惩结合,建立科学评价体系

农村基础设施建设是一项复杂的系统工程,由于投入较大,建成后更改或废弃将造成较大的资源浪费,因此有必要从需求预测、投资决策、建设运营、运维管理等层面,建立科学的评价体系,对农村基础设施建设行为进行全过程的评价和管理。同时,应基于评价结果,针对各级政府的投融资行为采取奖惩结合的手段,激励、处罚到位,形成示范及警示效果。一是通过完善政府投资责任追究制度、重大项目稽查制度、建立政府投资项目后评价制度、建立失信地方政府黑名单等途径,强化政府成本意识,对农村基础设施建设中出现的截留财政资金、虚报争资、

腐败、寻租等现象零容忍;二是上级政府应改进对农村基础设施建设的绩效评价方式,将农村居民的满意度纳入评价体系,转变思维方式,创新激励机制,通过科学评价和管理,激发下级政府在农村基础设施建设方面的积极性。

四、支持保障维度

(一) 制度保障,完善相关法律法规

对涉及农村基础设施投融资的相关制度进行清理整合,避免多头管理、矛盾抵触和交叉重叠;同时完善农村基础设施投融资相关法律法规,使参与农村基础设施建设的各方投资者的合法权益受到保护,为创新农村基础设施投融资体制机制创造条件,维护公平有序的农村基础设施建设投融资环境。

(二) 明晰产权,加快农村基础设施产权制度改革

为避免出现农村基础设施建设养护的真空地带,应根据各地实际情况,结合农村基础设施特点,加快推进农村基础设施产权制度改革,并根据国家有关规定,结合当地实际情况,明确界定各类农村基础设施的产权归属。在此基础上,鼓励设立农村产权交易所,开展农村基础设施产权交易,以及建设项目、运维管护的招投标等工作。

(三) 市场管理,建立存量资源养护机制

长期以来,农村基础设施建设重建设、轻管理的问题普遍存在,建成的基础设施如果不能及时地养护和维修,就会产生较大的资源浪费。因此,应充分重视存量基础设施的维修、改造与扩容,将基础设施的存量维护与增量发展有机结合,从而真正实现有限资源的集约和合理利用。可以根据各类基础设施的不同特点,制定差异化的养护机制,可通过政府购买服务、出让广告权、提供优惠政策、补贴等方式,吸引专业企业、社会资本、农民及农村集体经济组织积极参与所在地的农村基础设施养护。

第十七章　中国农村金融改革 40 年：历程回顾与未来展望[①]

金融业是国民经济的重要组成部分,发展农村经济、破解"三农"问题、促进城乡融合发展离不开金融的支持。改革开放以来,中国农村经济由自给自足的自然经济向商品经济过渡,农村金融得到了一定的发展,但由于长期存在的城乡二元结构限制(王劲岭,2018),在广大农村地区普遍存在的"融资难""融资贵"和"融资慢"等难题仍未从根本上得到解决。在乡村振兴上升为国家战略并逐步推进实施的背景下,有必要回顾改革开放 40 年来中国农村金融改革的历程,结合新时代乡村振兴战略对农村金融改革提出的新要求,找出农村金融改革过程中存在的问题,为进一步深化农村金融改革提供政策依据,以促进农村金融能够更好地支持和服务于"三农"发展,增强亿万农民的获得感和幸福感。

第一节　改革开放 40 年中国农村金融改革的历程回顾

1978 年年底,党的十一届三中全会发出了解放思想、实事求是的号召,新经济体制的建立将土地公有、家庭承包的双层经营制定性为社会主义所有制的一种实现形式(杜润生,1999)。统分结合、双层经营的家庭联产承包责任制激发了农村经济的活力,农村金融需求逐步产生。农村经济改革向深层次推进,必然会加深农村商品经济货币化程度,计划经济体制下僵化的资金筹集和使用办法已不适应市场经济的发展需求,迫切需要进行农村金融改革(李树生,1988)。本章从资金融通的角度,以为"三农"提供资金支持的金融机构组织形态变化为依据,将改革开放以来的农村金融改革划分为五个阶段,如图 17-1 所示。

一、1978—1987 年:重新确立阶段

党的十一届三中全会以后,统分结合、双层经营的家庭联产承包责任制开始推行,计划经济体制逐步过渡到社会主义市场经济体制,金融需求逐步产生,农村金融作为支持农村发展商品经济、帮助农村和农民共同致富的重要手段,亟待获得更快发展。在此背景下,农村金融改革重新启动,农村金融制度得以重新

[①] 本章相关内容已发表:范昕墨.中国农村金融改革 40 年:历程回顾与未来展望[J].改革与战略,2019,35(1):41—49.

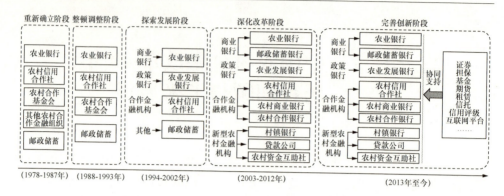

图 17-1 改革开放 40 年农村金融改革历程阶段划分

确立。

1978年12月,党的十一届三中全会把恢复中国农业银行提上日程。1979年2月,国务院落实十一届三中全会会议精神,在《关于恢复中国农业银行的通知》中,明确农业银行的机构性质为国务院直属机构,并授权由其管理农村信用合作社,业务范围从单一的农村存贷款业务,拓展到农村经济的多个领域(赵海宽和郭田勇,1998)。1984年,按照中央1号文件关于"信用社要进行改革,真正办成群众性的合作金融组织"的精神,农业银行理顺与农信社的行社关系,农信社开始实行经营责任制,自主经营,独立核算,逐渐恢复了"三性"及经营活力。1985年1月,中央1号文件《中共中央、国务院关于进一步活跃农村经济的十项政策》提出,要放活农村金融政策,提高资金的融通效益,为农村金融的改革增强了动力。1987年1月,党中央在《把农村改革引向深入》的通知中,提出搞活农村金融,开拓生产要素市场的农村金融改革思路。

在农村金融发展的实践中,1986年,邮政储蓄开始办理农村存款业务,以弥补专业银行储蓄网点不足的缺陷。而从20世纪70年代末开始,非正规金融(大致上相当于民间信用)在农村迅速崛起,包括自由借贷、合会、个人信用中介、社会集资、私人钱庄以及一些非金融机构的信用活动(周万阜,1989)。1984年以后,由于农业银行和农信社的信贷规模受到限制,出现了资金短缺现象,农村合作基金会、农村信托投资公司也逐渐发展起来。

在此阶段,改革的主要思路是恢复农业银行,并由农业银行对农村信用合作社进行管理,旨在重新确立农村金融服务体系。农业银行的恢复打破了计划经济体系下大一统的金融体制,具有重要的意义。但由于农村金融供给短缺,民间信用得以快速发展,且由互助性逐渐转向营利性,为后来一段时间农村金融的乱象埋下了伏笔。

二、1988—1993 年：整顿调整阶段

由于价格放开和商品价格上涨,1988年下半年,全国范围内出现了经济过热现象,通货膨胀严重。国家开始实行"双紧"政策,严格控制财政、信贷投放,中国进入了以治理经济环境、整顿经济秩序为主题的治理整顿阶段。在此背景下,以农业银行为主的农村金融机构开始通过信贷资金调节、抑制过热现象(伍成基,2000),农村金融改革进入整顿调整阶段。

1988年9月,党中央召开十三届三中全会,作出了治理经济环境、整顿经济秩序、全面深化改革的决定和战略部署,国务院发出《关于进一步控制货币稳定金融的决定》,要求各级政府稳定金融、稳定经济。1988年10月,农业银行总行通知各地信托投资公司停办信托贷款和投资业务。1989年9月,国务院发布《关于进一步清理整顿金融性公司的通知》,进一步对信托投资公司和其他金融机构进行清理整顿,禁止私人设立金融机构、办理金融业务。1993年7月,全国金融工作和全国农村金融会议后,各地农村信用社停止了违章拆借活动,同时对自办经济实体进行了清理,经济案件进一步减少(马永伟,1993)。

在此阶段,国家层面开始清理整顿金融秩序,农村金融改革也遵循了同样的思路。以农业银行为主的农村金融机构转向企业化经营,贯彻"控制总量、调整结构、扶优限劣、提高效益"的方针,农信社则着重改善历史包袱重、资产质量差、经营管理不善等问题,对农村金融秩序的清理和整顿初见成效。

三、1994—2002 年：探索发展阶段

为了优化农村金融供给结构,明晰各农村金融机构的职能,开始着手将政策性金融与商业性金融分离;促进农业银行由专业银行向商业银行转型;解除农村信用社与农业银行的隶属关系,初步形成政策金融、商业金融、合作金融共同发展的格局。

1993年12月,国务院启动金融体制改革,提出组建3家政策性银行(国家开发银行、中国农业发展银行、进出口信贷银行);1996年8月,国务院在《关于农村金融体制改革的决定》中,提出了合作金融、政策金融、商业金融的发展思路,具体为改革农信社管理体制,农信社与中国农业银行解除行政隶属关系;办好国有商业银行,建立农村合作银行;按照精简、高效原则适当增设中国农业发展银行的分支机构;清理整顿农村合作基金会。1998年7月,国务院对非法金融机构和非法金融业务活动进行了明确的界定,并给出了具体的取缔程序。2002年3月,党中央、国务院再次推进农信社改革,把明确产权关系和管理责任作为农信社改革的重点。

在农村金融改革的实践中,1994年4月,中国农业发展银行作为国务院直属的政策性金融机构获准组建,并于当年11月在北京正式成立,接管了原国有商业

银行的农业政策性贷款业务。由于中国农业发展银行省以下的分支机构尚未建立,其相关业务暂由中国农业银行代理。1996年8月,《中国农业发展银行增设分支机构实施方案》出台,此后中国农业发展银行基本实现业务自营,逐渐结束了农业银行代理农业发展银行业务的局面。政策性银行成立后,根据国务院的要求,农业银行开始探索向商业银行转型的路径。1994年,农业银行制定了《中国农业银行1995—1997年改革与发展纲要》,明确了向商业银行转变的目标和步骤。从1996年9月开始,农村信用社与农业银行的行政隶属关系逐步解除,成为具有独立法人地位的合作金融组织。此后,围绕农信社产权关系、管理体制、经营机制的改革逐步深入。2000年7月,国务院批准在江苏省进行农村信用社改革试点,成立江苏省联社。2001年11月底12月初,全国首批农村商业银行在江苏张家港、常熟、江阴相继设立。此外,由于农村合作基金会在产权、管理、监管方面存在较为复杂的问题,出现了大面积的兑付风险,也开始被清理整顿,到1999年1月,农村合作基金会被全面取缔(温铁军,2009)。

在此阶段,农村金融机构实现了专业化分工:农业政策性银行从无到有,提供涉农政策性金融服务;农业银行确定了转型目标和步骤,由专业银行向商业银行转型;农村信用社按照合作制原则真正成为合作金融组织,成为农村金融的主要力量。与此同时,民间信用从法律许可的层面退出了历史舞台。

四、2003—2012年:深化改革阶段

经过一定时期的探索发展,虽然政策金融、商业金融、合作金融共同发展的格局初步形成,但由于农村信用社治理结构不完善、资产质量差,国有商业银行企业化发展致使其业务重心偏离农村,粮棉流通体制改革的深化使农业发展银行的政策性金融业务空间越来越窄等,农村金融对"三农"发展的支持陷入瓶颈,供给不足的问题亟待破解。由此,农村金融改革的方向由存量机构调整,转向存量机构调整和增加农村金融市场供给主体并重。与此同时,新型农村金融机构也开始蓬勃兴起。

2003年6月,国务院出台《深化农村信用社改革试点方案》,对农信社构建新的产权关系、完善法人治理结构等方面进行了部署,将农信社的管理交由省级地方政府负责,并提出由银监会(现为银保监会)承担对农信社的金融监管职能,启动新一轮的农信社改革。2004年,中央1号文件《关于促进农民增加收入若干政策的意见》对吸引社会资本和外资、兴办直接为"三农"服务的多种所有制的金融组织持鼓励、支持态度,开启了农村金融发展的新篇章。2006年2月,中央1号文件《关于推进社会主义新农村建设的若干意见》要求加快推进农村金融改革,提出要巩固和发展农信社改革试点成果,引导邮储资金回流农村,调整农业发展银行职能定位。同时,开始探索民间资本进入农村金融机构的方式,允许私有资本、外资等参股在县域内设立的社区金融机构,鼓励发展小额贷款组织、资金互助组织。2006年12月,银监会(现为银保监会)出台政策,放宽了农村地区银行业金融机构准入的条件,鼓励各类资本参与新型农村金融机构的设立,并配套出台了《村镇银行管理暂行规定》。2007年1月,全国第三次金融工作会议对发展农村地区多种所有制的金融组织进行了部署,放宽农村地区金融机构准入政策,降低准入门槛;同时,制定了农业银行"面向三农、整体改制、商业运作、择机上市"的改革原则。2008年10月,党的十七届三中全会讨论了推进农村改革发展的若干重大问题,提出进一步推进改革并建立现代农村金融制度,以适应新形势下推动农村改革发展的需要。同年,中国人民银行、银监会(现为银保监会)联合发布文件,对推进农村金融产品和服务方式创新进行部署。2009年6月,银监会(现为银保监会)出台政策,允许符合条件的小额贷款公司改制为村镇银行;同年7月,为推动新型农村金融机构的设立,对2009—2011年的相关工作进行了总体安排。2010年5月,国务院发布文件,鼓励和引导民间投资健康发展,对民间资本参与设立村镇银行持鼓励和支持的态度。2010年11月,银监会(现为银保监会)在《关于加快推进农村合作金融机构股权改造的指导意见》中,提出从产权关系、股权结构、公司治理等方面将农村合作金融机构改制为股份制金融企业,为进一步建立现代农村金融制度奠定了基础。

在农村金融改革的实践中,根据《深化农村信用社改革试点方案》中提出的股份制、股份合作制、合作制等信用社产权改革的方向,符合条件的农村信用社要逐步完善法人治理结构,以农村合作银行或农村商业银行为改制方向。2003年吉林、山东等8省(市)进一步开展了农村信用社改革试点工作。2004年5月,贵州省花溪农村合作银行挂牌,成为新一轮农村信用社改革启动后首家挂牌的农村合作银行。农村商业银行则率先在江苏开展,常熟、东吴、吴江、昆山等农村商业银行相继成立。同年8月,《国务院办公厅关于进一步深化农村信用社改革试点的意见》中,新增北京、天津、河北等21个省(区、市)为农村信用社改革试点地区,试点范围扩大到29个省份。与此同时,新型农村金融机构也诞生和发展起来。2007年3月,全国首家村镇银行——四川仪陇惠民村镇银行和全国首家农村资金互助社——吉林梨树闫家村百信农村资金互助社正式挂牌成立,这两家机构的设立,标志着新型农村金融机构在农村地区正式诞生。同时,中国邮政储蓄银行也以有限责任公司的形式在北京挂牌成立,改变了原来只存不贷的机制,开始为"三农"发展提供资金支持。2008年3月,农业银行开始推动在6个省11个二级分行的"三农"金融事业部改革试点,同年8月,农业银行总行设立"三农"金融事业部,全面推行"三农"金融事业部制改革。与此同时,2008年8月,汇丰银行获准在湖北筹建村镇银行,成为第一家获准进入农村地区的外资银行。此外,农村金融机构也积极对接资本市场,2008年10月,国务院通过中国农业银行股改方案。2009年1月,中国农业银行完成股改,中国农业银行股份有限公司成立大会在京举行,股份公司正式挂牌。2010年7月,农业银行在A股和H股上市。2010年12月,重庆农村商业银行在香港交易所上市,成为首家在香港上市的内地地方性银行和农村商业银行。

在此阶段,农村金融改革更加强调市场化导向,农村信用社改革路线逐步清晰,符合条件的农信社逐步改制为农村商业银行(股份制)或农村合作银行(股份合作制),以村镇银行为代表的新型金融机构作为对农村金融体系的有益补充,也实现了飞速发展。"三农"面临的金融抑制得到一定程度的缓解。

五、2013年至今:完善创新阶段

党的十八大以来,对"三农"问题的关注更加深入和广泛,党的十九大将解决好"三农"问题作为全党工作的重中之重,提出了乡村振兴战略。农村金融迎来了新的发展机遇,农村金融改革获得了更广阔的空间。改革方向从单一的机构改革转向机构建设、制度完善、营商环境改善、金融产品创新等全方位改革。

2013年1月,《关于加快发展现代农业进一步增强农村发展活力的若干意见》的中央1号文件,从商业金融支农、农村信用社改革、政策银行职能定位、支持社会资本参与设立新型农村金融机构、农村支付服务条件的改善等角度提出了符合时代要求的农村金融发展手段。2013年11月,党的十八届三中全会就全面深化改革的若干重大问题作出决定,赋予了农户承包土地的抵押和担保权能,为中国进一步开展农村产权抵押融资试验提供了政策依据。2013年12月,中央办公厅、国务院办公厅印发《关于创新机制扎实推进农村扶贫开发工作的意见》,提出了做好扶贫开发工作的6项创新机制和10项重点工作,为农村金融扶贫指明了方向。此后,各类农村金融机构纷纷推出了金融扶贫产品,学术界也对金融扶贫的作用展开了深入研讨。2014年1月,中央1号文件部署加快农村金融制度创新,要求切实发挥金融"支农"功能;2014年8月,银监会(现为银保监会)印发《关于推进基础金融服务"村村通"的指导意见》,推动银行类金融机构加强在农村地区的网点覆盖。2015年中央1号文件《关于加大改革创新力度加快农业现代化建设的若干意见》,鼓励创新"三农"金融服务,开展"三农"融资担保业务及大型农机具融资租赁试点,并提出推动农村金融立法;同年,国务院启动了"两权"抵押贷款试点工作,这一举措解决了农村金融因缺少抵押物而难以发展的关键问题,极大地改善了农村金融发展的制度环境。2016年3月,人民银行等七部门联合印发《关于金融助推脱贫攻坚的实施意见》,对金融扶贫工作进行了具体安排。2017年中央1号文件提出要加快农村金融创新,并再次强调积极推动农村金融立法。2017年,银监会(现为银保监会)印发了《关于做好2017年三农金融服务工作的通知》,要求各银行业金融机构利用新模式、新成果、新技术,开展"三农"金融服务创新。2018年1月,银监会(现为银保监会)印发了《关于开展投资管理型村镇银行和"多县一行"制村镇银行试点工作的通知》,旨在完善村镇银行监管制度,发挥集约效应,优化管理方式,加强和提升普惠金融服务水平。2018年2月,题为《中共中央国务院关于实施乡村振兴战略的意见》的中央1号文件,对实施乡村振兴战略进行了总体部署。2018年9月,《乡村振兴战略规划(2018—2022年)》作为首个全面推进乡村振兴战略的规划,就实施乡村振兴战略第一个五年工作进行了全面部署,要求加大金融扶贫、金融支农力度,并从金融服务机构覆盖面提升、农村金融服务村村通、农村金融产品创新、农村信用体系建设等方面,以专栏的形式提出了乡村振兴金融支持重大工程;同时,鼓励证券、保险、担保、基金、期货、租赁、信托等金融资源聚焦服务乡村振兴。农村金融领域开启了全方位、系统化的改革进程。2019年1月,人民银行、银保监会、证监会、财政部、农业农村部联合印发了《关于金融服务乡村振兴的指导意见》,分阶段提出了金融服务乡村振兴的目标,强调了以市场化运作为导向、以机构改革为动力、以政策扶持为引领、以防控风险为底线的基本原则,并围绕坚持农村金融改革发展的正确方向,健全适合乡村振兴发展的金融服务组织体系进行了系统全面的部署。

在政策对农村金融不断加大支持力度的同时,农村金融实践领域的创新也不断推进,信息技术的应用提高了农村金融产品的创新力度、农村金融服务的效率和覆盖范围,使得农村金融在推动金融扶贫、实现共同富裕、增加农民的获得感和幸福感等方面发挥了更加重要的作用。2013年被称为"互联网金融元年",此后,互联网金融迅速发展。随着信息技术的普及和应用,银行等传统金融机构也开始重新审视发展模式,结合新技术的应用和客户群体的变化,积极进行渠道和产品的创新,为农村金融提供更为便捷的服务。京东、阿里巴巴等互联网企业也积极布局农村金融领域,发展农村普惠金融,为农村地区提供便利的存贷款、支付结算等金融服务。

在此阶段,农村金融改革突破了以往对金融机构组织形态改革的局限,转向鼓励农村金融产品创新、改善农村金融法制环境等方面,中国的农村金融改革思路实现了从"行政干预"到"市场引导"的转变,农村金融市场的多元化供给模式基本形成,农村金融制度环境得到极大改善。与此同时,随着信息技术的应用,金融扶贫的作用在广大农村得到了进一步的发挥。

第二节 中国农村金融改革取得的成就

改革开放以来,共有20个中央1号文件论及"三农"问题;21世纪以来,从2004年至今,已连续有15个指导"三农"工作的1号文件出台,而且乡村振兴上升为国家战略并进一步出台《乡村振兴战略规划(2018—2022年)》，充分体现了党和国家对"三农"工作的重视。农村金融改革取得了很大的成就。

一、改革思路实现较大突破

2013年以前的农村金融改革，主要是政府主导的自上而下的行政推动为主，重点仍放在对涉农金融机构组织形态的改革上；2013年以后，农村金融改革的思路有了一定的转变，从国家层面和监管层面出台的各项政策来看，改革重点逐渐转为对农村金融法律及制度环境的改善、农村金融产品创新的支持上。由于东中西部区域经济发展不平衡，乡村形态格局出现分化，不同地区也产生了不同的农村金融需求。同时，随着互联网技术的发展，农村经济形态、农村产业结构也随之发生变化。当前的改革思路逐渐转向适应新时代"三农"的需求和乡村振兴战略的发展需要，充分识别农村金融需求，顺应不同区域农村经济的发展规律等方面。

二、多层次的农村金融生态基本形成

改革开放以来，农村金融机构数量增长，类型多样，形成了商业银行、政策银行、合作金融机构、新型农村金融机构以及服务支持农村金融发展的其他金融机构协作共生的多层次农村金融生态。此外，证券、保险、担保、基金、期货、租赁、信托等金融资源也聚焦服务乡村振兴，不断向农村地区集聚。

三、金融扶贫作用日益突出

改革开放40年来，农村居民的收入大幅提升，生活水平得到很大程度的改善，金融扶贫的作用日益突出，这对当前中国推进精准扶贫战略意义重大。加强对偏远地区的金融服务和推进金融精准扶贫的决策部署以及信息技术的应用，大大加强了金融在农村地区的扶贫作用。随着信息技术的发展，互联网金融出现了新形态，金融机构充分利用互联网技术，依托产业链信息化获取数据和用户，进入农村金融领域，创新农村金融产品，提高"三农"金融服务水平。农村金融在促进农村经济发展和金融扶贫方面起到了非常重要的作用。

第三节 中国农村金融改革存在的问题

改革开放以来，中国农村金融改革一直在探索一条通过制度创新切实提高金融资源产出潜力的发展道路，取得了丰硕的成果。但农村金融需求与有效供给不足的矛盾仍然存在，金融抑制特征仍然十分明显。

一、农村金融制度政策意图不连贯

改革开放以后，由于缺乏对农村金融市场基础条件的深入分析，以政府为主导推动的农村金融改革没有形成一以贯之的顶层设计，部分农村金融机构的频繁调整造成了有限资源的浪费。

二、农村金融供给效率不高

从目前的情况来看,涉农金融机构的供给效率仍然不高,主要表现为农业银行商业化发展,基层网点减少且地区分布不均;农信社受产权关系、治理结构等历史遗留问题的限制,难以有效地提供农村金融服务;新型农村金融机构规模小、资金实力弱、运营成本高企、盈利能力不强;涉农金融机构普遍存在创新能力不足、金融服务同质化的现象。

三、农村金融需求识别不足

中国农村金融改革的路径显示,这种由政府主导、以银行类金融机构为主体、自上而下推动的改革方式,在某种程度上未能充分考虑和满足农民群众的真实金融需求和农村经济发展的现实情况,因此相对于需求,农村金融的供给存在一定的偏差和滞后性。

四、农村金融交易成本较高

现代金融是建立在信用制度之上的,出于历史的原因,长期以来农地所有权模糊,土地的财产抵押权得不到体现,在农村金融领域缺少有效的抵押品,导致金融部门很难有效评估农村借款人的信用和贷款风险;农村金融需求呈现小额分散等特点,使得农村金融的交易成本要远高于城市金融,金融机构服务农村金融的动力不足,也在一定程度上制约了农村金融的发展。

五、农村民间信用监管缺失

体制内金融服务严重不足,造成体制外民间信用的兴起。例如,改革开放以后,福建地区的民间标会活动盛行起来(应震林等,1987),国务院发展研究中心发布的《中国农村金融发展报告(2014)》的数据表明,农村民间借贷参与率高达43.8%,而正规信贷可得性为27.6%,低于40.5%的全国平均水平。由于没有合法的地位,民间信用在运行上缺乏法律的监督与控制,游离于监管之外,容易导致金融风险事件。

第四节 中国农村金融改革的路径

一、制度健全与环境改善相结合

改革开放以来的农村金融发展实践表明,农村金融需要向法制化建设层面推进,建立健全相关法律、法规,这是降低农村金融市场交易成本、维护交易秩序的根本举措。在健全农村金融各项制度的同时,要注重农村金融生态环境的改善,从加大资本市场对涉农企业的支持、培育农村金融市场供给主体、增强金融机构服务动力、改善征信环境等角度推动农村金融改革。在乡村振兴、城乡融合发展的背景下,把农村金融放在整体的金融体系框架内进行审视,构建有利于资金要素在城乡间自由流动、相互协作的制度环境,为农村金融市场的各类机构创造良好的营商环境。

二、政策指引与需求识别相结合

随着农村经济的发展、农民生活水平的提高以及信息技术的应用,当前农村出现了一些新的经济行为,农村新产业新业态蓬勃发展,例如农村电商从无到有,大量人员留乡、返乡创业,这必将不断催生新的农村金融需求。因此,在今后的农村金融改革过程中,政府要明确自身定位,充分重视、主动识别农村地区有效的金融服务需求,积极发挥财政资金、政策性信贷资金的政策导向作用,综合运用先进的信息技术手段,引导商业银行、合作金融和其他社会资金流向"三农"领域,服务"三农"发展。

三、产品创新与加强监管相结合

随着农村产业化进程的加速以及农民收入的增加,农民在农村信贷、投资理财、证券、委托代理等方面出现了新的需求。此前,信用信息难以获取一直是制约农村金融发展的主要因素。随着信息、互联网技术的发展,掌握农民信用情况、监控资金情况和还贷情况、加强涉农信贷风险识别、完善农村信用体系成为可能。云计算、区块链、人工智能等信息技术的应用,能够大幅降低金融服务成本,也为农村金融产品创新提供了条件。但产品创新也可能带来一定的金融风险,由此也对监管部门提出了新的要求。充分运用技术手段,深入了解农村金融机构的经营实践,在保证企业自主经营的前提下防控风险,将成为农村金融机构和监管部门共同面对的重要课题。

四、正规金融与民间信用相结合

民间信用的规模与经济的发展程度息息相关,经济越发达的地方,民间信用越活跃。监管层面出于防控风险的考虑将民间信用排除在农村正规金融体制外,没有赋予其合法的地位,但其事实上一直存在。长期以来,由于正规金融存在网点分布不合理、金融工具单一、体制僵化等问题,民间信用有其生存的空间。虽然民间信用有负面作用,但总体而言,能够在一定程度上缓解农村金融供给短缺、供需不平衡的问题。因此,应正视和重视正规金融和民间信用的协调性与互补性,采用疏而非堵的方式,将民间信用纳入农村金融改革框架,促进民间信用健康发展,引导民间信用在风险可控的前提下发挥作用,使之成为农村金融支持"三农"发展的有益补充。

第五节 结　　语

改革开放 40 年来,在党和国家的高度重视下,中国的农村金融改革取得了很大的成就,但也遇到了瓶颈和问题,农村金融有着巨大的潜在市场规模和显著的社会效益,随着农村经济和社会的发展,新时代的农村金融需求正在发生变化。

在乡村振兴战略背景下,中国农村金融改革处于重要的战略机遇期,如何充分运用信息技术手段实现转型和创新,充分认识和挖掘"三农"金融需求,低成本、宽领域地提供普惠性金融服务,将成为未来农村金融发展的主要方向。深化农村金融改革,必须立足当前农村经济发展实际,把握乡村振兴发展趋势,破除传统思维定式,充分尊重市场规律,构建符合"三农"发展需求的农村金融生态。坚持以服务"三农"为目标,不断探索金融促进农村经济发展的有效方式,完善农村金融机构组织形态,提高农村金融机构服务效率,创新农村金融产品,加大金融扶贫力度,这些都是乡村振兴战略背景下农村金融改革的应有之义。

第十八章　深化供给侧改革 实现高质量发展[①]

——"十三五"后期中国企业走势前瞻

第一节　2018年中国经济增长与企业经营回顾

2018年是"十三五"规划的中期之年。我国的发展处于异常复杂严峻的国际国内环境,经济增长面临更大的下行压力。上半年与前三季度GDP增长率分别为6.8%、6.7%,分别比上年同期下降0.1个百分点、0.2个百分点,其中,第一季度、第二季度、第三季度分别增长6.8%、6.7%、6.5%。规模以上工业增加值上半年与前三季度分别增长6.7%、6.4%,分别比上年同期下降0.2个百分点、0.3个百分点,工业经济的下降幅度大于宏观经济的下降幅度。与前几年一样,物价涨幅仍然处于温和区间,上半年与前三季度CPI分别上涨2.0%、2.1%,涨幅比上年同期均提升0.6个百分点。与此同时,我国经济一直处于转型升级之中,产业发展持续升级,新旧动能不断转化。根据国家统计局公布的数据,一是从产业结构看,服务业的主导作用进一步增强。前三季度,第三产业增加值增速比第二产业快1.9个百分点,占国内生产总值的比重为53.1%,比上年同期提高0.3个百分点,高于第二产业12.7个百分点。服务业对经济增长的贡献率达到60.8%,比上年同期提高1.8个百分点。二是新旧动能转换加快,工业继续向中高端迈进,新产业加快增长。在规模以上工业企业中,高技术产业、装备制造业、战略性新兴产业增加值的增长速度分别达到11.8%、8.6%和8.8%,分别高于整个规模以上工业5.4个百分点、2.2个百分点和2.4个百分点;新能源汽车、光纤、智能电视等新产品产量保持较快增长,增速均超过整个规模以上工业。服务业中,1—8月,规模以上战略性新兴服务业营业收入同比增长15.9%,规模以上高技术服务业营业收入同比增长14.3%,分别高于全部规模以上服务业3.9个百分点和2.3个百分点。三是从消费看,居民消费持续升级。在居民消费中,前三季度服务性消费比

[①] 本章相关内容已发表:胡迟.深化供给侧改革 实现高质量发展 2019年中国企业走势前瞻[J].上海企业,2019(1):8—13.

重为50.2%,比上年同期提高0.5个百分点。在社会消费品零售中,消费升级类商品保持较快增长。其中,通信器材类与化妆品类商品保持了两位数的较快增长。全国网上零售额同比增长27.0%。前三季度,最终消费支出对GDP增长的贡献率为78.0%,比上年同期提高14.0个百分点。消费对我国经济增长的拉动作用进一步增强。四是就业形势良好,1—11月,全国城镇新增就业1293万人,超额完成1100万人的全年目标。前三季度,新登记注册的企业数超过500万户,日均超过1.8万户,创业带动就业倍增效应持续显现。

2018年11月28日,中国银行国际金融研究所在北京发布了《2019年经济金融展望报告》。该报告认为,2018年,受国内外环境重大变化的影响,中国经济增长稳中趋缓,总体上呈现"三降两稳"特征。报告预测,2018年GDP增长6.6%左右,比上年回落0.3个百分点,CPI上涨2.2%左右。12月12日,中国社科院工业经济研究所期刊 China Economist 发布2018年四季度"中国经济学人热点调研"结果。本次调查发现经济学人预判经济运行总体平稳,外贸和就业形势稳中有进,通货膨胀上行压力减小。参与调查的经济学人预判2018年全年经济增速为6.5%。判断2018年经济增速达到或超过6.5%的经济学人占比超过70%,其中判断经济增速为6.5%和6.6%的经济学人占比最高,合计占比54%。总的来看,经过持续调整转型,2018年的中国经济基本延续了"十三五"以来的发展态势,呈现稳中有进、结构不断优化、物价涨幅趋于温和、新增就业趋于增加的新常态。

从企业层面看,央行于2018年12月24日发布《2018年第四季度企业家问卷调查报告》。报告显示,2018年第四季度企业家宏观经济热度指数为35.4%,比上季度下降1.8个百分点,比去年同期下降3.2个百分点。其中,31.1%的企业家认为宏观经济"偏冷",67.0%认为"正常",1.9%认为"偏热"。经营景气指数为57.9%,比上季度提高1.0个百分点,比去年同期下降1.9个百分点。其中,27.3%的企业家认为本季度企业经营状况"较好",61.0%认为"一般",11.6%认为"较差"。调查反映了宏观经济形势的最新走势。总的来看,在经济增长企稳与结构转型的背景下,2018年企业经营主要呈现以下特征与问题:

一是企业利润继续增长,增幅下降,利润率提高,成本继续降低。1—10月,全国规模以上工业企业利润总额增长13.6%(去年同期为23.3%),增速比1—9月减缓1.1个百分点,总体保持较快增长。其中,10月利润增长3.6%,增速比9月减缓0.5个百分点。从行业看,新增利润主要来自钢铁、石油开采、石油加工、建材、化工行业。5个行业合计对规模以上工业企业利润增长的贡献率为75.7%。规模以上工业企业主营业务收入利润率为6.44%,同比提高0.24个百分点。规模以上工业企业每百元主营业务收入中的成本和费用合计为92.59元,同比降低0.25元;其中,每百元主营业务收入中的成本为84.27元,同比降低0.25元。

二是企业成本问题依然十分突出。近年来,在经济新常态下,企业转型过程中一直面临巨大的成本压力。根据《人民日报》对江苏苏州和无锡、湖北武汉和宜昌、四川成都和德阳的100多家企业进行的调查,70%的企业认为,目前企业经营面临的最大困难还是各种成本偏高。在中国企业家调查系统连续数年发布的《中国企业经营者问卷跟踪调查报告》中,企业家选择比重最高的前三项困难一直是:"人工成本上升""社保、税费负担过重""能源、原材料成本上升"。新近对部分国内企业的调研同样显示,综合各方面信息,目前国内企业,特别是制造业企业降成本过程中还存在用工成本难以下降、融资成本较高、制度性交易成本明显、企业内部挖潜降成本的动力不足等问题。这说明成本居高不下的趋势仍然没有实质性改变。制造业企业与实体经济感受的成本压力更甚。

三是化解过剩产能取得重要进展,但产能过剩问题并未根除。2018年4月,发改委发布《关于做好2018年重点领域化解过剩产能工作的通知》,提出科学安排2018年化解过剩产能目标任务。钢铁方面,2018年退出粗钢产能3000万吨左右,基本完成"十三五"期间压减粗钢产能1.5亿吨的上限目标任务。煤炭方面,力争化解过剩产能1.5亿吨左右,确保8亿吨左右煤炭去产能目标实现三年"大头落地"。煤电方面,淘汰关停不达标的30万千瓦以下煤电机组。截至8月中旬,我国已完成压减粗钢产能2470万吨,完成全年3000万吨任务的八成。工信部的最新统计显示,2018年年底有望提前两年完成"十三五"确定的1.5亿吨钢铁去产能上限目标。2018年以来煤炭市场去产能扎实有序推进,取得明显效果,有望提前完成去产能任务。国家统计局发布的数据显示,2018年前三季度,全国工业产能利用率为76.6%,与上年同期持平,工业产能利用率稳中有升。当然,产能过剩形势尚未得到根本扭转。工信部表示"十三五"期间去库存、去产能任务仍然艰巨,产能过剩已经成为产业转型升级的主要风险点之一。此外,新的产能过剩已经出现。根据公开资料不完全统计,目前全国已经建成的新能源汽车生产基地年产能超过300万辆。到2020年,各车企规划产能已接近1000万辆,总投资额预计将达4000亿。2018年12月,国家发改委正式发布《汽车产业投资管理规定》,以规避新能源汽车的产能过剩,并遏制投资泡沫。

第二节 "十三五"后期中国企业走势前瞻

2019年已进入"十三五"规划的后期。2018年12月召开的中央经济工作会议提出,我国发展仍处于并将长期处于重要战略机遇期。要坚持稳中求进的工作总基调,坚持新发展理念,坚持推动高质量发展,坚持以供给侧结构性改革为主线,坚持深化市场化改革,着力激发微观主体活力,创新和完善宏观调控,统筹推进稳增长、促改革、调结构、惠民生、防风险工作。展望"十三五"后期,我国经济仍然有望继续运行在合理区间,但经济下行压力会进一步加大。随着供给侧结构性改革不断深化,去产能、去杠杆、去库存、降成本、补短板的五大任务将稳步推进,经济发展结构不断改善,新旧动能转换持续推进,新技术对旧动能相关领域的改造与提升会日益加快,创新驱动对经济增长与结构转换的作用将更加突出,进而为新经济的扩张提供条件,实现经济的高质量增长。中国银行与中国社科院都预测2019年之后中国经济面临的形势将更趋复杂,经济增长较2018年之前将小幅放缓。

对企业来说,在经济新常态下,"十三五"后期企业经营面临的各种环境因素基本上具有连续性。有关调查显示,当被问到当前企业经营发展中遇到的主要困难时,企业家的选择顺序依次如下。一是成本上升导致盈利空间缩小,营业额上升,利润并未随之上升。"人工成本上升""社保、税费负担过重"以及"原材料价格大幅波动,价格大幅波动使企业承担巨大的库存风险",导致企业净利润增幅收窄甚至威胁到企业的生存,是我国企业发展面临的最主要困难。二是外需下降,内需不足,企业面临订单减少的压力,同时客户对供货价格和付款周期更加敏感。产能过剩问题更加突出,近六成企业设备利用率低于75%,整体经营环境不容乐观,行业竞争持续加剧。三是资金紧张,销售不畅,融资渠道堵塞,库存增大,资金周转压力加大。四是节能环保责任加重,全球性环保意识增强对企业的可持续发展提出了新的更高要求。五是风险控制能力不足,经济调整期中国企业风险控制意识不够、能力不足、体系不全的问题日趋严峻。六是当前国内企业通过廉价劳动力获得的优势已不再明显,企业经营面临转型与挑战,管理问题普遍存在,企业缺乏好的中高层管理人员和创新型人才。这些选项充分反映了中国企业现阶段成长的主要困难。优化调整结构、持续转型升级仍然是中国企业首要的战略选择。企业在2019年的经营走势与宏观经济环境及政策层面会表现出六个方面的特征。

一、经营状况仍将保持稳中求进

在新常态下,"十三五"后期企业经营走势将与2018年宏观经济走势密切相关,我国经济仍处于大有作为的重要战略机遇期,"稳中求进"仍然是企业发展的主旋律。在宏观经济企稳的背景下,2018年我国企业的经营业绩显著提升。国家统计局发布的工业企业财务数据显示,1—10月,全国规模以上工业企业主营业务收入利润率为6.44%,同比提高0.24个百分点。与2017年相比,2018年以来经济下行压力加大增加了企业保持稳中求进的经营状态的难度。不同企业、行业与地区在结构调整中呈现分化趋势。2018年9月,中国社会科学院工业经济研究所发布了《中国工业经济运行夏季报告(2018)》。该报告称,2018年以来,中国工业生产超预期增长,但结构分化。西部地区工业持续走低;东北地区工业延续整体向好态势,但内部工业分化。工业投资增速下降,但结构优化;工业出口波动加剧,整体增速放缓;工业利润增速加快,但行业分化。当前,国内经济正处在结构调整的过渡期,面临不少隐忧和挑战,短期内工业企业偿债能力下降,预计中国工业未来面临较大的下行压力。

从企业家层面看,中国人民银行2018年12月24日发布的《2018年第四季度企业家问卷调查报告》反映了同样的情况。报告显示,2018年第四季度企业家信心指数为67.8%,比上季度下降3.4个百分点,比去年同期下降4.0个百分点。盈利指数为58.7%,比上季度下降0.2个百分点,比去年同期下降2.8个百分点。其中,38.5%的企业家认为比上季度"增盈或减亏",40.5%认为"盈亏不变",21.0%认为"增亏或减盈"。

二、继续推进供给侧结构性改革

《"十三五"规划纲要》提出,围绕结构深度调整,振兴实体经济,推进供给侧结构性改革,培育壮大新兴产业,改造提升传统产业,加快构建创新能力强、品质服务优、协作紧密、环境友好的现代产业新体系。"十三五"以来,我国经济结构不断优化,转型升级持续加快推进。从产业经济来看,根据国家统计局的最新统计,2018年11月,高技术产业、规模以上工业战略性新兴产业与装备制造业的增加值同比分别增长10.8%、8.6%与6.5%,均高于同期全部规模以上工业增加值的增幅,占规模以上工业的比重分别为14.4%、19.5%与33.9%。

2018年12月召开的中央经济工作会议认为,我国经济运行的主要矛盾仍然是供给侧结构性的,必须坚持以供给侧结构性改革为主线不动摇。因此,供给侧结构性改革在"十三五"乃至更长时间内,都是中国经济工作的主线,更是企业经营升级的重点工作。要更多采取改革的办法,更多运用市场化、法治化手段,继续推进供给侧结构性改革,尤其要在"巩固、增强、提升、畅通"八个字上下功夫。巩固就是要巩固"三去一降一补"成果,加大破、立、降力度;增强就是要增强微观主体活力,发挥企业和企业家的主观能动性,破除各类要素流动壁垒,促进正向激励和优胜劣汰;提升就是要提升产业链水平,注重利用技术创新和规模效应形成新的竞争优势,加快解决关键核心技术"卡脖子"问题,培育和发展新的产业集群;畅通就是要畅通国民经济循环,形成国内市场和生产主体、经济增长和就业扩大、金融和实体经济良性循环。应该说,供给侧结构性改革与高质量发展一脉相承。企业只有以供给侧结构性改革为主线,才能培育发展新产业、新产品、新技术、新业态,引导生产要素从效率低的地方流向效率高的地方,提高全要素生产率,向全球价值链高端迈进,实现高质量发展。

三、坚持以创新驱动转换发展动力

2018年11月,国家统计局发布了2015—2017年我国经济发展新动能指数。连续三年的指数分别为123.5、156.7和210.1,分别比上年增长23.5%、26.9%和34.1%。经济发展新动能指数逐年攀升,表明我国经济发展新动能加速发展壮大。可以预见这种动力转换的趋势还将延续,而实现动力转换要靠创新。创新驱动是供给侧改革的核心。企业应当坚持创新驱动,推进中国制造向中国创造转变。创新驱动要与企业经营、技术、管理及行业发展阶段、特点相结合。一是管理创新要与双创紧密结合。开展企业创新是"大众创业、万众创新"在企业内部创新的做法,有利于深入挖掘人的潜力,保持创新的活力。企业要加快转变管理模式,积极构建互联网+企业组织机构扁平化、虚拟化、平台化创新。真正发挥员工的价值,实现企业、员工共同发展。二是经营创新要与智能化信息技术紧密结合。企业生产经营管理的数字化、网络化、智能化已经成为趋势。一方面要加快实施生产装备的智能化改造,建设数字化的车间和智能工厂,不断提高产品和服务的智能化水平;另一方面要构建适应互联网时代要求的创新经营模式,这是实现企业战略的保证与手段,是企业管理能力的综合体现。三是营销创新要与服务型制造紧密结合。当前制造业价值重心向服务领域延伸,市场以用户为导向,只有提供个性化的产品及服务价值体验才能满足用户。四是管理创新要与科技创新及商业模式创新紧密结合,协同推进。企业应推动实现国内创新要素深度融合、互补、匹配,通过技术创新不断涌现出更好的技术和装备,开发新的产品。利用管理创新完善管理规范,实现最优的效率,更好地服务于新技术、新产品的开发和产业化。借助商业模式创新优化业务模式与业务流程,创造新的价值。企业在推进管理创新的实践中,要构建三者协同的创新体系,促进多维度的创新融合发展,从而培育出自己的核心竞争力,推动中国制造向中国创造转变,实现延续性、系统性、全方位的高质量发展。

四、营商环境不断得到改善提升

营商环境直接影响国家或地区经济发展的质量和速度。世界银行的报告表明,良好的营商环境会使投资率增长0.3%,GDP增长率增加0.36%。因此,推动经济发展的着力点必须由抓项目转向造环境。近年来,中央及地方政府紧紧围绕政府职能转变这个核心,简政放权、放管结合、优化服务三管齐下,营商环境逐步得到改善。2018年政府工作报告指出,五年来,国务院部门行政审批事项削减44%,非行政许可审批彻底终结,中央政府层面核准的企业投资项目减少90%,行政审批中介服务事项压减74%,职业资格许可和认定大幅减少。中央政府定价项目缩减80%,地方政府定价项目缩减50%以上。全面改革工商登记、注册资本等商事制度,企业开办时间缩短三分之一以上。世界银行《2019年营商环境报告》显示,我国营商环境总体评价在190个经济体中位列第46,较2018年上升32位,较2013年上升50位。其中,开办企业便利度排名较2018年大幅上升65位,排名第28位,五年来累计上升130位,我国成为营商环境改善最大经济体之一。当前我国营商环境总体向好,"放管服"等各项改革举措初现成效,但不同企业对营商环境的认同感存在明显差异,制度性交易成本仍有较大降低空间。未来要从以下方面继续改善营商环境。

第一,实施更大规模的减税降费。2018年年初,我国确定了全年减税降费1.1万亿元的目标,下半年又陆续出台了1.1万亿元减税降费之外的增量政策,全年减负1.3万亿元以上。2018年12月召开的中央经济工作会议释放出"更大规模减税降费"政策信号,预计2019年新一轮减税至少将不低于1.3万亿元。从税种看,增值税是我国的第一大税种,是减税降负的撬动点,在增值税税率三档并两档的基础上仍然有减税的空间;企业所得税税前扣除政策和优惠政策范围会进一步扩大,使企业享受普惠优惠;社保费在2019年税务部门全面征管之后,有望进一步下调,降低企业缴费负担。

第二,继续推进"放管服"。自2013年《国务院机构改革和职能转变方案》实施以来,我国政府不断加大推进"放管服"的力度。现在简政放权改革进入一个新阶段,需从多方面、多层次、系统化推进。从简政放权和放管结合"两轮驱动"到简政放权、放管结合、优化服务"三位一体"全面推进,从点式推进向线和面纵深发展。未来要继续以行政审批制度改革作为落实简政放权、放管结合、优化服务以全面改革任务的重要支点。一是简政放权要着重多维度权力下放。首先,继续分类清理行政审批事项;其次,解决上下级政府在行政审批权力上的衔接问题;再次,解决审批的不联动与重复性问题;最后,依法解决减费问题。二是加强监管要着重联合与责任追究。首先,解决监管权力划分问题;其次,创新监管方式手段;最后,依法加强责任监管。

第三,加强政府信息服务能力建设。在信息社会,信息是一种重要资源,政府的信息关系到企业预期和投资者的信心能否稳定,而政府对这种资源的供给严重不足且质量不高。依托物联网、云计算、大数据、空间地理信息集成等新一代信息技术,创新政府信息服务,搭建公共信息平台,实现各级政府、各部门之间数据整合共享和集中管理,提高政府信息的可获得性,降低市场主体的信息搜索等制度性交易成本。

五、兼并收购活动依然活跃

近年来,并购重组成为国内企业寻求转型升级和业务多元化的主要手段,并购市场一直比较活跃。但受到经济下行压力增大及国际市场不确定性的影响,我国企业兼并收购交易的增幅有所放缓,甚至出现下降。根据Wind资讯的统计,

2017年我国企业的并购（包括海外并购）交易额相对于2016年有所收缩。从2018年的情况看，并购交易总体上仍然活跃，交易金额延续了2017年小幅下滑的趋势。根据彭博社截至9月30日的数据显示，2018年前三季度由中国大陆企业或资产参与的兼并收购活动共发生4 303起，交易金额共计4 408.7亿美元。从交易活动总数来看，前三季度中国大陆地区并购活动依旧活跃，与去年同期相比差异不大。但交易金额较2017年前三季度小幅下降约7%。具体分析，前三季度的中国大陆并购活动中近36%为跨境并购，境内并购从交易总数上看依旧占大多数。跨境并购与2016年及2017年的井喷期相比有所回落。而从交易标的所在行业来看，金融行业依旧是各大买家热衷的领域，占跨境交易总额的28.1%，主要来自2018年以来多笔房产企业的大额交易。前三季度中国企业"走出去"的跨境并购受到中美愈发严峻的贸易摩擦的波及，地区差异日益显著。2018年以来中国买家赴欧洲的并购共计151起，交易金额达562.4亿美元，与2017年同期相比增幅达81%。与之相对比，前三季度美国标的市场则显得有些惨烈。2018年8月美国颁发了《外国投资风险评估现代化法案》，其中中国的投资者受到重点关注，这一举措也深刻地反映在中国企业的对美收购活动上。从交易总金额上看，与去年同期相比下降了34.2%，同时前三季度的交易金额已低于过去五年来全年的最低值。

展望2019年，从政策层面看，2018年8月国家发改委等五部门联合印发的《2018年降低企业杠杆率工作要点》将提振并购市场的交易，科创板与证监会提出的放开并购政策也将是两剂活跃资本市场的猛药。随着供给侧改革的进一步深入、国内产业升级及"一带一路"倡议的指引，为顺应企业战略发展的需求，并购市场依然存在许多机会，2019年中国并购市场活跃度有望相对回升。有专业投资机构认为，"2019年可以过得更好、过得更从容"。

六、"一带一路"倡议助力企业加快国际化步伐

经过五年的实践，"一带一路"倡议从理念愿景转化为现实行动，成为中国企业在新形势下加快"走出去"步伐、提升国际化经营水平的重要途径。根据商务部统计，五年来，中国对沿线国家直接投资超过700亿美元，年均增长7.2%，在沿线国家新签对外承包工程合同额超过5 000亿美元，年均增长19.2%。从贸易主体看，民营企业成为主力军，国有企业增幅显著。2017年，民营企业与"一带一路"相关国家的进出口总额为6 199.8亿美元，占中国与"一带一路"相关国家贸易总额的43.0%，其次为外商投资企业（36.6%）、国有企业（19.4%）、其他企业（1.0%）。国有企业进出口总额增速最快，2017年国有企业与"一带一路"相关国家进出口总额为2 795.9亿美元，较2016年增长24.5%，其次为民营企业（12.1%）、外商投资企业（10.2%）、其他企业（1.2%）。从最新的2018年数据看，2018年1—11月，我国企业在"一带一路"沿线对56个国家进行非金融类直接投资129.6亿美元，同比增长4.8%,占同期总额的12.4%,主要投向新加坡、老挝、巴基斯坦、印度尼西亚、越南、马来西亚、泰国和柬埔寨等国家。对外承包工程方面,我国企业在"一带一路"沿线国家新签对外承包工程项目合同3 640份,新签合同额904.3亿美元,占同期我国对外承包工程新签合同额的48.8%,同比下降20.3%;完成营业额736.6亿美元,占同期总额的53.4%,同比增长12.6%。

2019年,"一带一路"建设已经由"大写意"进入"工笔画"阶段,高质量建设"一带一路"的重要性日益突出。国内企业在推进"一带一路"项目的过程中,要迅速准确地把握沿线国家的市场需求,开展高水平的贸易合作。要和广大发展中国家和发达国家的企业开展协同创新、个性化定制、数字贸易等合作,充分发挥双方的比较优势,实现互利共赢,构建高效灵活的全球价值链和创新链。要充分发挥开发性金融等金融工具的作用,积极加强和东道国金融机构以及其他国际金融组织的合作,创新融资方式,有效缓解国内企业开展国际产能合作面临的融资难、融资贵问题。有关部门要进一步优化企业开展海外业务的审批程序,降低企业参与"一带一路"建设的制度性成本,加强对企业的咨询、法律、会计、保险等专业服务,帮助企业降低海外业务风险。

第十九章 关于企业集团治理的研究[①]

第一节 引　　言

在中国经济发展从高速度向高质量转型的背景下,企业集团作为现代企业的高级组织模式,如何构建合理的集团治理机制,提高集团内部的运行效率,从"做大"转向"做强",是亟待解决的问题。相比于独立企业,企业集团的公司治理和代理问题往往更为复杂。从企业集团的角度来看,一方面,集团可以为成员企业带来竞争性资源和非竞争性资源,进而帮助成员企业确立竞争优势(郭晨曦和吕萍,2017),例如通过有效的内部资本市场调配资金,缓解成员企业的融资约束;另一方面,成员企业为获得集团内部竞争性资源和非竞争性资源都要付出相应的成本。竞争性资源和非竞争性资源起作用的条件在于集团内部市场能否有效运作(如相关信息的传递是否及时),而这一切最终都归结于企业集团的治理问题。对于独立企业而言,公司治理中核心问题的解决都是围绕"股东会—董事会—管理层"之间的代理冲突展开,称为"第一类代理问题"。而企业集团治理则主要是围绕"控股股东—中小股东"之间的代理冲突展开,称为"第二类代理问题"。

目前,无论是从学术还是从实践的角度,学者及管理者均忽略了独立企业和集团成员企业在治理结构上的差异(Bamiatzi等,2014),同时国内学者对企业集团治理(特别是中国企业集团)的研究尚处于起步阶段。鉴于企业集团治理比任何其他组织的特征分析和影响机制都要复杂(Holmes等,2017),本章从股权集中度、金字塔结构、产权性质和董事会的角度,梳理和总结国内外企业集团治理的最新研究进展,提出未来企业集团治理有待深入的问题,这对于推动中国企业集团治理的研究和实践具有重要意义。

第二节　企业集团治理的文献综述

作为新兴国家中非常普遍的一种组织模式,企业集团是介于市场与企业之间的一种特殊企业组织形式,主要以具有优势主导力量的企业为核心,以所有权、契

[①] 本章相关内容已发表:郭晨曦.关于企业集团治理的研究[J].技术经济与管理研究,2019(1):45—49.

约形式或社会关系等为联结纽带,由多数独立的企业、事业或其他组织形成的相互勾稽、结构稳定、目标协同的经济组织联合体。

最初,学者从交易成本理论和资源理论的角度出发,解释了企业为什么会形成集团。从交易成本理论的视角看,自然人在市场上通过价格机制进行交易是有大量成本的(Coase,1937),这导致企业的形成。而企业在市场上通过价格机制进行交易同样是有成本的(Granovetter,1994),这导致企业集团的形成(特别是在制度不健全的经济体)。相比于独立企业,企业集团为成员企业提供了内部平台,降低了成员企业的交易成本(郭晨曦和吕萍,2017)。从资源理论的视角看,企业集团集中、发展和储存了某些从外部市场无法获得的关键资源,有些属于发展中国家在工业化阶段的稀缺资源,如创业家、职业经理阶层、资金、技术、知识等,有些属于与集团所在国制度环境相关的要素,如通过与政府的关系获得的政策资源和集团建立的社会关系等。

但是,在何种程度上企业集团能够综合有效地利用内部资源市场,提高成员企业和集团的整体竞争力呢？集团对某个成员企业或者经营项目的投资依赖于其他成员企业的资源,内部资源市场有可能因代理成本增加或者跨经营单位补贴而使效率降低,最终导致"内部市场失效"。Stein(1997)及Scharfstein和Stein(2000)指出,集团总部的资源配置方式可以引起成员企业间的相互竞争,导致严重的代理问题。集团治理决定的是企业集团分配资源的方式,进而决定其内部市场、战略决策、创新活动和绩效。大部分学者从股权集中度,金字塔结构和产权性质三个角度进行研究,少部分学者从董事会的角度进行研究。

一、股权集中度

股权集中意味着少数股东持有企业的大部分股权。由于控股股东的控制规模极大,他们有极大的动力和能力监督管理者,避免中小股东搭便车的动机,寻求利润的增长。另外,集团内部挑选胜者的竞争机制,能够有效促进集团内的资源向优势部门转移,提高资源的使用效率。企业所有权集中度与日本集团成员企业的资产回报率成正向关系(Gedajlovic和Shapiro,2002),并且与韩国集团上市公司的股票价值成正向关系(Baek等,2004)。鉴于企业集团控股股东能够获得更多的现金流(Siegel和Choudhury,2012),在不完善的资本市场环境中,更多的现金流意味着更大的竞争优势。企业集团内部大股东监督能力的增强,能够有效抑制下属上市公司的激进和过度投资行为。

集团化的经营模式给成员企业带来上述收益的同时也引发了额外的代理成本,主要表现为集团控股股东与上市公司其他中小投资者之间的利益冲突,特别是在制度环境对小股东保护力度较弱的时候(Young等,2008)。当控股股东持股比例达到绝对或者相对控股时,由于缺少来自其他股东的监督和约束,集团控制人利用控制权谋取私人利益的权力相应提高。Jiang 等（2010）发现中国企业集团的控股股东使用集团内部贷款从小股东那里剥夺财富。因此，进行贷款的成员企业的盈利能力下降，甚至很有可能倒闭。Chang（2003）认为，当成员企业预期的绩效较好时，控股股东可以利用内部信息收购成员企业的股权，阻止外部小股东分享超额收益。肖星和王琨（2006）认为，控股股东与其他股东之间的代理问题导致集团控制人从上市公司转移利益的能力提高。Baek 等（2004）认为，集团的扩张与多元化只是为控股股东拓展了隧道挖掘的途径。La Porta 等（2000）认为，股权过度集中使得控股股东过多地干预公司管理者，抑制了管理者的积极性和创新能力。杨林（2014）认为，控股股东往往会按照个人意志甚至利益考量来选聘成员企业的高管人员，由此限制高管团队来源和构成的多样性，进而降低高管团队的认知多样性。

二、金字塔结构

金字塔结构是指控股股东持有成员企业的股份，而该成员企业又持有其他成员企业的股份，从而形成一种金字塔式的组织结构（Peng 和 Jiang，2010）。关于金字塔结构的观点是相互冲突的。一种观点认为，金字塔结构创建了一种夹层管理模式，形成支撑效应。金字塔结构可以使控股股东用较少的现金流量权获取较大的控制权，便于形成企业集团的内部市场。金字塔结构极大地扩充了成员企业的数量（即扩大内部市场），分散经营风险，提升市场垄断力和增强创新活动。Guzzini 和 Iacobucci（2014）发现意大利企业集团中靠近金字塔顶层的成员企业会利用底层成员企业的资源进行研发活动。从集团内部资本市场的角度讲，企业集团通过金字塔结构在成员企业之间转移财务资源。由于新兴国家外部资本市场和制度空白，执行合同的成本较高，资本自由流通受到限制，极大地提高了交易和融资成本，而企业集团的金字塔结构可以提高成员企业应对市场的灵活性和速度，帮助其投资超过自身流动性约束的项目，进而提升成员企业的价值。Almeida 等（2015）发现，企业集团内部资本市场能够抵消经济危机带来的投资和绩效方面的负面影响，集团内部将低增长的成员企业的现金流转移到高增长的成员企业，并且通过这种资源配置快速抓住危机之后的投资机会。

另外一种观点认为，金字塔结构会引起机会主义行为，形成隧道挖掘效应。集团最终控制人通过金字塔形的控股结构，以更低的投入、以成员企业价值为代价获取私人利益（肖星和王琨，2006）。由于集团组织结构的复杂性，控股股东通过"隧道挖掘"从公司中转移财产具有极大的隐蔽性，难以被发现。隧道挖掘主要有两种形式：一是控股股东通过自我交易直接从公司转移资产，例如向控制性股东提供转移定价优势、额外的高管补助、贷款担保等（王琨和陈晓，2007）；二是控股股东通过冲减收益的股票发行、并购、内部交易等金融手段提高其在公司的股份(王蓓和郑建明,2010)。通过集团内部成员企业之间的关联交易掏空部分企业(Stein,1997；Khanna 和 Palepu,2000；Almeida 和 Wolfenzon,2006),导致成员企业价值下降(Shleifer 和 Vishny,1997)。比如大股东持有成员企业 A 75％股份,成员企业 A 又持有成员企业 B 65％股份,大股东能够将企业 B 的利润转移到企业 A,损害企业 B 小股东的利益(Peng 和 Jiang,2010)。由于金字塔结构可能促进隧道挖掘的行为,学者认为相比于金字塔结构集团的成员企业,独立企业尤其是独立的国有企业,能够从 IPO 中获得更多的融资。中小股东的股权在金字塔集团中会出现股价折价,并且还需承担被集团兼并的风险(Morck 等,2005)。金字塔结构将资本集中到少数精英手中,导致中小股东很难获得融资和制度支持(Morck 等,2011)。比如,比利时、加拿大、法国和葡萄牙排名前十大的家族控股集团控制了 30％—40％的资本,而瑞典最大的家族集团控制了 50％的资本(Morck,2010)。集团金字塔结构可能导致管理者的战略灵活性降低,极大影响他们吸收新信息和新知识的能力,并且降低他们对市场(特别是新兴市场)的敏感度和反应力(Filatotchev 等,2011)。

三、产权性质

针对中国目前国有企业与民营企业并存,特别是国有企业占据上市公司绝大部分市值的情况,对于中国公司最终控制人性质与公司价值的研究,成为中国企业集团研究的一个重要方面。对于最终控制人性质最基本的区分是国有企业集团和民营(家族)企业集团。在国有企业集团组建和发展的过程中,中央政府和地方政府大力推动中央企业集团和地方国有企业集团的形成,提供相应的政策倾斜和资源支持。在中国上市公司中,绝大部分国有上市成员企业没有分离现金流量权和控制权。相比于民营集团成员企业,国有集团成员企业不需要分离现金流量权和控制权,无须通过剥夺中小股东的利益来获取额外的资源。国有企业集团的形成原因和演化驱动力主要来自政府的持续推动,而非弥补外部制度环境的缺失。相比于国有企业集团,民营企业集团的形成不是来自政府的推动,而是弥补外部制度环境的缺失,包括不完善的资本市场和劳动力市场。中国民营企业受到的外部融资约束远甚于国有企业,企业很难通过权益融资和债务融资的方式获得充足的外部资金,因此民营企业形成集团这一组织形式以抱团取暖。国有企业集团与民营企业集团相比,无论是直接融资环境还是间接融资环境都更加宽松。

(一)民营(家族)企业集团

在后工业化国家中,大量企业集团都是民营企业集团(Colpan 和 Hikino,2010)。但是企业集团由家族控制是好是坏,学者仍在争论。持积极观点的学者认为,家族知识、情感依附和财务承诺会带来更有效的公司治理和管理(Carney,2005；Cuervo-Cazurra,2006)。Kim 等(2008)发现,当家族控股比例提高时,韩国企业集团会提高研发投入。还有学者认为,家族中的商业关系和政府关系是一代传一代的,能够为集团发展提供显著且持久的影响力(Gedajlovic 等,2012;Schneider,2010)。同样,Fracchia 等(2010)认为,当出现经济危机时,家族控股的企业集团更加稳定,幸存率更高。一些案例研究也发现,高管之间的家族纽带关系能够促进协作、资源共享和信息交流,进而帮助企业集团识别并利用发展和创新机会(Discua 等,2013)。Baker 等(2005)认为,新兴市场中的家族企业集团是应对资源和基础设施不足的方式。

持消极观点的学者认为,家族企业集团会在多个成员企业中分散投资以保证自身的生存,为继承人提供货币和非货币的利益,而这些都是建立在剥削小股东利益的基础上(Bertrand 和 Schoar,2006;Filatotchev 和 Wright,2011)。将家族成员安排到成员企业中任职阻碍了所有权和管理权的分离,可能会排斥外部合格经理人(Morck,2010)。Boubakri 等(2010)发现,在亚洲金融危机期间,家族企业集团的资本成本和管理成本往往更高。Luo 和 Chung(2005)发现,随着台湾地区要素市场和制度改革的推进,家族高持股的企业集团的绩效反而差于家族低持股的企业集团的绩效。因此,家族企业集团可能会降低内部资本市场和劳动力市场的效率。

(二)国有企业集团

关于国有企业集团对成员企业的影响,学者仍在争论。Ramaswamy 等(2002)发现,国有企业集团的员工缺乏有效的财务激励和监管。Yiu 等(2014)认为,国有企业集团的经营往往带有政治目标,比如创造就业。当国有企业集团的绩效较差时,政府能够限制其他企业的经营活动,从而降低该企业面临的竞争,因此国有控制通常使得企业集团远离市场竞争。Yiu 等(2007)发现,国有控制会降低企业集团的效率和盈利能力。所以,大部分国有企业集团缺乏激励和能力去提高收益、实施创新活动、进入海外市场。

但是部分学者持相反观点。武常岐和钱婷(2011)认为,集团控制会有效减轻国有企业的管理层代理问题,国有企业集团更有动力、更有能力来更好地激励国有企业集团的管理层。例如,国有企业集团明确了控股股东的地位,理顺了国有企业复杂不明的所有权关系;国有企业集团通过内部行政控制程序,降低了管理层和企业之间的信息不对称,减少了对成员企业的监督成本;企业集团为所控制企业的管理层提供了内部人才市场,弥补了针对国有企业管理层外部人才市场的缺失。内部人才市场的存在使内部晋升成为对所属国有企业管理层的主要激励模式,能有效降低所属企业管理层与企业集团间在目标函数上的不一致,弥补以薪酬为基础的传统激励模式的失效,从而减轻管理层代理问题。中国国有企业集团会对所控制国有上市成员企业的财务绩效产生正面影响(Ma 等,2006;Carney

等,2009)。Ma 等(2006)认为,国有企业集团通过解决原有国企产权不清来提高国有企业绩效。Carney 等(2009)认为,集团控制对国有成员企业的正面影响主要源于政府的"支持之手",但效果会随时间而减弱。

（三）机构投资者

一是银行。作为日本企业集团主要的机构投资者,银行能够为集团提供融资支持和治理,帮助成员企业进行扩张和投资。日本银行在集团中的地位相当于大股东和债权人,在董事会持有一席之位。Wan 等(2008)认为,这种复杂的关系能够为银行获取信息提供便利,监督并干涉成员企业的经营活动,因为成员企业战略失败就会导致银行贷款不能收回。Wan 等(2008)发现,当经济大衰退时,独立银行的绩效优于集团内部银行的绩效。

二是外国机构投资者。境外机构投资者在英美国家企业集团的股东会中同样重要。外国机构投资者往往更加独立,他们能推动企业集团更加透明和聚焦,且拥有更多技术和管理专家;尤其是当集团经营未达到满意的程度时,他们会撤出投资。大量研究表明,外国机构投资者会要求企业集团聚焦主业(Kim 等,2008),缩小经营范围(Chung 和 Luo,2008),降低经营规模(Ahmadjian 和 Robbins,2005),寻求相关多元化(Khanna 和 Palepu,2000),以及实施国际化(Bhaumik 等,2010)。但是部分研究表明,外国机构投资者对企业集团的影响更弱。Ahmadjian 和 Robbins(2005)发现,当日本集团其他成员企业和集团持有成员企业更多股权时,该成员企业中外国机构投资者对重组的影响更弱。同样,Chittoor 等(2015)也发现,印度的外国机构投资者有助于推动成员企业的跨境并购,但是对集团成员企业的影响程度弱于独立企业。

四、董事会

学者对企业集团董事会的作用和效率存在较大疑虑。学者对于企业集团董事会的了解非常少。比如,交叉任职的董事能否分享不同成员企业之间的信息,进而帮助成员企业提高盈利能力,开发新产品和拓展海外市场?董事会可能会对企业集团的经营有益。首先,他们为决策提供支持。如果企业集团内部的银行持有成员企业股权或者贷款,就会安排管理者进入成员企业的董事会(Ahmadjian 和 Lincoln,2001)。其次,董事会帮助成员企业开展内部交流。特别是,交叉任职的董事可以帮助成员企业分享知识(Mahmood 等,2011),监管其他成员企业,解决成员企业之间的冲突。

但是一些学者质疑成员企业董事会的效率。Boyd 和 Hoskisson(2010)认为,成员企业董事会所做的大部分决策,只是简单地或机械地遵从集团的指令,并不需要成员企业的董事会给予任何的建议。部分学者认为,交叉任职的董事限制了少数股东的影响力,进而导致机会主义行为。Chizema 和 Kim(2010)发现,在韩国的制度改革中,韩国集团成员企业被强制要求聘用外部董事。对于能力较强的管理者而言,这会降低实施战略的动机,因为如果他们成功实施该战略,胜利之果会被其他成员企业分享(Estrin 等,2009)。对于能力较弱的管理者而言,由于管理的成员企业本身竞争优势较弱,因此无论实施战略结果如何,都能收到集团的补贴(Morck 等,2005)。

第三节 研究展望

本章系统性地整理了近期企业集团治理的相关研究,对已有相关研究成果进行了总结。目前,各国学者从股权集中度、金字塔结构、产权性质和董事会等方面进行了积极的探索,但受制于所研究国家的制度环境、企业集团样本等,针对企业集团治理的研究并未得出确凿的结论。例如,新兴国家企业集团的形成和进化受到制度因素的极大影响(Khanna 和 Yafeh,2007)。又如,印度企业集团更加依赖于对成员企业的所有权控制,中国台湾企业集团更加依赖于内部市场交易、资源分享和非正式控制(Yiu 等,2007),韩国企业集团等级制度比日本企业集团更加严重(Kim 等,2010)。

从股权集中度的角度看,控股股东有极大的动力和能力监督管理者,避免中小股东产生搭便车的动机,通过集团内部挑选胜者的竞争机制,能够有效促进集团内的资源向优势部门转移,提高资源的使用效率。但是,集团控股股东与企业其他中小投资者之间的利益冲突,可能会弱化控股股东对集团管理的积极影响,特别是当制度环境对小股东保护力度较弱的时候。从金字塔结构看,企业集团治理的金字塔结构可能带来支撑效应或者隧道挖掘效应。支撑效应有助于企业集团扩大内部市场,分散经营风险,提升市场垄断力和增强创新活动;而隧道挖掘效应则通过集团内部成员企业之间的关联交易掏空部分企业,降低企业价值。从产权性质看,国有企业集团的形成原因和演化驱动力主要来自政府的持续推动,民营(家族)企业集团的形成不是来自政府的推动,而是弥补外部制度环境的缺失,包括不完善的资本市场和劳动力市场。由于国有企业集团的经营往往带有政治目标,国有控制会降低企业集团的效率和盈利能力,因此国有企业集团缺乏激励和能力去提高收益、实施创新活动、进入海外市场。但是,在国有企业集团的进化过程中,国有企业集团厘清了复杂不明的所有权关系,集团控制会有效减轻国有企业的管理层代理问题,国有企业集团更有动力、更有能力来更好地激励国有企业集团的管理层。家族知识、情感依附和财务承诺有助于民营(家族)企业集团的经营和稳定,但是所有权和经营权的混同以及剥削中小股东的利益,可能会降低内部资本市场和劳动力市场的效率。从董事会的角度看,董事会成员为成员企业决策提供支持,交叉任职的董事帮助成员企业分享知识。但是,由于成员企业遵从集团的管理,成员企业的董事很可能会沦为"花瓶"。同时,交叉任职的董事限制了少数股东的影响力,导致机会主义行为,从而降低企业集团的治理效率。

综上,从企业集团治理的各维度看,中国企业集团治理还存在大量的空白领域需要深入挖掘研究。首先,在中国经济发展从高速度向高质量转型的背景下,企业集团如何调整自身的治理结构(组织架构、管理层激励等)来适应经济结构的转型。相比于独立企业,需要进一步研究企业集团董事会的作用、效率、对管理层激励的效果。比如,交叉任职的董事能否通过分享不同成员企业之间的信息来帮助成员企业提高盈利能力、开发新产品并拓展海外市场(Boyd 和 Hoskisson,2010)。其次,由于不同产权性质的企业集团的形成动机和演化路径不尽相同,国有企业集团和民营企业集团的治理结构差异较大。在经历改革开放四十年的蓬勃发展后,目前民营企业集团治理面临的主要问题是继承问题——传嫡还是传贤,而国有企业集团治理面临的主要问题是效率低下和内部贪腐问题。最后,在某种程度上,集团本身和成员企业之间的利益并不完全趋同,集团倾向于站在集团整体的角度衡量战略的得失,而成员企业倾向于站在自身的角度考量利益,故而集团治理还可能存在"集团总部—成员企业"之间的代理冲突(郭晨曦和吕萍,2017)。从某种程度上讲,集团的利益和成员企业的利益并非完全一致。尽管集团能帮助成员企业减缓其资源约束,拓展其经营活动,但是成员企业存在规避风险、创业动力不足的问题(武立东和黄海昕,2010)。同时,"母强子弱"和"母弱子强"格局对集团治理结构的影响也需进一步探讨。

第二十章　不断完善中国特色社会主义新时代的分配关系[①]

第一节　引　　言

党的十九大报告提出："为什么人的问题,是检验一个政党、一个政权性质的试金石。"坚持以人为中心的发展思想,不断促进人的全面发展,实现全体人民共同富裕,是习近平新时代中国特色社会主义思想的重要组成部分。按照党的十九大报告提出的战略目标,到 2020 年,我国将全面建成小康社会。到 2035 年,我国将基本实现社会主义现代化,人民生活更为宽裕,中等收入群体比例明显提高,城乡区域发展差距和居民生活水平差距显著缩小,基本公共服务均等化基本实现,全体人民共同富裕迈出坚实步伐。到 21 世纪中叶,我国将建成富强民主文明和谐美丽的社会主义现代化强国,全体人民共同富裕基本实现。可见,正确认识和处理好分配关系是检验社会主义现代化国家建设目标是否实现的一条重要标准。

分配问题是政治经济学理论和我国经济体制改革实践的重大基本问题。近年来,社会各界对我国分配问题的讨论主要聚焦于收入差距,尤其是我国基尼系数长期保持在国际公认的 0.4 警戒线水平以上,表明我国的收入差距问题十分突出。根据国家统计局公布的数据,2004—2008 年我国的基尼系数是逐渐上升的,并在 2008 年到达峰值 0.491。虽然 2009 年以后我国的基尼系数开始下降,但是 2016 年的基尼系数仍然维持在 0.465 的较高水平。此外,无论是宏观还是微观的分配结构都还存在许多不合理的突出问题,比如劳动者报酬以及居民收入占 GDP 的比重偏低,城乡、区域、行业间存在比较明显的收入差距,居民财产占有差距出现扩大的趋势,等等。有人认为,这些问题只是反映了中国经济发展中存在的"库兹涅茨曲线"效应,只要经济发展水平进一步提高,收入差距就会自动缩小,分配问题自然而然会随着经济发展而得到解决。但事实上,不论是发达国家还是发展中国家的历史都表明,分配不是一个简单的发展问题,在很大程度上属于制度问题。例如,一些落入"中等收入陷阱"的拉美国家,由于没有采取相应的制度变革,

---

[①] 本章相关内容已发表:方敏.不断完善中国特色社会主义新时代的分配关系[J].政治经济学评论,2018,9(2):16—30.

形成良好有效的制度保障,收入差距和财富积累的"马太效应"使既得利益集团在经济和政治上日益强大,经济发展的包容性不断减弱,最终导致社会矛盾激化甚至社会分裂。再如,发达国家的基尼系数看起来普遍不高,一般稳定在 0.3 左右,但其实这主要是再分配在其中发挥了巨大作用。根据相关测算,美国的初次分配基尼系数为 0.49,再分配后的基尼系数为 0.38。英国的初次分配基尼系数为 0.46,再分配后的基尼系数为 0.35。德国的初次分配基尼系数为 0.5,再分配后的基尼系数仅为 0.3。法国的初次分配基尼系数为 0.48,再分配后的基尼系数为 0.29。日本的初次分配基尼系数为 0.46,再分配后的基尼系数为 0.33。① 由此可见,发挥再分配机制的作用是发达市场经济国家为缩小收入差距所采取的重要手段。

我国自改革开放以来,始终把调整分配关系、改革分配体制作为经济体制改革的一项重要内容。一方面,改革分配关系和分配体制既是我国所有制改革与市场化改革的必然要求,也是其必然结果。另一方面,调整分配关系对于发展经济,尤其是最大限度地调动和利用各种资源要素投入社会生产、调动各类经济主体的生产积极性,从而不断提高经济发展水平、提升经济效率具有积极作用。随着中国特色社会主义进入新时代,我国经济发展也进入了新时代,基本特征就是经济发展已由高速增长阶段转向高质量发展阶段,全面建成小康社会、全面建设社会主义现代化国家的宏伟目标对分配领域的改革提出了新的要求。我们必须坚持以基本分配制度为基础,不断完善新时代中国特色社会主义的分配关系,改革不合理的体制机制,为实现共享发展目标和全体人民共同富裕提供基本制度保障。这也是中国特色社会主义新时代面临的一个重大理论问题和现实问题。本章依据马克思主义政治经济学的基本原理和方法,考察了我国改革开放以来在分配理论、分配制度和分配关系等方面展现的基本变化,对改善新时代分配关系的主要措施进行了分析。

第二节 政治经济学关于分配的基本理论

马克思在《〈政治经济学批判〉导言》中指出,社会的生产与再生产是由生产、分配、交换和消费四个环节构成的有机整体。"分配关系和分配方式只是表现为生产要素的背面。个人以雇佣劳动的形式参与生产,就以工资的形式参与产品、生产成果的分配。分配的结构完全决定于生产的结构。分配本身是生产的产物,不仅就对象说是如此,而且就形式说也是如此。就对象说,能分配的只是生产的成果,就形式说,参与生产的一定方式决定分配的特殊形式,决定参与分配的形

---

① 蔡昉,张车伟等.中国收入分配问题研究[M].北京:中国社会科学出版社,2016:22.

式。"除了产品的分配,生产资料所有制关系本身就是一种特殊的分配关系,因为"它是生产工具的分配,以及社会成员在各类生产之间的分配(个人从属于一定的生产关系)——这是同一关系的进一步规定。这种分配包含在生产过程本身中并且决定生产的结构,产品的分配显然只是这种分配的结果"。① 以上论述指出了一条关于分配的基本原理,即所有制关系决定了生产的结构,进而决定了产品的分配结构。

所有制关系或生产方式具有特殊的历史性质,这也就决定了分配关系及其呈现出的各种收入形式也具有特殊的历史性质。以资本主义生产方式为例。马克思在《资本论》第三卷第七篇《各种收入及其源泉》中指出,资本主义的分配关系和收入形式,本质上"和资本主义生产关系是同一的,是生产关系的反面"。② 这就是说,工资以雇佣劳动为前提,利润以资本为前提,资本主义地租以土地所有权和农业实行资本主义经营方式为前提。正是资本主义的所有制关系决定了资本、劳动和土地等生产要素以私人所有权为基础参与分配,并取得各种收入形式。马克思还批判了政治经济学的两种错误的分配理论。一种理论虽然承认分配关系具有特殊的历史性质,但认为生产关系不同于分配关系,具有超历史的性质,也就是把生产当作一般,把分配当作特殊,从而构成了生产与分配的二分法。这种错误的理论在当时以约翰·穆勒为代表,但是在当代西方经济理论中也有所反映,即实证与规范的二分法——把分配问题当作规范经济学的范畴,把生产理论归入实证经济学范畴,因此生产与分配之间的内在联系被割裂了。还有一种错误的分配理论认为,分配关系是"自然的关系,是从一切社会生产的性质,从人类生产本身的各种规律中产生出来的关系"。③ 这种错误理论以庸俗经济学的"三位一体公式"为代表,其当代表现就是生产力分配理论或生产要素分配理论。

社会主义社会的分配关系必然以社会主义的所有制关系为基础。马克思在《哥达纲领批判》中对共产主义社会第一阶段(即社会主义社会的产品分配关系)提出了一个著名的论断:"在一个集体的、以生产资料公有为基础的社会中……每一个生产者,在作了各项扣除以后,从社会领回的,正好是他给予社会的。他给予社会的,就是他个人的劳动量。"马克思特别强调,这种按劳分配关系的基本性质"是调节商品交换(就它是等价的交换而言)的同一原则……即一种形式的一定量劳动同另一种形式的同量劳动相交换。"④ 也就是说,不能脱离社会主义的生产方式和所有制关系,空谈"公平的分配"和"平等的权利"。因为就其基本性质而言,

---

① 马克思恩格斯文集(第8卷)[M].北京:人民出版社,2009:19—20.
② 马克思恩格斯文集(第7卷)[M].北京:人民出版社,2009:994.
③ 同上书,第993页.
④ 马克思恩格斯文集(第3卷)[M].北京:人民出版社,2009:433—434.

社会主义按劳分配关系"对不同的劳动者来说是不平等权利。它不承认任何阶级差别,因为每个人都像其他人一样只是劳动者,但是它默认,劳动者的不同等的个人天赋,从而不同等的工作能力,是天然特权。所以就它的内容来讲,它像一切权利一样是一种不平等的权利……但是这些弊病,在经过长久阵痛刚刚从资本主义社会产生出来的共产主义社会第一阶段,是不可避免的"。① 马克思还批判庸俗社会主义只会"效仿资产阶级经济学家(一部分民主派又效仿庸俗社会主义)把分配看成并解释成一种不依赖于生产方式的东西,从而把社会主义描写为主要是围绕着分配兜圈子。既然真实的关系早已弄清楚了,为什么又要开倒车呢?"②

马克思主义政治经济学关于分配关系基本性质的原理性分析,为我们理解现实分配关系和分配问题提供了重要的方法论。

第三节 改革开放以来分配关系发展变化的理论逻辑与历史逻辑

社会主义初级阶段实行以按劳分配为主体、多种分配方式并存的基本分配制度,体现了政治经济学理论逻辑与中国特色社会主义历史逻辑的统一。从政治经济学理论逻辑看,分配关系的基本性质是由生产关系特别是所有制关系决定的,有什么样的所有制关系,就有什么样的分配关系。从中国特色社会主义历史发展的逻辑及其展开看,分配制度和分配关系是随着我国经济改革尤其是所有制改革与市场化改革的逐步推进而逐渐形成和不断完善的。从理论与历史相统一的角度,大体上可以把我国改革开放以来分配理论与分配关系的变化过程分为几个主要时期:一是在改革开放初期,着力于恢复按劳分配原则;二是自20世纪80年代中后期到21世纪初,分配制度和分配关系随着所有制结构的多元化和社会主义市场经济体制的建立而发生了深刻变化;三是进入21世纪以来,着力于深化分配制度改革,以解决宏观分配格局和居民收入差距加大等问题。分配关系和分配问题在每个时期都根据时代背景和经济基础的变化而有所侧重。

一、第一个时期:恢复按劳分配原则

改革开放早期围绕分配问题展开的讨论侧重于重新确立社会主义按劳分配原则。改革开放以前,经过社会主义改造的我国所有制结构主要包括国有经济和集体经济两种公有制形式,在分配上实行按劳分配。但是"文化大革命"期间,物质利益原则和按劳分配原则被扣上"资产阶级法权"的帽子而遭到了严重破坏,分配关系实际上具有平均主义和"大锅饭"性质。经过拨乱反正,人们逐步认识到恢复和坚持社会主义按劳分配原则的重要性。1977年8月,中共十一大报告提出:

---

① 马克思恩格斯文集(第3卷)[M].北京:人民出版社,2009:435.
② 同上书,第436页.

"对于广大人民群众,在思想教育上大力提倡共产主义劳动态度,在经济政策上则要坚持实行各尽所能、按劳分配的社会主义原则。"五届全国人大政府工作报告中提出:"在整个社会主义历史阶段,必须坚持不劳动者不得食、各尽所能、按劳分配的原则。执行这个原则,要坚持无产阶级政治挂帅,加强思想政治工作,教育人们树立共产主义劳动态度,全心全意地为人民服务。在分配上,既要避免高低悬殊,也要反对平均主义。实行多劳多得,少劳少得。"与此同时,国家计委经济研究所、中国社会科学院经济研究所等在经济学界发起了按劳分配的理论大讨论,逐渐明确了对按劳分配关系的基本思想认识。比如,按劳分配是社会主义的分配原则,体现了国家、集体和个人三方利益的结合,是促进社会主义生产发展的重要因素;按劳分配具有多种形式,如工资、奖金、津贴等。

1978年5月5日,在邓小平的指导下,国务院政治研究室撰写了《贯彻执行按劳分配的社会主义原则》一文,并以"特约评论员"的名义发表在《人民日报》上,按劳分配原则由此得到正名。1978年5月7日,国务院发出了《关于实行奖励和计件工资制度的通知》,在分配制度中恢复和确立了按劳分配原则。1982年,党的十二大提出,"在经济和社会中坚持按劳分配制度和其他各项社会主义制度"。1984年党的十二届三中全会通过的《中共中央关于经济体制改革的决定》不仅明确提出我国实行有计划的商品经济,还要求破除平均主义思想,贯彻按劳分配原则,指出"由于一部分人先富起来产生的差别,是全体社会成员在共同富裕道路上有先有后、有快有慢的差别,而绝不是那种极少数人变成剥削者、大多数人陷于贫穷的两极分化。鼓励一部分人先富起来的政策,是符合社会主义发展规律的,是整个社会走向富裕的必由之路"。

二、第二个时期:分配关系发生深刻变化

1987年党的十三大正式确立了社会主义初级阶段理论,提出我国社会主义社会还处在初级阶段,必须从这个实际出发,而不能超越这个阶段。在所有制问题上提出"以公有制为主体发展多种所有制经济,以至允许私营经济的存在和发展,都是由社会主义初级阶段生产力的实际状况所决定的。只有这样做,才能促进生产力的发展。"在分配问题上提出"社会主义初级阶段的分配方式不可能是单一的。我们必须坚持的原则是,以按劳分配为主体,其他分配方式为补充……我们的分配政策,既要有利于善于经营的企业和诚实劳动的个人先富起来,合理拉开收入差距,又要防止贫富悬殊,坚持共同富裕的方向,在促进效率提高的前提下体现社会公平。"同时指出,"当前分配中的主要倾向,仍然是吃大锅饭,搞平均主义,互相攀比,必须继续在思想上和实际工作中加以克服。凡是有条件的,都应当在严格质量管理和定额管理的前提下,积极推行计件工资制和定额工资制。"

从这一时期开始,影响我国分配关系的基本因素出现了两个重大变化。一是

社会主义初级阶段所有制结构和所有制形式的变化,公有制经济实行多种形式的经济责任制(主要包括农村集体经济中的家庭联产承包责任制和国有企业的承包经营责任制),同时个体经济、乡镇经济以及中外合资经营、中外合作经营、外商独资企业等私营经济逐渐兴起和不断壮大。二是社会主义商品经济关系得到大力发展,不仅在不同所有制经济之间,而且在公有制经济内部也建立起商品经济关系。党的十三大报告提出,国有企业要"实行所有权与经营权分离,把经营权真正交给企业,理顺企业所有者、经营者和生产者的关系,切实保护企业的合法权益,使企业真正做到自主经营,自负盈亏,是建立有计划商品经济体制的内在要求"。经济成分和分配方式的变化引起实际分配关系发生相应改变,主要体现为居民和企业在国民收入中所占份额有所上升,尤其是居民最终所得份额在1986年比1978年增加了11.7个百分点。① 这一变化给中国特色社会主义政治经济学提出了一个重大挑战:在公有制与商品经济"兼容"关系中如何实现按劳分配?

关于公有制与商品经济兼容问题,笔者在其他文章中已做过分析。② 而社会主义商品经济关系也能否与社会主义按劳分配原则兼容的问题,实际上是公有制与商品经济兼容问题的引申。公有制与商品经济关系的矛盾在于同一所有制关系与不同的商品所有权关系的矛盾,商品经济与按劳分配关系的矛盾则在于商品等价交换原则与按劳分配"等量劳动相交换"的矛盾。早在1959年《红旗》杂志发表胡钧的《关于全民所有制内部商品价值形式问题》一文指出,等价交换的劳动基础与按劳分配的劳动基础在质和量两方面都存在根本区别。等价交换的分配结果包含了生产资料对私人劳动的生产率的影响,即私人生产者因此而获得的"超额利润",但是在公有制条件下,这部分超额收益不应成为劳动者的私人收益。文章指出:"利用价值形式将是很长时间的事情。劳动差别的多样性复杂性,使得直接用劳动时间计算,即使建立了全面的全民所有制以后,在一定的技术水平下也是一件很困难的事情。但是严格计算劳动时间,又是发展生产和产品分配所绝对必需的。因此价值形式就是一种唯一较好的形式,也是一种已经普遍利用而为人们所熟悉的形式……价值形式什么时候不再被利用,也是一个自然过程。"③ 如果要采取商品和价值形式,按劳分配关系就不能直接实现,而只能以迂回的形式实现,其中包含了两个性质完全不同的过程:首先在社会范围内以及同一所有制内部都采取商品经济关系,劳动者的个别劳动由此转化为社会劳动;然后国家作为

---

① 中国经济体制改革研究所宏观经济研究室.改革中的宏观经济:国民收入的分配与使用[J].经济研究,1987(8).

② 刘伟.中国经济改革对政治经济学根本难题的突破[J].中国社会科学,2017(5).刘伟,方敏.中国经济改革历史进程的政治经济学分析[J].政治经济学评论,2016(2).

③ 胡钧.关于全民所有制内部商品价值形式问题[J].红旗,1959(12).

所有者代表，再从公有制企业等价交换获得的收益中扣除企业因使用不同的但属于公有的生产资料而产生的超额收益或级差收益，只有经过这一扣除，才能在公有制内部实现按劳分配，才能把商品等价交换关系转化为按劳分配的等量劳动互换关系。①

根据上述思路，再结合马克思关于社会主义产品分配的社会扣除理论，在商品经济条件下实现社会主义按劳分配关系，必然包含一系列的具有再分配性质的扣除环节。一是上文提出的国家所有者扣除企业等价交换获得的资本所有权收益（生产资料造成的级差收益）。二是用于补偿和追加生产资料以及应付自然灾害等后备所需的扣除。三是用于社会共同需要（如学校）、非生产性管理费用，以及为丧失劳动能力者提供救济和保障的扣除。关于第二种扣除，马克思特别强调"在经济上是必要的，至于扣除多少，应当根据现有的物资和力量来决定，部分地应当根据概率计算来确定"。但是，我们从马克思的论述中显然不可能找到第一种扣除的理论答案，而只能依据马克思提供的方法论来解决这个问题。首先，从级差收益来源看，它是在进行相同劳动的情况下，生产资料质量差别造成公有制企业的个别劳动生产率不同。因此，只要能保证生产过程使用相同质量和数量的劳动，级差收益就是一目了然的。在商品经济关系下，这只能由企业内部的劳动核算机制、企业外部的劳动力市场机制和生产资料市场机制来保证。其次，这种级差收益应该属于纯经济（生产）的性质而不具有超经济的性质，只有在公有制企业间建立起充分竞争关系，才能得到这种纯经济性质的结果。两方面综合的结果就是，在商品经济关系中，为了实现从等价交换向按劳分配转化所要求的扣除，必须在公有制企业之间以及劳动者之间同时建立竞争性的市场机制。由此，我们从政治经济学理论逻辑分析的角度找到了公有制、按劳分配与市场经济之间的内在必然联系。

1992年党的十四大明确提出"经济体制改革的目标，是在公有制和以按劳分配为主体、其他经济成分和分配方式为补充的基础上，建立和完善社会主义市场经济体制"。1993年中共中央通过的《关于建立社会主义市场经济体制若干问题的决定》提出"建立以按劳分配为主体，效率优先、兼顾公平的收入分配制度，鼓励一部分地区一部分人先富起来，走共同富裕的道路"。1997年党的十五大提出，"公有制为主体、多种所有制经济共同发展，是我国社会主义初级阶段的一项基本经济制度……公有制的实现形式可以而且应当多样化"。在分配问题上，"坚持按劳分配为主体、多种分配方式并存的制度。把按劳分配和按生产要素分配结合起来，坚持效率优先、兼顾公平"。同时，"要正确处理国家、企业、个人之间和中央与

---

① 胡钧，侯孝国. 对公有制和商品经济兼容问题的思索[J]. 中国社会科学，1989(6).

地方之间的分配关系,逐步提高财政收入占国民生产总值的比重和中央财政收入占全国财政收入的比重"。

在基本经济制度与社会主义市场经济体制相结合、按劳分配与按要素分配相结合的共同基础之上,实际分配关系发生了重大变化。宏观分配方面,居民收入份额基本稳定,企业所得份额有所减少,政府所得份额有所上升。1998年居民所得份额为 66.7%,企业所得份额为 11.4%,政府所得份额上升为 21.9%。[①] 微观分配方面,居民收入差距持续扩大。全国农村居民家庭平均收入的基尼系数从 1988 年的 0.344 上升为 1995 年的 0.424,城镇居民家庭平均收入的基尼系数从 1988 年的 0.236 上升为 1995 年的 0.328,全国整体水平则从 1988 年的 0.367 上升为 1995 年的 0.439。[②] 与此同时,由于这一时期正处于经济转轨和制度建立的初期阶段,体制转型、企业改制过程中存在较多的制度漏洞,由此产生了大量的非法收入和灰色收入,导致收入分配差距进一步扩大。

三、第三个时期:深化分配制度改革

进入 21 世纪,我国经济保持了高速增长。与此同时,城乡之间、地区之间、行业之间以及居民个人之间的收入差距不断扩大,收入分配不平等问题越来越突出。2002 年党的十六大提出了全面建设小康社会的奋斗目标,为解决分配方面的问题,提出了深化分配制度改革的要求,具体包括"调整和规范国家、企业和个人的分配关系。确立劳动、资本、技术和管理等生产要素按贡献参与分配的原则,完善以按劳分配为主体、多种分配方式并存的分配制度"。按照效率优先、兼顾公平的原则,"既要反对平均主义,又要防止收入悬殊。初次分配注重效率,发挥市场的作用,鼓励一部分人通过诚实劳动、合法经营先富起来。再分配注重公平,加强政府对收入分配的调节职能,调节差距过大的收入。规范分配秩序,合理调节少数垄断性行业的过高收入,取缔非法收入。以共同富裕为目标,扩大中等收入者比重,提高低收入者收入水平。"党的十六大还提出"建立健全同经济发展水平相适应的社会保障体系"。2003 年通过的《关于完善社会主义市场经济体制若干问题的决定》提出,"以共同富裕为目标,扩大中等收入者比例,提高低收入者收入水平,调节过高收入,取缔非法收入。加强对垄断行业收入分配的监管"。缩小收入差距成为构建和谐社会的重要环节。2007 年党的十七大从维护社会公平正义出发,进一步提出"初次分配和再分配都要处理好效率和公平的关系,再分配更加注重公平",明确提出提低、扩中、调高的改革措施,一方面逐步提高居民收入在国民收入分配中的比例,另一方面提高劳动报酬在初次分配中的比例。

---

① 国家计委综合司课题组.90 年代我国宏观收入分配的实证研究[J].经济研究,1999(11).
② 王海港.中国居民的收入分配和收入流动性研究[M].广州:中山大学出版社,2007.

2012年党的十八大进一步强调"公平正义是中国特色社会主义的内在要求。要在全体人民共同奋斗、经济社会发展的基础上,加紧建设对保障社会公平正义具有重大作用的制度,逐步建立以权利公平、机会公平、规则公平为主要内容的社会公平保障体系,努力营造公平的社会环境,保证人民平等参与、平等发展权利……要坚持社会主义基本经济制度和分配制度,调整国民收入分配格局,加大再分配调节力度,着力解决收入分配差距较大问题,使发展成果更多更公平惠及全体人民,朝着共同富裕方向稳步前进"。

关于这一时期我国收入分配及其变化趋势的情况,有关研究结合三次(2004年、2008年和2013年)全国经济普查和国家统计部门公布的相关数据进行了分析,得出了以下主要结论。① 所有制和产权制度的变化直接导致国民收入初次分配格局发生变化。参与国民收入初次分配的各部门(非金融企业部门、金融机构部门、政府部门和居民部门)按各自在生产中的要素投入作为取得收入的重要根据,劳动者取得劳动报酬,企业获得营业盈余和固定资产折旧,政府获得生产税净额及其他财产收入(如各级政府批租土地所取得的收入和地方政府贷款平台所取得的利息收入等),财产(实物资产和金融资产)拥有者获得财产收入(红利、利息、地租等)等。2004—2013年,财产收入和财产支出占国民总收入(各部门初次分配总收入之和)的比重由10%左右提升到18%左右。劳动者报酬在国民总收入中的比重变化不大,但是在传统公有制部门取得的劳动报酬占总劳动报酬的比重有所下降,由非公经济支付并主要通过市场定价的劳动报酬占全部劳动报酬的比重占85%以上。② 国民收入初次分配后,再经过经常转移收支(主要包括各机构部门对政府支付的收入税和财产税、政府和其他机构部门之间的社会保障收支等),形成了各机构部门的可支配收入。2004—2013年,我国非金融企业部门可支配收入占国民可支配收入的比重由20.9%下降到17.2%,金融机构部门的比重由0.9%上升到2.6%,政府部门的比重由20.9%下降到18.9%,居民部门的比重由57.8%上升到61.3%。③ 从国民可支配收入的构成变化上看,居民部门可支配收入的增长率并不低于企业和政府部门,但在可支配收入的使用上却一直保持高储蓄的趋势,储蓄率(总储蓄占可支配收入的比重)由2004年的31.6%上升到2013年的38.5%,其中约一半用于居民部门本身的投资(如个体经营投资和居民家庭购买住宅等),另外一半成为净的金融投资,通过银行等金融机构转移成为非金融企业部门的投资。非金融企业部门的情况则相反,其可支配收入的增长率相对较低,但是资本形成增长较快,2013年非金融企业部门的可支配收入总额为10万亿元,但资本形成总额达到17.3万亿元,其中7.3万亿元(42%)来自其他部门(主要是居民部门)的融资,由此产生大量的利息支出。企业生产活动对金融机构的依赖增加了金融机构的收入,也增加了企业(尤其是国有企业)的融资成本。

④ 从居民部门内部看,城乡居民收入分配差异近年来经历了一个先逐步扩大然后重新缩小的过程,基尼系数在 2008 年前后到达高点之后逐步下降。从城镇居民内部的收入分配差异看,2013—2014 年基尼系数在 0.35 左右,位于警戒线水平以下;但城乡合并计算的基尼系数仍然偏高,2013—2014 年在 0.47 左右,2015 年下降到 0.462。⑤ 劳动者报酬在居民可支配收入中占绝大比重(80%以上)。按国民经济行业分类对从业人员的人均劳动者报酬进行分析可以看到,近年来我国城乡居民收入以及城镇居民内部收入差异扩大的主要影响因素是行业因素。首先是农业和非农行业就业人员的平均劳动报酬存在很大的差异,其次是在非农行业内部,传统行业与新兴行业之间存在差异。从产业结构的高度看,一个地区平均的劳动者报酬水平与其产业结构高度存在明显的联系。产业结构高度越高,平均的劳动者报酬水平越高,收入分配差异越小。因此,收入分配差异实际上和一个地区的工业化水平及城市化水平密切联系,要改善一个地区的平均劳动报酬和居民可支配收入,必须提升当地的产业结构,尤其是要加强非农产业的发展和增加非农就业。

第四节 中国特色社会主义新时代的分配关系及其完善

党的十九大明确提出中国特色社会主义进入新时代,我国社会主要矛盾已经转化为人民日益增长的美好生活需要与不平衡、不充分的发展之间的矛盾。在中国特色社会主义新时代和经济发展的新时代,完善分配关系、处理好分配问题是实现"先富"到"共富"的迫切要求。

现阶段我国分配关系的主要矛盾和主要问题实际上也是发展不平衡、不充分问题的一种表现。经过四十年的改革开放和经济发展,我国收入分配差异扩大的主要原因已经从企业内部的职工收入差异转化为不同行业、不同部门、不同地区之间不平衡发展而导致的劳动报酬差异。从行业看,由于生产要素投入结构不同(如高新技术行业和传统行业在资金、技术、人才方面的投入差异),不同行业在总生产成本中用于支付劳动成本或者在总收益中用于劳动报酬的规模也不同。作为一个加速实现工业化和现代化的发展中国家,一方面我们的新兴产业在迅速发展,另一方面相当一部分传统产业升级缓慢,这就造成了行业之间收入增长的不平衡,导致行业之间的劳动者报酬差别,进而造成居民家庭收入差异扩大(2013 年劳动者报酬占居民可支配收入的比重约为 83%)。从地区看,由于我国各地区经济发展程度不同,二元化结构程度不同,因此人均收入水平也不同。一个地区的城镇化水平越低,人均 GDP 越低,人均可支配收入也就越低,由城乡收入差异造成的全体居民收入差异也就越大。据测算,我国各地区人均 GDP 水平与常住人口城镇化率之间存在高度的相关关系,相关系数达到 0.92 以上。虽然我国目前的人口城镇化率已经有了很大提高,但是和发达国家普遍的80%以上水平相比仍然还有很大差距。目前我国达到这一水平的只有北京、上海、天津等直辖市,而一般省份中2013年人口城镇化率达到60%以上的只有5个经济发达省份(江苏、浙江、辽宁、广东、福建),还有13个省和自治区的城镇化率在50%以下。由于农村居民的人均可支配收入明显低于城镇居民,一个地区的人口城镇化水平越低,综合计算的人均可支配收入也就越低。从产业结构高度看,传统和低端的产业或行业的劳动者平均报酬低,新兴和高端的产业或行业的劳动者平均报酬高,因此一个地区的产业结构高度越高,其收入分配差异就越小,反之就越大。[①] 从准入条件看,准入条件越高的产业或行业的劳动者报酬越高,准入条件越低的企业或行业的劳动者报酬越低,高准入条件企业或单位聚集的地区或城市(比如北京市)的收入分配差异就越小,反之就越大。在中国的城镇化和现代化进程中,发达地区的产业结构高度通常较高,欠发达地区的产业结构高度通常较低,地区间居民收入的差异从根本上说还是由地区间产业结构高度的差异造成的。因此就全国而言,要改善我国当前的收入分配状况,关键是要加快欠发达地区和中等发达地区的工业化和城镇化进程,促进非农产业的发展,提高这些地区的产业结构高度和非农就业水平,各级政府尤其是中央政府要创造各种条件(尤其是市场条件),合理地引导各种资源向欠发达地区和中等发达地区流动,通过这些地区和发达地区之间的互补来全面提高我国的经济发展水平。

在决胜全面建成小康社会、开启全面建设社会主义现代化国家新征程上,为了实现由"先富"到"共富",必须不断完善分配关系,处理好行业间、地区间、不同收入群体间的收入分配差距问题。

第一,必须坚持和完善以公有制为主体、多种所有制经济共同发展的基本经济制度。必须毫不动摇地巩固和发展公有制经济,坚持公有制主体地位,发挥国有经济主导作用,不断增强国有经济活力、控制力、影响力,这是实现以按劳分配为主体的根本保证。必须毫不动摇鼓励、支持、引导非公有制经济发展,激发非公有制经济活力和创造力,这既是全体人民共享发展机会的必然要求,也是调动各类经济主体积极性的客观要求。

第二,深化供给侧结构性改革。生产(供给侧)对分配、交换、消费具有决定性作用,是社会再生产顺利进行的基础,这是马克思主义政治经济学的基本原理。各种要素在生产中的投入以及由此决定的要素分配结构支撑着社会的需求总量和需求结构。从实现社会再生产与经济增长的角度看,推动供给侧结构性改革,

---

① 产业结构高度表面上是不同产业的份额和比例关系的一种度量,本质上是一种劳动生产率的衡量。刘伟,张辉,黄泽华.中国产业结构高度与工业化进程和地区差异的考察[J].经济学动态,2008(11).

既是为了解决我国发展不平衡、不充分的结构性矛盾,也有利于改变要素投入结构、提升要素使用效率,从而改善要素分配结构。

第三,坚持走中国特色新型工业化、信息化、城镇化和农业现代化道路,加快建设实体经济、科技创新、现代金融、人力资源协同发展的产业体系,实施创新驱动战略、乡村振兴战略和区域协调发展战略,不断改善城乡之间、行业之间、地区之间、实体经济与虚拟经济部门之间的分配关系。从我国目前的居民收入分配格局看,基尼系数较高的重要原因是农业和非农行业劳动者报酬之间的显著差异,改变这种现象的根本途径是通过我国的工业化、城镇化和现代化进程来改变我国就业结构,降低农业劳动人口在全部劳动人口中的比重。此外,现阶段必须重视提高非金融企业部门可支配收入的比重,减少金融杠杆和降低居民部门的储蓄率,降低经济增长中的系统性风险。

第四,加快完善社会主义市场经济体制,特别是完善产权制度和要素市场化配置。社会主义市场经济体制直接关系到国民收入的初次分配,不论是从等价交换向等量劳动交换关系转化的角度看,还是从按要素分配的角度看,建立产权有效激励、要素自由流动、企业优胜劣汰的市场竞争机制都十分必要。产权制度和要素市场化配置对于分配关系的意义在于承认各种生产要素的积极作用及其合理回报。市场竞争机制的意义在于为竞争性国有企业和非公经济创造公平的发展条件和有序的市场环境,尤其是在行业准入、金融服务等方面,应该为各类经济主体提供共享发展空间。

第五,不断提高社会保障水平和改善民生,使全体人民共享发展成果。要扩大中等收入群体,就要降低低收入和高收入人群所占的比重,这主要是通过社会的再分配机制和政府的再分配政策来实现的。为了打好扶贫攻坚战,国家一方面要保持和加大对困难群体的经常性转移支出,另一方面更要重视改善低收入农村劳动力的收入,包括支持农业发展、转移农业劳动力、对贫困地区和贫困家庭实施精准扶贫和精准脱贫。在提供社会基本公共品方面,政府要发挥主导作用,不断完善教育、医疗等公共服务体系,按照兜底线、织密网、建机制的要求,全面建成覆盖全民、城乡统筹、权责清晰、保障适度、可持续的多层次社会保障体系。

第二十一章　社保征缴方式调整对中国宏观经济的影响

第一节　引言与文献述评

2018年3月21日,中国共产党第十九届中央委员会第三次全体会议通过了《深化党和国家机构改革方案》,致力于推进国家治理体系和治理能力现代化的深刻变革。其中,在深化国务院机构改革的内容中涉及"为提高社会保险资金征管效率,将基本养老保险费、基本医疗保险费、失业保险费等各项社会保险费交由税务部门统一征收"条例。接着,中共中央办公厅、国务院办公厅于2018年7月20日印发了《国税地税征管体制改革方案》,其中明确规定从2019年1月1日起,将基本养老保险费、基本医疗保险费、失业保险费、工伤保险费、生育保险费等各项社会保险费交由税务部门统一征收。换言之,原先由社保部门负责,或是社保部门核定、税务部门代征的各项社会保险费均转由税务部门统一征收,终结了20世纪90年代末经济危机造成的"双元征收体制"(王延中,2009)。尽管税务部门统一征收不如社保经办机构征收(彭雪梅等,2015;郑秉文,2007;张雷,2010),但税务部门较高的征管力度不仅有利于克服我国社会保险逆向选择的问题(张欢,2006),也有利于扩大社会保险覆盖面,促进社会保险基金收入的增加(刘军强,2011;赵红,2010)。但是仅从企业和个人的当前实际情况而言,该政策的影响效应仍需进一步斟酌。

从企业角度看,当前部分企业实际缴纳社会保险比例相对较低,尤其是高工资的企业(赵绍阳和杨豪,2016),那么本次社保征缴方式调整将面临一次性的大额社保补缴,造成企业业绩在中短期内遭受巨大波动,而严格执行的社保缴纳将抬高企业的经营成本,造成企业长期经营困难,尤其是劳动密集型企业。已有研究表明,社保征缴体制改革将使企业社保负担提升50%左右(马光荣,2018;常华,2018),其中人工成本上升约7.5个百分点,也即间接地减少企业利润8.2个百分点(马光荣,2018)。同时,可以增加社保征缴收入约7 000亿元,影响工业企业利润下滑3个百分点,但若以上市公司为对象,非金融上市公司利润下降约6%,民营上市公司利润下滑约8%,中小企业利润下滑约9%(梁红和王慧,2018)。从企业员工的角度看,社保征缴方式调整后,上缴的社保基金增加了。从长期来看,社保缴费基数提高,社保待遇自然也会水涨船高,从而增加社保权益;从短期来看,企业员工到手工资反而减少,从而影响员工的消费。已有研究测算,社保征缴体制改革将使个人税后工资降低约1.3个百分点(梁红和王慧,2018),影响消费总额约1.2万亿元,最终拉低全国GDP 1.5个百分点(韩复龄,2018)。

可见,社保征缴体制改革无论是对企业还是对员工在短期内都会造成一定的不利影响。若同时考虑到当前国内经济下行压力加大、世界经济整体复苏趋弱以及中美贸易摩擦的潜在不稳定因素,补缴高额的社保费用将使国内企业,尤其是中小企业,雪上加霜,若这部分中小企业出现了较大规模的倒闭潮,后果将不堪设想。所以,社保的正规征缴需多方协商、公开讨论、信息透明、求同存异(朱玲,2014),始终秉承"稳"字当头,在征缴机制改革过程中采取部分政策配套改革对冲措施,如降低社保费率(楼继伟,2018)、延长缴费年限(韩秉志,2018)或重点减轻中小企业税负(易才,2018)。例如,研究表明社保缴费率下调5个百分点可以提高实际缴费率0.48—1.35个百分点(封进,2013),从而有效避免社保征缴方式调整对企业以及劳动力市场产生挤出效应,为企业提供一定的过渡期,最终统筹兼顾"稳"与"变",为解决社保可持续问题和增加企业税负寻找一个合适的平衡点。

然而,针对本次社保征缴方式调整对宏观经济影响的分析基本上处于定性分析阶段,难以准确衡量具体的影响程度,不利于具体政策的制定。尽管部分研究定量分析了影响结果,但缺少可靠的现实数据支撑,测算结果偏差较大,如马光荣(2018)、常华(2018)等。虽然梁红和王慧(2018)采用可靠的上市公司数据研究社保征缴方式调整的影响,但主要关注社保征缴方式调整对上市公司的影响,并没有全面系统地探讨社保征缴体制改革内涵及其对国内宏观经济的影响。为此,本章首先采用案例的形式详细解读社保征缴方式调整的具体细节,然后基于2017年国内所有上市公司的数据,涉及19个行业,涵盖全国31个省及直辖市,分别从整体层面、行业层面和地区层面三个角度全面系统地定量测算社保征缴方式调整对国内宏观经济的影响,以期为社保征缴体制改革与配套政策措施的推行寻找合适的政策平衡点,提供具有建设性的建议。

本章的具体安排如下:第二部分是社保征缴体制改革的解读,详细阐述社保征缴方式调整内容,并以案例的形式进行分析;第三部分是社保征缴方式调整影响宏观经济的总体情况,使用上市公司数据定量分析社保征缴方式调整对宏观经济的总体影响程度;第四部分利用上市公司数据分行业分析社保征缴方式调整的影响,定量分析社保征缴方式调整对不同行业的影响程度;第五部分利用上市公司数据分地区分析社保征缴方式调整的影响,定量分析社保征缴方式调整对不同地区的影响程度;第六部分是研究结论与政策建议。

第二节 社保征缴体制改革解读

社会保险是一种为丧失劳动能力、暂时失去劳动岗位或因健康造成损失的人口提供收入或补偿的一种社会和经济制度,主要包括养老保险、医疗保险、失业保险、工伤保险和生育保险。而其本质则是一种再分配制度,由政府举办,强制某一群体将其收入的一部分作为社会保险税(费)形成社会保险基金,在满足一定条件的情况下,被保险人可以从基金获得固定的收入或损失的补偿,目的在于保证物质及劳动力的再生产和社会的稳定。在我国,社会保险是社会保障体系的重要组成部分,居于整个社会保障体系的核心地位。

社会保险费,即社会保险征收的缴费金额,主要由企业和员工共同分担,具体的缴费金额计算公式就是社会保险基数乘以社会保险缴费比例。其中,社会保险基数是指员工在一个社保年度的社会保险缴费基数,按照员工上一年度1月至12月的所有工资性收入(包括计时工资、计件工资、奖金、津贴和补贴、加班加点工资、特殊情况下支付的工资等)所得的月平均额来确定。但是,考虑到公平合理的征收原则,社会保险基数会因地区和个人的实际情况而存在一定差异,并且设置上限和下限。而社会保险缴费比例则由企业和个人的缴费比例共同组成,两者存在差异,但企业承担的比例大于个人。同时,针对不同的社会保险种类也有对应的缴费比例,即险种之间的缴费比例也是不同的。

对于社会保险基数的确定,虽然根据其定义是员工上一年度所有工资性收入的月平均额,但将该平均额作为社会保险基数需要满足一个上下限。上限是员工工资超过上一年省、市在岗职工月平均工资算术平均数300%以上的部分不计入社会保险缴费基数;下限是员工工资低于上一年省、市在岗职工月平均工资算术平均数60%的,以上一年省、市在岗职工月平均工资算术平均数60%或40%为缴费基数[①]。然而,也正是因为存在社会保险基数下限,诱使企业和员工以下限为社保基数上缴社会保险费,从而产生了社保少缴的情况。社会保险缴费比例是由各地区的人社部进行统一规定,不同险种的比例均不相同。以北京为例,企业缴纳比例分别是20%(养老保险)、10%(医疗保险)、0.8%(失业保险)、0.8%(生育保险)、0.5%(工伤保险),个人缴纳比例则分别是8%(养老保险)、2+2%(医疗保险)、0.2%(失业保险)。

国内最大的社保第三方专业机构"51社保"发布的2017《中国企业社保白皮书》显示,只有24.1%的企业完全合规缴纳社保,其中22.9%的企业统一按最低基

---

① 以北京为例,养老保险和失业保险的社保基数比例下限是40%,医疗保险、生育保险和工伤保险的社保基数比例下限是60%。

数缴纳,22.9%的企业按企业自行分档基数缴纳,剩下11.3%企业按固定工资部分缴纳。为了详细展示在施行社保由税务征收改革后对企业和个人社保缴纳的变化,现以北京为例进行说明。

以国家统计局公布的2017年北京市平均工资额8 467元为例,假定社保征缴方式调整前企业和个人按最低基数缴纳,同时假定某员工的实际工资额为10 000元。那么,社保征缴方式调整前后的社保费用明细如表21-1和表21-2所示。

表21-1 企业缴纳的社会保险费

社保险种	社保缴纳比例（%）	下限社保基数（元）	下限缴纳社保费（元）	正规缴纳社保费（元）
养老保险	20	3 387	677	2 000
医疗保险	10	5 080	508	1 000
失业保险	0.8	3 387	27	80
生育保险	0.8	5 080	41	80
工伤保险	0.5	5 080	25	50
加总	32.1		1 279	3 210

数据来源:国家统计局、北京市人社局、作者计算。

由表21-1可见,当企业以社会平均工资下限缴纳社保时,社会保险费支出总额为1 279元,但社保征缴方式调整之后,对于一个月平均收入为10 000元的员工,企业需要支出3 210元的社会保险费。对比发现,在社保征缴方式调整后,企业的社保支出是调整前的2.5倍,每月需额外支出1 931元,一年则是23 172元。如果假定该企业拥有50名这样的员工,那么一年需要额外增加1 158 600元的社保支出,人工成本将上升17.12%。

表21-2 个人缴纳的社会保险费

社保险种	社保缴纳比例（%）	下限社保基数（天）	下限缴纳社保费（元）	正规缴纳社保费（元）
养老保险	8	3 387	271	800
医疗保险	2+3	5 080	105	203
失业保险	0.2	3 387	7	20
加总	10.2+2		383	1 023

数据来源:国家统计局、北京市人社局、作者计算。

由表21-2可见,当个人以社会平均工资下限缴纳社保时,社会保险费支出总额为383元;但社保征缴方式调整之后,对于一个月平均收入为10 000元的员工,个人需要支出1 023元的社会保险费。对比发现,社保征缴方式调整后,个人的社保支出是改革前的2.67倍,每月需额外支出640元,一年则是7 680元,工资收入下降 6.65%。

以案例的形式对社保征缴方式调整前后的社会保险费支出情况进行详细解读后,结果表明企业和个人在社保征缴方式调整后均要补交高额的社保费用,对于一名月收入 10 000 元的员工而言,企业和个人在改革后与改革前的社保支出之比均达到 2.5 倍左右。

第三节 社保征缴方式调整对国内宏观经济的影响总览

本节及之后两节将利用上市公司的数据分析社保征缴方式调整的影响。之所以用上市公司的数据进行分析,是因为这些数据比较容易得到。

一、数据来源及说明

考虑到相关研究数据的可获得性,尤其是企业缴纳的社会保险费数据的可获得性,本章将研究对象设定为国内所有上市公司。[①] 虽然基于国内所有上市公司的数据难以全面客观地反映社保征缴方式调整对国内宏观经济的总体影响,但是可以准确地反映对国内宏观经济的影响下限。上市公司相对于其他非上市企业,由于受到上市条例的约束,在各项缴纳税费方面都比较正规,而且数据公开透明;另外,依据 2017 年《中国企业社保白皮书》的统计数据可以推断,75.9% 未正规缴纳社保的企业中未上市企业占比较大,因此若将研究对象从所有上市公司扩展至国内所有企业,对宏观经济的影响程度只会增加不会减少。

为此,本章从所有 A 股上市公司的年度报告中获取了 2017 年相关数据,剔除相关异常数据之后[②],共收集到 3 537 家 A 股上市公司数据样本,涉及 19 个行业,涵盖全国 31 个省及直辖市。其中,数据指标分别是员工总数、工资、奖金、津贴和补贴总额,社保缴纳总额,净利润。此外,本章也从各省市的人力资源和社会保障局收集了 2017 年当地社保缴纳基数的上下限和比例数据。

二、相关计算说明

依据上一部分对社会保险费的解读,社会保险费缴纳金额的计算需首先确定社保缴纳基数和社保缴纳比例,然后将两者相乘即可得出,即:

$$社保缴纳金额 = 社保缴纳基数 \times 社保缴纳比例$$

对于社保缴纳基数,国家规定一个上下限区间,若某员工的工资低于所在地区平均工资的 60%,则按当地平均工资的 60%(多数省份)作为社保缴纳基数,即

[①] 将上市公司作为研究对象是因为上市公司每年的财务报表都在年度报告中公布,研究数据均可以从财务报表中获得,且数据可靠性相对较高,有利于反映真实情况;而非上市企业数据的获取难度较大,且没有正常的获取途径,故而将研究范围锁定在上市公司层面。

[②] 个别上市公司刚上市,2017 年的年报未公布,以及个别上市公司年报未公布社会保险费数据,故而剔除。

社保缴纳基数下限;若某员工的工资高于所在地区平均工资的3倍,则以该地区平均工资的3倍作为社保缴纳基数,即社保缴纳基数上限。对于社保缴纳比例,全国各省市均存在一定的差异,本章依据上市公司所在地区确定对应的社保缴纳比例,保证测算结果的相对可靠。

于是,本章首先计算每家上市公司的平均工资,然后根据收集到的各省市2017年缴纳社保基数的上下限确定每家上市公司的社保缴纳基数,之后将该基数乘以上市公司所在地的社保缴纳比例,再乘以上市公司的员工人数,计算得到上市公司在2017年应正规缴纳的社保额,最后将计算所得的正规缴纳社保额与上市公司实际缴纳的社保额进行比较,即可推测本次社保征缴方式调整带来的影响。

三、社保征缴方式调整影响总览

首先,本章对比所有上市公司重新计算的正规缴纳社保额与实际缴纳社保额发现:国内3 537家上市公司中只有141家上市公司在2017年是正规缴纳社保的,占全部上市公司的比例仅为4%,余下3 396家上市公司在2017年的实际缴纳社保额均小于本章计算的正规缴纳社保额,意味着这些上市公司或多或少都存在少缴社保费的现象。

然后,本章计算3 396家上市公司应补缴的社保费用后发现:共有361家上市公司在2017年应补缴的社保费高于其当期年净利润,意味着这些上市公司一年的净利润都抵不过需要补缴的社保费用,如果按规定缴纳社保额,企业经营将陷入困境或濒临破产。经估算,这些企业的就业总人数达到169.9万,占上市公司总就业人数的7.9%。当然,即使存在亏损,企业也未必破产,甚至都未必裁员。例如,361家上市公司中就有215家在净利润为负的情况下继续运营。此外,除去361家年净利润不抵应补缴社保费的上市公司,剩余3 035家上市公司的年净利润足够补缴社保费,补缴社保额约占这些上市公司总净利润的7%,但一般情况下,净利润的下降或多或少也会引起部分企业采取裁员措施。

为了尽可能准确地估算上市公司的裁员人数,本章依据上市公司的经营现状将3 396家上市公司分成三类,分别是:215家净利润始终为负的上市公司,146家净利润由正转负的上市公司,3 035家净利润始终为正的上市公司。这是因为企业的经营现状会影响其裁员比例,例如净利润一直为正的企业,其裁员比例一般相对小于经营面临困境的企业,本章接下来分别对这三类上市公司估算裁员人数。但是,正如前文所述,有些企业即使亏损或是受到不利冲击也未必会裁员,通常是抗风险能力较弱的企业才会裁员,为了尽可能准确估计裁员企业比例,我们收集了2007年和2008年国内所有上市公司在应对金融危机时的就业人员变动和净利润变动数据,尝试利用金融危机的不利冲击类比推算可能采取裁员措施的企业比例,并进一步测算裁员总人数。同时,考虑到金融危机的冲击不同于社保征缴方式的调整,针对净利润始终为正的上市公司,我们主要通过计算单位净利润下降引起的裁员人数来计算可能的裁员数量。至于其他两类,由于企业净利润均为负可能导致经营困难,企业不论是应对金融危机还是应对社保征缴方式调整,通过裁员维持经营的最终目的是相似的,针对这两类企业,我们计算裁员企业比例和裁员数量比例来计算可能的裁员数量。具体计算过程如下:

针对 215 家净利润始终为负的上市公司,我们同样筛选了 2007 年和 2008 年净利润始终为负的上市公司,共 129 家,其中民营上市公司 47 家,国有上市公司 61 家,其他上市公司 21 家。考虑到不同类型的企业具有不同的抗风险能力,我们针对民营、国有以及其他分别计算裁员企业的占比和裁员人数的比例,计算结果如表 21-3 所示:32 家民营上市公司采取了裁员措施,占 47 家民营上市公司的 68.1%,计算这 32 家民营上市公司每家的裁员比例,取平均之后该比例为 29.8%;32 家国有上市公司采取了裁员措施,占 61 家国有上市公司的 62.7%,这 32 家国有上市公司的平均裁员比例为 14.6%;13 家其他上市公司采取了裁员措施,占 21 家其他上市公司的 61.9%,这 13 家其他上市公司的平均裁员比例为 20%。根据以上计算的裁员企业比例和裁员人数比例,我们对 215 家上市公司中的 121 家民营上市公司、65 家国有上市公司以 29 家其他上市公司分别计算裁员人数,即将对应类型企业的总就业人数乘以裁员企业比例再乘上裁员人数比例,最后计算出民营、国有及其他上市公司分别裁员 51 387 人、33 753 人和 6 431 人。

表 21-3　215 家净利润始终为负的上市公司裁员情况

上市公司分类	企业数量(家)	总员工人数(人)	金融危机裁员企业比例(%)	金融危机裁员比例(%)	社保征缴方式调整裁员人数(人)
民营上市公司	121	253 217	68.1	29.8	51 387
国有上市公司	65	368 717	62.7	14.6	33 753
其他上市公司	29	51 948	61.9	20.0	6 431

数据来源:笔者计算。

针对 146 家净利润由正转负的上市公司,我们同样筛选了 2007 年和 2008 年净利润由正转负的上市公司,共 207 家,其中民营上市公司 72 家,国有上市公司 112 家,其他上市公司 23 家。统计结果显示(见表 21-4),40 家民营上市公司采取了裁员措施,占 72 家民营上市公司的 55.6%,40 家民营上市公司的平均裁员比例为 13.0%;60 家国有上市公司采取了裁员措施,占 112 家国有上市公司的 53.6%,60 家国有上市公司的平均裁员比例为 11.8%;16 家其他上市公司采取了裁员措施,占 23 家其他上市公司的 69.6%,16 家其他上市公司的平均裁员比例为 18.9%。最后,我们对 146 家上市公司中的 83 家民营上市公、45 家国有上市公司及18家其他上市公司分别计算裁员人数,结果表明,民营、国有及其他上市公司分别裁员26 479人、33 632人和16 770人。

表21-4　146家净利润由正转负的上市公司裁员情况

上市公司分类	企业数量（家）	总员工人数（人）	金融危机裁员企业比例（%）	金融危机裁员比例（%）	社保征缴方式调整裁员人数（人）
民营上市公司	83	366 335	55.6	13.0	26 479
国有上市公司	45	531 746	53.6	11.8	33 632
其他上市公司	18	127 489	69.6	18.9	16 770

数据来源:笔者计算。

针对3 035家净利润始终为正的上市公司,我们同样筛选了2007年和2008年净利润始终为正的上市公司,共698家,其中民营上市公司285家,国有上市公司336家,其他上市公司77家。统计结果显示(见表21-5),119家民营上市公司、141家国有上市公司及33家其他上市公司采取了裁员措施,然后计算净利润减少每亿元的裁员人数分别为231人、192人和783人。最后我们对3 035家上市公司中1 918家民营上市公司、832家国有上市公司及285家其他上市公司在2017年需补缴的社保额乘以对应的净利润减少每亿元的裁员人数,分别估算出民营、国有和其他上市公司的裁员人数为191 695人、206 560人和401 109人。

表21-5　3 035家净利润始终为正的上市公司裁员情况

上市公司分类	企业数量（家）	总员工人数（人）	补缴社保额（亿元）	净利润减少每亿元平均裁员人数（人）	社保征缴方式调整裁员人数（人）
民营上市公司	1 918	6 357 433	829.37	231	191 695
国有上市公司	832	9 143 615	1 077.67	192	206 560
其他上市公司	285	3 461 963	511.98	783	401 109

数据来源:笔者计算。

通过以上计算发现,上市公司因社保征缴方式调整而破产或采取裁员等措施,导致上市公司员工失业人数约97万,约占上市公司总就业人数的4.5%。从宏观层面来看,若以2017年城镇登记失业率3.9%为准,社保改革就会导致城镇登记失业率上升约0.2个百分点。此外,从上市公司整体情况来看,2017年所有A股上市公司实际共缴纳社会保险费4 448亿元,但如果足额缴纳的话,总共需要再交2 634.5亿元左右,社保支出增加比例达到59.23%,将提升上市公司平均人工成本约10.5个百分点。关于此次社保征缴方式调整的影响总览如表21-6

所示。

表 21-6 社保征缴方式调整的影响总览

正规缴纳上市公司	141 家（占比 4%）
改革后经营困难上市公司	361 家（占比 10%）
全部上市公司缴纳社保总额	4 448 亿元
改革后全部上市公司多缴社保额	2 634.5 亿元
社保支出增长率	59.23%
上市公司平均人工成本	上升 10.5 个百分比
上市公司失业总人数	约 97 万
失业人数占上市公司总就业人数之比	约 4.5%
城镇登记失业率	上升 0.2 个百分点

数据来源：笔者计算。

以上计算和分析表明，社保征缴方式调整仅从上市公司层面就引起了较大的不利影响，假使将未上市公司考虑在内，不利影响恐将进一步放大。但是，如果在社保征缴方式调整后能够继续维持上市公司社保支出不变，那么这种调整对上市公司及国内宏观经济的不利影响也就不复存在了。为此，本章分别计算每家上市公司在维持社保支出不变情况下的社保缴费比例降幅，并按照各上市公司所属地区计算地区均值，具体结果如图 21-1 所示。若将所有地区再取均值，发现需要平均降低社保费 46.6%，即实现全国各省市 12.38% 的平均社保缴费比例降幅，才可维持上市公司的社保支出不变，社保征缴方式调整引致的不利影响才会消除。

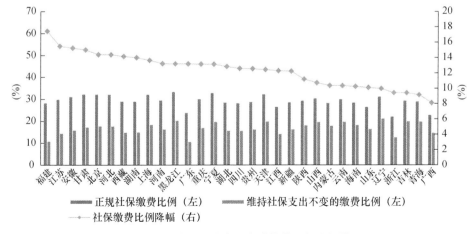

图 21-1 维持社保支出不变的缴费比例降幅情况

第四节 基于行业层面的社保征缴方式调整影响分析

本章采用的3537家A股上市公司数据样本涉及19个行业,如制造业、金融业、建筑业等,为了进一步细化分析社保征缴方式调整对宏观经济的影响,接下来将从行业层面展开分类研究。

首先,本章将各上市公司按照所属行业进行分类并计算各行业的社保支出情况,计算结果如表21-7所示。可以发现,制造业是所有行业中缴纳社保费最多的行业,2017年社保缴纳总额为1471.33亿元,同时也是补缴社保额最高的行业。这很可能是因为制造业有着较多的就业人数和企业(据统计,上市公司中有2233家企业属于制造业,占比63.1%;拥有就业人数1032.7万,占上市公司员工总数的47.9%),且劳动密集型企业占比较大,导致社保支出相对较高;其次是金融业,2017年社保缴纳总额为1199.23亿元,改革后需多缴社保额471.46亿元。此外,居民服务、修理和其他服务业是所有行业中缴纳社保费最少的行业,2017年为0.21亿元,同时也是补缴社保额最低的行业,这主要是因为该行业只有1家上市公司,就业人数仅947。

表21-7 2017年国内上市公司分行业社保支出情况　　　　(单位:亿元)

行业类别	社保缴费总额	正规社保应缴额	少缴社保额
制造业	1471.33	2542.36	1107.73
金融业	1199.23	1661.72	484.47
建筑业	422.43	653.21	230.85
交通运输、仓储和邮政业	237.28	386.07	149.76
信息传输、软件和信息技术服务业	188.43	335.29	147.90
批发和零售业	132.55	259.06	127.23
采矿业	442.28	559.21	119.96
房地产业	86.73	204.54	117.98
电力、热力、燃气及水生产和供应业	134.94	150.10	24.85
租赁和商务服务业	27.47	47.62	22.53
文化、体育和娱乐业	30.24	50.69	20.44
农林牧渔业	15.70	35.81	20.31
科学研究和技术服务业	19.28	38.83	19.54
水利、环境和公共设施管理业	12.71	26.08	13.46
卫生和社会工作	7.34	18.52	11.18
住宿和餐饮业	12.18	19.82	7.64
教育	2.95	7.88	4.93
综合	4.67	8.26	3.62
居民服务、修理和其他服务业	0.21	0.34	0.13

数据来源:2017年上市公司年报、笔者计算。

然后,本章分别计算 19 个行业在社保征缴方式调整后社保支出的增加比例,计算结果如图 21-2 所示。从均值来看,所有行业社保支出平均增长比例高达 83.9%,意味着社保征缴方式调整后行业平均社保支出将是原来支出的 1.84 倍。若仔细对比各行业的增加情况发现,所有行业中没有一个行业是正规缴纳社保的。其中,增长比例超过 100% 的有 6 个行业,分别是教育(166.9%)、卫生和社会工作行业(152.3%)、房地产业(136.0%)、农林牧渔业(129.4%)、水利、环境和公共设施管理业(106%)以及科学研究和技术服务业(101.3%),表明这些行业的社保费少缴现象较严重,尤其是教育行业,社保费少缴近三分之二,而科学研究和技术服务业则少缴了一半。此外,社保支出增加最少的行业是电力、热力、燃气及水生产和供应业,增长比例为 18.4%,表明相对于其他行业,电力、热力、燃气及水生产和供应业属于公共服务部门,在缴纳社保方面相对正规,但也存在少量的少缴现象。

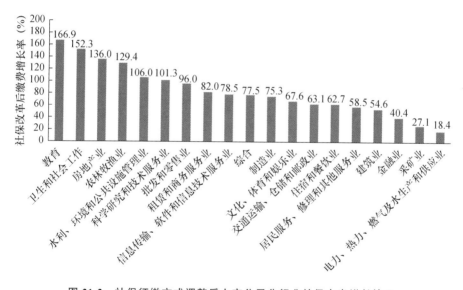

图 21-2 社保征缴方式调整后上市公司分行业社保支出增长情况
数据来源:笔者计算并绘制。

最后,本章分别计算了 19 个行业在社保征缴方式调整后人工成本的变化情况,计算结果如图 21-3 所示。从均值来看,所有行业的人工成本平均增长比例为 10.1%,意味着社保征缴方式调整后行业平均工资支出将上涨 10.1%。其中,教育行业的人工成本上升最大,为 14.2%,其次是农林牧渔业,为 13.2%;而人工成本上升最低的行业是电力、热力、燃气及水生产和供应业,为 5.5%,这主要是因为该行业缴纳社保相对正规。

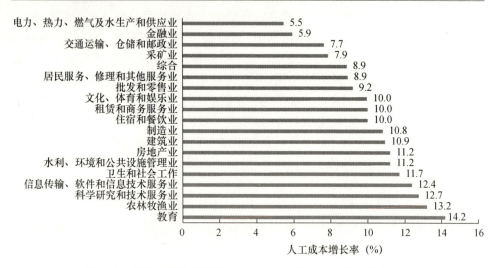

图 21-3 社保征缴方式调整后上市公司分行业人工成本增长情况

数据来源:笔者计算并绘制。

第五节 基于地区层面的社保征缴方式调整影响分析

鉴于本章采用的3 537家A股上市公司数据样本涵盖全国31个省及直辖市,故而接下来从不同地区展开分析社保征缴方式调整的影响。

首先,本章将各上市公司按照所属地区进行分类并计算各行业的社保支出情况,计算结果如表21-8所示。可以发现,北京是全国缴纳社会保险费最多的地区,2017年共缴纳社保1 841.37亿元,同时也是征缴方式调整后多缴社保额最大的地区。这很可能是因为北京所属的上市公司数量较多且员工规模较大,实际数据表明,北京共有上市公司312家,员工总计567.7万人,占上市公司员工总数的26.4%。其次是广东,2017年共缴纳社保550.13亿元,广东共有上市公司581家,占总上市公司数量的16.4%。另外,宁夏和西藏是全国社保缴费最少的两个地区,2017年缴纳的社保总额不到4亿元,改革后需要多缴的社保额也相对较少,这可能是因为这两个地区上市公司数量和员工人数都较少。数据表明,宁夏和西藏分别有13家和17家上市公司,仅占北京的1/20左右;员工总数分别为3.0万和2.4万,显著低于北京、广东等地区。

表 21-8　2017 年上市公司分地区社保支出情况　　（单位：亿元）

省份	社保缴费总额	正规社保应缴额	少缴社保额
北京	1 841.37	2 692.86	854.97
广东	550.13	1 003.89	463.88
上海	450.90	792.03	342.95
江苏	175.19	356.44	181.32
浙江	155.78	262.25	109.18
福建	94.60	162.65	81.46
安徽	72.73	134.69	62.10
山东	199.85	223.02	54.23
河北	75.15	124.92	50.73
四川	67.40	114.07	47.07
湖北	69.82	114.71	45.31
湖南	55.75	96.34	40.89
天津	43.14	79.18	36.09
河南	73.10	108.35	35.79
新疆	45.64	75.20	29.70
辽宁	77.52	100.39	27.03
重庆	39.56	64.79	26.12
山西	80.02	102.69	23.80
陕西	49.11	64.87	15.89
江西	29.88	44.85	15.64
贵州	27.84	41.53	14.64
甘肃	20.71	34.02	13.52
内蒙古	33.92	46.19	13.11
黑龙江	21.83	32.79	11.33
海南	21.83	30.19	8.37
云南	25.13	33.20	8.16
广西	14.07	19.42	6.25
吉林	21.33	26.58	6.17
青海	8.03	11.23	3.21
西藏	3.06	5.96	2.97
宁夏	3.56	6.12	2.64

数据来源：2017 年上市公司年报、笔者计算。

然后，本章分别计算了各地区在社保征缴方式调整后缴纳社保支出的增加比例，计算结果如图21-4所示。从均值来看，所有地区社保支出平均增长比例高达59.1%，意味着社保征缴方式调整后地区平均社保支出将是原来的1.59倍。仔细观察对比后发现，所有地区均存在社保少缴的现象。其中，江苏是社保征缴方式调整后社保费增加比例最高的省份，其增长率超过了100%，为103.5%，表明江苏所有上市公司的社保费至少少缴一半。同时，5个地区位于80%—100%，10个地区位于60%—80%，7个地区位于40%—60%，剩下8个地区位于20%—40%。总体而言，多数地区位于40%—80%，社保少缴约三分之一。此外，社保支出增长最少的地区是山东，改革后社保支出增长27.1%；其次是吉林，增长28.9%。

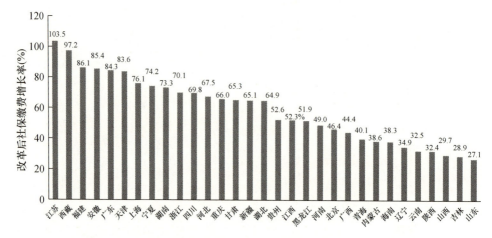

图 21-4　社保征缴方式调整后上市公司分地区社保支出增长情况
数据来源：笔者计算并绘制。

最后，本章分别计算了各地区在社保征缴方式调整后人工成本的变化情况，计算结果如图21-5所示。从均值来看，所有地区的人工成本平均增长比例为9.6%，意味着社保征缴方式调整后地区平均工资支出将上涨9.6%。其中，人工成本增长最大的地区是福建，为15.1%，其次是江苏，为12.9%，原因可能是福建和江苏多数上市公司之前社保缴费比例偏低，所有上市公司平均社保缴费比例仅有10.9%和14.4%左右，而且在江苏共300多家上市公司中仅2家是正规缴纳。而人工成本上涨最少的地区则是广西，为5.3%，主要原因可能是广西正规社保缴纳比例原本就较低，为22.7%，低于全国平均社保缴纳比例6.4个百分点。

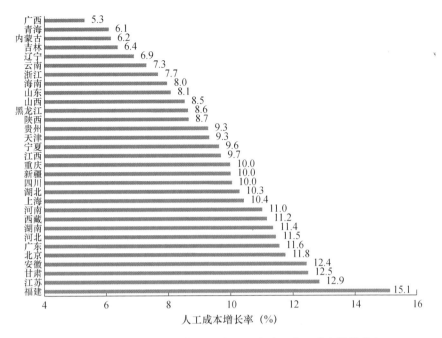

图 21-5 社保征缴方式调整后上市公司分地区人工成本增长情况
数据来源：笔者计算并绘制。

第六节 研究结论与政策建议

本章首先采用案例的形式详细解读社保征缴体制改革的具体细节,然后基于2017年国内所有上市公司的数据,分别从整体层面、行业层面和地区层面三个角度全面系统地定量测算社保征缴体制改革对国内宏观经济的影响。主要研究结论如下：

第一,社保征缴体制改革导致上市公司裁员97万人左右,仅此一项将提高城镇登记失业率0.2个百分点。

第二,所有上市公司2017年共缴纳社会保险费4 448亿元,社保征缴方式调整后需额外多缴2 634.5亿元左右的社会保险费,支出比例增长59.23%,提升上市公司平均人工成本约10.5个百分点。

第三,依据国家公布的社保缴纳比例,3 537家上市公司只有141家正规缴纳社保,占比仅为4%。此外,361家上市公司在社保征缴方式调整后将陷入经营困境或濒临破产。

第四,从行业层面来看,社保征缴方式调整导致所有行业中的上市公司社保支出平均增长比例高达83.9%,人工成本平均增长比例为10.1%,制造业是所有行业中额外社保支出最多的行业。

第五，从地区层面来看，社保征缴方式调整导致全国上市公司社保支出平均增长比例高达59.1%，人工成本平均增长比例为9.6%，北京是全国额外社保支出最多的地区。

第六，对于以社保基数下限缴纳且月收入10 000元的员工，企业和个人都将多交1.5倍的原社保费用，导致人工成本上升17.12%，员工收入下降6.65%。

综上所述，社保征缴方式调整仅从上市公司的样本层面进行评估对国内宏观经济及上市公司的影响程度就如此之大，一旦涵盖国内所有企业，包括非上市的中小企业，对国内宏观经济的影响恐将进一步扩大。因此，考虑到当前国内经济面临下行压力，世界经济复苏趋弱，中美贸易摩擦前景堪忧，共同导致国内企业经营陷入困境，建议在实行社保征缴体制改革的同时降低社保缴费比例。已有研究表明，对于企业而言，较高的社会保险法定缴费率显著降低了企业参保概率（赵静等，2015），但适当的社保投入将显著促进企业的全要素生产率，优化企业的人力资源结构和用工成本（邓悦等，2018）；对于个人而言，社会保障能够调节收入分配，缩小收入差距（王延中等，2016）。鉴于此，本章认为若要完全消除社保征缴方式调整带来的不利影响，仅从上市公司的角度需要降低整体社保缴费46.6%，即全国各省市12.38%的平均社保缴费比例降幅。若考虑国内所有企业，12.38%的社保缴费比例降幅仍需进一步下调，因为中小企业的社保少缴现象较为严重。但综合而言，社保缴费比例的设定需要考虑经济发展水平、目标待遇水平及企业承受能力（中国社会科学院中国社会保险制度研究课题组，1999），并维持社保基金的可持续周转。此外，考虑到地区平均工资数据反映了地区城镇非私营和私营单位就业人员的平均水平，相比较而言，私营单位的平均工资低于非私营单位，建议针对不同性质的企业采用不同的地区平均工资作为衡量社保缴纳基数的评判标准，以实现更公平的社保缴纳。

参 考 文 献

CNNIC(中国互联网络信息中心).中国互联网络发展状况统计报告(2018年1月)[R].北京,2018.

IDC.2016年全球智能手机出货量仅增长0.6%[EB/OL].(2016-12-1)[2019-8-25]. http://mobile.yesky.com/1/106897501.shtml.

ITU.2017年国际电信联盟年度报告[EB/OL].(2018-05-05)[2019-8-25]. http://www.199it.com/archives/category/research-company/global-research/itu.

阿曼波.国际租赁完全指南[M].北京:北京大学出版社,2007.

阿瑞基.漫长的20世纪[M].南京:江苏人民出版社,2001.

白重恩,钱震杰.国民收入的要素分配:统计数据背后的故事[J].经济研究,2009,44(3):27—41.

北京商报.2020年物联网市场规模将达1.9万亿美元[EB/OL].(2017-01-05)[2018-12-11]. http://money.163.com/17/0105/22/CA238TGP002580S6.html.

蔡昉,张车伟等.中国收入分配问题研究[M].北京:中国社会科学出版社,2016.

蔡海霞.能源约束、技术进步与中国经济增长可持续性[J].资源科学,2014,36(5):946—953.

蔡伟毅,陈学识.国际知识溢出与中国技术进步[J].数量经济技术经济研究,2010,27(6):57—71.

曹吉云.我国总量生产函数与技术进步贡献率[J].数量经济技术经济研究,2007(11):37—46.

曹远征.新时代海南全面深化改革开放的战略意义与机遇[J].南海学刊,2018(4):1—9.

昌忠泽,毛培.新常态下中国经济潜在增长率估算[J].经济与管理研究,2017,38(9):3—14.

常华.社保征收改革还需配套性政策加以平衡[J].科技智囊,2018(10):28—33.

陈斌开,张鹏飞,杨汝岱.政府教育投入、人力资本投资与中国城乡收入差距[J].管理世界,2010(1):36—43.

陈建东,程树磊,蒲明.如何准确地拟合居民的收入分布[J].北京工商大学学报,2017(3):10—20.

陈淑贞.新个人所得税法实施意义探讨[J].财会学习,2018(32):152+154.

陈勇,李小平.中国工业行业的技术进步与工业经济转型——对工业行业技术进步的DEA法衡量及转型特征分析[J].管理世界,2007(6):56—63.

陈勇,唐朱昌.中国工业的技术选择与技术进步:1985—2003[J].经济研究,2006(9):50—61.

丛林.从爱尔兰经验看国内飞机租赁业[J].中国金融,2015(5):49—50.

代码派.黑科技揭秘:阿里云如何做到从业务宕机到恢复业务运行只用一分半钟时间[EB/OL].(2018-10-11)[2018-12-11]. http://m.sohu.com/a/258806409_100253472.

代谦,李唐.比较优势与落后国家的二元技术进步:以近代中国产业发展为例[J].经济研究,2009,44(3):125—137.

戴静,张建华.金融错配、所有制结构与技术进步——来自中国工业部门的证据[J].中国科技论坛,2013(3):70—76.

戴天仕,徐现祥.中国的技术进步方向[J].世界经济,2010,33(11):54—70.

道格拉斯·诺斯.制度、制度变迁与经济绩效[M].上海三联书店,1994.

邓明.人口年龄结构与中国省际技术进步方向[J].经济研究,2014,49(3):130—143.

邓悦,王泽宇,宁璐.企业社保投入提升了全要素生产率吗——来自中国的新证据[J].江西财经大学学报,2018(6):61—71.

窦若晨.对2018个税起征点改革的思考[J].现代营销(经营版),2018(12):174.

杜润生.中国农村改革决策纪事[M].北京:中央文献出版社,1999.

段景辉,陈建宝.基于家庭收入分布的地区基尼系数的测算及其城乡分解[J].世界经济,2010,33(1):100—122.

樊纲,王小鲁,朱恒鹏.中国市场指数——各省区市场化相对进程2011年度报告[M].北京:经济科学出版社,2011.

封进.中国城镇职工社会保险制度的参与激励[J].经济研究,2013,48(7):104—117.

冯雯霞.探究新时期个人所得税改革的影响及筹划[J].纳税,2018(35):53.

冯志峰.供给侧结构性改革的理论逻辑与实践路径[J].经济问题,2016(2):12—17.

高彩梅,朱先奇,史彦虎.基于门槛模型的人力资本与区域技术创新研究[J].科技管理研究,2014,34(2):1—5.

郭晨曦,吕萍.集团成员企业的国际化战略—资源溢价折价效应[J].中国工业经济.2017(3):139—155.

郭庆旺,贾俊雪.中国全要素生产率的估算:1979—2004[J].经济研究,2005,6(5):1—60.

郭庆旺,贾俊雪.中国潜在产出与产出缺口的估算[J].经济研究,2004(5):31—39.

郭豫媚,陈彦斌.中国潜在经济增长率的估算及其政策含义:1979—2020[J].经济学动态,2015(2):12—18.

国家发展改革委.建设中蒙俄经济走廊规划纲要[EB/OL].[2019-8-25].http://www.ndrc.gov.cn/zcfb/zcfbghwb/201609/t20160912_818326.html.

国家计委综合司课题组.90年代我国宏观收入分配的实证研究[J].经济研究,1999(11):3—12.

国家商务部.中国对外投资合作发展报告[R/OL].[2019-8-25].https://www.yidaiyilu.gov.cn/wcm.files/upload/CMSydylgw/201705/201705240923004.pdf.

韩秉志.社保征收改革需要配套政策同步[N].经济日报,2018-9-5(9).

韩复龄.社保征收改革,企业压力几何[J].大众理财顾问,2018(10):8—9.

韩学丽.特朗普税制改革对我国经济的影响及对策[J].中国财政,2018(5):72—75.

何庆丰,陈武,王学军.直接人力资本投入、R&D投入与创新绩效的关系——基于我国科技活动面板数据的实证研究[J].技术经济,2009,28(4):1—9.

何小钢,张耀辉.技术进步、节能减排与发展方式转型——基于中国工业36个行业的实证考察

[J].数量经济技术经济研究,2012,29(3):19—33.

胡钧,侯孝国.对公有制和商品经济兼容问题的思索[J].中国社会科学,1989(6):35—48.

胡钧.关于全民所有制内部商品价值形式问题[J].红旗,1959(12).

胡志军,刘宗民,龚志民.中国总体收入基尼系数的估计:1985—2008[J].经济学(季刊),2011(4):1423—1436.

胡志军.基于分组数据的基尼系数估计与社会福利:1985—2009年[J].数量经济技术经济研究,2012(9):111—121.

黄梅波,吕朝凤.中国潜在产出的估计与"自然率假说"的检验[J].数量经济技术经济研究,2010,27(7):3—20.

黄先海,徐圣.中国劳动收入比重下降成因分析——基于劳动节约型技术进步的视角[J].经济研究,2009,44(7):34—44.

黄迎.个人所得税对于收入分配差异程度的影响——基于个税改革并以基尼系数为度量[J].全国流通经济,2018(31):127—128.

黄悦胜.中国中小企业技术创新政策与创新模式研究[D].广州:中南大学,2002.

黄志钢,刘霞辉."新常态"下中国经济增长的路径选择[J].经济学动态,2015(9):51—62.

纪雯雯,赖德胜.人力资本结构与创新[J].北京师范大学学报(社会科学版),2016(5):169—181.

贾康,孙洁.农村公共产品与服务提供机制的研究[J].管理世界.2006(12):60—66.

贾康等."十三五"时期的供给侧改革[J].国家行政学院学报,2015(6):12—21.

金碚.中国经济发展新常态研究[J].中国工业经济,2015(1):5—18.

金晓彤,黄蕊.技术进步与消费需求的互动机制研究——基于供给侧改革视域下的要素配置分析[J].经济学家,2017(2):50—57.

经济日报—中国经济网.商务部:2017年我国网络零售额达到7.18万亿元人民币[EB/OL].(2018-01-25)[2018-12-01]. http://finance.sina.com.cn/roll/2018-01-25/doc-ifyqyqni2628835.shtml.

卡尔·马克思.资本论(第一卷)[M].中共中央马克思恩格斯列宁斯大林著作编译局译.北京:人民出版社,2004.

赖德胜,纪雯雯.人力资本配置与创新[J].经济学动态,2015(3):22—30.

李宾,曾志雄.中国全要素生产率变动的再测算:1978—2007年[J].数量经济技术经济研究,2009,26(3):3—15.

李婧,谭清美,白俊红.中国区域创新生产的空间计量分析——基于静态与动态空间面板模型的实证研究[J].管理世界,2010(7):43—55.

李克强.政府工作报告——2019年3月5日在第十三届全国人民代表大会第二次会议上[EB/OL].(2019-3-16)[2019-4-6]. http://www.gov.cn/premier/2019-03/16/content_5374314.htm.

李苗苗,肖洪钧,赵爽.金融发展、技术创新与经济增长的关系研究——基于中国的省市面板数据[J].中国管理科学,2015,23(2):162—169.

李鹏飞.经济新常态下的中国工业——"第三届中国工业发展论坛"综述[J].中国工业经济,

2015(1):45—51.

李树生.改革中的农村金融体制[J].管理世界,1988(4):127—134.

李扬."金融服务实体经济"辨[J].中国经济报告,2017,52(6):4—16.

李扬.中国经济发展新阶段的金融改革[J].经济学动态,2013(6):4—14.

梁红,王慧.社保征管变化的潜在影响[EB/OL].(2018-9-20)[2019-8-25].http://opinion.caixin.com/2018-09-20/101328426.html.

梁莹.中国能源企业对外投资现状与提升路径[J].对外经贸实务,2015(6):77—80.

林采宜.特朗普新政将给这个世界带来什么?[EB/OL].(2017-12-15)[2019-4-6].http://www.sohu.com/a/210748498_465450.

林毅夫,蔡昉,李周.中国的奇迹:发展战略与经济改革[M].上海:上海人民出版社、上海三联书店,1994.

林毅夫.新结构经济学:反思经济发展与政策的理论框架[M].北京:北京大学出版社,2012.

林勇,张宗益.中国经济转型期技术进步影响因素及其阶段性特征检验[J].数量经济技术经济研究,2009,26(7):73—85.

刘刚.中国制度变迁和演化路径的多样性[J].南开学报(哲学社会科学版),2007(5):46—57.

刘军强.资源、激励与部门利益:中国社会保险征缴体制的纵贯研究(1999—2008)[J].中国社会科学,2011(3):139—156+223.

刘庆荣.新个人所得税对居民收入的影响分析[J].纳税,2018,12(29):34.

刘伟,方敏.中国经济改革历史进程的政治经济学分析[J].政治经济学评论,2016,7(2):3—48.

刘伟,郭濂.一带一路:全球价值双环流下的区域互惠共赢[M].北京:北京大学出版社,2015.

刘伟,苏剑."新常态"下的中国宏观调控[J].经济科学,2014(4):5—13.

刘伟,苏剑.中国特色宏观调控体系与宏观调控政策——2018年中国宏观经济展望[J].经济学动态,2018(3):4—12.

刘伟,张辉,黄泽华.中国产业结构高度与工业化进程和地区差异的考察[J].经济学动态,2008(11):4—8.

刘伟,张辉.一带一路:产业与空间协同发展[M].北京:北京大学出版社,2017.

刘伟,张辉.中国经济增长中的产业结构变迁和技术进步[J].经济研究,2008,43(11):4—15.

刘伟.工业化进程中的产业结构研究[M].北京:中国人民大学出版社,1995.

刘伟.中国经济改革对政治经济学根本难题的突破[J].中国社会科学,2017(5):23—43+205—206.

楼继伟.加快国企充实社保基金 适当降低社保费率[J].中国总会计师,2018(9):9.

陆国庆,王舟,张春宇.中国战略性新兴产业政府创新补贴的绩效研究[J].经济研究,2014,49(7):44—55.

陆雪琴,章上峰.技术进步偏向定义及其测度[J].数量经济技术经济研究,2013,30(8):20—34.

陆旸,蔡昉.人口结构变化对潜在增长率的影响:中国和日本的比较[J].世界经济,2014,37(1):3—29.

吕冰洋.个税改革到底影响了什么[J].中国金融,2018(13):88—89.

罗纳德·哈里·科斯. 论生产的制度结构[M]. 上海:上海三联书店,1994.
罗纳德·哈里·科斯等. 财产权利与制度变迁[M]. 上海人民出版社,2014.
马光荣. 人大教授:社保新规若严格执行,将让企业负担增长50%[N]. 企业家日报,2018-9-12(003).
马克思恩格斯文集(第2卷)[M]. 北京:人民出版社,2009.
马克思恩格斯文集(第3卷)[M]. 北京:人民出版社,2009.
马克思恩格斯文集(第5卷)[M]. 北京:人民出版社,2009.
马克思恩格斯文集(第7卷)[M]. 北京:人民出版社,2009.
马克思恩格斯文集(第8卷)[M]. 北京:人民出版社,2009.
马永伟. 加强宏观调控 整顿金融秩序 深化农村金融改革[J]. 中国金融,1993(5):4.
毛亮,郝朝艳,平新乔等. 个税起征点的国际比较与提高起征点的效应估算[J]. 国际经济评论,2009(6):34—38.
毛其淋. 进口贸易对我国技术创新能力提升的影响效应——基于动态面板数据GMM方法的经验分析[J]. 财经科学,2010(4):94—101.
缪慧星,柳锐. 增值税、消费税和个人所得税对社会消费冲击的动态效应[J]. 税务研究,2012(8):53—57.
彭雪梅,刘阳,林辉. 征收机构是否会影响社会保险费的征收效果?——基于社保经办和地方税务征收效果的实证研究[J]. 管理世界,2015(6):63—71.
澎湃新闻网. 中国网民规模达8.02亿,短视频应用用户规模达5.94亿[EB/OL]. (2018-08-21)[2018-12-01]. http://news.ifeng.com/a/20180821/59917653_0.shtml.
柴江艺,许和连. 行业异质性、适度知识产权保护与出口技术进步[J]. 中国工业经济,2012(2):79—88.
钱晓烨,迟巍,黎波. 人力资本对我国区域创新及经济增长的影响——基于空间计量的实证研究[J]. 数量经济技术经济研究,2010,27(4):107—121.
乔红芳,沈利生. 要素合理配置视角下中国潜在产出测算[J]. 宏观经济研究,2015(12):38—50.
人民日报. 七问供给侧结构性改革——权威人士谈当前经济怎么看怎么干[N]. 人民日报,2016-1-4(2).
人民网. 图解:中央经济工作会议明确2019年20项重点工作[EB/OL]. (2018-12-22)[2019-8-25]. http://finance.people.com.cn/n1/2018/1222/c1004-30482174.html.
人民网. 中央经济工作会议在北京举行[EB/OL]. (2018-12-22)[2019-8-25]. http://politics.people.com.cn/n1/2018/1222/c1024-30481785.html.
任泽平,罗志恒. 中国个税:特征、问题、改革及影响[EB/OL]. (2017-9-6)[2019-8-28]. http://www.sohu.com/a/271910248_467568.
萨伊. 政治经济学概论[M]. 北京:商务印书馆,1997.
沙畹. 西突厥史料[M]. 北京:中华书局,1958.
尚福林. 更加奋发有为地推进银行业改革[N]. 人民日报,2014-2-19.
舒元,才国伟. 我国省际技术进步及其空间扩散分析[J]. 经济研究,2007(6):106—118.

宋薇萍.上海石油天然气交易中心引领油气价格改革[N].上海证券报,2017-7-14.

苏剑.基于总供求模型和中国特色的宏观调控体系[J].经济学家,2017(7):29—39.

苏剑.未名宏观——影响中国经济前景的两大因素[EB/OL].（2018-10-2）[2019-8-28].https://finance.sina.com.cn/stock/stockzmt/2018-10-02/doc-ihkvrhps0611429.shtml.

苏剑.2019:扩大消费的潜力与难点[N].中国经济时报,2019-1-28.

苏剑.从价格数据看2019经济走势[EB/OL].（2019-1-6）[2019-8-25]. http://opinion.caixin.com/2019-01-16/101370432.html.

苏剑.解读中国中长期经济形势[J].中国经济报告,2017(6):29—31.

苏剑.新供给经济学:宏观经济学的一个发展方向[J].中国高校社会科学,2016(3):88—95;

苏晓华,王科.转型经济中新兴组织场域的制度创业研究——以中国VC/PE行业为例[J].中国工业经济,2013(5):148—160.

苏志庆,陈银娥.知识贸易、技术进步与经济增长[J].经济研究,2014,49(8):133—145.

苏治,徐淑丹.中国技术进步与经济增长收敛性测度——基于创新与效率的视角[J].中国社会科学,2015(7):4—25.

孙国峰.推进金融业供给侧结构性改革[J].清华金融评论.2017(7):24—29.

孙克.中国资本体现式技术进步估计[J].经济科学,2011(3):33—45.

孙琳琳,任若恩.中国资本投入和全要素生产率的估算[J].世界经济,2005(12):3—13.

唐未兵,傅元海,王展祥.技术创新、技术引进与经济增长方式转变[J].经济研究,2014,49(7):31—43.

唐智昊.浅谈个人所得税方案的改革[J].纳税,2018,12(34):23.

田春荣.2012年中国石油和天然气进出口状况分析[J].国际石油经济,2013,21(3):44—55+109.

汪玲玲,赵媛.中国石油进口运输通道安全态势分析及对策研究[J].世界地理研究,2014,23(3):33—43.

王班班,齐绍洲.有偏技术进步、要素替代与中国工业能源强度[J].经济研究,2014,49(2):115—127.

王蓓,郑建明.金字塔控股集团与公司价值研究[J].中国工业经济,2010(2):110—119.

王海港.我国居民收入分配的格局——帕雷托分布方法[J].南方经济,2006(5):73—82.

王海港.中国居民的收入分配和收入流动性研究[M].广州:中山大学出版社,2007.

王华.中国GDP数据修订与全要素生产率测算:1952—2015[J].经济学动态,2018(8):39—53.

王金照."一带一路"能源合作的思路和政策[J].国家治理,2016(26):37—48.

王劲屹.农村金融发展、资本存量提升与农村经济增长[J].数量经济技术经济研究,2018(2):64—81.

王琨,陈晓.控股股东所有权结构与关联方担保[J].中国会计评论,2007,5(1):43—54.

王丽芳.公司治理对企业技术创新的作用机理及实证研究[D].上海:东华大学,2014.

王林辉,蔡啸,高庆昆.中国技术进步技能偏向性水平:1979—2010[J].经济学动态,2014(4):56—65.

王小鲁,樊纲,刘鹏.中国经济增长方式转换和增长可持续性[J].经济研究,2009,44(1):4—16.

王小鲁,樊纲,余静文.中国分省份市场化指数(2016)[M].北京:社会科学文献出版社,2017.

王鑫,吴斌珍.个人所得税起征点变化对居民消费的影响[J].世界经济,2011,34(8):66—86.

王学军,陈武.区域智力资本与区域创新能力的关系——基于湖北省的实证研究[J].中国工业经济,2008(9):25—36.

王延中,龙玉其,江翠萍等.中国社会保障收入再分配效应研究——以社会保险为例[J].经济研究,2016,51(2):4—15+41.

王延中.中国社会保障制度改革发展的几个重大问题——对《中国的社会保障报告》的评论与建议[J].中国工业经济,2009(8):17—25.

王增文.中国农村贫困线及贫困率的测定:基于拟合收入分布函数法[J].西北人口,2009,30(5):1—6.

王震.能源合作在"一带一路"建设中的引领示范作用[J].人民论坛.学术前沿,2017(9):46—53.

魏枫.新常态的技术进步视角解读[J].经济学家,2015(8):30—37.

魏杰,杨林.经济新常态下的产业结构调整及相关改革[J].经济纵横,2015(6):1—5.

魏旭辉.我国个人所得税改革对收入分配的影响分析[J].纳税,2018,12(33):27.

温铁军.农村合作基金会的兴衰史[J].中国老区建设.2009(9):17—19.

温馨,马晓成.丝路基金超60亿美元 覆盖"一带一路"沿线多国[N].新华社,2017-6-16.

吴淑娥,黄振雷,仲伟周.人力资本一定会促进创新吗——基于不同人力资本类型的经验证据[J].山西财经大学学报,2013,35(9):22—30.

吴延兵,刘霞辉.人力资本与研发行为——基于民营企业调研数据的分析[J].经济学(季刊),2009,8(4):1567—1590.

伍成基.中国农业银行史[M].北京:经济科学出版社,2000.

武常岐,钱婷.集团控制与国有企业治理[J].经济研究,2011,(6):93—104.

武立东,黄海昕.企业集团子公司主导行为及其网络嵌入研究:以海信集团为例[J].南开管理评论,2010,13(6):125—137.

习近平.决胜全面建成小康社会 夺取新时代中国特色社会主义伟大胜利——在中国共产党第十九次全国代表大会上的报告[EB/OL].(2017-10-27)[2019-8-25].http://news.cnr.cn/native/gd/20171027/t20171027_524003098.shtml.

习近平.弘扬人民友谊 共创美好未来[N].人民日报,2013-9-8.

习近平.习近平谈治国理政(第二卷)[M].北京:外文出版社,2017.

习近平.携手建设中国—东盟命运共同体[N].人民日报,2013-10-4.

习近平.携手推进"一带一路"建设——在"一带一路"国际合作高峰论坛开幕式上的演讲[N].人民日报,2017-5-5.

项国鹏,阳恩松.国外制度创业策略理论探析及未来展望[J].科技进步与对策,2013,30(13):154—160.

肖本华,沈晓阳.上海自贸区发展融资租赁研究[J].上海金融学院学报,2014(3):24—31.

肖文,林高榜.政府支持、研发管理与技术创新效率——基于中国工业行业的实证分析[J].管理世界,2014(4):71—80.

肖星,王琨.关于集团模式多元化经营的实证研究——来自"派系"上市公司的经验证据[J].管理世界,2006(9):80—86.

谢飞,雷良海.个人所得税改革对居民消费的影响研究[J].经济研究导刊,2018(23):148—150.

辛书达.公司治理结构对企业技术创新的影响研究[D].青岛:中国海洋大学,2013.

新华社.联合国宽带报告凸显全球"数字鸿沟"[EB/OL].(2017-09-18)[2018-12-11].http://www.xinhuanet.com/2017-09/18/c_1121684150.htm.

新华网.我国网民规模达8.02亿 互联网普及率为57.7%[EB/OL].(2018-08-21)[2018-12-01].http://www.chinairn.com/news/20180821/090118510.shtml.

新华网.新时代网络强国建设的坚强指引——解读习近平总书记在全国网络安全和信息化工作会议上的重要讲话[EB/OL].(2018-04-21)[2018-12-11].http://www.xinhuanet.com/politics/2018-04/21/c_1122720324.htm.

新华网.中国首个国家级大数据综合试验区正式获批开建[EB/OL].(2016-03-01)[2019-08-28].http://www.chinanews.com/gn/2016/03-01/7779496.shtml.

徐润,陈斌开.个人所得税改革可以刺激居民消费吗?——来自2011年所得税改革的证据[J].金融研究,2015(11):80—97.

徐瑛,陈秀山,刘凤良.中国技术进步贡献率的度量与分解[J].经济研究,2006(8):93—103.

亚当·斯密.国富论[M].上海:上海三联书店,2009.

杨巨.初次收入分配与技术进步——基于马克思主义经济学的视角[J].经济评论,2012(3):11—19.

杨林.公司股权结构、高管团队认知多样性与创业战略导向关系研究[J].科研管理,2014,35(5):93—106.

杨鹏,陶小马.基于空间计量的城市专利产出绩效研究[J].学术论坛,2016,39(9):44—50.

杨小凯,黄有光.专业化与分工经济:一种新兴古典微观经济学框架[M].北京:经济科学出版社,1999.

杨旭,郝翌,于戴圣.收入差异对总体消费的影响——一个数值模拟研究[J].数量经济技术经济研究,2014(3):20—37.

姚洋,郑东雅.重工业与经济发展:计划经济时代再考察[J].经济研究,2008(4):26—40.

亿邦动力网.猎豹财报:海外收入大增 直播商业化见成效[EB/OL].(2017-03-23)[2018-12-11].http://www.ebrun.com/20170322/222977.shtml.

易才.规范社保征收应兼顾企业减负[N].中华工商时报,2018-9-6(003).

易纲.11项金融开放措施基本落地,完善风险防范体系还有4项重点工作[EB/OL].(2019-03-24)[2019-8-25].https://www.yicai.com/news/100146488.html.

尹一杰.高出低入:中资石油公司4000亿海外投资收益图谱[N].21世纪经济报道,2011-7-19.

应震林,赵恩光,高坚等.开拓农村金融市场,深化农村金融改革[J].福建金融,1987(10):

30—31.

余泳泽.改革开放以来中国经济增长动力转换的时空特征[J].数量经济技术经济研究,2015,32(2):19—34.

袁建国,后青松,程晨.企业政治资源的诅咒效应——基于政治关联与企业技术创新的考察[J].管理世界,2015(1):139—155.

约翰·梅纳德·凯恩斯.就业、利息和货币通论[M].北京:商务印书馆,1999.

曾旖缯.中国融资租赁产业制度变迁研究及发展建议[J].技术经济与管理研究,2019,270(1):63—68.

曾旖缯.天津自贸区推动融资租赁产业参与"一带一路"建设的创新优势及建议[J].未来与发展,2016(10):79—81.

张宝成,马宝玲,郜峰.LNG市场的"亚洲溢价"问题分析及对策[J].天然气工业,2015,35(7):110—114.

张成,陆旸,郭路等.环境规制强度和生产技术进步[J].经济研究,2011,46(2):113—124.

张寒,娄峰.德国经济从金融危机中快速复苏原因及启示[J].现代经济探讨,2015(5):79—82.

张欢.中国社会保险逆向选择问题的理论分析与实证研究[J].管理世界,2006(2):41—49.

张辉,黄昊,朱智彬."一带一路"沿线国家重点行业跨境并购的网络研究[J].亚太经济,2017(5).

张辉.全球价值双环流架构下的"一带一路"战略[J].经济科学,2015(3).

张辉,黄泽华.北京市工业化进程中的产业结构高度[J].北京社会科学,2009(3):4—9.

张辉,任抒杨.从北京看我国地方产业结构高度化进程的主导产业驱动机制[J].经济科学,2010(6):115—128.

张辉,易天,唐毓璇.一带一路:全球价值双环流研究[J].经济科学,2017(3):7—20.

张辉.贯彻协调发展新理念,构筑均衡融合新格局[J].北京大学学报(哲学社会科学版),2016,53(2):17—20.

张辉.讲座实录"汇智沙龙 No.1"张辉:一带一路沿线产业园发展研究[EB/OL].(2017-08-30)[2019-8-25].https://mp.weixin.qq.com/s?__biz=MzIwMjAxNTIwOQ==&mid=2247488046&idx=4&sn=3d13eec41dc30df46f4204d9868758d8&chksm=96e47aa8a193f3be7c7f83fcd27e098fdcda11577c963a3523675ef3dfa575cf072cbea902b0&scene=27#wechat_redirect.

张军,施少华.中国经济全要素生产率变动:1952—1998[J].世界经济文汇,2003(2).

张雷.社会保险费征收体制的效率比较分析[J].社会保障研究,2010(1):24—28.

张莉,李捷瑜,徐现祥.国际贸易、偏向型技术进步与要素收入分配[J].经济学(季刊),2012,11(2):409—428.

张明,程实,张岸元等.如何渡过中美贸易摩擦的不确定水域[J].国际经济评论,2019(1):89—145+7.

张荣.中国农村金融发展对农民收入增长的影响研究——基于2003—2014年数据的实证分析[J].技术经济与管理研究 2017(2):119—123.

张艺馨,方建春,杨靖."亚洲溢价"的困境与对策研究[J].国际经济合作,2012(5):82—86.

章祥荪,贵斌威.中国全要素生产率分析:Malmquist 指数法评述与应用[J].数量经济技术经济研究,2008(6):111—122.

赵海宽,郭田勇.中国金融体制改革20年[M].郑州:中州古籍出版社,1998.

赵红.浅谈社会保险"费"改"税"[J].劳动保障世界(理论版),2010(5):23—25.

赵静,毛捷,张磊.社会保险缴费率、参保概率与缴费水平——对职工和企业逃避费行为的经验研究[J].经济学(季刊),2016,15(1):341—372.

赵森.试论农村公共物品的政府供给——公共选择理论的视角[J].理论界,2007(1):6—8.

赵绍阳,杨豪.我国企业社会保险逃费现象的实证检验[J].统计研究,2016,33(1):78—86.

赵伟,古广东,何元庆.外向FDI与中国技术进步:机理分析与尝试性实证[J].管理世界,2006(7):53—60.

赵志耘,吕冰洋,郭庆旺等.资本积累与技术进步的动态融合:中国经济增长的一个典型事实[J].经济研究,2007(11):18—31.

赵志耘,杨朝峰.中国全要素生产率的测算与解释:1979—2009年[J].财经问题研究,2011(9):3—12.

证券时报.海康威视监控摄像头占据英国市场首位[EB/OL].(2016-09-19)[2018-12-11].http://company.stcn.com/2016/0919/12884775.shtml.

郑秉文.从国际发展趋势看我国不宜实行社会保障费改税[J].宏观经济研究,2007(3):17—21+32.

郑东雅,皮建才.中国的资本偏向型经济增长:1998—2007[J].世界经济,2017,40(5):24—48.

郑新业."一带一路"研究院的前期研究工作[J].政治经济学评论,2015(4):23—25.

中共中央文献编辑室.习近平关于社会主义经济建设论述摘编[M].北京:中央文献出版社,2017.

中国产业经济信息网.今年全球云计算市场规模将达2602亿美元[EB/OL].(2017-11-06)[2019-8-25].http://www.cinic.org.cn/hy/tx/407926.html.

中国经济体制改革研究所宏观经济研究室.改革中的宏观经济:国民收入的分配与使用[J].经济研究,1987(8):16—28.

中国经济增长与宏观稳定课题组,张平,刘霞辉等.资本化扩张与赶超型经济的技术进步[J].经济研究,2010,45(5):4—20.

中国人民银行营业管理部课题组,杨国中,李宏瑾.基于生产函数法的潜在产出估计、产出缺口及与通货膨胀的关系:1978~2009[J].金融研究,2011(3):42—50.

中国社会科学院中国社会保险制度研究课题组.中国社会保险制度研究[J].中国社会科学,1999(4):72—86+205—206.

中国政府网.2018年政府工作报告[EB/OL].(2018-3-5)[2019-8-25].http://www.gov.cn/zhuanti/2018lh/2018zfgzbg/zfgzbg.htm.

中金网.2017全球经济回顾[EB/OL].(2017-12-21)[2019-8-25].http://forex.cngold.com.cn/20171221d1710n198706114.html.

中商产业研究院.2020年数字经济对中国GDP产值的贡献将达到5270亿美元[EB/OL].

(2016-09-26)[2018-12-11]. http://www.askci.com/news/chanye/20160926/16243265262.shtml.

中商产业研究院. 中国大数据市场规模及应用前景研究报告[EB/OL]. (2016-12-06)[2018-12-01]. http://www.cbdio.com/BigData/2016-12/06/content_5398341.htm.

钟世川. 技术进步偏向与中国工业行业全要素生产率增长[J]. 经济学家, 2014(7):46—54.

仲良. 加速企业技术进步的关键一环——改革现行折旧制度[J]. 科学学与科学技术管理, 1993(2):26—29.

周昌林, 魏建良. 产业结构水平测度模型与实证分析——以上海、深圳、宁波为例[J]. 上海经济研究, 2007(6):15—21.

周林, 杨云龙, 刘伟. 用产业政策推进发展与改革[J]. 经济研究, 1987(3):16—24.

周万阜. 论非正规金融市场的利率形成[J]. 农村金融研究, 1989(1):11—15.

周文, 方茜. "一带一路"战略的政治经济学思考[J]. 马克思主义研究, 2015(10):62—72.

周兴, 张鹏. 市场化进程对技术进步与创新的影响——基于中国省级面板数据的实证分析[J]. 上海经济研究, 2014(2):71—81.

朱玲. 多国社保案例背后的市场经济运行机制[J]. 经济学动态, 2014(8):105—111.

朱怡. 国家能源局有关负责人就《推动丝绸之路经济带和21世纪海上丝绸之路能源合作愿景与行动》答记者问[N]. 中国电力报, 2017-5-15.

邹嘉龄, 刘春腊, 尹国庆等. 中国与"一带一路"沿线国家贸易格局及其经济贡献[J]. 地理科学进展, 2015, 34(5):598—605.

Acemoglu, D. Directed technical change [J]. Review of Economic Studies, 2002, 69(4):781—809.

Acemoglu, D. Equilibrium bias of technology [J]. Econometrics, 2007, 75(5):1371—1409.

Acemoglu, D. Labor-and capital-augmenting technical change [J]. Journal of the European Economic Association, 2003, 1(1): 1—37.

Acemoglu, D. Why do new technologies complement skills? Directed technical change and wage inequality [J]. Quarterly Journal of Economics, 1998, 113(4):1055—90.

Acemoglu, D., Restrepo, P. Robots and jobs: Evidence from US labor markets[R]. National Bureau of Economic Research, 2017.

Ahmadjian, C. L., Lincoln, J. R. Keiretsu, governance, and learning: Case studies in change from the Japanese automotive industry [J]. Organization Science, 2001, 12(6): 683—701.

Ahmadjian, C. L., Robbins, G. E. A clash of capitalisms: Foreign shareholders and corporate restructuring in 1990s Japan [J]. American Sociological Review, 2005, 70(3): 451—471.

Almeida, H., Kim, C.-S., Kim, H. B. Internal capital markets in business groups: Evidence from the Asian financial crisis [J]. The Journal of Finance, 2015, 70(6): 2539—2586.

Almeida, H., Wolfenzon, D. A theory of pyramidal ownership and family business groups [J]. The Journal of Finance, 2006, 61(6): 2637—2680.

Amembal, S. P. International leasing: The complete guide [M]. Salt Lake City: Amembal & Associates, 2000.

Baek, J. S., Kanji, K., Park. S. Corporate governance and firm value: Evidence from the Korean financial crisis [J]. Journal of Financial Economics, 2004, 71(2):265—313.

Baker, T., Gedajlovic, E., Lubatkin, M. A framework for comparing entrepreneurship processes across nations [J]. Journal of International Business Studies, 2005, 36(5):492—504.

Bamiatzi, V., Cavusgil, S. T. Jabbour, L., et al. Does business group affiliation help firms achieve superior performance during industrial downturns? An empirical examination [J]. International Business Review, 2014, 23(1):195—211.

Barro R. J., Sala-i-Martin X. Public finance in models of economic growth [J]. The Review of Economic Studies, 1992, 59(4):645—661.

Bertrand, M., Schoar, A. The role of family in family firms [J]. The Journal of Economic Perspectives, 2006, 20(2):73—96.

Bhaumik, S. K. Driffield, N., Pal, S. Does ownership structure of emerging-market firms affect their outward FDI? The case of the Indian automotive and pharmaceutical sectors [J]. Journal of International Business Studies, 2010, 41(3):437—450.

Boubakri, N., Guedhami, O., Mishra, D. Family control and the implied cost of equity: Evidence before and after the Asian financial crisis [J]. Journal of International Business Studies, 2010, 41(3):451—474.

Boyd, B. K., Hoskisson, R. E. Corporate governance of business groups. In Colpan, A. M., Hikino, T., Lincoln, J. R. (Eds.). The Oxford Handbook of Business Groups [M]. New York: Oxford University Press, 2010.

Carney, M. Corporate governance and competitive advantage in family-controlled firms [J]. Entrepreneurship Theory and Practice, 2005, 29(3):249—265.

Carney, M., Gedajlovic, E. R., Heugens, P. P., et al. Business group affiliation, performance, context, and strategy: A meta-analysis [J]. Academy of Management Journal, 2011, 54(3):437—460.

Carney, M., Shapiro, D., Tang, Y. Business group performance in China: Ownership and temporal considerations [J]. Management and Organization Review, 2009, 5(2): 167—193.

Chang, S. J. Ownership structure, expropriation, and performance of group-affiliated companies in Korea [J]. Academy of Management Journal, 2003, 46(2):238—253.

Chenery, H. B., Robinson, S., Syrquin, M. Industrialization and growth: A comparative study [M]. London: Oxford University Press, 1986.

Chenery, H. B., Syrquin, M., Elkington, H. Patterns of Development, 1950—1970 [M]. London: Oxford University Press, 1975.

Chetty R., Grusky D., Hell M., et al. The fading American dream: Trends in absolute income mobility since 1940[J]. Science, 2017, 356(6336):398.

Chittoor, R., Aulakh, P. S., Ray, S. What drives overseas acquisitions by Indian firms? A behavioral risk-taking perspective [J]. Management International Review, 2015, 55(2): 255—275.

Chizema, A., Kim, J. Outside directors on Korean boards: Governance and institutions [J]. Journal of Management Studies, 2010, 47(1):109—129.

Choi, J., Lee, H. J., Kim, Y. C. The influence of social presence on customer intention to reuse online recommender systems: The roles of personalization and product type [J]. International Journal of Electronic Commerce, 2011, 16(1): 129—154.

Chung, C. N., Luo, X. Institutional logics or agency costs: The influence of corporate governance models on business group restructuring in emerging economies [J]. Organization Science, 2008, 19(5): 766—784.

Coase, R. H. The nature of the firm [J]. Economica, 1937, 4(16):386—405.

Colpan, A. M., Hikino, T. Foundations of business groups: Towards an integrated framework. In Colpan, A. M., Hikino, T., Lincoln, J. R. (Eds.). The Oxford Handbook of Business Groups [M]. New York: Oxford University Press, 2010.

Cuervo-Cazurra, A. Business groups and their types [J]. Asia Pacific Journal of Management, 2006, 23(4): 419—437.

Dave, D. Railroads of the Raj: Estimating the impact of transportation infrastructure [J]. American Economic Review, 2018, 108(4—5):899—934.

David, P. A, Klundert, T. Biased efficiency growth and capital-labor substitution in the U. S., 1899—1960 [J]. American Economic Review, 1965, 55(3): 357—394.

Discua, C. A., Howorth, C., Hamilton, E. Intrafamily entrepreneurship: The formation and membership of family entrepreneurial teams [J]. Entrepreneurship Theory and Practice, 2013, 37(1):17—46.

Doloreux, D. What we should know about regional systems of innovation [J]. Technology in Society, 2002, 24(3): 243—263.

Démurger, S. Infrastructure development and economic growth: An explanation for regional disparities in China? [J]. Journal of Comparative Economics, 2001, 29(1): 95—117.

Estrin, S., Poukliakova, S., Shapiro, D. The performance effects of business groups in Russia [J]. Journal of Management Studies, 2009, 46(3): 393—420.

Filatotchev, I., Liu, X., Lu, J., et al. Knowledge spillovers through human mobility across national borders: Evidence from Zhongguancun Science Park in China [J]. Research Policy, 2011, 40(3): 453—462.

Filatotchev, I., Wright, M. Agency perspectives on corporate governance of multinational enterprises [J]. Journal of Management Studies, 2011, 48(2): 471—486.

Fracchia, E., Mesquita, L., Quiroga, J. Business groups in Argentina. In Colpan, A. M., Hikino, T., Lincoln, J. R. (Eds.). The Oxford Handbook of Business Groups [M]. Oxford: Oxford University Press, 2010.

Gedajlovic, E., Carney, M., Chrisman, J. J., et al. The adolescence of family firm research taking stock and planning for the future [J]. Journal of Management, 2012, 38 (4): 1010—1037.

Gedajlovic, E., Shapiro, D. M. Ownership structure and firm profitability in Japan [J]. Academy of Management Journal, 2002, 45(3):565—575.

Granovetter M. Les institutions économiques comme constructions sociales: Un cadre d'analyse. In: Orléan A. (ed) Analyse économique des conventions [M]. Paris: Presses Universitaires de France,1994:79—94.

Griliches, Z. Issues in assessing the contribution of research and development to productivity growth [J]. The Bell Journal of Economics, 1979, 10(1): 92—116.

Grossman, G. M., Helpman, E. Trade, knowledge spillovers, and growth [J]. European Economic Review, 1991, 35(2—3): 517—526.

Guzzini, E., Iacobucci, D. Ownership as R&D incentive in business groups [J]. Small Business Economics, 2014, 43(1): 119—135.

Hicks, J. R. The theory of wages [M]. London, Macmillan, 1932.

Holmes, R. M., Hoskisson, R. E., Kim, H., et al. International strategy and business groups: A review and future research agenda [J]. Journal of World Business, 2018, 53(2): 134—150.

Hussler, C., Rondé, P. The impact of cognitive communities on the diffusion of academic knowledge: Evidence from the networks of inventors of a French university [J]. Research Policy, 2007, 36(2): 288—302.

IMF. World economic outlook update-a weakening global expansion[R/OL]. (2019-1) [2019-8-28]. https://www. imf. org/en/Publications/WEO/Issues/2019/01/11/weo-update-january-2019.

Jiang, G., Lee, C. M. C., Yue, H. Tunneling through intercorporate loans: The China experience [J]. Journal of Financial Economics, 2010, 98(1):1—20.

Khanna, T., Palepu, K. Is group affiliation profitable in emerging markets? An analysis of diversified Indian business groups [J]. The Journal of Finance, 2000, 55(2):867—891.

Khanna, T., Yafeh, Y. Business groups in emerging markets: Paragons or parasites [J]. Journal of Economic Literature, 2007, 45(2):331—372.

Kim, H. Business groups in South Korea. In Colpan, A. M., Hikino, T., Lincoln, J. R. (Eds.). The Oxford Handbook of Business Groups [M]. Oxford: Oxford University Press, 2010.

Kim, H., Kim, H. Lee, P. M. Ownership structure and the relationship between financial slack and R&D investments: Evidence from Korean firms [J]. Organization Science, 2008, 19(3): 404—418.

Krugman, P. The myth of Asia's miracle [J]. Foreign Affairs, 1994, 73(6): 62—78.

Kumar, S., Russell, R. Technological change, technological catch-up and capital deepening [J]. American Economic Review, 2002, 92 (3): 527—548.

Kuznets, S. Modern economic growth: Findings and reflections [J]. The American Economic Review, 1973, 63(3): 247—258.

La Porta, R., Lope-de-Silanes, F., Shleifer, A., et al. Investor protection and corporate governance [J]. Journal of Financial Economics, 2000, 58(1):3—27.

Lucas, Jr. R. E. On the mechanics of economic development [J]. Journal of Monetary Economics, 1988, 22(1): 3—42.

Luo, X., Chung, C. N. Keeping it all in the family: The role of particularistic relationships in business group performance during institutional transition [J]. Administrative Science Quarterly, 2005, 50(3): 404—439.

Ma, X., Yao, X. Xi, Y. Business group affiliation and firm performance in a transition economy: A focus on ownership voids [J]. Asia Pacific Journal of Management, 2006, 23(4): 467—483.

Ma, X., Yiu, D. W., Zhou, N. Facing global economic crisis: Foreign sales, ownership groups, and corporate value [J]. Journal of World Business, 2014, 49(1): 87—100.

Mahmood, I. P., Zhu, H., Zajac, E. J. Where can capabilities come from? Network ties and capability acquisition in business groups [J]. Strategic Management Journal, 2011, 32(8): 820—848.

Morck, R. The riddle of the great pyramids. In Colpan, A. M., Hikino, T., Lincoln, J. R. (Eds.). The Oxford Handbook of Business Groups [M]. Oxford: Oxford University Press, 2010.

Morck, R., Wolfenzon, D., Yeung, B. Corporate governance, economic entrenchment, and growth [J]. Journal of Economic Literature, 2005, 43(3): 655—720.

Morck, R., Yavuz, M. D. Yeung, B. Banking system control, capital allocation, and economy performance [J]. Journal of Financial Economics, 2011, 100(2):264—283.

Negroponte, N. Being digital [M]. New York: Vintage, 1996.

Nelson, R. R., Phelps, E. S. Investment in humans, technological diffusion, and economic growth [J]. The American Economic Review, 1966, 56(1/2): 69—75.

Niskanen, W. A. Bureaucracy and Representative Government [M]. Chicago: Aldine Atherton, 1971.

Peng, M. W., Jiang, Y. Institutions behind family ownership and control in large firms [J]. Journal of Management Studies, 2010, 47(2): 253—273.

Porter, M. E. Competitive Strategy [M]. New York: Free Press, 1980.

Ramaswamy, K., Li, M., Veliyath, R. Variations in ownership behavior and propensity to diversify: A study of the Indian corporate context [J]. Strategic Management Journal, 2002, 23

(4): 345—358.

Rebelo, S. Long-run policy analysis and long-run growth [J]. Journal of Political Economy, 1991, 99(3): 500—521.

Richthofen, F. V. China. Bd. 1. Berlin, 1877.

Romer, P. M. Increasing returns and long-run growth [J]. Journal of Political Economy, 1986, 94(5): 1002—1037.

Romer, P. M. Growth based on increasing returns due to specialization [J]. The American Economic Review, 1987, 77(2): 56—62.

Scharfstein, D. S., Stein, J. C. The dark side of internal capital markets: Divisional rent-seeking and inefficient investment [J]. The Journal of Finance, 2000, 55(6):2537—2564.

Schneider, R. Business groups and the state: The politics of expansion, restructuring, and collapse. In Colpan, A. M., Hikino, T., Lincoln, J. R. (Eds.). The Oxford Handbook of Business Groups [M]. Oxford: Oxford University Press, 2010.

Scholtens, W. A critique on the theory of financial intermediation [J]. Journal of Banking and Finance, 2000, 24(8):1243—1251.

Scholtens, W. The theory of financial intermediation: An essay on what it does (not) explain [Z]. Vienna: the European Money and Finance Forum, 2003.

Shleifer, A. Vishny, R. W. A survey of corporate governance [J]. The Journal of Finance, 1997, 52(2): 737—783.

Siegel, J., Choudhury, P. A reexamination of tunneling and business groups: New data and new methods [J]. Review of Financial Studies, 2012, 25: 1763—1798.

Simonen, J., McCann, P. Firm innovation: The influence of R&D cooperation and the geography of human capital inputs [J]. Journal of Urban Economics, 2008, 64(1): 146—154.

Stein, J. C. Internal capital markets and the competition for corporate resources [J]. The Journal of Finance, 1997, 52(1):111—133.

Strambach S. Innovation processes and the role of knowledge-intensive business services (KIBS). In: Koschatzky K., Kulicke M., Zenker A. (eds) Innovation Networks. Technology, Innovation and Policy [Series of the Fraunhofer Institute for Systems and Innovation Research (ISI)], 2001, 12. Physica, Heidelberg.

Tapscott, D. The Digital Economy: Promise and Peril in the Age of Networked Intelligence [M]. New York: McGraw-Hill, 1995.

Wan, W. P., Yiu, D. W., Hoskisson, R. E., et al. The performance implications of relationship banking during macroeconomic expansion and contraction: A study of Japanese banks' social relationships and overseas expansion [J]. Journal of International Business Studies, 2008, 39(3):406—427.

Wang, H. W., Li, P. Empirical analysis of the sources of China's economic growth in 1978—2008 [J]. Journal of Knowledge-based Innovation in China, 2011, 3(2):91—105.

Wang, Y., Yao, Y. Sources of China's economic growth 1952—1999: Incorporating human capital accumulation [J]. China Economic Review, 2003, 14(1): 32—52.

World Bank. World Development Report 1994: Infrastructure for Development[R/OL]. [2019-8-28]. https://openknowledge.worldbank.org/handle/10986/5977.

World Bank. World Development Report 2004: Making Services Work for Poor People[R/OL]. (2003) [2019-8-28]. https://openknowledge.worldbank.org/handle/10986/5986.

World Bank. World Development Report 2006: Equity and Development[R/OL]. (2005) [2019-8-28]. https://openknowledge.worldbank.org/handle/10986/5988.

Yiu, D. W., Hoskisson, R. E., Bruton, G. D., et al. Dueling institutional logics and the effect on strategic entrepreneurship in Chinese business groups [J]. Strategic Entrepreneurship Journal, 2014, 8(3): 195—213.

Yiu, D. W., Lu, Y., Bruton, G. D., et al. Business groups: An integrated model to focus future research [J]. Journal of Management Studies, 2007, 44(8): 1551—1579.

Young, A. Gold into base metals: Productivity growth in the People's Republic of China during the reform period [J]. Journal of Political Economy, 2003, 111(6): 1220—1261.

Young, M. N., Peng, M. W., Ahlstrom, D., et al. Corporate governance in emerging economies: A review of the principal-principal perspective [J]. Journal of Management Studies, 2008, 45(1): 196—220.